Stefan Weidner

JENSEITS DES WESTENS

Für ein neues kosmopolitisches Denken

Carl Hanser Verlag

Hussain Al-Mozany (1954–2016)

Egon Ammann (1941–2017)

1. Auflage 2018

ISBN 978-3-446-25849-5

Umschlag: Anzinger und Rasp, München
Motiv: © David Malan/Getty Images
Satz: Satz für Satz, Wangen im Allgäu
Druck und Bindung: CPI books GmbH, Leck
Printed in Germany

FSC www.fsc.org
MIX
Papier aus verantwortungsvollen Quellen
FSC® C083411

INHALT

ERSTE SCHRITTE

DIE IDEOLOGIE DES WESTENS

INTERMEZZO

KOSMOPOLITISCHE ANLÄUFE

ANKÜNFTE JENSEITS DES WESTENS

ERSTE SCHRITTE

Meine Suche nach dem Jenseits des Westens begann 1982 an einem Ort tief im Westen: in einem der Gebäude der Kölner Volkshochschule. Einige Monate zuvor hatte ich auf dem Gymnasium Altgriechisch als dritte Fremdsprache gewählt. Diese Sprache müsse lernen, wer die abendländische Kultur von Grund auf verstehen will, hatten mir die Lehrer erzählt. Mich reizte daran eher der exotische Aspekt: Wer lernte noch Griechisch? Diese »abendländische« Kultur schien doch niemanden mehr zu interessieren! Indem ich dieses Fach wählte, durfte ich mich als etwas Besonderes fühlen.

Bald merkte ich jedoch, dass mir das nicht genügte. Ich wollte verreisen, die Welt entdecken, dem Gefühl der Enge und Stagnation entfliehen, von dem die letzten Jahre der alten, westdeutschen Bundesrepublik geprägt waren. Dafür musste ich Sprachen lernen, und zwar nützliche, nicht Altgriechisch. Also belegte ich ein paar Abendkurse an der Volkshochschule, neben Französisch auch Russisch und Arabisch. Die Schule wurde darüber zur Nebensache, die Noten sackten in den Keller. Aber ich riss die Tür zur Welt auf.

Auf einem Foto von Weihnachten 1983 posiere ich vor einem Radio, einem sogenannten Weltempfänger. Wenn ich die Ohren spitzte, konnte ich über Kurzwelle Nachrichten aus so fernen Orten wie Peking, New Delhi oder Johannesburg hören. Im unvermeidlichen Rauschen des Äthers schwang das Versprechen von einem Leben mit, das mehr zu bieten hatte als die kleinbürgerliche Schein-Idylle, in der ich aufwuchs. Das alltägliche Elend, die Kleinkriege und Katastrophen, welche meine beiden Lieblingssendungen im TV, »Weltspiegel« und »Auslandsjournal«, in unser rustikal möbliertes Wohnzimmer trugen, kamen mir naturgemäß aufregender und begehrenswerter vor als die Welt, in der zu leben ich mir verurteilt vorkam – und über der das Damoklesschwert der atomaren Apokalypse hing.

Zum Charme der Stimmen aus dem Radio trug das Rauschen nicht wenig bei. Es verbürgte ihre Echtheit, machte erfahrbar, dass diese Stimmen wirklich aus der Ferne kamen. Nur die Nachrichten, die mit dem Rauschen einhergingen, schienen etwas Substanzielles zu sagen. Was ohne Rauschen daherkam, ließ sich vernachlässigen – es konnte nicht weit damit her sein.

Weltempfänger gibt es nicht mehr, nur noch wenige Stationen senden auf Kurzwelle, der Computer ist der neue Weltempfänger, und so wunderbar leicht Radiosender und Zeitungen aus aller Welt jetzt zugänglich sind, so unterschiedslos nah, so banal wirken sie und mit ihnen die weite Welt im Vergleich zu damals, als ich sie mir erlauschen musste wie ein Spion. Es braucht kein Glück mehr, und es ist keins mehr, sie zu hören. Mögen sie in Wahrheit auch Repräsentanten und Vermittler des Anderen sein, sie erscheinen nicht mehr als solche, sie sind im wahrsten Sinn des Wortes entzaubert, banalisiert. Die Interferenz, ohne die das Fremde, Andere, Ferne nicht zu haben ist, ist verschwunden.

Wir werden mit dem Begriff der Entzauberung noch zu tun haben; im Fall der plötzlich rauschfreien Stimmen aus dem Radio wird sie sinnlich erfahrbar. Es ist eine Entzauberung durch zu große Nähe und Vertrautheit – ein seltsames, fast alltägliches Phänomen: Was nah rückt und allzu bekannt ist, verliert seinen Reiz. Das kann ein Mensch sein, den wir einst begehrt haben, aber genauso ein begehrenswertes Objekt. Die Nähe selbst hat also das Potenzial, zu entfremden, und zwar in jenem geheimen Doppelsinn dieses deutschen Wortes: dass uns etwas fremd wird gerade dadurch, dass es uns nicht mehr fremd ist, ohne Distanz ist, ohne Interferenz. Um es paradox auszudrücken, könnte man sagen, die Entfremdung vollziehe sich in der Ent-Fremdung, nämlich darin, dass die Fremdheit verlorengeht und einem die Welt dadurch banal, reizlos, unattraktiv erscheint.

Sofern man bereit ist, die ausgetrampelten Wege der Sprache zu verlassen, wäre dies der seltene Fall eines Wortes, das sich selbst zugleich aufhebt und aktiviert.[1] In einem ständigen Oszillieren pendelt es zwischen den gegensätzlichen Polen seiner Bedeutung. Sobald die Ent-Fremdung im Sinne des weniger Fremdseins eingetreten ist, polt sich diese Bedeutung um, aktiviert ihr Gegenteil und führt zu einer Entfremdung im herkömmlichen Sinn. Die vertraute Welt wird schal.

Dieses Pendeln und Oszillieren weist darauf hin, dass Fremdheit und Entfremdung letztlich unaufhebbare Zustände sind, ein Teil der *conditio humana*. Alle Menschen wissen, was mit dem Gefühl der Fremdheit gemeint ist. Jeder hat als Kind einmal Heimweh erlebt, jeder hat sich in einer Gruppe von unbekannten Menschen schon fremd gefühlt und vielleicht sogar inmitten von Freunden. Dass es Orte, Dinge, Menschen, Zeiten, Erlebnisse gibt, die einem fremd sind – niemand wird dies bestreiten. Die Möglichkeit, Ent(-)Fremdung positiv zu bewerten, ist jedoch nicht nur im Wort selbst angelegt, sondern entspricht zuweilen ebenfalls einer konkreten Erfahrung, nämlich der Verzauberung durch die Fremde.

Mit sechzehn besorgte ich mir einen Pass, kaufte mir ein Interrail-Ticket und klagte gegenüber meinen Eltern das Recht auf Reisen und eigenständige Erfahrungen ein. Zuerst ging es nach Italien, Malta und Griechenland. Aber das genügte nicht. In den folgenden Osterferien kaufte ich mir ein weiteres Interrail-Ticket und wählte das fernstmögliche Ziel: Marrakesch.

Marokko war anders als alles, was ich bis dahin gesehen hatte. Meine Vorstellungen versagten: Ein fremder Planet wäre mir nicht exotischer vorgekommen. Zugleich – und vielleicht gerade deswegen – bekam das Gesehene und Erlebte eine nie gespürte Präsenz, Gegenwärtigkeit. Es zeigte sich so neu, wie nur je etwas neu und ungesehen gewesen ist. Wenn es mein Ziel war, die Selbstentfremdung aufzuheben oder ihr zu entfliehen, indem ich die absolute Fremde aufsuchte, so gelang dies auf eine Weise, die jede Erwartung sprengte. Ausgerechnet in der größten Fremde gab es die Trennung von innen und außen, Sein und Bewusstsein nicht mehr. In den Erinnerungen an dieselbe Zeit zu Hause sehe ich mich dagegen vor allem als Grübelnden, in riesigem Abstand zu seiner Umwelt.

Die absolute Fremde hob die Entfremdung in mir selbst auf. Dafür genügten ein paar sehr einfache Dinge. Ich erinnere mich an die plötzliche, überragende Intensität des Lichts und der Farben, als wäre mit der Überfahrt nach Afrika ein Schleier von der Sonne gezogen worden und als käme sie erst hier und jetzt richtig zur Geltung. Ich erinnere mich an die Nähe der Menschen zueinander (so jedenfalls kam es mir vor im Vergleich zu dem, was ich von zu Hause gewohnt war), an die Selbstverständlichkeit der Kommunikation: Ohne Umstände kam ich im Zug mit allen ins Gespräch, wurde eingeladen, und auch mein übliches Misstrauen war wie weggeblasen. Ebenso magisch war, dass, entgegen vielen Erzählungen, die damals über

Marokko kursierten, mein unerwartetes Zutrauen in die Menschen zu keinem Moment enttäuscht wurde.

Die Veränderung wurde mir bereits in den ersten Stunden auf afrikanischem Boden bewusst, als der Zug aus Tanger kurz vor Mitternacht in der Hauptstadt Rabat ankam, wo ich nach Casablanca hätte umsteigen müssen. Ich folgte dem Rat eines marokkanischen Mitreisenden, besser nicht über Nacht weiterzureisen, sondern bei ihm zu bleiben und den Anschlusszug am nächsten Morgen zu nehmen. Auf dem Bahnhofsvorplatz stiegen wir in ein Taxi. Es war noch warm, die Fenster des klapprigen Renaults waren weit geöffnet, man roch den Atlantik, und sofort entspann sich ein lebhaftes Gespräch zwischen dem Taxifahrer und meinem Gastgeber, begleitet von Lachern und Ausrufen.

Ich war hingerissen und verblüfft; was für ein Zufall, dass der erstbeste Taxifahrer offenbar ein Verwandter oder alter Freund meines Gastgebers war, und ich fragte ihn, woher er den Taxifahrer kenne. Verdutzt fragte er zurück: »Wieso? Ich kenne ihn doch gar nicht!« Aber sie müssten doch, entgegnete ich, mindestens befreundet sein, so wie sie miteinander redeten und sich begrüßt hätten. »Nein, nein«, sagte er. Und als ich ihn ungläubig anschaute, fügte er hinzu: »Alle Marokkaner sind einander Freunde und Brüder!« Es sei ganz normal, wie sie sich unterhielten.

Das kam mir im ersten Moment wie eine leere Phrase vor, die das, was ich beobachtete, nicht annähernd wiedergab. Und doch bezeichnete diese Aussage die Situation vielleicht sehr genau. Wahrscheinlich konnten sich die Menschen in Deutschland nicht wirklich leiden. Sie waren eher keine Freunde. Jetzt erst merkte ich, *woher* ich gekommen war – an meiner Überraschung über die Freude, mit der ein Taxifahrer mit einem heimkommenden Fahrgast redete.

Solche Erfahrungen wiederholten sich. Die Fremde ent-fremdete mich, machte, dass ich mich weniger fremd fühlte – zuerst mir selbst gegenüber, dann im Verhältnis zu meiner Umwelt. Auch wenn oder weil ich vielleicht nur ein Gast war, fühlte ich mich zu Hause. Ich war im mehrfachen Sinn des Wortes verzaubert – im banalen Sinn ebenso wie in jenem großen eines neuen, magischen Weltverhältnisses.

Wenn es uns möglich ist, einer sehr konkreten Fremdheitserfahrung oder

Entfremdung die einer Ent-Fremdung und Wiederverzauberung als Gegenpol zuzuordnen und sie zu beschreiben, dann ist dies vielleicht auch mit anderen Erfahrungen und Begriffen möglich, die von unserem Ort in der Welt handeln.

Dazu zählt die Aufklärung. Ihr kommt in den folgenden Überlegungen eine zentrale Stellung zu. Im Sinn eines Zuwachses von überprüfbarem, falsifizierbarem Wissen, von Überblick, ist die Aufklärung ein wesentlicher Motor des Pendels des *Ent-* geworden: Einerseits hat sie den Menschen auf der Erde heimischer gemacht, indem sie ihn vom Aberglauben befreit und ihm die Natur aufgeschlossen hat. Andererseits hat sie ihn dadurch der Natur, aber womöglich auch sich selbst entfremdet. Der Fehler liegt aber vermutlich nicht in der Aufklärung als solcher, sondern in der überzogenen Erwartung, sie könne den Riss zwischen den Polen Heimat und Fremde heilen, könne das Pendeln des *Ent-* zwischen den beiden Polen der Bedeutung von Entfremdung ein für alle Mal stillstellen.

In einem historisch recht genau bestimmbaren Moment, nämlich im Lauf des 18. Jahrhunderts, ist die Pendelbewegung externalisiert worden, hat man geglaubt, die jeweiligen Extreme des Pendels auf dem Globus verorten zu können: Der »Westen« sei aufgeklärt, aber auch entzaubert; der »Orient« verzaubert, aber auch unaufgeklärt, vormodern, hinke hinterher. Wenn ich von »Jenseits des Westens« spreche, ist daher kein konkreter Ort, keine spezifische Kultur gemeint; sondern dasjenige, was *jede* Verortung überschreitet und transzendiert. Jenseits des Westens liegt jenseits von Ost und West, Nord und Süd; vielleicht in einer gemeinsamen Zukunft.

Ich gehe dabei davon aus, dass es nicht gelingen wird, den Pendelausschlag des »*Ent-*« stillzustellen. Aufklärung ist nicht entweder nur gut oder nur schlecht. Sie war immer beides. Dies mögen viele zugestehen. Wesentlich schwerer fällt es, beim Gefühl der Fremdheit genauso zu argumentieren: Fremdsein und Entfremdung einerseits, Heimat andererseits sind nie nur gut oder schlecht. Keiner der beiden Pole kann das alleinige Ziel sein. Alles, was eine endgültige Erlösung von der Entfremdung verspricht, wäre daher in Frage zu stellen. Heimat und Fremde sind nur so lange verlockend, wie das Pendel schlägt. Ein Problem entsteht, wenn der Pendelschlag bei einem der beiden Pole stehenbleibt. Schlecht wäre es, wenn wir bloß ein instrumentelles Verhältnis zur Natur hätten; schlecht, wenn nur ein magisches. Schlecht wäre es, wenn Fremdheit als schlecht gälte; schlecht aber auch, wenn man sagte, sie allein sei gut.

Mit dem Begriff der Heimat kommen ideologische und anthropologische Aspekte ins Spiel. Anthropologisch betrachtet geht es um den Kontrast zwischen Sesshaftigkeit und Nomadentum. Beides sind grundsätzliche Möglichkeiten des menschlichen Daseins – eine banale Feststellung, ließe die ideologische Überhöhung von Heimat seit Entstehung der Nationalstaaten diese Erkenntnis nicht in Vergessenheit geraten; oder würden diese beiden grundsätzlichen Möglichkeiten nicht bis in anerkannte Geschichtsdarstellungen hinein im Sinne eines Entwicklungsschemas gedeutet: Früher wanderten die Menschen, waren Jäger und Sammler; dann aber ging die Entwicklung zur Sesshaftigkeit. Selbst wenn dieses zeitliche Schema zuträfe (ich bezweifle es schon deshalb, weil es allzu gut in die herrschenden Weltsichten passt), würde es das im Menschen angelegte Potenzial zum Nomadentum nicht aufheben.

Ferner nährt die aktuelle Weltlage die Skepsis gegenüber einem solchen Entwicklungsschema. Man denke nicht nur an die weit ausgreifenden Migrationsbewegungen. Man denke auch an die Heimatlosigkeit des Kapitals, der Waren, der Produktion; an das seit langem globalisierte Politikverständnis, die globalen Rückwirkungen lokaler Kriege und des internationalen Terrorismus; an die alle Grenzen überschreitenden Umweltprobleme. Typisch für diese neue Situation ist die Ortlosigkeit des Internets, dessen Charakter mit der Rede vom virtuellen Raum nur ungenau erfasst wird, da dieser Raum überall gleichzeitig ist, also die Räumlichkeit des Raums aufhebt. Die Aufhebung des Raums führt dazu, dass Heimat überall und nirgends ist. Das Wort meint bestenfalls Mikrostrukturen – meine Eckkneipe, meine Familie, sofern sie noch in der Nähe lebt, meine Wohnung, die Ordnung in meiner Bibliothek, mein Fußballverein – oder eben nichts mehr.

Die weltweit um sich greifende Konsumkultur fördert diese Heimatlosigkeit, indem sie auf einer ständigen Manipulation und Aufreizung des Begehrens beruht und wir mit dem, was zu haben und zu begehren ist, zu keinem Ende kommen, kommen sollen. Seit es nicht mehr darum geht, den bloßen Bedarf zu decken, ist der Konsum nomadisch wie eine Herde, die nie an einem Platz bleibt, sondern eine Weide nach der anderen abgrast. Der ideale Konsument hat nie, was er gerade braucht, er braucht immer genau das, was er nicht hat. Der Kapitalismus hat uns zu Nomaden des Begehrens gemacht.

Anfang der neunziger Jahre studierte ich Philosophie und Arabistik in Göttingen und sollte für ein Auslandsjahr nach Damaskus gehen. In einer Kölner Literaturzeitschrift hatte ich kurz vorher Gedichte eines Irakers gelesen, der als Flüchtling nach Köln gekommen war und hier einen arabischen Verlag betrieb. Zeitgenössische arabische Lyrik, verlegt in Köln? Ich nahm mit ihm Kontakt auf, und als ich aus Syrien wiederkam und mein Arabisch besser geworden war, freundeten wir uns an und begannen, gemeinsam die zeitgenössische arabische Lyrik zu übersetzen.

Khalid[2] hatte gute Kontakte zu zahlreichen anderen Exilschriftstellern, vor allem aus dem Irak, und in seiner heruntergekommenen Altbauwohnung in Köln-Nippes trafen sie sich regelmäßig, um ihre anarchistisch-surrealistische Literaturzeitschrift mit dem provokanten Titel *Farādīs – Paradiese* herauszugeben, um über Buchprojekte zu sprechen, um zu übersetzen oder über Politik zu diskutieren und dabei nicht wenig zu trinken. Menschen mit den abenteuerlichsten Lebensläufen gingen dort ein und aus, etwa der irakische Dichter Sargon Boulus[3], ein auf Arabisch schreibender assyrischer Christ, der Ende der sechziger Jahre nach Beirut und von dort nach San Francisco ausgewandert war, wo er sich den Beat-Lyrikern um Allen Ginsberg und Lawrence Ferlinghetti angeschlossen hatte. Oder der in Paris lebende irakische Surrealist Abdalkader al-Dschanabi[4], der aus Bagdad stammte und als *enfant terrible* der irakischen Literaturszene galt – impulsiv, kompromisslos, stets zu Streit aufgelegt. Oder der in Paris als Vagabund lebende, ebenfalls zur assyrischen Gemeinde gehörende Samuel Shimon, der 1997 in London die Zeitschrift *Banipal*[5] begründete, die aktuelle arabische Literatur auf Englisch publiziert. In vielen Büchern dieser Autoren werden Fluchtgeschichten erzählt, wie in den Erinnerungen von Najem Wali[6] oder dem Roman »Der Marschländer« von Hussain al-Mozany[7], die beide ebenfalls um diese Zeit nach Deutschland gekommen waren. Auch der aus Kirkuk stammende, Arabisch schreibende Iraker Fadhil al-Azzawi[8], seit den siebziger Jahren in Berlin lebend, war in diesen Kreisen anzutreffen. Obwohl er schon damals unter meinen arabischen Freunden eine Art Vaterfigur war, wurde er in Deutschland erst zwanzig Jahre später entdeckt.

Kaum einer von ihnen hatte nicht irgendwann irgendwo im Gefängnis gesessen. Dort waren sie von älteren Inhaftierten in die Geheimnisse von Poesie und Literatur eingeführt worden, ähnlich wie heute die Gefängnisse von radikalen Islamisten als Rekrutierungsanstalt genutzt werden. Politisch waren meine arabischen Freunde weit links angesiedelt. Manche hatten Bärte wie Marx, hatten während des libanesischen Bürgerkriegs in Beirut für Zeitungen linker palästinensischer Gruppen geschrieben oder sogar für diese Gruppen gekämpft, waren über Osteuropa, meistens die DDR, nach Westdeutschland eingereist und in sozialistischen oder pseudosozialistischen Systemen aufgewachsen, die sich dem Ostblock zugehörig fühlten. Die Dichter, die sie besonders verehrten, waren selber Sozialisten gewesen: Éluard, Aragon, Lorca, Majakowski, Brecht. Dogmatisch war indessen keiner von ihnen – dafür waren sie zu sehr Poeten.

Menschen wie ihnen war ich zuvor allenfalls in Büchern begegnet. Mich verblüffte ihr unbedingter Glaube an die Poesie, die Vorstellung, dass Literatur derartig viel bedeuten konnte und die Aura des Dichtertums so groß war, dass jede wirtschaftliche Vernunft an ihr zunichte wurde. Sie verschuldeten sich, halfen einander, beherbergten sich wechselseitig, liehen sich Geld und bildeten eine Art poetischen Bettelorden. Anders hätten sie kaum überleben können. Als namenlose arabische Dichter wären sie ohne ihren fanatischen Glauben an die Literatur in ihrem Exil nichts gewesen. Der aber gab ihnen, was ich in meinem Umfeld vermisste: die Überzeugung, noch etwas Relevantes zu tun zu haben, sagen zu können, sagen zu müssen. Sie hatten noch echte Anliegen, und von der seltsamen Übersättigung, die meiner Generation so oft den Wind aus den Segeln genommen hatte, war bei ihnen nichts zu spüren. Während hierzulande selbst widerspenstige Intellektuelle und Schriftsteller bald vom System vereinnahmt und integriert werden, war in der Heimat meiner arabischen Freunde jede Kritik ein sinnvoller, oft unfreiwillig provokanter Akt. Das gab ihrem Tun einen Wert. Man musste sich fragen, ob der Westen nach Gott und allem sonstigen Glauben am Ende auch den an Kunst und Literatur, wenn nicht an die intellektuelle Betätigung insgesamt entwertet und in die Isolierstation eines selbstgenügsamen Kultur- und Universitätsbetriebs abgeschoben hatte.

Begannen wir dann, die Texte meiner Dichterfreunde zu übersetzen, stellte sich heraus, dass sie mehr mit denen Éluards, Benns oder Ginsbergs verwandt waren als mit dem, was man sich in unseren Breiten seit Goethe unter orientalischer Poesie vorstellt. Es war nicht leicht, daraus auf Deutsch etwas zu machen. Das Fremde, das mich ursprünglich angezogen hatte, lauerte in dem, was nicht übersetzbar war, den Buchstaben, der Schriftgestalt, dem fremden, raunenden Klang der Wörter. Und in dem, was darin unausgesprochen mit überliefert wird: die Andersartigkeit der semitischen Sprachen, ihr Alter, ihre historische Kontinuität, die sich mit derjenigen der heutigen europäischen Sprachen nicht vergleichen lässt: Das geschriebene Arabisch hat sich im Lauf der Jahrhunderte kaum verändert, sodass, ob gewollt oder nicht, viele Anklänge an Geschichte, Religion und die alte Literatur mit der bloßen Wortgestalt transportiert werden, oft erdrückend viele.

Meine arabischen Dichterfreunde machten es sich zur Aufgabe, die Schwere dieser alten Sprache von den Wörtern abzustreifen, sie leicht und frei zu machen, und oft gelang ihnen dies. Es war von der Motivation her dasselbe, was ich beabsichtigte, jedoch in umgekehrter sprachlicher Richtung, der Wunsch nämlich, jenseits der eigenen Sprache, Geschichte und Zwänge zu gelangen, sich der Schwere des Eigenen, der Tradition (und reichte sie auch nur bis zu den Weltkriegen) zu entledigen, hin zu einem anderen, neuen, einem Jenseits des Westens, so wie sie in Europa zu einem Jenseits des Ostens gelangt waren. Wenn ich zwischen den arabischen Freunden saß, schaute ich gleichsam in den Spiegel. Was ich aber bei mir nicht verstand, dafür sah ich klare Gründe bei ihnen. Es war zutiefst nachvollziehbar, warum sie das Eigene überwinden wollten, warum sie geflohen waren, warum sie auf das andere, uns, zugingen, es begehrten.

Nicht so bei mir. Ich hatte keine biografischen, geschweige denn politischen Gründe, um der Herkunft zu entkommen und Arabisch zu lernen. Bis heute werde ich regelmäßig gefragt, ob ich arabische Wurzeln hätte. Nicht nur, dass dies nicht der Fall ist. Eine solche Frage interpretiert mein Interesse am Fremden in einer diesem Interesse völlig entgegengesetzten Richtung. Sie vermutet eine Rückkehr zu vermeintlichen Wurzeln, wo doch das genaue Gegenteil davon der Fall ist, der Versuch der Abkehr und Abstoßung von der tatsächlichen Herkunft, ein Interesse gerade für das, was ich nicht bin und nie war; für das ich mich interessiere, weil ich es nie war, nicht bin und letztlich auch nie sein werde.

Was mir vorschwebte, nämlich die eigene kulturelle Prägung zu überwinden, zu überschreiten, hatten meine arabischen Freunde mit der ihren längst vollzogen und waren dabei geradewegs in meiner gelandet. Im Lauf dieses Prozesses wurden sie die besten Schüler des Westens ausgerechnet auf dem Gebiet, auf dem ihre Sprache und Kultur nach traditioneller Ansicht die größten Errungenschaften aufzuweisen hatte: in der Dichtung. In ihnen war das lebendig, was ich, als wäre es für immer Vergangenheit, nur aus Texten kannte: Literatur als Lebensform. Sie stellten mich vor die paradoxe Situation, dass ich im Begehren nach dem Anderen und Neuen, in dem Moment, als ich es gefunden zu haben glaubte, das eigene kulturelle Erbe fand; nur, und dies machte den Unterschied aus, viel lebendiger und bedeutender, als ich es bis dahin erfahren hatte!

Die arabischen Freunde offenbarten mir einen Riss, einen Zwiespalt im gängigen, auch von mir geteilten Bild vom Westen und seinem vermeintlichen Gegensatz, dem Orient. Sie sahen einen anderen Westen als ich. Sie sahen den politisch freien Westen, der sie gerettet hatte, wo ich den bedrohten sah – bedroht von überhandnehmendem Effizienzdenken, von einem kapitalistischen Rausch, von Scharfmachern und Populisten, von Selbstgefälligkeit und Bequemlichkeit. Sie sahen den bunten, innovativen, verrückten Westen, wo ich die Erstarrung sah und dabei vermutlich den Blick verlor für die enormen Freiheiten und Spielräume, die es im Westen unbestreitbar gibt. Die arabischen Freunde lehrten mich – lehren mich bis heute –, dasjenige zu schätzen, was aus hiesiger Perspektive lange Zeit als selbstverständlich schien, nicht weiter bemerkenswert: Redefreiheit, Reisefreiheit, die Freiheit, unkonventionell oder sogar verrückt zu sein.

Insofern ihre arabische Dichtung als verwestlicht gelten könnte, war sie es freilich nur dort, wo der Westen sich selbst überwand, über sich hinaussah, gegen sich rebellierte, dachte, dichtete, im Surrealismus etwa, in der amerikanischen Beat-Generation oder auch, wie wir noch sehen werden, einst bei Herder, Novalis, den Schlegels und vielen anderen. Dieser den Westen selbst durchziehende kulturelle Bruch wurde durch die nachträgliche Kanonisierung, Eingemeindung und Verharmlosung dieser ehemals oppositionellen, sich dem Konsens verweigernden intellektuellen Strömungen bloß verdeckt. Das Abweichende wurde ungeachtet seiner Schwerverdaulichkeit verschluckt und vereinnahmt, so wie selbst die aufmüpfigste antikapitalistische Kunst, nehmen wir etwa die von Joseph Beuys, vom Kunstbetrieb verschluckt, verdaut und als hoch gehandelt und kanonisiert wieder ausgeschieden wird. Indem das, was nie westlich war, vom Westen vereinnahmt und aufgesogen wird, verliert es seine Sprengkraft. Das einst Widerständige und Abseitige wird, wenn nicht zum Mainstream, so doch irgendwie integriert und geduldet, wie die Surrealisten mit ihrer antibürgerlichen Revolte heute vor allem als Lieferanten lustiger bunter Bilder bekannt sind.

Was im Lauf der Zeit vergessen wurde, aber meinen arabischen Freunden den Anschluss an diese Strömungen erleichterte, war die Tatsache, dass die Rebellen im Westen auch von vielen nichtwestlichen Einflüssen inspiriert und unterfüttert worden waren, orientalischen, afrikanischen, asiatischen. Die abendländische Literatur, an die meine arabischen Freunde anschlossen, stand seit langem über dem vermeintlichen Gegensatz von östlich und westlich.

Einige Jahre vor meiner Begegnung mit den arabischen Dichtern war im Museum Ludwig in Köln eine Retrospektive der Werke von Mark Rothko zu sehen, die mich auf eine Weise ergriffen, wie es bis dahin nur der Literatur gelungen war. Ich habe diese Erlebnisse immer noch, wenn ich vor Bildern dieses Künstlers stehe, und ich versäume keine Gelegenheit, sie mir anzuschauen. Es sind auf den ersten Blick sehr einfache Gemälde, aber sie entwickeln einen seltsamen Sog, lassen den Betrachter in sich hinein, bannen ihn in einen Kreis. Sie erzählen nichts, bilden nichts ab, stellen nichts dar; das unterscheidet sie von herkömmlichen Bildern: Sie sind. Sonst nichts. Sie stehen für nichts, symbolisieren nichts. Sie sind an und für sich selbst seiende Objekte. Das kann man von mancher modernen Kunst sagen. Doch selten, sehr selten finden sich gleichzeitig eine solche Leere und eine solche Intensität. Da war etwas, ohne dass sich sagen ließe, was es war. Etwas geschah, nur gab es niemanden, der erzählen könnte, was.

Man muss nichts wissen, kennen, reflektieren, keine Übung im Betrachten moderner Kunst haben, um in den Sog dieser Bilder zu geraten. Und obwohl Rothko bald darauf in Mode kam und Abbildungen seiner Farbflächen seither zur Popkultur gehören, ist das, was ich vor seinen Bildern erlebe, bis heute unbenommen, unzerstört von der ent-fremdenden Eingemeindung durch den kulturellen Mainstream. Es ist eine Erfahrung der Transzendenz, nicht im religiösen Sinn, sondern in dem einer Erfahrung jenseits des Westens, diejenigen Erfahrungsbereiche transzendierend und überschreitend, die unser kultureller Raum üblicherweise bereithält; und hinausgreifend auf solche, die vielleicht nicht minder im Bereich des Menschlichen liegen, üblicherweise aber nicht aktiviert werden.

Freilich hatte ich mein Erlebnis in einem westlichen Museum, vor den Werken eines Künstlers, der seine Karriere in den USA gemacht hatte und nirgendwo anders als auf dem westlichen Kunstmarkt zu Ruhm gelangt war. All dies spricht für den Westen, was immer dieser ist, für seine Offenheit, Absorbtionsfähigkeit. Aber es war doch keine westliche Kunst, ja, sie war womöglich weniger westlich als die Gedichte meiner exilierten arabischen Freunde. New York bot solcher Kunst und solch einem Künstler Platz, aber seine Kunst war ebenso wenig newyorkerisch wie jüdisch oder russisch, wie sie zu nennen wäre, machte man die Herkunft des Künstlers zum Kriterium. Es ist daher sinnlos, diese Kunst mit Kategorien wie westlich oder nichtwestlich zu beschreiben. Das gilt für die meisten kulturellen Phänomene.

Vor diesem Hintergrund ist das vorliegende Buch der unbescheidene Versuch, einige Dinge zusammenzudenken, zu kontrastieren und zu kombinieren, die man üblicherweise getrennt abhandelt; der Versuch, wenig bekannte Perspektiven zu eröffnen und den ein oder anderen blinden Fleck sichtbar zu machen. Ich gehe dabei experimentell vor, essayistisch, nehme Risiken in Kauf, gebe den Gedanken Spielräume, lasse sie von der Leine. Ein solches Verfahren weist naturgemäß zahlreiche offene Enden auf, lebt und atmet von dieser Offenheit, Verwundbarkeit, Labilität. Nur so aber, denke ich, entstehen Andockstellen für die nötigen Synapsen, Vernetzungen, Fortsetzungen. Statt systematisch gehe ich dabei lieber assoziativ vor. Statt alles zu erklären, arbeite ich lieber mit Zitaten, lasse mich von ihnen anregen, verführen, abstoßen.

Jedem Weltbild geht eine Grammatik, ein Vokabular, eine Überlieferung, eine Erzählung voraus. Diese Narrative, das heißt die Geschichten, die über die Welt erzählt werden, interessieren mich mehr als das, was angeblich die Welt selbst sein soll. Wer gleich schon über die Welt als solche reden, etwas »Wahres« über sie aussagen will, überspringt einen Schritt, verwechselt das jeweilige Bild von der Welt mit dieser selbst. Das geht zuweilen nicht anders. Hier jedoch lese ich, was andere über die Welt sagen, nicht als Aussage über die Wirklichkeit, sondern frage, welche Geschichte dabei erzählt wird. Nicht um sie zu werten oder sie zu widerlegen (wenngleich ich mit meinen Präferenzen nicht hinterm Berg halte), sondern um die Konsequenzen und Weichenstellungen dieser Geschichten, Narrative, Ideologien so ernst wie möglich zu nehmen, sie auszuloten bis in eine ihnen womöglich selbst unbekannte Tiefe. Und um schließlich die Frage zu stellen, ob wir das, was aus einem gegebenen Narrativ folgt oder sich daraus ableiten lässt, ernsthaft wollen. Wollen oder können wir (verstanden als alle potenziellen Leserinnen und Leser dieses Buchs) uns zum Beispiel mit dem, was uns als Westen dargestellt wird, noch identifizieren, wenn alle seine Konsequenzen sichtbar sind? Und falls nicht – was bleibt dann?

Wenn ich mir folglich in einem ersten Schritt Autoren wie Francis Fukuyama und Samuel Huntington vornehme, dann, weil sie besonders typische Vertreter einer bestimmten Geisteshaltung sind und am Leitfaden ihrer Schriften noch am besten aufgezeigt werden kann, was bis heute die Rede vom Westen ausmacht, was als Westen begriffen wird, was »Westen« bedeutet. Nicht zuletzt benutze ich sie und einige andere als Sprungbrett, um die eigene Denkbewegung in Gang zu setzen, um mich von ihnen abzusetzen und Fahrt aufzunehmen.

Ich stelle damit nicht zuletzt jene Haltung in Frage, die immer schon zu wissen glaubt, dass das Gerede vom Westen sowieso Unsinn ist, dass die liberalen und konservativen amerikanischen Denkschulen nicht satisfaktionsfähig seien und man endlich die andere, als richtig erkannte Politik durchsetzen möge. Eine solche Haltung scheint mir nicht weniger naiv als die affirmativ »westliche«. Sie nimmt ebenfalls nur ein Welt*bild,* das üblicherweise auf Hegel und Marx zurückgeht, für die Welt an sich und versucht, daraus eine Praxis und Politik abzuleiten, die vielleicht egalitärer, aber nicht minder problematisch ist als die ihrer Gegner. Wie diese bleibt sie auf materielle und identitätspolitische Fragestellungen fixiert und verbeißt sich, weil sie sonst wenig ausrichten kann, zur Kompensation in ein dogmatisches Verständnis von Sprache.

In Abgrenzung dazu bleibt hier von »Westen«, »Anderen«, »Fremden«, ja manchmal sogar vom »Orient« und dergleichen weiterhin die Rede, während zugleich unmissverständlich klargestellt wird, dass von einem essenzialistischen, fixen Verständnis dieser Begriffe nichts zu halten ist, dass, wo sie benutzt werden, ein spielerischer Umgang damit gefragt ist. Um kulturelle und gesellschaftspolitische Alternativen zu den gegenwärtigen Versteifungen, Wiedervorlagen und Ratlosigkeiten zu entwickeln, kann es nicht genügen, bloß gegen etwas zu sein und am Schönheitswettbewerb der Utopien teilzunehmen. Vielmehr muss zurückgegangen, müssen die Fundamente aufgeklopft werden – gerade auch die, auf denen man als Kritiker seiner Gegenwart selber steht.

Nicht nur jenseits des Westens, sondern auch in marginalisierten europäischen Traditionen wie etwa der Frühromantik finden wir Weltvorstellungen, die uns einen Weg aus den Sackgassen des Denkens weisen. Wenn ausgehend davon die intellektuelle Offenheit zurückgewonnen ist, sei abschließend an einem berühmten west-östlichen Beispiel aufgezeigt, wie eine Haltung und eine Politik jenseits des Westens funktioniert haben und wieder fruchtbar zu machen wären. Dass es dort, jenseits des Westens, ungleich viel mehr zu entdecken gibt, ist ohnedies klar. Der vorliegende Versuch ist nur ein kleiner, erster Schritt in dieses wenig erkundete Terrain.

DIE IDEOLOGIE DES WESTENS

Statt Gott nachzueifern, eifert man den Tieren nach. […] Der Humanismus erweist sich als ungenügend. Da der Mensch sich nur im Licht des großen Ganzen und dessen nicht-menschlichen Ursprungs verstehen kann und da er das Wesen ist, das die Menschheit überschreiten muss, ist er gezwungen, die Menschheit zum Untermenschen hin zu überschreiten, wenn er sie nicht zum Übermenschen hin überschreitet. Tertium, *d. h. Humanismus,* non datur.[1]

Leo Strauss, *Thoughts on Machiavelli*

Als ich Anfang der neunziger Jahre von meinem einjährigen Studienaufenthalt in Damaskus nach Deutschland zurückkehrte und mit meinen arabischen Freunden begann, ihre Gedichte zu übersetzen, wurden in den amerikanischen Denkfabriken die Weichen neu gestellt. Die Aufgabe, vor die sich diese Thinktanks, aber auch viele europäische Intellektuelle gestellt sahen, hatte sich aus dem überraschenden Erfolg ihrer Weltanschauung ergeben. Der Kalte Krieg war unversehens in ihrem Sinn entschieden. Aber was bedeutete die neue Situation, welche Politik folgte daraus?

Einer der frühsten und bekanntesten Versuche der Neuorientierung stammt von dem amerikanischen Politikwissenschaftler Francis Fukuyama (geb. 1952), der für die konservative Denkfabrik RAND Corporation und die US-Regierung tätig war und später in Washington an der Universität lehrte. Noch ehe die Berliner Mauer gefallen war, publizierte er im Sommer 1989 in der Zeitschrift *The National Interest*[2] einen Aufsatz, der mit einer spektakulären These aufwartet: Die Geschichte ist an ihr Ende gelangt – wiewohl es weiterhin politische Ereignisse geben wird. Die durch den absehbaren Zusammenbruch des Ostblocks symbolisierte weltanschauliche Klärung, gleichzusetzen mit dem »Triumph des Westens, der westlichen Idee«, bedeute »den Endpunkt der ideologischen Evolution des Menschen und die Universalisierung der liberalen Demokratie des Westens als der endgültigen Gestalt menschlicher Regierung«. Freilich vollzieht sich das Ende der Geschichte vorerst nur in der Vorstellung: »Der Sieg des Liberalismus hat sich vorrangig auf dem Gebiet der Ideen und des Bewusstseins ereignet. In der materiellen Welt ist er noch unvollständig.« Da wir schon wissen, dass alles auf die liberale Demokratie hinausläuft, müssen wir uns über die beste Implementierung dieser Ideen Gedanken machen, welche »as yet incomplete« ist (also noch nicht überall Realität), jedoch nicht mehr über die Frage, was wir politisch wollen. Denn etwas Besseres als die liberale Demokratie westlicher Ausprägung gebe es nicht. Mehr als ein Vierteljahrhundert später wissen wir, dass die Geschichte mit großen Schritten weitergelaufen ist und die liberalen Demokratien, als deren Sprecher und Ideologe sich Fukuyama verstand, neue ebenso wie altbekannte ideologische Konkurrenten bekommen haben.

In einem Punkt jedoch scheint Fukuyama nicht ganz falsch gelegen zu haben. Zwar ist die liberale Demokratie weltweit betrachtet so »incomplete« wie 1989. Auf dem »Gebiet der Vorstellungen und des Bewusstseins« hingegen, das heißt als Ideologie, stellt sie nach wie vor die mächtigste politische Idee dar und gilt in den meisten westlichen Gesellschaften, anders als noch in den sechziger und siebziger Jahren, bei der großen Mehrheit der Bevölkerung als alternativlos. Selbst die neuen rechten und linken Bewegungen in Europa berufen sich auf die liberale Demokratie und preisen ihre Politik oft sogar als Schutz der bestehenden Ordnung an, etwa vor der Bedrohung westlicher Werte (wie sie sie verstehen) durch den Islam[3], westlicher Standards (wie sie sie verstehen) durch die Globalisierung oder der Demokratie (wie sie sie verstehen) durch die EU-Bürokratie in Brüssel. Man mag dies als Rhetorik und Augenwischerei betrachten; *offiziell* und ihren eigenen Verlautbarungen zufolge bewegen sich die meisten dieser Strömungen im Rahmen liberal-konservativer demokratischer Vorstellungen und entwickeln wenn überhaupt nur zögerlich eine eigene Ideologie.[4]

Das ist kein Zufall. Wie wir sehen werden, sind die meisten Vorstellungen, welche die neuen rechten Bewegungen animieren, im selben Umkreis entwickelt und vorausgedacht worden, die für die These des ideologischen Sieges der liberalen Demokratie stehen. Mithin wäre die liberale Demokratie nicht nur von fremden Ideologien wie dem Islam oder den nationalistischen Autokratien etwa Russlands, der Türkei und Chinas bedroht, sondern von Vorstellungen, die ihr ureigentlich zugehören. Fukuyama hätte dann zwar recht behalten – der Liberalismus hat gesiegt –, aber er hätte die Bedrohungen und Sprengkräfte innerhalb des Liberalismus selbst unterschätzt, seine Autodestruktivität.

Diese Autodestruktivität könnte in der Verknüpfung von liberaler Demokratie mit der Idee des Westens liegen. Mit dieser Idee geht eine geografische Verortung einher, welche anhand kulturhistorischer Kriterien Ausgrenzungen schafft und einen neuartigen, sozusagen kulturgeografischen Identitätsbegriff in die Welt setzt. Träfe dies zu, wäre das, was an den herrschenden politischen Vorstellungen gerettet zu werden verdient, nur um den Preis einer Überwindung dieser kulturgeografischen Verortung zu retten. Es wäre also nur zu retten, indem man die geläufigen Vorstellungen vom Westen für ein inklusiveres Modell jenseits des Westens aufgibt.

Für Francis Fukuyama stand 1989 außer Frage, wofür seither das Bewusstsein geschwunden ist: Auch das politische System, das aus dem Kampf der Ideologien siegreich hervorgegangen ist, also der politische und ökonomische Liberalismus, beruht auf einer (um nicht zu sagen: ist eine) Ideologie, selbst wenn seine Vertreter dies nicht gern hören. Man ahnt, warum sie es nicht gern hören: Der konstruierte Charakter jeglichen politischen Systems tritt in Gestalt des Wortes »Ideologie« deutlich zutage. »Ideologie« besagt, dass die damit verbundenen Anschauungen nicht selbstverständlich sind; dass sie, selbst als historisch gewachsene, Produkt einer Überlegung, Ergebnis einer Absicht und Frucht einer Darstellung und ihrer Vermittlung sind. Das wiederum heißt, dass sie nicht naturgegeben und *zumindest theoretisch* auch austauschbar sind. Man könnte die Welt anders denken, eine andere Ideologie wählen, obschon damit keine Aussage darüber getroffen ist, wie sinnfällig, praktikabel und vermittelbar eine solche andere Ideologie wäre.

Dass es sich beim Liberalismus des Westens um eine Ideologie handelt, sagt Fukuyama in seinem Aufsatz unverhohlen selbst: Die »liberale Demokratie des Westens« markiere »den Endpunkt der ideologischen Evolution des Menschen«. Die ideologische Entwicklung als *Evolution* zu bezeichnen ist ein erster, wichtiger Schritt hin zur Abkehr vom Gedanken, dass es sich dabei um eine Ideologie handelt. Evolution bezeichnet eine Entwicklung von Natur aus, keine vom Menschen betriebene. Die Ideologie des Westens wird (im Gegensatz zu den anderen, von der Evolution ausgeschiedenen) als die naturgemäße bezeichnet, ihr Charakter als Ideologie in genau dem Moment verschleiert, in dem sie als Ideologie ein letztes Mal, nämlich als »end point«, erscheint.

In Fukuyamas drei Jahre nach dem Aufsatz erschienenen Buch »The End of History And the Last Man«[5] wird die These vom Ende der Geschichte, die viele Beobachter befremdlich fanden, geschichtsphilosophisch näher begründet. Mit Verweis auf Platon, Hegel und Nietzsche konstatiert Fukuyama, dass unsere politische Ordnung deshalb den Sieg über andere davongetragen hat, weil das ihr zugrunde liegende Menschenbild der menschlichen Natur am besten entspreche. In der biologistischen Metapher der »ideologischen Evolution« klang der Anspruch, der Natur zu genügen, bereits an. Als ein Weltbild, dessen Realismus und evolutionäre Überlegenheit durch den Berliner Mauerfall symbolisch bestätigt wurde, ist der Liberalismus keine Ideologie wie alle anderen. Er ist vielmehr diejenige, die als einzige die Crashtests der Geschichte bestanden hat.

Mit der Verknüpfung von Liberalismus und (ideologischer) Evolution schreibt sich Fukuyama in ein populäres Narrativ ein, das in der Vorstellung besteht, die Geschichte laufe auf ein Ziel zu und sei die Bühne beziehungsweise der Ort, wo die Wahrheit als Wahrheit erscheint. Er beruft sich dabei auf die Geschichtsphilosophie Hegels, der solche Vorstellungen entscheidend geprägt hat.[6] Sein Verständnis von Hegel ist aber vom russisch-französischen Hegel-Interpreten Alexandre Kojève geprägt, der zwischen 1933 und 1939 an der Pariser École des Hautes Études vielbesuchte, ausgesprochen einflussreiche Vorlesungen über Hegel hielt, die nach dem Krieg zu einem Buch zusammengestellt wurden.[7]

Kojève (1902–1968) ist eine Schlüsselgestalt für viele prominente ideologische Positionen des 20. Jahrhunderts, oft für sich widersprechende. Sein Leben und seine Überzeugungen geben nach wie vor Rätsel auf.[8] Sicher ist: Ohne Kojèves Neulektüre Hegels, welche die alten Hegel-Deutungen sei es von konservativer, sei es von marxistischer Seite überwindet, ist die weltanschauliche Ausdifferenzierung und Vielfalt der heute im Westen kursierenden philosophischen Positionen kaum verständlich. Kojèves Wirkung gleicht einer ideologischen Brandbeschleunigung, die alle erfasst hat, die mit ihm in Berührung gekommen sind.

Interessanterweise finden wir bei Kojève noch Positionen vereint, die nach dem Zweiten Weltkrieg unvereinbar und unversöhnlich wurden, ja scheinbar nie zusammenhingen: autoritäre Staatsvorstellungen, neoliberales und antiliberales Denken, aber auch Vorausdeutungen auf poststrukturalistische und postmoderne Haltungen. Jede dieser Strömungen lässt sich in ihrer gegenwärtigen Ausprägung zumindest teilweise auf Kojève und seine vor allem in Frankreich und den USA einflussreiche Hegel-Deutung zurückführen. Sartre, Levinas, Derrida, Foucault, Lacan, Bataille, Merleau-Ponty, Raymond Aron, aber auch Hannah Arendt, Hans-Georg Gadamer, Karl Löwith, Leo Strauss, Allan Bloom, Carl Schmitt – alle diese Denker, so unterschiedlich sie waren, sind auf die ein oder andere Weise Hörer, Leser und Gesprächspartner von Kojève gewesen, der selbst bei Karl Jaspers und vielleicht auch kurz bei Husserl studiert hatte.[9] Mit Hilfe von Kojève kann man vordergründig so abwegige Gedankenlinien ziehen wie von Jacques Lacan zu Francis Fukuyama oder von Carl Schmitt zu Jacques Derrida. Oder vom Russland der Revolution über die Goldenen Zwanziger in Deutschland zur Vorkriegszeit nach Frankreich und zu den amerikanischen Elite-Universitäten und in höchste Regierungskreise der USA bis in die neunziger Jahre. Oder über ein paar Ecken mehr von Jean-Paul Sartre zu Donald Trump.[10] Als würde das nicht genügen, schreibt man Kojève, der im französischen Wirtschaftsministerium für die europäische Integration verantwortlich war, beträchtlichen Einfluss auf die frühe europäische Einigung zu und hegt den begründeten Verdacht, er habe parallel für den KGB spioniert. Überdies hatte er ein Faible für den Buddhismus und lernte einige asiatische Sprachen: Sanskrit, Chinesisch und Tibetisch. Wassily Kandinsky, der Theosoph unter den modernen Malern, war sein Onkel, und seine Promotion bei Jaspers handelte von einem russischen Religionsphilosophen und modernen orthodoxen Mystiker. Wie wir am Ende dieses Buches sehen werden, weisen die Ideen bedeutender Vertreter der indischen Unabhängigkeitsbewegung eine ähnliche geistige Genealogie auf. Kojève, auf den sich die Ideologie des Westens beruft, war in vielerlei Hinsicht immer schon jenseits des Westens.

Inwiefern stützt sich Fukuyama auf Kojève und dessen Hegel-Deutung? Ausgehend von einem Kapitel in Platons »Staat«[11] und zunächst unabhängig von Hegel schreibt Fukuyama dem Menschen drei wesentliche Eigenschaften zu: Vernunft (*logos*), Begierde (*epithymia*) und schließlich, als geheimnisvollste und für Fukuyama wichtigste der drei Eigenschaften, *thymos*, Fukuyama zufolge das Streben nach Ehre und Anerkennung.[12] Den liberalen, kapitalistischen Demokratien des Westens sei es am besten gelungen, Vernunft und Begehren zu vereinbaren: Die Bedürfnisse werden hier auf vernünftige Weise erfüllt, anders als im Sozialismus, wo die Bedürfnisbefriedigung, wenn überhaupt, nur um den Preis harter politischer Zwangsmaßnahmen möglich war. Wichtiger aber noch sei, dass es dem Kapitalismus anders als dem Sozialismus, welcher die Gleichheit der Menschen betont[13], gelinge, den Thymos zu befriedigen. Er ist diejenige Kraft, die nach Anerkennung strebt, also eine Art Ehrgeiz, der Wunsch, sich vor den anderen auszuzeichnen, ja ihnen überlegen zu sein. Thymos sieht Fukuyama auch in Gestalt von Nietzsches »Wille zur Macht« sowie in seinen Vorstellungen vom »Übermenschen« am Werk.

Dieses Thymos-Prinzip findet Fukuyama nicht nur bei Platon und Nietzsche wieder, sondern identifiziert es mit dem Kampf zwischen Herr und Knecht, der bei Hegel, besonders aber in der Hegel-Deutung von Kojève thematisiert wird. Dieser Kampf, nach Hegel/Kojève die Urszene der Weltgeschichte und ihre treibende Kraft, stellt einen Kampf um Anerkennung auf Leben und Tod dar. Wer ihn gewinnt, ist der Herr; der Verlierer wird zu seinem Knecht. Die Pointe besteht darin, dass der Herr zugleich vom Knecht abhängt, weil dieser es ist, der ihm die Anerkennung verschafft; andererseits ist die Anerkennung, die der Knecht als Knecht zollt, ungenügend, weil sie nicht der Anerkennung gleichkommt, die man von einem Gleichrangigen erhält. Deshalb hört die Geschichte mit dem Sieg des einen über den anderen nicht auf, sondern endet erst mit der im Lauf der Geschichte errungenen Freiheit des Knechts, also der wechselseitigen Anerkennung der einstigen Antagonisten als Gleiche.

Mit dieser auf einige Schlagworte reduzierten Theorie von Hegel/Kojève lassen sich sowohl das Wettbewerbsprinzip des Kapitalismus als auch die Prinzipien von Freiheit und Gleichheit, die die liberalen Demokratien des

Westens prägen, geschichtsphilosophisch rechtfertigen.[14] Überdies hat sie den Charme, in Gestalt der dialektischen Geschichtsdeutung ein wichtiges Element sozialistischer Weltanschauungen, den »dialektischen Materialismus«, gegen den Sozialismus selbst zu wenden.

Fukuyama erweitert nun die Theorie von Hegel/Kojève, indem er den Kampf um Anerkennung zwischen Herr und Knecht mit Platons Thymos-Trieb erklärt. Das Ende der Geschichte im Sinn des Kampfes zwischen Herr und Knecht hätte daher zumindest die eine bedauerliche Folge, dass der Thymos brachliegt beziehungsweise darauf verwiesen ist, sich in mehr oder weniger bürgerlichen Kategorien zu verwirklichen, solchen also, die die liberale Gesellschaft fördert und duldet: der unternehmerische Kapitalismus, ein mehr oder weniger extremes Hobby und vielleicht noch die politischen Ämter. Der Autor nennt als Beispiele die Namen von George Bush dem Älteren (zur Zeit des Erscheinens von Fukuyamas Buch 41. US-Präsident), er nennt den Extrembergsteiger Reinhold Messner und als Beispiel für einen Unternehmer keinen Geringeren als den späteren 45. Präsidenten der USA, Donald Trump.

Fukuyamas Pointe besteht in der These, dass zumindest Nietzsche, wenn nicht schon Platon, eine edlere Vorstellung vom Übermenschen und von der Verwirklichung des Thymos gehabt hat als die in der liberalen Demokratie erlaubten, bürgerlich gezügelten Formen der Thymos-Befriedigung. Es lohnt sich, die Stelle im Zusammenhang zu zitieren: »Gibt es nicht einen Vorrat an Idealismus, der unausgeschöpft bleibt, […] wenn man ein Geschäftsmann wie Donald Trump, ein Bergsteiger wie Reinhold Messner, ein Politiker wie George Bush wird? […] Bei aller Anerkennung, die sie erhalten, ist ihr Leben nicht gerade das schwierigste, sind die Anliegen, denen sie sich verschrieben haben, nicht die nötigsten und die gerechtesten. […] Einen wahrhaft thymotisch veranlagten Charakter werden sie am Ende nicht zufriedenstellen können.«[15] Die größte Bedrohung für die liberalen Demokratien nach dem Ende der Geschichte sieht Fukuyama also darin, dass die Thymos-Befriedigungsmöglichkeiten, die diese Gesellschaften im Rahmen ihrer Gesetze bereithalten, nicht ausreichen und dass der unbefriedigte Überschuss an Thymos die Gesellschaft destabilisieren könnte – weswegen Fukuyama dafür plädiert, Ungleichheit zuzulassen: »Während der am häufigsten vorgebrachte Vorwurf gegen die liberale Demokratie lautet, dass gleiche Menschen ungleich behandelt werden, darf man die begründete Vermutung hegen, dass die größere, letztlich viel ernstere Gefahr von rechts ausgeht, nämlich von der Tendenz der liberalen Demokratie, ungleiche Menschen gleich zu behandeln.«[16] Ohne Fukuyamas These, dass zu viel Gleichheit die Ursache des Problems der liberalen Demokratie sei, teilen zu wollen, muss, von heute aus betrachtet, doch die Richtigkeit der Schlussfolgerungen verblüffen: »The more serious threat comes from the Right.«[17] Indem Fukuyama die Bedrohung von rechts dadurch erklärt, dass die liberale Demokratie zu viel Gleichheit schafft, instrumentalisiert er die Rechte, baut mit ihrer Hilfe eine Drohkulisse auf und bringt sie, sei es nun absichtlich oder nicht, für sein eigenes Anliegen in Stellung, dem Thymos mehr Spielräume zuzugestehen. Das ist rhetorisch ebenso geschickt wie denkerisch unlauter. Aber es erklärt recht gut, was im letzten Vierteljahrhundert politisch geschehen ist und welche Funktion die politische Rechte gerade auch für ein prononciert liberales Weltbild erfüllt.

Es ist für unsere Zwecke ohne Belang, ob diese Theorie, die auch im Original nicht viel weniger holzschnittartig ist als in der hier vorgelegten Skizze, glaubwürdig ist oder nicht, ob sie der Weltgeschichte oder der liberalen Gesellschaft gerecht wird oder nicht, ob ihr begriffliches Instrumentarium etwas taugt oder nicht und ob diese sehr spezielle Deutung des Thymos tatsächlich aus Platon ableitbar ist oder nicht.[18] Nicht diese Fragen machen Fukuyamas Theorie bemerkenswert, sondern die Tatsache, dass sie zentrale Elemente der im politischen und diskursiven Alltag schwer greifbaren *Ideologie* des Westens verdeutlicht. Was vor einigen Jahren einer aufwendigen Beweisführung bedurft hätte, liegt inzwischen offen zutage.[19]

Halten wir die Ideologeme des Westens, wie sie bei Fukuyama erscheinen, fest: zunächst die platonische Trias *Thymos*, *Logos* und *Epithymia* (Ehrgeiz, Vernunft, Begierde); der hegelianische Kampf zwischen Herr und Knecht um Anerkennung und Vorherrschaft, welcher sich in der Geschichte manifestiert; und Nietzsches Theorie des Übermenschen und des Willens zur Macht. Eine weitere wichtige Referenz für Fukuyama ist Machiavelli, verstanden als Theoretiker des thymotischen und machtbewusst rücksichtslosen Individualismus. Machiavelli wurde in der Deutung von

Leo Strauss für den amerikanischen Neokonservativismus prägend. Leo Strauss wiederum ist derjenige, der die amerikanische Kojève-Schule mit der europäischen verbunden hat und in seinem Werk »History of Political Philosophy«[20] die neuere amerikanische Platon-Rezeption begründete. Strauss hatte in den zwanziger Jahren mit Kojève zusammen in Deutschland studiert, ihn in Paris wiedergetroffen und blieb bis an sein Lebensende mit ihm im Briefwechsel, auch nach der Auswanderung in die USA in den dreißiger Jahren.[21]

Werfen wir einen letzten Blick auf die Funktion des Thymos bei Fukuyama. Wie aus dem Zitat oben hervorgeht, erscheint Thymos bei Fukuyama als das Gegenprinzip zur Gleichheit. Die größte Gefahr für die liberalen Demokratien ist demnach nicht, dass in ihnen eine zu große Ungleichheit herrscht, sondern dass in ihnen eine zu große Gleichheit herrscht und die thymotischen Energien nicht mehr ausgelebt werden, sich also andere Möglichkeiten suchen, um zur Geltung zu gelangen, und so den gesellschaftlichen Frieden in Frage stellen.

Liest man Fukuyama mit Fukuyama, das heißt so, wie er mutmaßlich gelesen werden will, erklärt sich, warum der Thymos eine solch zentrale Stellung in seiner Theorie einnimmt, obwohl dieser alte platonische Begriff doch, wie der Autor selbst einräumt, bei den klassischen politischen Denkern der Neuzeit – Locke und Hobbes werden genannt – nie eine Rolle gespielt hat: Allein der politische Liberalismus darf als die Ideologie gelten, die dem Thymos ausreichende Spielräume zugesteht. Je freier eine Gesellschaft ist, desto ungehinderter kann diese Kraft sich entfalten, desto geringer sind die Gefahren, die von der Gleichheit und der von ihr eingeforderten Unterdrückung des Thymos ausgehen. Wenn es Thymos in der von Fukuyama gedeuteten Weise[22] als grundlegende menschliche Triebkraft gäbe, dann wären die davon ausgehenden Gefahren das beste Argument gegen alle sozialistischen und antikapitalistischen Tendenzen. Diese sind bekanntermaßen bestrebt, soziale Ungleichheiten zu beseitigen, also eine Gesellschaft anzustreben, in der weitgehende Isothymie – Einebnung der Unterschiede und unterschiedlichen Aspirationen – herrscht.[23]

Dass es sich dabei um ein perfektes ideologisches Konstrukt für jede Form von Neoliberalismus handelt – verstanden als ein Wirtschaftssystem möglichst ohne Regulierung und Gängelung von staatlicher Seite –, bedarf keiner Erläuterung. Wer es sich zu eigen macht, wird weitgehende ökonomische Liberalisierungen befürworten; dagegen wird er Tendenzen, die auf Gleichheit oder Gleichstellung hinarbeiten, politisch bekämpfen. Das »Ende der Geschichte«, verstanden als Sieg gegen den Kommunismus, hat, jedenfalls für seine Anhänger, die Wahrheit der thymotischen Theorie auf ausreichende Weise bewiesen. Diese Wahrheit muss nun nur noch berücksichtigt und ihr politisch Geltung verschafft werden.

Natürlich sind Fukuyamas Thesen nicht ohne Widerspruch geblieben. Doch übersieht man ihren Zweck und ihre nicht zu bestreitende Leistung, wenn man sie auf ihren bloßen Wahrheitsgehalt hin befragt. Sie dienen dazu, eine bestimmte Politik zu begründen und zu rechtfertigen, ihr ein Narrativ nachzuliefern. Nach dem überraschenden Wegfall des wichtigsten ideologischen Gegners des Westens, des Kommunismus, stiften sie Orientierung. Wenn sie nur ausreichend gut das (wie auch immer sonst motivierte) Handeln der wirtschaftlichen und politischen Akteure begründen können, werden sie für »wahr« gehalten und wirken dann wie eine sich selbst erfüllende Prophezeiung, als die richtige Theorie zur richtigen Zeit für die entsprechend »richtigen« Menschen – die, die sich nach ihr richten.

Fukuyamas Theorie ist ein unverrückbarer Eckstein jeder Ideologie des Westens, eine ihrer mächtigsten Ausformulierungen. Sie hat zahlreiche Fortsetzungen gefunden, die auch in Deutschland bis in die Tagespolitik wirksam sind (vgl. Anm. 19). Fukuyama hat damit seine Aufgabe, den Westen für die Zeit nach 1989 mit einer neuen Ideologie zu versehen, einerseits mit Bravour erfüllt; andererseits hat diese Weltanschauung den Westen in eine Sackgasse geführt, die es immer schwieriger macht, ihn in Einklang mit der nichtwestlichen »Restwelt« zu bringen.[24]

Im Hinblick auf die folgenden Überlegungen sei auf eine weitere Besonderheit von Fukuyamas Theorie aufmerksam gemacht. Wir haben gesehen, dass die Begriffe »Freiheit« und »Gleichheit« als politische und weltanschauliche Orientierungsgrößen eine wichtige Rolle spielen. Sie stehen sich in gewisser Hinsicht antagonistisch gegenüber, bilden einen Gegensatz, sowohl für Fukuyama wie häufig auch einem vortheoretischen Verständnis nach. Dabei ist allerdings zu fragen, ob dieses vortheoretische Verständnis nicht wiederum selbst von solchen antagonistischen Theorien beeinflusst ist.

Freiheit und Gleichheit sind jedoch kein offensichtliches begriffliches Gegensatzpaar wie Freiheit und Sklaverei oder wie Herr und Knecht. Freiheit und Gleichheit müssen kein Widerspruch sein. Sie können es aber sein: Um Gleichheit durchzusetzen, kann Freiheit eingeschränkt werden – eine Freiheit jedenfalls, die nach Ungleichheit strebt wie etwa diejenige Freiheit, die dem Thymos Spielräume gibt, welcher anderen Menschen Anerkennung abnötigen will, sie also zwingt, eine Ungleichheit anzuerkennen.[25] Diese Anerkennung kann freiwillig geschehen – wie etwa, wenn man Künstler anerkennt oder einen erfolgreichen Unternehmer wie Apple-Gründer Steve Jobs, kann aber auch unter Zwang erfolgen, wie beim ursprünglichen hegelianischen Modell von Herr und Knecht.

Insofern könnte ausgerechnet die von Fukuyama eingeforderte Freiheit zur thymotischen Entfaltung ein starkes Element von Unfreiheit und Zwang mit sich bringen. Im neuliberalen und neurechten Denken steht die Chiffre *Thymos* folglich für das Recht des Stärkeren, damit für Ungleichheit, Hierarchie und die Unfreiheit derer, die in die Anerkennung gezwungen werden, der Schwächeren also oder derjenigen, die nicht bereit sind, ihr Leben in diesem Kampf aufs Spiel zu setzen, wie es die Hegel/Kojève'sche Urszene im Kampf zwischen Herr und Knecht vorsieht, wo stets derjenige unterliegt, der nicht auf heroische Weise bereit ist, sein Leben für den Sieg aufs Spiel zu setzen.

Die Faszination, die von dieser Theorie gegenwärtig für viele politische Bewegungen im Westen ausgeht, lässt sich vor diesem Hintergrund erklären. Sie wird besonders dann deutlich, wenn man ein Element hinzunimmt, das bei Fukuyama fehlt oder unterschlagen wird: die Nation. Allein unter den Bedingungen des Nationalstaats kann es gelingen, die thymotischen Energien auszuagieren, ohne dass sich zwischen den Leitvorstellungen Freiheit und Gleichheit ein unüberbrückbarer Widerspruch auftut. Erinnern wir uns: Das Problem der Anerkennung des Herrn durch den Knecht bei Hegel/Kojève besteht darin, dass diese Anerkennung unbefriedigend ist, solange der Knecht als Knecht erscheint, also als ein Wesen zweiter Klasse, das dem Herrn nicht gleichrangig ist. Der Wunsch des Herrn nach Anerkennung wird erst dann voll befriedigt, wenn es eine Anerkennung durch seinesgleichen ist.

Die Nation ist aber nach herkömmlichem Verständnis eine Gemeinschaft der Gleichen, nicht unbedingt dem Rang nach, aber doch der Ethnie, der Sprache, des Glaubens, des Raums. Es ist eine Gleichheit im Sinn der Homogenität, die Nation demnach die Gemeinschaft der sich als gleich Anerkennenden. Sie kann damit maximale thymotische (das heißt auf Anerkennung bezogene) Befriedigung gewähren, hat aber unweigerlich zur Voraussetzung, dass es andere Menschen gibt, die als nichtgleich betrachtet werden, also der Anerkennung nicht fähig sind (weder des Anerkannt-Werdens noch des richtig Anerkennen-Könnens) und allein dadurch als unterlegen und zweitklassig gelten.[26] Einem homogen gedachten Nationalstaat ist somit die Abwertung der anderen, Nicht-Dazugehörigen inhärent, zumindest als Option. Sie muss sich nicht zwangsläufig praktisch manifestieren und kann eine pure Geisteshaltung bleiben. Als Drohung bleibt sie jedoch bestehen. Diskriminierung und Entrechtung anderer sind im Quellcode des Nationalstaates als Möglichkeit angelegt.

Ob die thymotische Theorie dabei nur (pseudo)philosophisch zu begründen und rechtfertigen sucht, was ohnedies im Westen der Fall ist, nämlich das Überlegenheitsstreben, oder ob die davon ausgehende Verstrahlung des öffentlichen Diskurses, wie sie sich in populärwissenschaftlichen Werken und Bestsellern, in Talkshows, Feuilletons, sozialen Netzwerken und Stammtischen manifestiert, für das thymotische Denken verantwortlich ist, lässt sich nicht entscheiden. Vermutlich verschränkt sich beides, denn die damit verbundenen Vorstellungen sind alt, reichen, wie angedeutet, über Kojève, Nietzsche, Hegel und andere zurück bis in die Antike und bilden Grundannahmen, die im öffentlichen und massenmedialen Diskurs so allgegenwärtig sind wie die Rede vom Westen selbst. Von diesen Vorstellungen dürften daher auch Menschen geprägt sein, die vielleicht nie eine Zeile der hier erwähnten Autoren gelesen haben.[27]

Die Verdeutlichung dieser Zusammenhänge erweist sich als produktiv, wenn das Moment der weltanschaulichen Wahl hervortritt, das sich während der Epochenwende von Neunundachtzig dahinter verborgen hat. Die mehr als ein Vierteljahrhundert später fast unvorstellbar gewordene Frage lautete: Wie sollten die ökonomischen und politischen Spielräume, die sich durch den plötzlichen Wegfall eines der beiden großen weltpolitischen Akteure ergaben, der Sowjetunion und des kommunistischen Blocks, genutzt werden? Was und wer sollte die Politik anstelle des Ost-West-Gegensatzes bestimmen, wenn der Osten auf einmal nicht mehr da ist? Inwiefern ist es dann überhaupt noch sinnvoll, vom Westen zu sprechen? Was wäre ein Westen ohne den Osten? Logisch wäre allein die Folgerung gewesen, dass es ohne den Osten auch keinen Westen geben könne. Einen aussagekräftigen Sinn ergeben die Himmelsrichtungen lediglich gemeinsam; westlich taugt als Angabe nur in der Bedeutung von »westlich von etwas«. Für sich genommen besagt »Westen« zunächst einmal gar nichts – Westen kann überall liegen und alles meinen.

Will man eine Vorstellung vom »Westen« ohne Bezug auf einen Widerpart, ohne zwangsläufige Relativität (»westlich von ...«) bewahren, muss man den Ausdruck »Westen« hypostasieren, das heißt ihm die Qualität eines wirklichen Gegenstandes zuschreiben, etwas, was auch dann Bestand hat, wenn die Bezugsgröße Osten wegfällt. »Westen« ist dann keine Himmelrichtung mehr, sondern wird zur *Metapher* für etwas anderes, ein Name, der eine historische oder politische Größe bezeichnet, freilich eine relativ unbestimmte, denn es handelt sich ja nicht um einen Staat, eine Institution, Religion oder dergleichen. Will man unter Inkaufnahme dieser Bedingungen trotzdem an dem Label »Westen« festhalten, wie es nach 1989 im »Westen« geschah, besteht die Aufgabe darin, eine Definition zu liefern und damit die Metaphorik jeder Rede vom Westen, die nicht die Himmelsrichtung meint, zu verschleiern; wie es bei Fukuyama und in zahlreichen anderen Publikationen geschah. Erst dann wird der Westen ein halbwegs realer Ort, eine unabhängige Größe. War er zuvor nichts als eine Relation (zum Osten oder in Bezug auf andere Himmelsrichtungen), so steht er nun absolut und für sich allein. Tatsächlich sind im heutigen politischen Sprachgebrauch mit dem Wort »Westen« oft konkrete geografische Orte gemeint, während zugleich alle möglichen metaphorischen Orte nach Gutdünken hinzugedacht werden können: eine bestimmte Geschichte, Weltanschauung, Politik, Ökonomie. Dies zeigt sich immer wieder dann, wenn es politisch, weltanschaulich, ökonomisch um etwas geht, etwas auf dem Spiel steht, etwas

Ernstes verhandelt, diskutiert oder berichtet wird (Verträge, Selbstverständnisse, Terroranschläge).

Die Alternative hätte in einer inklusiveren und globaleren Vision bestanden, welche ohne die Aussage auskommt, Werte und damit Privilegien hätten eine bestimmte Heimat, und diese nennen wir »Westen«. Es ist eine Alternative, die bei Fukuyama in Gestalt eines Universalismus fortglimmt, den wir gleich unter die Lupe nehmen.

Die Ideologie des Westens und die damit einhergehende Verortung seiner Werte steht nämlich nicht zwangsläufig im Widerspruch zu einer universellen Vision. Es verhält sich damit wie mit dem Begriff der Nation. Die Vorstellung vom Westen führt eine Unterscheidung oder Diskriminierung ein (Westen im Unterschied zum Osten, Süden, Nicht-Westen), die ihre eigene Gesetzmäßigkeit entwickelt und, selbst wenn diese Option nicht gezogen wird, die Möglichkeit einer derartigen Abgrenzung und Unterscheidung stets behält. Dabei erweist sich die Ungenauigkeit jeder Rede vom Westen als einer ihrer großen Vorteile, nicht zuletzt gegenüber dem enger und strenger definierten Begriff der Nation und sogar gegenüber einer ebenfalls relativ fluiden Idee wie Europa: Die Rede vom Westen ermöglicht eine Abgrenzung, ohne sie zu erzwingen oder offensichtlich zu machen. Die stete Möglichkeit einer solchen Abgrenzung stellt eine permanente, unausgesprochene Drohung dar, ist ein Damoklesschwert. Jeder kann, potenziell, Teil des Westens werden; jeder kann, potenziell, ausgeschlossen werden. Dergleichen Flexibilität haben weder Nationen noch Religionen.

Das gilt nicht nur für die Frage, wer mit Bezug auf das Konzept »Westen« als drinnen und draußen betrachtet wird, wer dazugehört, wer nicht. Es gilt auch für das Verhältnis des Westens zum Rest der Welt. »Westen« lässt zwei Interpretationsmöglichkeiten zu: als Bestandteil der Welt gesehen zu werden, in diese integriert und mit ihr in einem osmotischen Verhältnis stehend; oder als sich absondernd, die Unterschiede betonend und verdeutlichend, dass es zwischen ihm und dem Rest der Welt nur äußerliche Schnittmengen gibt, wirtschaftliche und militärische beispielsweise.

»Westen« ist unverbindlich, deutungsoffen – aber nicht ganz und gar: Das Label ermöglicht eine Identifikation, ohne allzu genau sagen zu müssen, was darunter verstanden wird. Es präjudiziert eine Unterscheidung, ohne sie zu erzwingen. Es ermöglicht dem Westler, westlich zu sein und sich trotzdem mit der ganzen Welt zu verwechseln und seine Vorstellungen auf die ganze Welt zu übertragen, idealerweise als ihr *non plus ultra*, als »endpoint of man's evolution« – das verfängliche Wörtchen »ideological« wird gern vergessen.

Da es sich bei »Westen«, wie gesagt, nicht um ein vorfindliches, ohne weiteres erkennbares Ding handelt (wie Stühle, Berge, Sprachen, Moden etc.) und da ohne die diesbezüglichen Bücher und Diskurse niemand wüsste, was der Westen ist; da die Unterscheidung, die mit diesem Namen gesetzt wird, also nicht aus der Erscheinungswelt vorgegeben ist, sondern konstruiert, also eine Vorstellung ist, hat sie ihren Zweck zunächst in nichts anderem als in der Unterscheidung selbst.

Die Schwankungsbreite des Westens, das heißt die Schwankungsbreite der unter dem Label »Westen« kursierenden Vorstellungen pendelt zwischen eher globalen und eher abgrenzenden, neuerdings wieder nationalen Orientierungen. Dass diese Schwankungsbreite globalere Orientierungen nicht ausschließt, ja ihnen zuweilen erlaubt, sich nicht nur in Sonntagsreden, sondern auch in konkreter Politik zu manifestieren, täusche nicht darüber hinweg, dass das Festhalten an der Rede vom Westen (als Wort, als zu füllende Leerformel für ein schwammiges Wir) nach der Auflösung des Ostblocks eine Entscheidung *gegen* eine Vision gewesen ist, die das Eigene mit einem Ganzen, der Menschheit, dem Globus gleichsetzt. Es ist eine Entscheidung *gegen* die damals bereits absehbare, weltweite ökonomische, ökologische, mediale, politische und kulturelle Integration und Gleichbehandlung gewesen; eine Entscheidung, die sich mit jedem unkritischen Gebrauch des Wortes »Westen« aufs Neue manifestiert.

Die geläufige Ausrede für diese Entscheidung lautet, man könne eine globale Gemeinschaft oder Identität nicht begründen oder wenigstens nicht vermitteln. Gegen dieses Argument spricht nicht nur, dass dies mit Filmen, Musik, Essgewohnheiten, Lebensstilen durchaus zu gelingen scheint. Und ist nicht Kultur ein zentrales Element von Identität und Gemeinschaft? Dagegen spricht auch die Fülle und lange Tradition universeller, globaler Visionen und Bestrebungen im abendländischen ebenso wie nichtabendländischen Denken, welche wir später näher betrachten werden.

Die Behauptung, diese Bestrebungen, Vorstellungen und Ideologien seien weniger vermittelbar als die des Westens als Westen, kann sich nur darauf stützen, dass sie de facto weniger vermittelt und propagiert worden sind als die anderen. Die Schlussfolgerung aus dieser mangelnden oder halbherzigen Vermittlungsbemühung alternativer Weltanschauungen und Identitätskonzepte kann nur lauten, dass es schlicht zu wenig handfeste wirtschaftliche und politische Interessen gab, um sie zu vermitteln. Und dass es unter denen, die die Macht dazu gehabt hätten, zu wenige gab, die ihr Glück auf diese Wahl verwetten wollten, wohingegen die klassische Ideologie des Westens eine sichere Bank schien und, glaubte man Fukuyama, mit dem Lorbeerkranz des »Endpunktes der ideologischen Evolution« gekrönt war. Doch über die Gründe für diese Wahl zu spekulieren ist eine Aufgabe für zukünftige Historiker und fällt nicht mehr in den Bereich dieses Buchs.

Dass Fukuyamas Theorie die ökonomische Entfesselung der neunziger Jahre ideologisch untermauert und ihr die philosophischen und anthropologischen Argumente zugeliefert hat, ist bereits gesagt. Die Entscheidungen für »Westen« statt Welt und für weniger Staat statt mehr Staat gingen dabei Hand in Hand und haben inzwischen zu einer nicht mehr auflösbaren Gleichsetzung von Westen und Kapitalismus geführt, zu einer einseitigen Reduktion und Engführung des Westens auf das Schlagwort der Freiheit, die vor allem eine des Kapitals ist, oft ohne Rücksichten auf andere, ebenfalls im geografischen Westen beheimatete Wertvorstellungen. Diese Engführung hat entscheidend dazu beigetragen, dass die Idee des Westens womöglich nicht mehr zu retten ist.

Dasjenige nun aber, was an den Vorstellungen, die unter dem Begriff »Westen« kursieren, noch für gut gilt, kann nur geborgen und in die Zukunft überliefert werden, wenn die geschilderte Engführung und Reduktion rückgängig gemacht wird; wenn also die Vorstellungen vom Westen – der aber dann wohl nicht mehr Westen heißen kann – um das ergänzt werden, was ihnen zwar ursprünglich zugerechnet wurde, dem Begriff »Westen« aber spätestens seit den neunziger Jahren des 20. Jahrhunderts ausgetrieben wurde.

Der Rückfall in Nationalismen kann dabei nicht als Kollateralschaden abgetan, sondern sollte als die logische Konsequenz *dieser* Geschichte, *dieser* Wahl verstanden werden. In einer Welt, die als von Thymos, Freiheit und Gleichheit getrieben dar- und vorgestellt wird, erledigt sich eine Vorstellung wie »Westen« nämlich früher oder später von selber. Gleich, wie eng und eurozentristisch »Westen« auch definiert wird, die Homogenität selbst großer Nationalstaaten kann dieses Konzept nicht erreichen. Es kann die Gleichheit und wechselseitige Wertschätzung der Bürger, die der Nationalstaat zumindest konzeptionell liefert, nicht ersetzen. Je radikaler aber die Freiheit zur thymotischen Entfaltung gedacht wird, desto größer muss, sowohl um sie auszugleichen als auch um sie zu befriedigen, das Verlangen nach Homogenität werden.

Um im Bild zu bleiben, das Fukuyama vorausgedacht hat und dessen Inkonsequenz nun offenbar wird, kann Anerkennung als Anerkennung Gleicher durch Gleiche im Rahmen eines Konzepts wie »Westen« nicht ausreichend geleistet werden, kann sich allenfalls in unpersönlichen Gleichstellungs- und Anti-Diskriminierungs-Gesetzen ausdrücken, also die Gleichheit der Ungleichen formaljuristisch festschreiben. Das ist gut und richtig, aber nicht die Anerkennung, die Fukuyama meint, nicht die Art von Respekt und Hochachtung, die man sich wünscht. Um dergleichen zu erlangen, bleibt daher nur der Ausweg des individuellen, persönlichen Erfolgs offen, der meist als marktwirtschaftlich begriffen wird und sich im materiellen und gesellschaftlichen Status ausdrückt.

Wer die Wettbewerbsgesellschaft verachtet, ablehnt, sich ihr nicht aussetzen will oder kann, steht ohne Anerkennung da; er oder sie hat, drastisch gesagt, die Rolle des Knechts zu spielen. Dass sich dagegen Auflehnung breitmacht, sollte nicht verwundern, sondern liegt ganz auf der Linie der Theorie, ja könnte sie fast bestätigen und hätte von ihr vorhergesagt werden können, wenn sie je konsequent zu Ende gedacht worden wäre. Aber es ging, auch dies wurde erwähnt, nie um die Theorie als Theorie, sondern immer nur um ihre ideologische Brauchbarkeit. Das rechtfertigt oder entschuldigt den Rückfall in den Nationalismus nicht im Geringsten. Aber es erklärt ihn aus der Logik der Ideologie des Westens, macht die auf den ersten Blick verwunderliche Entwicklung verständlich. Wir dürfen darin ein Indiz dafür sehen, dass die Vorstellung vom Westen ausgedient hat.

Bei der Erörterung der liberal-neuliberalen Kodierungen des Westens fällt zudem auf, dass mit Freiheit und Gleichheit zwei fundamentale Begriffe des jüngeren abendländischen Selbstverständnisses verhandelt werden. Als Parole der Französischen Revolution – »Freiheit, Gleichheit, Brüderlichkeit« – haben sie weltweite Verbreitung erlangt und wurden zur Chiffre für Versprechen, Erwartungen und Ziele der neuen Zeit. Sie unterfüttern unsere politischen Vorstellungen noch heute, wie wir nicht zuletzt daran sehen, dass selbst Fukuyama mit ihnen (jedenfalls zwei von ihnen) hantiert. Nun stellen wir fest, dass in wirkmächtigen Strömungen des westlichen Denkens eine Wandlung geschehen ist, die darin besteht, dass die drei Leitbegriffe der Französischen Revolution einer Wertung oder Abstufung unterworfen worden sind. Freiheit hat Vorrang vor Gleichheit, Gleichheit vor Brüderlichkeit.

Immerhin, Gleichheit kommt als diskussionswürdiges gesellschaftliches Ziel bei Fukuyama noch vor, sofern man es damit nicht übertreibt und die Freiheit ihre Vorrangstellung behält. Brüderlichkeit hingegen fällt fort, ohne je erwähnt zu werden, als hätte es sie als Devise im Verein mit Freiheit und Gleichheit nie gegeben oder als hätte sie inzwischen jede Relevanz verloren. Der Ausschluss der Brüderlichkeit – und all dessen, wofür sie steht – bei Fukuyama und allen anderen liberalen Denkern ist kein Zufall, sondern ein ideologisches Muster, das die westliche Politik und ihre Diskurse seit den neunziger Jahren des 20. Jahrhunderts geprägt und zur Entsolidarisierung in vielen Bereichen geführt hat.[28]

Gleichwohl gibt es nach wie vor gegenläufige Tendenzen, die auf den fundamentalen Wert der Brüderlichkeit zurückgehen, obschon das Wort heute ein wenig veraltet klingt. Ohne eine Vorstellung von Solidarität, wie man Brüderlichkeit in die Sprache der Gegenwart übersetzen könnte, wäre es im Jahr 2015 in Deutschland und Europa kaum möglich gewesen, in nennenswertem Maß Kriegsflüchtlinge aus Syrien aufzunehmen. Umso verwirrender ist, dass das öffentliche Bekenntnis zu dieser Wertvorstellung, die in praktische Politik bisweilen ja umgesetzt wird, selten emphatisch ausfällt, vielmehr oft verschämt und verdruckst erscheint, stets aus einer Position der Defensive, als müsse man sich dafür entschuldigen. Die im Westen heute recht verbreitete Unfähigkeit, wenn nicht Angst, das durchaus bestehende und von vielen Menschen geteilte solidarische Politikverständnis als ein wertvolles auf offensive und emphatische Weise zu vermitteln, bezeugt die tiefe Durchdringung der westlichen Gesellschaften mit neuliberalen und neurechten Weltanschauungen. Der Entfall der Leitidee der Brüderlichkeit schafft in dem Komplex von Wertvorstellungen, die am Anfang der Moderne standen (Freiheit, Gleichheit, Brüderlichkeit), eine Unwucht, die kompensiert werden will und gegenwärtig durch Heraufbeschwören der Eigengruppensolidarität kompensiert wird (»Wir sind das Volk«).

Der Wegfall des Konzepts der Brüderlichkeit macht es Fukuyama leicht, sich zu einer Form des unverbindlichen und hegemonialen Universalismus zu bekennen – im Vergleich zu anderen amerikanischen Denkern freilich eine progressive Position.[29] Dieser Universalismus überschreitet die Vorstellungen vom Westen als konkretem geografischen Ort, bewahrt aber die Vorstellung vom Westen als metaphorischem Ort, als Chiffre für eine konkrete Politik und Weltanschauung. Wie es für den universalistischen Zug im Westen typisch ist, übrigens auch denjenigen linker Provenienz, wird dabei das westliche Menschen- und Geschichtsbild als zu erstrebende Norm auf den Rest der Welt projiziert und für allgemeingültig erklärt. Vorläufig noch bestehende Besonderheiten einzelner Völker, Gruppen oder Kulturen werden früher oder später im Sinn des Westens überwunden: »Die offensichtlichen Unterschiede zwischen den Vorstellungen von Gut und Böse bei den verschiedenen Völkern werden als Produkt ihrer jeweiligen Stufe historischer Entwicklung erscheinen.«[30] Die Weltgeschichte, so das von Fukuyama geprägte Bild, ist ein Zug, der in eine bestimmte Richtung fährt und dem sich die anderen Kulturen oder Regionen nach und nach anschließen werden: »Die Menschheit wird wie ein langer Zug von Wagen erscheinen, die über eine Straße verteilt sind.«[31]

Der Westen muss also nur seiner geschichtlichen Entwicklungslinie treu bleiben, damit die anderen sich irgendwann anschließen; eine optimistische Betrachtungsweise, die nicht per se unsympathisch ist. Der Haken oder blinde Fleck liegt nicht in diesen (freilich eurozentristischen und hegemonialen) Schlussfolgerungen, sondern in ihrem Ausgangspunkt. Nicht nur das Ziel der Geschichte ist westlich, sondern bereits die dahinterstehende Idee von Geschichte selbst, die Vorstellung, es gebe *eine* Geschichte und sie habe *eine* Richtung, ein Ziel, mache Fortschritte, führe irgendwohin. Diese im Westen und unter westlich orientierten Menschen verbreitete Annahme präjudiziert das Ergebnis dieser Geschichte, kennt es vorweg und lässt es unweigerlich als westliches erscheinen.[32]

Die unter diesen Prämissen vorgestellte geschichtliche Bewegung muss, um als Geschichte gelten zu dürfen, sich selbst in der vorgestellten Weise verwirklichen. Sie lässt damit gar keinen anderen Ausgang als den Triumph eben derjenigen Vorstellung zu, die dieses Geschichtsbild immer schon gehegt hat. Käme es zu einem anderen Ende der Geschichte, könnte es als Ende gar nicht gesehen und anerkannt werden, weil es dem vorgesehenen Verlauf widerspräche und damit die Geschichte (noch) nicht zu Ende wäre oder zu Ende gehen dürfte. Die Geschichte müsste nachsitzen wie ein schlechter Schüler.

Dass man mit diesem Geschichtsbild Geschichten und Vorstellungen jenseits des Westens nicht adäquat sehen und einbeziehen kann, versteht sich. Man kann unter dieser Prämisse auch keine globale Geschichte wahrnehmen, weil man sie unweigerlich auf den eigenen Standpunkt verengen und auf diesen zulaufen lassen muss, wiederum also auf den Triumph der eigenen westlichen Perspektive.

»Aber gibt es wirklich keine Universalgeschichte im Sinne einer konkreten Geschichte der Menschheit? Eine solche Geschichte kann es nicht geben.«[33] Dies schreibt kein Chinese, kein Araber, kein Träumer und auch sonst niemand, der im Verdacht steht, Schwierigkeiten mit westlichen Vorstellungen zu haben, sondern Karl Popper, der sowohl als Vertreter des wissenschaftlichen wie auch des liberalen Denkens bekannt geworden ist, also als Inbegriff eines westlichen Denkers gelten darf. Es kommt einem beredten Schweigen gleich, dass Popper, der, gemessen an Schlagwörtern, für dieselben Werte eintritt wie Fukuyama – Demokratie und liberaler Rechtsstaat –, bei diesem nicht ein einziges Mal genannt wird.

Aber es ist nicht verwunderlich. Popper ist ein entschiedener Gegner genau der beiden Denker, auf die sich Fukuyama hauptsächlich beruft: Platon mit seiner Theorie des Thymos und Hegel mit seiner Staats- und Geschichtstheorie. Ferner war Fukuyamas Lehrer, der Platon-Interpret Leo Strauss, ein Gegner von Popper. Lesen wir Fukuyama mit Popper, so kommen wir zu dem verstörenden, wenngleich nicht erstaunlichen Ergebnis, in Fukuyama, der als vergleichsweise moderater außenpolitischer Denker gilt[34], einen Feind der offenen Gesellschaft sehen zu müssen. Und mit ihm Popper zufolge alle sich auf ähnliche Quellen stützenden, zu ähnlichen Schlüssen gelangenden Autoren, also einen Großteil derjenigen, die an den Westen glauben, ihn propagieren und Geschichten des Westens erzählen. Der Befund ist so schwerwiegend, dass er unsere weiteren Überlegungen grundiert und nach Aufklärung verlangt.

Stellen wir zunächst die Frage, ob angesichts des universalistischen Zugs in Fukuyamas Theorie unsere Behauptung noch zutrifft, dass die anderen vom Westen potenziell ausgegrenzt oder ausgeschlossen werden. Es fällt nämlich zunächst positiv auf, dass Fukuyama nicht nach essenziellen oder kulturellen, geschweige denn ethnischen oder rassistischen Kriterien ausgrenzt. Er verlangt auch nicht die Anerkennung seines weltanschaulichen Systems, obwohl er dieses unverhohlen als »endpoint of man's ideological evolution« und »final form of human government« hinstellt.

Die Gesellschaften oder Menschen, die sich diesem Modell nicht anschließen, brauchen dies nicht zu tun. Mit militärischer Gewalt sollen sie dazu nicht gezwungen werden. Aber wenn sie es nicht tun, so die Warnung – und hier kommt das ausgrenzende Moment durch die Hintertür wieder herein –, werden sie auf lange Sicht unweigerlich abgehängt und als die letzten im Treck der Weltgeschichte auf das Ziel zufahren. Sie dürfen sich nicht wundern, wenn die anderen, die verstanden haben, wie die Geschichte läuft, ihnen überlegen sind, sie selbst aber zurückbleiben und nicht in den Genuss der Errungenschaften des fortgeschrittenen Teils der Menschheit kommen. Schutzzonen für Menschen und Gesellschaften, die aufgrund eines anderen Weltbildes agieren, kann es demnach allenfalls insoweit geben, als sie die Entwicklung und das Tempo der Voranschreitenden, der Avantgarde, nicht aufhalten.

Dies gilt aber nicht nur für Menschen im Nicht-Westen, sondern auch für diejenigen im Westen, die Fukuyamas Prämissen nicht teilen. Sie werden dann eben nicht zu den Erfolgreichen und wahrscheinlich auch nicht zu den Glücklichen zählen. Nicht nur die anderen werden also potenziell ausgegrenzt, sondern ebenso viele Menschen im Westen selbst. Die wachsende soziale Ungleichheit, die aus dieser Philosophie folgt, wird auf unseren Straßen täglich sichtbarer.

Dass Menschen auf völlig unterschiedliche Weise ihr Leben gestalten können und wollen, also andere kulturelle Prägungen auch andere Weltvorstellungen und Verhaltensweisen zur Folge haben, wird bei Fukuyama nur unzureichend in Rechnung gestellt. Seine Lehre fußt auf einer Ontologie: einem bestimmten Verständnis dessen, wie die Dinge sind, wie die Geschichte abläuft, was das Sein ist. Mit dieser Ontologie geht eine Anthropologie einher, eine Lehrmeinung davon, wie der Mensch ist. Es ist eine Anthropologie, deren theoretische Grundlage, wie wir gesehen haben, bis Platon zurückreicht. Als Anthropologie – und damit Lehre vom Menschen als solchem – erhebt sie den Anspruch, für alle Menschen zu gelten, nicht nur für die westlichen. Dies allein wäre harmlos beziehungsweise folgenlos, wenn dabei nicht noch etwas anderes geschähe.

Fukuyama schließt von einem Sein auf ein Sollen, von einer Ontologie und Anthropologie auf eine Ethik. Indem er den Menschen und die Geschichte von den Seelenkräften, wie Platon sie sich dachte, getrieben sieht, leitet er daraus Richtlinien für das politische und persönliche Handeln und Sollen ab (etwa dass die Politik dem persönlichen Ehrgeiz genügend Entfaltungsmöglichkeit einräumen soll). Durch diesen Schluss vom Sein auf das Sollen wird ein System der Wertung eingeführt, zum Beispiel, dass die Freiheit zur Entfaltung gut ist, Gleichheit hingegen problematisch und andere Kategorien, wie Brüderlichkeit, irrelevant. Mit dieser Wertung können diejenigen, die andere Prioritäten setzen, als verirrt, wenn nicht von bösen Absichten geleitet abgetan werden, wie die Marxisten oder die Existenzialisten, die von ähnlichen, ebenfalls auf Hegel zurückgehenden Annahmen ausgehen, daraus aber andere Schlüsse ziehen.

Diese Möglichkeit zur Abwertung kommt besonders im Fall von gänzlich anderen Weltanschauungen oder Kulturen zum Tragen. Mit der Schlussfolgerung von der Ontologie auf die Ethik werden die, die dieser Ontologie/Ethik nicht folgen, ausgeschlossen oder abgehängt. Sie gelten deswegen vielleicht nicht als böswillig, scheinen jedoch an ihrem Zurückbleiben selber schuld. Sie sind ausgeschlossen oder abgehängt nicht nur in Bezug auf die menschliche Entwicklung, den Fortschritt, sondern auch im Hinblick auf die Frage, ob wir ihrem Verhalten und ihrer Weltsicht Rationalität zusprechen können, was seit der Aufklärung ein wichtiges Kriterium für die Bewertung anderer Kulturen darstellt.

Die Kräfte zu leugnen, die als Sieger aus der geschichtlichen Entwicklung hervorgegangen sind, kann aus der Sicht der Ideologie des Westens nur als irrational betrachtet werden. Die ideologische Konstruktion lädt dazu ein, all denjenigen Rationalität und rationales Handeln abzusprechen, die sich ihr nicht anschließen wollen.

Zwei Beobachtungen lassen sich daran anschließen. Platons Lehre von den Seelenkräften könnte durchaus eine Allgemeingültigkeit beanspruchen – allerdings nicht in der einseitigen Lesart von Fukuyama. Thymos wird von Platon keineswegs vorrangig als Ehrgeiz oder Trieb nach Anerkennung verstanden wie bei Fukuyama. Wer die fragliche Stelle bei Platon liest[35], gleich in welcher Übersetzung, dürfte sich darüber wundern, was Fukuyama daraus macht.

Thymos ist bei Platon vor allem diejenige Kraft, die es dem Menschen erlaubt, gegen seine unmittelbaren Triebe zu handeln, wenn ein solches Handeln gegen den Impuls als das bessere erkannt ist. Platon erläutert dies am Beispiel eines Helden aus der Mythologie, der unter großer Selbstüberwindung einen Blick auf die Leichen Hingerichteter wirft, wie er es sich vorgenommen hatte. Thymos ist damit eine Art Selbstüberwindung und zeichnet jemanden, der fastet, ebenso aus wie jemanden, der unter der Folter seine Kameraden nicht verrät. Deswegen kann Thymos auch Mut und Kühnheit bedeuten, da der Mutige oft seinem Überlebensinstinkt entgegenhandeln und ihn überwinden muss. Fukuyama banalisiert dies zu einem Kampf um gesellschaftliche Anerkennung.

Nur vor dem Hintergrund des Verständnisses von Thymos als Selbstüberwindung wird auch die Bedeutung »Wut« erklärlich, die das Wort im Altgriechischen ebenfalls hatte. Wer wütend ist, handelt oft gegen seine unmittelbaren Interessen. Wut und Furor überwinden Hemmungen, Vorbehalte, Rücksichten, das heißt, sie können die anderen Seelenkräfte aushebeln, außer Kraft setzen. Deswegen lässt sich für Platon ohne sie das menschliche Handeln nicht ausreichend erklären. Wertvoll ist Thymos aber nicht als entfesselte Wut und gestaltlose Triebkraft, sondern im genannten

Sinn der Selbstüberwindung: als Kraft, für etwas Größeres, Wichtigeres, für das Risiken und Unbequemlichkeiten in Kauf genommen werden. Als Bereitschaft zur Konfrontation gegen ein selbstzufriedenes Weiter-So kann Thymos eine sinnvolle politische Kraft sein. Aber nur Logos (Vernunft) oder Epithymia (Begierden) können die eigentlichen Ziele des Handelns festlegen, und auch sie können es nur in Bezug auf eine bereits bestehende Ethik, indem sie sich nach »Vorstellungen von Gut und Böse« richten. Ein Selbstzweck kann Thymos nach Platon nicht sein.[36]

Die andere Beobachtung betrifft den (Kurz-)Schluss von der Ontologie auf die Ethik, vom Sein auf das Sollen. Damit ist der Kern aller Überlegungen betroffen, denen es um die Frage der moralischen Orientierung, der Kriterien für das richtige Handeln zu tun ist. Seit Hume und Kant gilt in der sich auf sie berufenden rationalistischen Schule (also auch in der sich so gern auf die Aufklärung berufenden Ideologie des Westens), dass die Schlussfolgerung vom Sein auf ein Sollen problematisch ist, wenn nicht gänzlich unzulässig. Aus einer Beschreibung dessen, was ist (oder was man dafür hält), lässt sich nicht klar ableiten, wie man sich verhalten soll.

Dies wird in der Philosophie als Hume'sches Gesetz oder naturalistischer Fehlschluss (*naturalistic fallacy*) diskutiert. In der Formulierung von Christian August Crusius von 1744: »Die physikalische Wirklichkeit ist, nach welcher etwas ist, die moralische aber, nach welcher es sein soll.«[37] Aus der Wirklichkeit, die erkannt ist, kann für die Menschen logisch nicht gefolgert werden, was sie tun sollen. Dafür bräuchte es zusätzlich eine Ethik, eine Vereinbarung. Einfaches Beispiel: Aus der Erkenntnis des Klimawandels kann (leider!) nicht per se gefolgert werden, dass der CO_2-Ausstoß zu verringern ist. Dies geht erst dann, wenn man sich auf eine Ethik *verständigt*, die etwa besagt: Es ist gut (oder: in unserem Interesse), die Umwelt zu schützen. Wer diese Ansicht aus welchen Gründen auch immer nicht teilt oder andere Interessen höher ansetzt (etwa das industrielle Wachstum oder die Intensivierung des internationalen Flugverkehrs), braucht sich vom Klimawandel nichts vorschreiben zu lassen.

Selbst wenn Fukuyama mit seiner platonischen Theorie der Seelenkräfte und seiner Geschichtsphilosophie recht hätte, wäre daraus für das beste menschliche Verhalten wenig bis nichts zu schließen. Man könnte nämlich mit demselben Recht daraus folgern, es sei wichtig, die größtmögliche Gleichheit herzustellen und den persönlichen Ehrgeiz als destruktive Kraft so weit wie möglich einzuschränken. Um hingegen wie Fukuyama aus der Existenz eines natürlichen Triebes namens Thymos zu schließen, dass der größtmögliche Wettbewerb geboten ist, muss man die (aus dem Thymos wiederum nicht ableitbare) moralische Position vertreten, es sei gut, die *natürlichen* Anlagen des Menschen möglichst gewähren zu lassen. Eine solche Ethik scheint vielen heute selbstverständlich; dass sie es nicht ist, weiß jeder, der noch ein Restbewusstsein für das hat, was die christliche Morallehre wollte. Dass dasjenige, was als natürlich erscheint, auch gut sei, ist ethisch betrachtet eine denkbar fragwürdige Haltung.

Mit der Problematik des (Fehl-)Schlusses vom Sein aufs Sollen ist die Frage nach der Begründbarkeit des Naturrechts berührt, die Frage also, ob ein Recht (und wenn ja, welches Recht) von der Natur geltend gemacht werden kann beziehungsweise welche Rechte dem Menschen von Natur aus zukommen. Wobei unter Natur nicht unbedingt unser heutiger wissenschaftlicher oder alltagssprachlicher Begriff von Natur gemeint ist, sondern »Natur« im Sinn von naturgegeben, ursprünglich. Naturrecht ist nicht zuletzt ein Gegenbegriff zum sogenannten positiven Recht, womit eine konkrete, von Menschen gemachte Gesetzgebung gemeint ist, von der man früher annahm, sie könne durch das Naturrecht legitimiert werden. Naturrecht wäre also ein Recht, das nicht vom Menschen gemacht ist und unabhängig von den Umständen, von Zeit und Kultur, für alle Menschen gilt. Auch ein von Gott gestiftetes Recht kann daher unter das Naturrecht fallen.

Da sich, wie erläutert, aus dem Sein ohne weiteres kein Sollen ableiten lässt, kann Recht indessen nur auf Vereinbarungen beruhen. Außerdem sind Aussagen über das Sein (oder die Natur oder Gott), aus denen das Recht oder auch nur moralische Grundsätze vielleicht abgeleitet werden könnten, selbst strittig, sobald man eine Zeit, eine Kultur, eine bestimmte Philosophie oder Theologie verlässt. Und sogar wenn diese Grundlagen nicht strittig sind, wie zum Beispiel *innerhalb* eines gegebenen religiösen Weltbilds, ist dasjenige, was aus diesem Weltbild für die Rechtspraxis zu folgern wäre, der menschlichen Auslegung und damit der Verhandlung und Vereinbarung bedürftig.

Die Frage, wie ein Recht von universeller Gültigkeit zu begründen sei, ein Gesetz also, das nicht den Unterscheidungen unterliegt, die sich aus bloßer Meinungsverschiedenheit oder aus Unterschieden von Zeit und Ort (also letztlich der Kultur) ergeben, scheint in einer global vernetzten, in kaum mehr zu entwirrende Zusammenhänge verstrickten Welt dringlicher denn je. Dabei ist nachrangig, ob dieses Recht von Menschen gemacht ist oder nicht, ob es also unter Naturrecht fällt oder nicht. Denn selbst wenn es eines Tages ein global geteiltes Seinsverständnis und ein daraus folgendes Naturrecht gäbe, bedürfte es der Auslegung, wäre also Verhandlungs- und Vermittlungssache, bevor es breite, zumal kultur- und zeitübergreifende Akzeptanz erlangen könnte.

Dies bedeutet, dass die Interpretation womöglich entscheidender ist als der Text. Und dies wiederum bedeutet, dass der Vermittlung solcher Interpretationen und der Rhetorik, Autorität und Glaubwürdigkeit bei der Vermittlung eine entscheidende, oft freilich vernachlässigte Wirkung zukommt.

Der heutige Islam liefert ein gutes Beispiel für das, was ich meine. Man mag den Koran aus vielen Gründen für problematisch halten. Dass in unserer Gegenwart eine fundamentalistische Lesart dominiert, folgt nicht aus dem heterogenen, widersprüchlichen, schwer verständlichen und stets der Auslegung bedürftigen Korantext, also dem Fundament. Sondern aus einer spezifischen Interpretation, die nun aber mit allen Mitteln massenmedialer Meinungsmache verbreitet wird. Die Vorherrschaft des fundamentalistischen Islams ist nicht die automatische Folge dieser Interpretation, die es neben vielen anderen schon immer gab, sondern die Folge dessen, dass diejenigen, die die fundamentalistische Auslegung vorziehen, wirtschaftlich und medial in der Lage sind, sie zu verbreiten und zu propagieren, ist also die Folge einer massiven Vermittlungsbemühung. Reformerische und neue Interpretationen des Islams scheitern nicht an intellektueller Unzulänglichkeit oder mangelnder Attraktivität für die Muslime, sondern daran, dass ihre Verbreitung nicht ausreichend gefördert wird und mit der Wucht, mit der das gegenläufige fundamentalistische Konzept propagiert wird, nicht mithalten kann.

Verschärft wird die Problematik dadurch, dass nicht nur eine bestimmte Auslegung propagiert wird, sondern mit ihr zugleich der Glaube an den

Vorrang des (religiösen) Fundaments vor der Interpretation, des Textes vor dem Leser. Damit aber wird die Abschaffung des Denkens und der Diskussion selbst propagiert. Denken ist, wenn wir es grundsätzlich verstehen, wenig anderes als ein Nachdenken über einen Text, anhand einer Grundlage, auf einem Fundament; es denkt über die Auslegung dieser Grundlagen nach, es begründet sie selten völlig neu. Diskussion ist zu verstehen als Austausch über dieses Nachdenken.

Die fundamentalistische Lesart hingegen oder, genauer gesagt, der Glaube an den Vorrang des Fundaments, des Texts vor der Interpretation, ist unweigerlich mit denjenigen im Bund und denen von Nutzen, die Macht und Mittel zur Durchsetzung dieser fundamentalistischen Position haben. Denn sie enthält die Behauptung, der Zwischenschritt, die Infragestellung, das Nachdenken, die Interpretation, die Diskussion erübrige sich oder sei jedenfalls von weitaus geringerem Wert und nicht das, worauf es wirklich ankomme. Entsprechend leicht kann man reformerische Ansätze als intellektuelle Spielerei abtun.[38]

Der Trick des Fundamentalismus ist, dass er den Akt der Interpretation verschleiert. Dieses Problem tritt keineswegs nur im Fall von Religion auf, sondern kann auch unser alltägliches Seinsverständnis betreffen: etwa im Fall des Glaubens, es gebe weltanschauliche Evidenzen, die nicht verhandelbar sind oder keiner Verhandlung bedürfen; die nicht auch anders gedacht werden könnten und es zuweilen auch sollten. Wo dieser Glaube sich zeigt, obsiegt immer die Macht der stärksten Vermittlung vor jeglichem Konsens und Argument. Die Alternativen sind chancenlos, weil sie Alternativen, alternative Lesarten, alternative Bauten nur auf dem Fundament sind und weil sie als Alternativen die Überzeugung beinhalten, dass es auch anders sein könnte, folglich auch anders als die Alternative selbst. Damit werden jeder argumentativen Gegnerschaft Zugeständnisse gemacht (es könnte auch anders sein, es könnte auch so sein, wie die andere Meinung sagt), die der Fundamentalist nicht machen muss. Wir kommen darauf zurück.

Halten wir vorerst nur fest, dass bei der Frage, wie eine Weltanschauung, ein Seinsverständnis, eine Ideologie ihre Wirkung entfalten kann, stets drei Schritte oder Knotenpunkte zu berücksichtigen sind: Text – Interpretation – Vermittlung oder, um bei der Immobilienmetapher zu bleiben, Fundament –

Bau – Anwerbung der Mieter.[39] Erst wenn wir den zumeist vernachlässigten Vermittlungs- und Werbungsaspekt bedenken, verstehen wir, warum sich bestimmte Weltanschauungen, Philosophien, Ideologien durchsetzen – zumal in einem durchmedialisierten Zeitalter wie dem unseren. Dagegen bleibt das gängige Verständnis von Denken und Diskutieren einem elitären, exklusiven Modell verhaftet, bleibt im Bild von Platon und Sokrates in der Akademie von Athen, im Bild der Salons der Aufklärer in Paris, der Hörsäle von Königsberg oder Marburg. Schöne Zeiten waren das, als eine Gestalt wie Kant eine solche Anhängerschaft finden, eine solche Verbreitung erlangen konnte!

Ist aber mit dieser Feststellung und mit der Abkehr vom Glauben an Fundamente, also der Abkehr vom Fundamentalismus, jede Hoffnung auf ein zeit- und raum-, das heißt kulturübergreifendes Recht, auf eine kulturübergreifende Norm verworfen? Und damit etwa auch die Möglichkeit universell geltender Rechte des Menschen? Wären solche nicht auf eine Art naturrechtlicher Begründung angewiesen, wenn sie überindividuell und überkulturell gültig sein sollen? Ich denke nicht oder sogar: im Gegenteil! Dass es eine solche Begründung nicht geben kann, ist ein Vorteil, wenn nicht die einzige Chance für ein globales Rechtsverständnis. Im vorausgehenden Absatz habe ich nicht die Möglichkeit einer kulturübergreifenden Norm in Abrede gestellt, sondern nur die Vorstellung, dass diese naturrechtlich sein müsse, das heißt *nicht vom Menschen* gemacht und stattdessen auf einer Ontologie, einem Seinsverständnis beruhend, einem vorgegebenen Fundament, welches ein bestimmtes Sollen impliziert. Mit der Aufklärung, mit Kant und Hume eine solche Begründung auszuschließen bedeutet nicht, so abwegig dieser Gedanke zunächst scheint, die Möglichkeit eines zeit- und raum-, das heißt kulturübergreifend verhandelbaren Rechts zu verneinen, nennen wir es in Analogie zum Naturrecht und in Abgrenzung von den Menschenrecht*en*, von denen üblicherweise die Rede ist, behelfsweise schlicht das *Menschenrecht*.

Der Unterschied zwischen Menschenrecht und Menschenrechten wäre so fundamental wie der zwischen Naturrecht als solchem und den jeweiligen daraus abgeleiteten positiven (das heißt von Autoritäten zum Gesetz gemachten) Rechten. Letztere sind aus Ersterem abzuleiten und sind auch nur aus diesem abzuleiten, das heißt nur aus diesem ableit*bar*. Anders als das Naturrecht ist das Menschenrecht hingegen nicht natürlich gegeben. Es setzt einen Konsens voraus; aber diesen muss man sich nicht vorstellen wie etwas, was wir – das heißt alle Menschen – an einem runden Tisch gemeinsam, idealerweise mit Vetorecht, beschließen müssten. Dergleichen wäre schon deswegen unsinnig, weil ein solches Recht zwangsläufig ein zeitlich bedingtes wäre, dasjenige der jeweils sich geeinigt habenden Lebenden nämlich. Menschenrecht – in Analogie zum Naturrecht oder zu göttlichem Recht – kann aber kein Recht nur der jeweils Lebenden sein, sondern muss eines sein, das ebenso für die gilt, die noch nicht leben – banal gesprochen also auch die Rechtsansprüche zukünftiger Generationen miteinbeziehen. Dies würden mit Bezug auf ökologische Fragen viele sofort zugestehen. Ein solches Menschenrecht sollte aber auch für diejenigen zumindest eine theoretische Geltung haben, die bereits gelebt haben! Wobei an dieser Stelle sicherlich viele im »Westen« den Kopf schütteln werden – im Unterschied vielleicht zu denen, die in asiatischen Kulturen groß geworden sind, welche ihre Ahnen besonders ehren.

Ein Menschenrecht, das nicht auch für vergangene Generationen gilt, wäre so wenig eines wie das, das nicht auch für zukünftige gilt, es sei denn, man will behaupten, die Zukünftigen gälten als Menschen, die Verstorbenen hingegen nicht. Es versteht sich, dass es hier vorerst nicht darum geht, konkrete Rechte zu verleihen. Zur Diskussion steht allein die mögliche Begründung von Rechtsansprüchen, normativen Aussagen und Wertvorstellungen. Es zählt zu den Bedingungen eines solchen potenziellen Menschenrechts, dass es zwar vielleicht von zeitlichen und geografischen, also kulturellen Faktoren ausgeht, diese aber übersteigt. Ein solches Menschenrecht (welches dann die einzelnen Menschenrechte zu begründen hätte) wäre aus der *Summe* der *Vorstellungen* vom Menschen zu gewinnen und zu erschließen, die uns in Zeit und Raum, das heißt in Vergangenheit, Gegenwart und Zukunft, auf der Erde und womöglich auch extraterrestrisch begegnen und überliefert werden.[40]

Die Betonung liegt dabei auf dem Wort »Vorstellung«. Es geht nicht darum, wie der Mensch realiter *war*, sondern wie er sich *gedacht* hat. Oder, um ein Beispiel zu bringen, nicht darum, wie die alten Griechen *waren*, sondern wie Platon und Aristoteles sich den Menschen *gedacht* haben. Derjenige Fachbereich der heutigen akademischen Welt, der das Wissen generiert, aus dem das Menschenrecht zu erschließen wäre, sind also die *humanities*, wie es, für unseren Zusammenhang sehr passend, auf Englisch heißt; zu Deutsch die Geisteswissenschaften. Dafür ist freilich einiges an Übersetzungsbemühungen zu leisten. Auf einen wenn auch vorläufig sehr klein anmutenden gemeinsamen Nenner lässt sich dieses Menschenrecht immerhin schon jetzt bringen: Es ist, wenn es auch sonst nichts ist, das Recht auf Rechte. Gleich, welche Rechte der Mensch zugestanden bekommt – sein Recht besteht mindestens darin, Rechte zu haben, wenn er als Mensch denn gelten darf. Die Vorstellung eines Rechts auf Rechte als letztes, unhintergehbares Menschenrecht geht auf Hannah Arendt zurück.[41] Wir werden es an späterer Stelle ausführlich diskutieren.

Von unserem Ausgangspunkt, der neu konzipierten Ideologie des Westens nach der Epochenwende von 1989, scheinen wir abgekommen zu sein, sind aber nicht unglücklich darüber. Die Ideen Fukuyamas haben sich als gute Basisstation für die Erörterung einiger grundsätzlicher Fragen diesseits und jenseits des Westens erwiesen. Fukuyama steht jedoch nur für den liberalen, fortschrittsgläubigen, universalistischen Teil dieser Ideologie. Einer der prominentesten Vertreter des anderen Flügels ist Samuel Huntington (1927–2008), Autor der berühmten These vom »Kampf der Kulturen« und des danach benannten Buchs.[42] Er repräsentiert die konservativ-kulturrelativistische Ausprägung der Vorstellungen des Westens und postuliert einen grundsätzlichen, vorläufig unüberwindlichen Unterschied zwischen den Weltgesellschaften (im Original »civilisations« und nicht »Kulturen«, wie es in der deutschen Übersetzung heißt):

> Die Weltpolitik wird heute nach Maßgabe von Kulturen und Kulturkreisen umgestaltet. In dieser Welt werden die hartnäckigsten, wichtigsten und gefährlichsten Konflikte nicht zwischen sozialen Klassen, Reichen und Armen oder anderen ökonomisch definierten Gruppen stattfinden, sondern zwischen Völkern, die unterschiedlichen kulturellen Einheiten angehören.[43]

Am Beispiel des Islams – für Huntington neben China (und anderen »konfuzianisch« geprägten Staaten) der problematischste kulturelle Gegner des Westens – bedeutet diese These Folgendes:

> Solange der Islam der Islam bleibt (und er wird es bleiben) und der Westen der Westen bleibt (was fraglicher ist), wird dieser fundamentale Konflikt zwischen zwei großen Kulturkreisen und Lebensformen ihre Beziehungen zueinander weiterhin und auch in Zukunft definieren, so wie er sie 1400 Jahre lang definiert hat. […] Das tiefere Problem für den Westen ist nicht der islamische Fundamentalismus. Das tiefere Problem ist der Islam, eine andere Kultur, deren Menschen von der Überlegenheit ihrer Kultur überzeugt und von der Unterlegenheit ihrer Macht besessen sind. Das Problem für den Islam ist nicht der CIA oder das US-amerikanische Verteidigungsministerium. Das Problem ist der Westen, ein anderer Kulturkreis, dessen Menschen von der Universalität ihrer Kultur überzeugt sind und glauben, dass ihre überlegene, wenngleich schwindende Macht ihnen die Verpflichtung auferlegt, diese Kultur über die ganze Erde zu verbreiten.[44]

Was Huntington über den Islam schreibt, gilt im Prinzip für alle insgesamt sieben von ihm identifizierten Weltkulturen: Sie sind miteinander unvereinbar. Anders als Fukuyama sieht er keine geschichtliche Entwicklung hin zu einem großen, gemeinsamen Ziel wie im Bild des Zuges oder großen Trecks, dem sich nach und nach alle anschließen, sondern ein Konkurrenzverhältnis, welches sich nicht durch den Sieg der einen oder anderen Seite aufheben lässt wie im Fall des »Endes der Geschichte«. Nach Huntington endete die Auseinandersetzung mit Russland nicht in dem Moment, als der Kommunismus zusammenbrach, denn der setzte nur den früheren kulturellen Konflikt zwischen orthodoxem und lateinischem Christentum fort. Die »Ostgrenze der westlichen Zivilisation«[45] zieht Huntington daher wie viele Historiker durch einen Rückgriff auf die Teilung des Römischen Reiches zwischen Ost- und Westrom im Jahr 395:

> Wo hört Europa auf? Es hört dort auf, wo das westliche Christentum aufhört und Orthodoxie und Islam beginnen. Das ist die Antwort, die Westeuropäer hören wollen, die sie mehrheitlich, wenngleich sotto voce bestätigen und die von verschiedenen führenden Intellektuellen und Politikern ausdrücklich bekräftigt wird.[46]

Das Konzept des Westens nach Lesart Huntingtons und vieler anderer schließt alle Gesellschaften, die östlich der einstigen Siedlungslinie des lateinisch-weströmischen Christentums liegen, von der vollgültigen Zugehörigkeit aus, also auch Griechenland. Selbst wenn solche Länder die »westlichen« Werte übernehmen, gehören sie für Huntington nicht wirklich zum Westen, da sie ja »eigentlich«, das heißt ihrem Wesen nach, östlich sind – muslimisch, orthodox oder was auch immer. Dies kann, besonders wenn es um Visafragen oder Fragen der Zugehörigkeit zu Staatenverbünden wie etwa der EU geht, einem Stigma gleichkommen und eine *self-fulfilling prophecy* in Gang setzen. Staaten mit gemischtreligiösen Siedlungsräumen wie etwa Bosnien oder die Ukraine landen in einem weltpolitischen Limbo, erscheinen als innerlich zerrissen, und da sie weder zum einen noch zum anderen Machtblock gehören, stagniert ihre Entwicklung. Aber sagt dieser Befund nicht mehr über das Konzept, dem gemäß diese Staaten behandelt werden, als über die Realität in diesen Staaten und ihre Bewohnerinnen und Bewohner?

Zu Griechenland schrieb Huntington schon 1996: »Stimmen in Westeuropa bezeichnen privat die Mitgliedschaft Griechenlands in der EU als Fehler.« Einerseits dient also die kulturalistische Sichtweise dazu, Griechenland auszugrenzen. Andererseits hat sie dazu gedient, Griechenland in die EU zu holen, denn es wird ja als Ursprung des »Westens«, Europas, des Abendlands und dergleichen imaginiert. Je nach Zweck und Opportunität kann man Griechenland also ein- und ausschließen und die tatsächlichen Ursachen der Griechenlandkrise verschleiern. Griechenland ist dann nicht Opfer hegemonialer nordeuropäischer Wirtschaftspolitik, sondern aufgrund seiner Kultur selbst schuld. Und doch brauchte man Griechenland – einerseits um die EU als *Kultur*gemeinschaft zu charakterisieren, andererseits als Feld zur wirtschaftlichen Expansion, als Fuß in der Tür zum Balkan und zur Anwerbung von Gastarbeitern. Während des Kalten Krieges wurde

Griechenland zudem als Vorposten des westlichen Bündnissen inmitten des orthodoxen und kommunistischen Blocks gebraucht – umso mehr, als die Türkei in jener Zeit politisch instabil war, von linken Bewegungen bedroht schien und daher als wenig verlässlicher NATO-Partner galt. Mit der Ausgrenzung Griechenlands als »östlich« und orthodox im Sinne Huntingtons kann man die handfesten wirtschaftlichen und politischen Interessen der einstigen Einbindung Griechenlands kaschieren. Die Einbindung erscheint dann nur noch als selbstlose Freundlichkeit gegenüber einem sich später als ungeeignet erweisenden Partner.[47]

Huntingtons Thesen ein Vierteljahrhundert nach ihrem Erscheinen wieder zu lesen ist eine unheimliche Erfahrung. Fast alle seiner Vorhersagen sind eingetroffen, und die, die es noch nicht sind, droht die gegenwärtige amerikanische Regierung unter Donald Trump auch noch wahr zu machen. In Sachen Türkei werden Huntingtons Befürchtungen sogar übertroffen. Er schrieb, die Türkei werde

> wahrscheinlich in der NATO bleiben, sofern nicht die islamistische Wohlfahrtspartei [die Vorgängerpartei der heutigen AKP Erdoğans] einen triumphalen Wahlsieg erringt oder das Land auf andere Weise das Erbe Atatürks verwirft und sich als Führer des Islams definiert. Das ist denkbar und mag für die Türkei sogar wünschenswert sein, ist aber in naher Zukunft unwahrscheinlich.[48]

Nur in seiner Einschätzung des Tempos dieser Entwicklung lag Huntington falsch. Das Erbe Atatürks darf inzwischen als verworfen gelten, wenngleich die Türkei noch in der NATO ist. Huntington fährt fort: »Wie immer ihre Rolle in der NATO sich gestalten wird, die Türkei wird in zunehmendem Maße ihre Sonderinteressen auf dem Balkan, in der arabischen Welt und in Zentralasien verfolgen.«[49] Genau dies ist gegenwärtig der Fall.

Den Konflikt zwischen der Ukraine und Russland sah Huntington ebenfalls bereits 1996 am Horizont aufscheinen und begriff die folgenden Erläuterungen als Beleg dafür, warum er seinen kulturalistischen Ansatz für sachgemäßer und letztlich friedensstiftender hält als den »etatistischen«, der staatliche Einheiten, nicht Kulturen, als konflikttreibend ansieht:

> Während der etatistische Ansatz ein Schlaglicht auf die Möglichkeit eines russisch-ukrainischen Krieges wirft, minimalisiert [sic][50] der kulturelle Ansatz diese Gefahr und wirft stattdessen ein Schlaglicht auf die Möglichkeit einer Spaltung der Ukraine, wobei kulturelle Faktoren zu der Prognose führen würden, dass eine solche Teilung blutiger als in der Tschechoslowakei verlaufen könnte, aber weit weniger blutig als in Jugoslawien.[51]

Das Resultat des »kulturellen Ansatzes« und der damit einhergehenden »Minimalisierung« der Gefahr ist gegenwärtig in der Ostukraine zu besichtigen. Ob Putin und seine Strategen Huntington gelesen haben, wissen wir nicht; möglich ist es. Wir wissen aber, dass sie, bewusst oder nicht, dasselbe Gedankengut hegen. Der »kulturelle Ansatz« lässt sich geradezu als Einladung und Rechtfertigung zu Kleinkriegen, Bürgerkriegen und Überschreitungen staatlicher Grenzen lesen und erlaubt paradoxerweise zugleich die Behauptung, damit die Gefahr von Konflikten zu »minimalisieren«.

Dazu einige Bemerkungen: Wir können an Huntingtons Argument den schleichenden Übergang von einer Beschreibung zu einer Vorgabe beobachten, von einer Deskription zu einer Norm, von einem Sein zu einem Sollen. Und der Konflikt, den Huntington ausmalt und prognostiziert, ist in Wahrheit keiner zwischen Kulturen oder Staaten, sondern einer zwischen etatistischen (staatlichen) und kulturellen Ordnungsverständnissen oder »Paradigmen«, anders gesagt, zwischen einem modernen (staatspolitischen) und einem archaischen Ordnungsverständnis, mit dem seltsamen Ergebnis, dass der Vertreter des Westens für das archaische plädiert – der Vertreter desjenigen Westens, der den Globus mit seiner (modernen) Idee von Staatlichkeit und Nationalität geprägt hat und zumal in Afrika und Asien die Grenzen dieser Staaten ohne die geringste Rücksicht auf kulturelle Aspekte gezogen hat, mit der Folge, dass genau deswegen viele von diesen Grenzen heute umstritten sind. Die argumentative Perfidie, welche darin liegt, dass nun nicht die Grenzziehungen, sondern die dadurch zerschnittenen und von diesen Grenzen ignorierten Kulturen für die Konflikte verantwortlich gemacht werden, liegt auf der Hand. »Paradigmen erzeugen auch Prognosen«, schreibt Huntington, »und es ist ein entscheidendes Kriterium für die

Gültigkeit und Brauchbarkeit eines Paradigmas, ob die aus ihm abgeleiteten Prognosen sich als präziser erweisen als die Prognosen aus konkurrierenden Paradigmen.«[52]

Eine solche Vorstellung zeugt von einem naiven Verständnis von Politik, Politikwissenschaft und Geschichte. Oder anders gesagt, denn für naiv sollten wir Huntington nicht halten: Es ist eine Formulierung aus der Perspektive des maximal *distanzierten* Beobachters oder Lesers, der auf die Geschichte und die politischen Entwicklungen schaut, als habe er damit nichts zu tun und als entziehe sich das Geschehen jedem Zugriff. Politikwissenschaft wäre demnach für Huntington eine Art Wetterprognose: Derjenige Vorhersagedienst, der die besseren Paradigmen hat, wird die besten Prognosen abliefern. Der Mensch kann sich dann umso besser auf das Wetter einstellen, warme Kleidung anziehen, ein sturmsicheres Haus bauen, in stabile Deiche investieren. Der Mensch verhält sich zum Wetter nämlich rein passiv und reaktiv. Er kann es beobachten, idealerweise vorhersagen und darauf angemessen reagieren. Aber er macht das Wetter nicht. Welche Paradigmen der Mensch auch immer zur Vorhersage nutzt, das Wetter kümmert sich nicht darum, wird davon nicht beeinflusst.

Wenn Huntington dieses Modell der Wetterprognostik auf die Politik und Politikwissenschaft überträgt, sieht er den Menschen gegenüber den politischen und historischen Ereignissen unausgesprochen als passiven Beobachter, bestenfalls als eine Art Augur, der den Vogelflug verfolgt und anhand dessen seine Prognosen vornimmt. Diejenige Kraft hingegen, die wie das Wetter aus sich selbst heraus aktiv ist, entzieht sich dem Zugriff, ist eine unbeeinflussbare Größe wie die Naturgesetze. Huntington nennt diese unbeeinflussbare, unverrückbar feststehende Größe zwar Kultur, aber er stellt sich Kultur (oder Kulturen) essenzialistisch vor, das heißt versehen mit einem Wesenskern, womit der Begriff der Kultur eigentlich einem naturwissenschaftlichen und biologischen Modell folgt – die Kultur ist wie eine Pflanze, die nicht anders kann, als sich in der genetisch vorgegebenen Weise zu entfalten.

Dahinter können sich zwei Menschenbilder verbergen. Das eine ist ein deterministisches. Der Mensch wäre demnach den Faktoren der Natur, die hier Kultur genannt wird, vollständig ausgeliefert – ein zurzeit sehr verbreitetes Menschenbild, zu dessen Bestätigung neuerdings sogar die Hirnforschung herangezogen und popularisiert worden ist. Der Mensch hat demnach zwar Geist, aber dieser Geist kann nichts anderes machen, als die Natur (entsprechend der essenzialistisch gedachten Kultur) des Menschen zu beobachten und sich bestenfalls daran anzupassen – womit das Modell eigentlich schon zusammenbricht, denn die Anpassung selbst ist eine Aktivität und wird früher oder später die reine Determinierung von außen aufbrechen: Selbst auf das Wetter hat der Mensch seit der Industrialisierung unmittelbaren Einfluss, auch wenn er es nicht beherrscht.

Eng verbunden mit diesem deterministischen Verständnis des Menschen ist das »westliche« Bild von Wissenschaft und Rationalität. Es beruht auf der Beobachtungsprämisse, der es sich verdankt. Als Beobachtung hat diese Prämisse zwangsläufig eine Subjekt-Objekt-Struktur. Während dies offenkundig und bekannt ist, wird vergleichsweise wenig bedacht, dass mit diesem rationalistisch-wissenschaftlichen Weltbild eine seltsam doppeldeutige andere Struktur gesetzt ist: diejenige von aktiv und passiv. Doppeldeutig, weil sie entgegen der landläufigen Meinung die Verhältnisse umkehrt: Normalerweise wird das Subjekt mit Aktivität gleichgesetzt, das Objekt mit Passivität. In der naturwissenschaftlichen Beobachtungsprämisse jedoch ist die Zuordnung anders. Aktiv ist das beobachtete Objekt (zum Beispiel das Wetter). Der Beobachter ist passiv – er muss passiv sein, sonst wäre er kein Beobachter. Er ist derjenige, der *re*agiert und sich nach den Maßgaben des Beobachteten richtet – wenn auch vielleicht mit dem Ziel, das Verhältnis eines Tages umzukehren und das Beobachtete, etwa die Naturgesetze, für sich arbeiten zu lassen.

Wenn wir den Umgang von Wissenschaft und Technik mit der Natur in ein anthropomorphes Bild bringen wollen, so wird dabei gleichsam der Wille der Natur studiert, mit dem Zweck, ihn zu manipulieren. Damit wird aber auch im deterministischen, an die Natur angelehnten Bild von Kultur und Mensch, wie es Huntington vertritt, die scheinbar klare Aktiv-Passiv-Struktur brüchig: Der Mensch, eigentlich nur als passiver Beobachter gedacht, wird unter der Hand zum aktiven Strippenzieher.

Das Wettervorhersagenbild der Politologie und die zum vorbeugenden Handeln aufrufende politisch-weltgeschichtliche Prognose erscheinen hingegen wenig hilfreich, wenn das beobachtete Material (etwa das Wetter) Menschen sind, wie es in der Politik unweigerlich der Fall ist; wiewohl dieses Material bei Huntington freilich die *als Natur* gedachten Kulturen sind. Man darf vermuten, dass Kultur und Mensch genau deswegen von Huntington nach dem Vorbild der Natur beschrieben werden, um den Umstand zu verschleiern, dass sie keine Wolken oder Pflanzen sind und eben nicht einer naturgesetzlichen Determinierung gehorchen, auch wenn viele uns das einreden wollen.

Nun ergibt sich das zweite Menschenbild, das sich hinter dem essenzialistisch-biologistischen verbirgt: Es ist nämlich auch in menschlichen und kulturellen Angelegenheiten, wenn man sie so starr wie Huntington denkt, eine reine Beobachterperspektive möglich; freilich unter der Bedingung, dass es neben den Menschen, die dem Wetter ausgeliefert sind, noch eine andere Art von Menschen gibt, diejenigen nämlich, die selbst das Wetter *sind* oder *machen*. Das heißt, dass es außer den Menschen, die bloß reagieren (wie Menschen auf das Wetter reagieren), noch die geben muss, die agieren (oder politisch gesprochen: regieren); und so landen wir auch hier über einen kleinen Umweg wieder bei Hegel/Kojèves Theorie von Herr und Knecht. Sie ist mitzudenken, wenn man Huntingtons Theorie strukturell durchdekliniert und verstehen will; aber sie wird von Huntington, anders als von Fukuyama, nicht genannt, weil sie sein zeitlos starres System historisch-dialektisch aufsprengen würde. Sie schwingt nur im Hintergrund mit.

Damit stellt sich die Frage, wer im denkerischen Kosmos von Huntington welche Rolle übernimmt, wer agiert, wer reagiert. Auf globaler Ebene wird dies unverhohlen gesagt. Derjenige, der agiert, ist natürlich der Westen. Es ist für Huntington zentral, dass der Westen seine Überlegenheit wahrt – nur dann kann er überhaupt überleben. Um in unserem meteorologischen Bild zu bleiben, muss der Westen also das Wetter sein, das Wetter machen. Die anderen sollen sich diesem Wetter anpassen, darauf reagieren. Deswegen interessiert sich Huntington auch nicht für die anderen Kulturen an sich oder für deren Konflikte untereinander, sondern immer nur für deren mögliche Konfrontation mit dem Westen: »The West and the Rest«.

Dieser Rest hat die Vorherrschaft des Westens, das heißt des Wetters, anzuerkennen wie der Knecht den Herrn. Die Anerkennung besteht, ganz wie bei der Wetterprognose, darin, die richtigen, passendsten Paradigmen zu finden, die es dem Rest erlauben, sich darauf einzustellen, wie *the West* – das Wetter – tickt. Dieses Paradigma ist aber nichts anderes als Huntingtons Buch selbst. Huntington sagt, wie der Westen tickt – was die Regeln des Wetters sind –, und sagt damit dem Rest, nach welchem Muster oder Paradigma sie sich selbst zu verhalten haben, auf welches (politische) Klima sie sich einstellen müssen. Dieses »Klima« ist kein anderes als dasjenige, das die Welt in miteinander konkurrierende Kulturen aufteilt.

Gemäß dieser Ideologie – sie ist bis heute eine der etabliertesten und populärsten, keineswegs nur im Westen – ergeht an alle anderen Menschen, also denen im »Rest« der Welt, der Auftrag, sich auf sich selbst und die eigenen kulturellen Werte zu besinnen. Wer der intellektuellen Vorherrschaft des Westens unterliegt und dieser Ideologie folgt, die von Huntington natürlich nicht erfunden, sondern nur besonders griffig auf den Punkt gebracht wurde, wird paradoxerweise dazu tendieren, als separierte, sich vom Westen abgrenzende Kultur mit klarer Identität zu erscheinen; allerdings oft mit einem Knechtsneid, der Aspiration, einmal selber Herr zu werden. Der Neid, der dem Islam gegenüber dem Westen so gern unterstellt wird, hat nichts mit dem Islam zu tun, sondern ist die Projektion der Dialektik von Herr und Knecht auf den Islam und die Muslime, ist das Produkt ihrer Verwestlichung in Gestalt der Übernahme dieser Denkstruktur, dieser »Paradigmen« und Weltzugangsweisen, die wir im traditionellen Islam gar nicht finden.

Wer hingegen – bleiben wir beim Islam-Beispiel – der Vorherrschaft des Westens nicht unterliegt und sie nicht anerkennt, sollte (anders als der islamische Fundamentalismus) gerade nicht im Namen seiner eigenen Kultur gegen den Westen aufbegehren, sondern im Namen der Werte, die auch der Westen selbst verkündet – sagen wir Freiheit, Gleichheit, Brüderlichkeit. Durch *diese* Art der Übernahme verwestlicht er sich nicht, sondern unterläuft den hegemonialen westlichen Diskurs, nicht zuletzt in Gestalt der Paradigmen, die vorsehen, dass der nichtwestliche Rest auf den Westen starrt, ihn beobachtet und fürchtet wie das Kaninchen die Schlange. Beispielgebend dafür sind die arabischen Revolutionen, die alle im Namen westlicher Werte begonnen worden sind. Damit haben sie nicht nur die arabischen innerstaatlichen Ordnungen in Frage gestellt, sondern die westliche Weltordnung insgesamt – jedenfalls diejenige nach dem Modell Huntingtons, welche auf der Trennung der Kulturen beruht und davon ausgeht, dass es keine universell geteilten Werte gibt.

Diese Struktur, das politische Wetterprognosenmodell, hat nicht nur Auswirkungen zwischen den von ihm angesetzten Kulturräumen; wenn sie einmal gegeben ist, dürfte sie sich ebenso in deren Innerem abbilden. Auch hier gibt es dann das Wetter und die, die es beobachten, die Aktiven und die bloß Reagierenden. Wie wir gleich sehen werden, werden die Aktiven in einer multikulturellen Gesellschaft wie den USA von Huntington wiederum als innerer kultureller Westen definiert, als der Westen des Westens sozusagen, nämlich die europäisch-protestantische Tradition des weißen Amerikas. Die anderen hingegen – Afroamerikaner, Mexikaner, Indianer, eingewanderte Asiaten – bilden den Rest, der bitte bloß zu reagieren und sich anzupassen hat. Dies heißt, dass innerhalb des Westens dieselben Strukturen wirksam sind wie im Verhältnis des Westens zu seinem Äußeren. Denkt man in Kategorien der Demokratie, erscheint diese Struktur höchst problematisch. In der Demokratie sollte es, jedenfalls der Theorie nach, keine Unterscheidung zwischen Wettermachern und Wettererleidern geben, zwischen denen, die nur regieren, und denen, die nur reagieren, das heißt folgen und gehorchen. Bürger und Politiker, Regierte und Regierende sollten vielmehr identisch sein.

Sofern es sich anders verhält, geschieht dies um den Preis der Gefährdung der Demokratie, um den Preis, dass sich die Vertreter des Volks und das Volk selbst in unterschiedliche »Kasten« aufspalten, wie es etwa im abschätzigen Gerede der Populisten von der »Politikerkaste« suggeriert wird. Dieser Verdacht jedoch, der Verdacht der Unterhöhlung der Demokratie durch die Aufspaltung in Aktive und Reaktive, in Wettermacher und Wettererleider ist selten einer objektiven Beschreibung der Verhältnisse geschuldet. Tatsächlich hingegen handelt es sich bei diesem Verdacht, wie vermittelt auch immer, seinerseits um ein Produkt der Wettertheorie. Ihm liegt nämlich die Überzeugung zugrunde, es könne sich gar nicht anders verhalten, das heißt, es gebe sowieso immer nur Wettermacher und Wettererleider, und es gebe keinen Übergang zwischen diesen Sphären, zwischen den (allerdings, wie wir sehen werden, sehr abendländischen) Kategorien von Subjekt und Objekt, von Aktivität und Passivität. Setzt man diese Struktur voraus, wäre die Demokratie in der Tat unmöglich. Und wo diese Struktur, wie in vielen rechten und kulturkonservativen Diskursen, vorausgesetzt wird, ist daher die Versuchung groß, die Demokratie immer schon unter den Verdacht der Augenwischerei zu stellen, weil ja die Grundbedingung der Demokratie, die Durchlässigkeit von aktiv und passiv im Hinblick auf die politischen Subjekte, von vornherein in Abrede gestellt ist.

Man könnte von einem Unverständnis für die demokratische Struktur als solcher sprechen, für die mangelnde Aufklärung darüber, was sie bedeutet, und für die mangelnde Vermittlung dieser Erkenntnis. Doch kann diese Vermittlung nicht funktionieren, wenn sie nicht universell vermittelt ist, das heißt, wenn sie nicht als grundlegende Struktur *für alle Verhältnisse aller mit allen* gilt; solange nicht anerkannt ist, dass es *keine* absolute Unterscheidung zwischen Wetter und Wettererleidern gibt; allenfalls in der echten Metereologie. Ein Westen, zumal einer, der sich demokratisch versteht, dem aber solch undemokratisches Politikverständnis zugrunde liegt, unterhöhlt damit das, was ihn angeblich erst zum Westen macht, die Demokratie.

Diese Erkenntnis enthält nicht nur die beunruhigende Nachricht, dass die Ideologie des Westens, jedenfalls in den bisher dargestellten Formen, nur um den Preis der eigenen Aushöhlung zu halten ist, sondern enthält zugleich die gute Nachricht einer positiven Bestimmung der Demokratie und eine These darüber, wie sie zu ermöglichen ist: nämlich durch die Aufhebung von Kategorien wie aktiv und passiv, von absolut gesetzten Antagonismen wie Herr und Knecht, Aktion und Reaktion, und zwar nicht nur in einem exklusiven, westlich oder wie auch immer gedachten Raum, sondern auf globaler Ebene, grundsätzlich und bis in die Strukturen des Denkens selbst hinein, sodass eine Durchlässigkeit, ein Pendeln hin und her zwischen ihnen etabliert wird, das idealerweise dazu tendiert, diesen Unterschied und diese Unterscheidung gänzlich aufzuheben.

Praktisch bedeutet dies, Passivität und damit eine Form von Kontrollverlust und Entfremdung zuzulassen, ohne sich deswegen gleich machtlos, inaktiv, entfremdet zu fühlen oder so sehen zu müssen. Es bedeutet andererseits, in Positionen der Macht, der Kontrolle, der Aktivität und des Sprechens nicht die bipolare Struktur für absolut zu setzen oder selbstverständlich zu halten, und zwar auf keiner der Ebenen des Handelns, also nicht nur etwa innenpolitisch – was sich demokratisch von selbst versteht und in den wenigen Demokratien, die diesen Namen verdienen, auch einigermaßen der Fall ist –, sondern auf allen Ebenen des Handelns, medialen, außenpolitischen und so weiter. Dazu gehört eine weitgehende Revision des im Westen kursierenden Bildes von Individualität, Freiheit, Identität, welche deswegen nicht verworfen, sondern anders, erweitert, offen, durchlässiger und weniger absolut und abstrakt verstanden und begründet werden müssen.

Es lohnt sich, an einem aktuellen Beispiel die Tiefenwirkung der Denkstruktur in Kategorien von Herr und Knecht, Wetter und Wettererleidern aufzuzeigen, zu zeigen, wie die auf den ersten Blick harmlose Theorie der unterschiedlichen Kulturen auf eine demokratiezersetzende Weise auch innenpolitisch zurückwirkt. Das Aufkommen der rechten, zumeist fremdenfeindlichen Bewegungen lässt sich vor diesem Hintergrund gut erklären. Der demokratietheoretisch im Idealfall aufgehobene oder aufzuhebende Unterschied zwischen Herrschern und Beherrschten, haben wir beobachtet, kehrt in den außenpolitischen Beziehungen, die nach Huntington auch außen*kulturelle* sind, wieder. Zwar, so Huntington, »verfügt der Westen nicht mehr über die wirtschaftliche und demographische Dynamik, die er benötigte, um anderen Gesellschaften seinen Willen aufzuzwingen«. Gleichwohl soll der Westen »die Entwicklung der konventionellen und nichtkonventionellen militärischen Macht islamischer und sinischer [d. h. fernöstlicher] Länder zügeln« und seine »technologische und militärische Überlegenheit über andere Kulturen behaupten«.[53]

Ohne die anderen durch und durch beherrschen zu wollen oder zu sollen, ist mit diesem Programm gleichwohl die Position des Wettermachers, der Aktivität, Kontrolle, also des Herrn gesetzt. Da der Antagonismus der Kulturen ebenfalls gesetzt ist, kann die Gefahr einer Umkehrung, Vertauschung oder Durchlässigkeit der Rollen verständlicherweise nur große Ängste, ja Panik vor dieser dann auch möglichen Überlegenheit der anderen auslösen. Denn diese würden dann so mit uns das Wetter machen wie wir bisher mit ihnen, da ein anderes Modell gemäß der Theorie gar nicht vorgesehen ist. Erst wenn man das Denkmodell des kulturellen Antagonismus aufhebt, ja idealerweise überhaupt nicht mehr in Kategorien kultureller Identitäten denkt und dieses andere Denken, das nichtantagonistische, nichtagonale, global vermittelt und verbreitet, kann diese Angst aufgehoben werden. Nur dann können wir von den anderen auch selbst nicht mehr als andere und Antagonisten bezeichnet, erst dann kann die Idee der Wettermacherei nicht auf uns als Wettererleider angewendet werden, nur dann kann die Angst, die diese Struktur zwangsläufig hervorbringt, überwunden werden.

Es ist vielleicht kein Zufall, dass die Metaphorik des Wetters, die wir im Hintergrund von Huntingtons Dominanzlogik herausgespürt haben, zwanzig Jahre nach Huntington in die Realität hinausgewachsen und keineswegs eine Metapher mehr ist, sondern selbst Gegenstand der Weltpolitik geworden ist und als der Spiegel erscheint, in welchem Dominanz, Fortschritt, Universalismus, Kosmopolitismus verhandelt werden. Das Dominanzdenken wird von der Realität dessen eingeholt und überholt, was seine Metapher ist, des Wetters. Es geschieht nun in Gestalt der Realität gewordenen Metapher selbst, dass verhandelt wird, wer das Wetter macht, machen darf, machen soll.

Die Klimakonferenzen sind keineswegs nur sachorientierte Erörterungen der Frage, wie die Weltgemeinschaft mit dem Klimawandel umgehen soll. Es sind auch, sowohl im wörtlichen wie im metaphorischen Sinn, Verhandlungen darüber, wer das Wetter macht und machen darf. Kein Wunder, dass bis jetzt vor allem die Reichen und Mächtigen das Wetter gemacht haben. Gewundert haben wir uns nur, als sich irgendwann herausstellte, dass sie es auch unmetaphorisch, das heißt real gemacht haben. Das war eigentlich nicht vorgesehen und hat zur unangenehmen Folge, dass dieses Verhalten nun ebenso real und durch naturwissenschaftliche Erkenntnisse abgesichert in Frage gestellt werden kann. Und wie nebenbei belegt die Klimarealität unseren Befund bezüglich der nicht nur von Huntington gesetzten politischen Dominanz des Westens. Die Umwelt verpesten zu dürfen ist eine Manifestation von Macht. Ökologisch zu handeln ein Zeichen von Schwäche. Das macht es so unbeliebt.

Es ist, wie den meisten klar sein dürfte, naiv anzunehmen, dass die Klimawandelleugner wirklich glauben, der Mensch habe keinen Einfluss auf den Klimawandel. Es ist aber ebenso naiv (wie weitaus weniger Leuten klar sein dürfte), hinter der Leugnung dieses Einflusses vor allem ökonomische Motive zu vermuten. Bestimmt gibt es diese Interessen; aber sie bilden nur das Blendwerk, hinter dem sich das eigentliche Drama abspielt. Dieses ist eins der Freiheit, salopp gesagt, ein Hahnenkampf. Es geht sicher nicht nur darum, Interessen durchzusetzen, nicht einmal darum, recht zu behalten. Sondern darum, eine von alters her überlieferte Weltsicht und damit Identität zu bewahren; und mit ihr verbunden eine Hegemonie, eine Diskursmacht. Diese Weltsicht ist die einer als absoluter Wert begriffenen Freiheit, welche zwangsläufig eine absolute Expansion bedeutet. Diese Freiheit wird so grundsätzlich und axiomatisch verstanden, dass die Wissenschaft noch so oft aufzeigen kann, was daraus Problematisches folgt. Nach Art eines Wiederholungstäters fällt sie doch immer wieder in dieselben Muster zurück, reproduziert ihre eigene Logik, will keine Machbarkeitsgrenzen anerkennen.

Schließlich wird, und vielleicht nicht einmal zu Unrecht, die Wissenschaft selbst als abhängig von der Freiheit gedacht, weil nur in Freiheit, das heißt ohne weltanschauliche und damit auch ohne moralische Grenzen, Wissenschaft wirklich gedeihen, sich entfalten könne. Prometheus ist der mythische Urahn für diese Haltung. Es ist, mit den alten Griechen gedacht, eine Geschichte der Hybris: Gelingt es dem Menschen, seine Unabhängigkeit von der Natur – und damit von den Göttern, also letztlich von Gott – durchzusetzen und zu behaupten? Dieses Ziel wird in der Klimafrage auch von jenen geteilt, die durchaus bereit sind, ihr Verhalten und ihre Politik den neuen Erkenntnissen anzupassen. Die Unterschiede ergeben sich auch hier nicht in der Grundhaltung, die besagt, »der Mensch ist frei und soll seine Freiheit leben«, sondern in der Herangehensweise: gar keine Nötigung durch die Natur anzuerkennen, also gleichsam die Konfrontation zu suchen und sich den äußeren Bedingungen nicht im Geringsten zu beugen; oder diese Bedingungen anzuerkennen und gleichsam auf Umwegen das Ziel zu erreichen.

Moralphilosophisch betrachtet läuft dies auf die Frage hinaus, welche Schlussfolgerungen wir aus dem Hume'schen Gesetz ziehen, dem wir bereits begegnet sind. Aus der reinen Erkenntnis von Sachen heraus können wir ein bestimmtes moralisches Verhalten nicht zwingend ableiten, besagt das Hume'sche Gesetz. Die Sachlagen – etwa der Klimawandel – überlassen und überantworten uns die Freiheit der eigenständigen moralischen Unterscheidung. Dies ermöglicht es, auf den Klimawandel verschieden zu reagieren, ja sogar, ihn zu ignorieren. Doch steht das Hume'sche Gesetz in Wahrheit auf unserer Seite. Weil es uns von der Hörigkeit den Fakten, dem Sein, den Sachen gegenüber befreit und uns kein aus ihnen zwangsläufig folgendes Verhalten vorschreibt, sind wir – eine klassische existenzialistische Situation – dazu verdammt, selber entscheiden zu müssen, was wir zu wollen haben. Indem sowohl die Leugner des Klimawandels als auch ihre Gegner die Entscheidungsfreiheit mit Verweis auf die Natur außer Kraft setzen wollen, entlassen sie uns immer schon aus der Verantwortung, die uns die Freiheit auferlegt.

Dagegen wäre eine andere, dritte Haltung gefragt, die zunächst einmal gänzlich von der Frage absieht, ob sich das Klima ändert oder nicht. Sie wirft die Frage nach dem auf, was wir eigentlich wollen. Dies wird aber nirgends gefragt, sondern scheint im Drama zwischen absoluter Freiheit und absoluter Naturgesetzlichkeit – und den Abstufungen dazwischen, die freilich von denselben, nur anders ausbalancierten Prämissen ausgehen – immer schon beantwortet. Die Frage nach dem Menschen als Mensch, dem Menschen, der weder Gott noch Tier ist, weder völlig frei noch völlig determiniert, scheint uns abhandengekommen. Wir tun so, als wüssten wir, was wir wollen. Und wissen doch gar nichts.

Freilich ist das Drama nicht nur eines zwischen Natur und Mensch, Freiheit und Unfreiheit, sondern es ist zugleich eines unter den Menschen. In diesem Drama wird nicht, wie man zunächst denken sollte, verhandelt, wer das Wetter bestimmen darf, sondern wessen Weltsicht sich durchsetzt: diejenige, die von einer Wechselseitigkeit und Interpenetranz der Beziehungen zwischen Subjekt und Objekt, der Austauschbarkeit der beiden Pole ausgeht, oder diejenige, die diese ableugnet. Es ist damit auch eine Entscheidung über die Frage verbunden, wie Demokratie verstanden wird: als echte Osmose, als wirklicher Stoffwechsel zwischen Wählern und Gewählten – die dann Herrscher und Beherrschte nicht mehr genannt werden können – oder als bloßer Mechanismus, der es einem »Volk« erlaubt, sich unter den über ihm stehenden »Herrschenden« den irgendwie genehmsten auszusuchen. Die Entscheidung zwischen diesen beiden Polen lässt sich aber nicht auf Klimafragen eingrenzen. Es wird nicht reichen – gerade auch zur Rettung des Klimas nicht –, nur in echten (unmetaphorischen) Wetterfragen die wechselseitige Abhängigkeit von Subjekt und Objekt anzuerkennen, den Einfluss des Menschen auf das Wetter. Vielmehr muss der Übergang von der unmetaphorischen auf die metaphorische Ebene geleistet, die Lehre der unmetaphorischen auch für die metaphorische Ebene des politischen Klimas beherzigt werden.

Dies ist vielleicht die wichtigste Erkenntnis aus den Klimadiskussionen: Das Verhältnis von Mensch und Natur lässt sich auf das von Mensch zu Mensch (oder nach Huntington das von Kultur zu Kultur) übertragen. Die Bewältigung des Klimawandels erfordert die Demokratisierung der Weltverhältnisse. Das Bewusstsein der ökologischen Interdependenz kann nicht diktiert werden, sondern unterliegt selbst der Interdependenz und ist auf interdependente Strukturen, auf eine Austauschbarkeit von Subjekt und Objekt angewiesen.

In konkrete Politik umgemünzt, würde das bedeuten, dass man anderen, etwa den weniger entwickelten Ländern, die man die ganze Zeit jenseits der Entscheidungsprozesse außen vor gehalten hat und für sich hat arbeiten lassen, schlecht die Entwicklungsdynamik versagen kann, und sei es mit der Autorität wissenschaftlich belegbarer Umweltargumente. Die Anerkennung der Wechselseitigkeit kann sich nicht nur auf den Ebenen vollziehen, die naturwissenschaftlich zwingend scheinen – gerade auf denen nicht, denn der mit naturwissenschaftlichen Elementen begründete Zwang hebelt die Wechselseitigkeit aus, lässt keine Wahl zu. Nur unter der Bedingung der Anerkennung grundlegender Interdependenz kann die Bereitschaft einer anderen Mentalität und damit echter Zusammenarbeit entstehen.

Wer jahrhundertelang prometheischen Geist und die absolute Trennung von Subjekt und Objekt predigt, läuft freilich Gefahr, der Illusion aufzusitzen, das Hume'sche Gesetz gelte nicht, solange das Wetter, das Klima, die Natur sich nach Art eines objektiven Naturrechts in Anschlag bringen lässt. Dass dies sogar mit den besten naturwissenschaftlichen Argumenten nicht machbar ist, lehren uns die Klimawandelleugner. So paradox es klingt und so falsch ihre Argumente sind, tiefenstrukturell betrachtet sind sie eine demokratische Kraft, weil sie sich der Behauptung eines moralischen Automatismus widersetzen.

Wir müssen an dieser Stelle einen Verdacht formulieren, den wir vielleicht erst im weiteren Verlauf unserer Untersuchungen belegen können. Demnach wäre nicht die Metapher des Wetters die ursprüngliche, von der Natur auf die menschlichen Verhältnisse übertragene, wie es im Polit-Prognosenbild von Huntington scheint, sondern wäre das Verhältnis umgekehrt und damit unser Verständnis des realen Wetters die Übertragung von rein menschlichen Verhältnissen auf die Natur, wäre also eine Metapher, die sich zuerst dem Umgang der Menschen untereinander verdankt. Dafür spricht die frühzeitige Anthropomorphisierung des Wetters, wie wir sie aus den Götterwelten der Antike und den Naturreligionen kennen; noch im katholischen Milieu, in dem ich aufgewachsen bin, wird, gleich wie scherzhaft, der Apostel Petrus für das Wetter verantwortlich gemacht.

Anders gesagt: Die Auseinandersetzung mit der Natur entspringt der Ethik, folgt ihrem Modell, das heißt dem der Beziehungen der Menschen untereinander. Die Geltung des Hume'schen Gesetzes verdankt sich einer Banalität, die als solche nicht mehr erscheint, weil die Kausalitätskette mit Bezug auf die menschlichen Dinge immer schon falsch gedacht worden ist, nämlich ausgehend von der Natur und dem naturwissenschaftlichen Modell als dem primären. Dann wundert man sich allerdings, wie es kommt, dass das Sein uns kein Sollen vorschreibt – wo das Sein, die Natur, uns doch alles andere vorzuschreiben scheint. Hume war scharfsinnig genug zu sehen, dass dieser Schluss nicht gezogen werden kann. Die Kausalitätskette bricht aber nicht auf dem Weg von der Natur zum Menschen ab, sondern weil die metaphorische Übertragung andersherum verläuft, vom Menschen auf die Natur; nicht vom Sein aufs Sollen, sondern vom Sollen aufs Sein.

Das Sein ist, was es sein soll. Es ist nicht, wie es alle gern hätten, per se, das heißt an und für sich, sondern, so absurd dies auf den ersten Blick scheint, ist es so, wie der Mensch es aus seiner Sphäre heraus sehen, wahrnehmen, deuten, interpretieren will.[54] Es ist, was es sein soll, gerade auch dann, wenn dieses Sollen besagt, dass das Sein nicht das zu sein hat, was es sein soll, wenn es mithin besagt, dass das Sein völlig anders zu sein hat, nicht zu beeinflussen vom Menschen, reine Natur. Radikal gesprochen ist jenseits des Sollens gar kein Sein, will sagen, die Trennung von Sein und Sollen ist an sich selbst schon nur eine gesollte, gewollte und entsprechend hinfällig. Wobei wir dem Zeitgeist auch ein Zugeständnis machen und umgekehrt formulieren können, dass jenseits des Seins kein Sollen ist, die Trennung zwischen beiden nicht besteht und so weder das eine noch das andere völlig losgelöst vom anderen ist.

Nicht die Natur macht dem Menschen moralische Vorgaben, sondern der Mensch der Natur. Deswegen sucht er sie zu beherrschen. Er findet sie, könnte man sagen, ein wenig zu unmoralisch, ganz wie Prometheus es unmoralisch (oder sagen wir »undemokratisch«) findet, dass die Götter den Menschen das Feuer vorenthalten. In dem Moment aber, wo der Mensch die Trennung zwischen Mensch und Natur behauptet und sie damit überhaupt erst in geistigem, weltanschaulichem Sinn erschafft – und sie auch dann erst wie einen Knecht, wie ein Objekt benutzen und beherrschen kann –, entsteht nach Art eines Rückkopplungseffekts die Vorstellung oder vielmehr der Glaube, die Natur melde nun ihrerseits gegenüber dem Menschen (naturrechtliche) Sollens-Ansprüche an. Dass sie es nicht tut, darüber wundert der Mensch sich seit Hume, weil er die Natur (oder die Götter) doch anthropomorph gedacht hat, als eine Art Solon. Der Mensch will nicht einsehen, dass die Natur ihn im Stich lässt, ihn auf sich selbst verweist und ihm sagt: Ich bin nichts außer dir!

Genauer und vielleicht verständlicher ausgedrückt würde die These lauten, dass die Naturwissenschaft – oder zunächst ganz unwissenschaftlich das Verhältnis des Menschen zur Natur – nach dem Modell des Verhältnisses zu seinesgleichen geformt ist. Dieses bildet die primären Strukturen aus: Der Mensch ist immer schon unter Menschen geboren, wird von ihnen empfangen und vor der Natur geschützt und abgeschirmt, in die er nur nach langer Zeit entlassen werden kann, und auch das nie völlig. Die Natur begegnet uns so gut wie nie als ein absolutes Äußeres, als ein Jenseits des Menschen. Erst die neuzeitliche Naturwissenschaft hat sie so gedacht – eine Haltung, die in den Naturwissenschaften der Gegenwart, die die Beobachterperspektive als aktiven Eingriff mitbedenken, schon wieder überholt scheint.

Wir können an dieser Stelle eine Vermutung zu der vielerörterten Frage beisteuern, wie und warum die Naturwissenschaft überhaupt und dann ausgerechnet »im Okzident«[55] entstehen und zu ihrer Entfaltung gelangen konnte: aus einer Übertragung menschlicher Machtverhältnisse und gesellschaftlicher Strukturen auf die Natur. Die Entstehung der neuzeitlichen Naturwissenschaft in Europa wäre demnach (zumindest auch und wesentlich) eine Folge unberechenbarer, gleichsam unwetterartiger menschlicher Verhältnisse, und zwar in Europa mehr als anderswo. Der Grund für diese unwägbaren Verhältnisse könnte in der geografischen Enge Europas bei gleichzeitiger großer Heterogenität der Bevölkerungen liegen. Er könnte in der Unmöglichkeit (vor der Entdeckung Amerikas jedenfalls) liegen, aus diesem Wurmfortsatz Asiens, nichts anderes ist Europa ja, zu entkommen und eine ruhige, freie Entwicklung zu nehmen. Die unwägbaren Verhältnisse dürften ferner eine Folge der Religionskriege, der Selbstgerechtigkeit des Adels, der Kirchen, der absoluten Monarchien sein; eine Folge der Rechtsunsicherheit und Entrechtung weitester Bevölkerungsteile, zumal der Bauern, Tagelöhner, einfachen Arbeiter in der europäischen Geschichte, vor allem seit dem Ende des Mittelalters; ein Maß der Entrechtung also, das, wie wir noch sehen werden, in der islamischen Welt gerade aufgrund der heute so verschrienen Scharia nie bestand (was die Scharia heute nicht besser macht, aber ihre einstige Tauglichkeit vermuten lässt), eine Folge der Willkür und der schlecht bis gar nicht maskierten Despotien in Europa.

Weil die geschriebenen Gesetze in Europa nicht viel galten, weil überall unterschiedliche Gesetze galten, falls sie überhaupt galten, und weil sie, wo sie galten, selbst häufig von Willkür kündeten und diese festschrieben, verlegte man sich auf die Suche nach einem Recht und Gesetz, das von der Natur garantiert wurde, nach Gesetzen, die nicht von Menschen geschrieben wurden und nicht entsprechend willkürlich oder der willkürlichen Anwendung ausgesetzt waren.

In der Metapher – wer merkt überhaupt noch, dass es eine ist? – von den Natur*gesetzen* ist dieser Ursprung der neuzeitlichen Naturwissenschaft im Ungenügen an den menschlichen Gesetzen ein für alle Mal festgeschrieben.

> Der menschliche Geist ist für Bacon ein Spiegel, der das Bild des Universums aufzufangen vermag. Die Vorstellung dieses Universums ist vom Gedanken des Naturgesetzes (*law of nature*) bestimmt. Das Verständnis dieses Ausdrucks bleibt noch ganz gebunden an sein metaphorisches Substrat, an die Analogie des politischen Gesetzes. Das schließt die Vorstellung in den Horizont des politischen Denkens der Zeit ein: Nicht in allem wird der Bürger der Einsicht in den Willen des Herrschers teilhaftig, aber die Vorgänge und Veränderungen erlauben ihm, auf die Vernunft, die hinter dem ganzen steht, zu schließen.[56]

Es ist die Anpassungsleistung gegenüber Undurchschaubarkeit und Willkür der menschlichen Gesetze, eine Anpassungsleistung, Beobachtungs- und gleichsam politische Wettervorhersagegabe, die im Umgang mit unberechenbaren sozialen Verhältnissen und Strukturen entwickelt wurde, welche schließlich auf die Beobachtung der Natur übertragen wurde. Das neue, in der Neuzeit entstandene Verhältnis des europäischen Menschen zur Natur ist nichts als der Spiegel seines Verhältnisses zu seinen willkürlichen, unkontrollierbaren Herrschern: die absolute Trennung zwischen Herrschern und Beherrschten, die Etablierung der Dichotomie von aktiv und passiv, Handelndem und Beobachtendem, Herr und Knecht. In dem Moment, in welchem dieses Verhältnis auf die Natur übertragen wird in der Hoffnung und Ahnung, dort ein zuverlässigeres Recht und Gesetz zu finden – denn Natur war, selbst wenn sie wüten konnte, doch für ihre Verlässlichkeit bekannt –, entsteht die Naturwissenschaft im neuzeitlichen Sinn. Eines der zentralen Ideologeme des Westens besteht folglich darin, die ursprüngliche Bewegung umzukehren, also nicht die Natur aus dem Blick des Menschen auf sich selbst zu begreifen, sondern den Menschen und die Kultur aus der Natur heraus zu begreifen und zu deuten. Noch die Freiheit wird am Ende als Auftrag der Natur verstanden, der Mensch als zur Freiheit, und sei es nur zur freien Entfaltung seiner natürlichen Triebe, verdammt gedacht.

Es ist allerdings ein Irrglaube anzunehmen, die Natur selbst fordere den Wissensdurst heraus, die vielbeschworene Neugier. Denn sie folgt, selbst wo sie Ausnahmen kennt, Regeln und Gesetzen, das heißt, sie ist verlässlich. Auch wer nicht weiß, warum es sich so verhält, weiß doch, dass am nächsten

Tag die Sonne aufgeht. Die Natur ist ein offenes Buch, jedenfalls soweit der Mensch sie kennen musste, das heißt im Rahmen der Zusammenhänge, in die er sich gesetzt fand. Wenn das Willkürliche und Unverstandene an der Natur erklärt werden musste, geschah dies anthropomorphisch, indem man ihr menschenähnliche Eigenschaften in Gestalt von Göttern oder Dämonen zuschrieb.

Die niedere Natur, das Wetter zum Beispiel, kann verrückt spielen, von Dämonen und Göttern manipuliert erscheinen; aber doch nicht die höhere Natur, der gestirnte Himmel über uns, der ebendeswegen als Spiegel und Sinnbild des moralischen Gesetzes in uns gilt, selbst wenn niemand und nichts seine Geltung durchzusetzen vermag. Ebendies aber wird, trotz Kants immer noch gültiger Einsicht in diese Undurchsetzbarkeit, seither mit Verweis auf die Natur in immer neuen wissenschaftlichen Modewellen, von der Hirnforschung bis zum Genom, vom Hormon bis zum Dataismus, versucht, im oft verzweifelten Versuch, verlässliche Orientierungen zu stiften, seien sie auch noch so unmoralisch.

Der Mensch hat nie Angst vor der Natur, sondern immer nur vorm Menschen. Wo er Angst vor der Natur hat, ist sie anthropomorphisiert. An sich ist Natur gleichgültig, neutral. Sie antwortet nicht. Sie ist kein Mensch. Jede menschliche Angst, jedes Trauma rührt von der Begegnung mit Menschen und Menschlichem her, besonders aber von der Begegnung mit Fremden, die anderen Regeln und Konventionen folgen, denen man nicht trauen kann – nicht, weil sie selbst keine Regeln kennen, sondern weil man die ihren nicht kennt. Genau wäre eine sinnvolle Definition des Anderen, Fremden: Anders ist immer der, der anderen Regeln folgt und damit die als sicher geltende Ordnung bedroht.

Wäre dies aber nicht überall der Fall und nicht nur ein Problem des Westens? Keineswegs! Mögen die faktischen Unsicherheiten und politischen Turbulenzen in der islamischen Welt mit den Zuständen in Europa durchaus vergleichbar sein, so stand in Gestalt der Scharia mit einem religiös fundierten Gesetz, das auch für Weltliches galt, stets ein geistiger und moralischer Fluchtpunkt bereit, eine Alternative und ein konkretes Ziel, auf das man sowohl die diesseitigen wie die jenseitigen Hoffnungen richten konnte. Es mochte vor Gewalt, Missbrauch, Willkür und Despotie nicht besser schützen als jedes andere Gesetz. Aber es stiftete Orientierung. Was auch immer falsch lief, wusste man dank seiner wenigstens, was richtig wäre.

Dem christlich dominierten Europa fehlte ein solcher Fluchtpunkt. Da das Christentum, anders als der Islam, keine Gesetzesreligion ist, hat es die Menschen der eigenständigen Gesetzgebung und damit der Willkür weltlicher Mächte überlassen. Was zur Suche nach Gesetzen, Regeln und Verlässlichkeiten in der Natur und schließlich zur technisch-materiellen Überlegenheit dieser Weltregion führte, war keine Leistung, sondern eine Fehlleistung, ein Versagen des Abendlands, nämlich das Unvermögen, den Menschen elementarste Gewissheiten, Sicherheiten, Orientierungen zu vermitteln. Vereinfacht gesagt führte die Trennung von Staat und Religion, von spiritueller und gesetzgebender Gewalt, zu einem Vakuum, das dem europäischen Menschen nichts anderes übrigließ, als das Heil, also das Gesetz, in der Natur zu suchen.

Seither leidet, was daraus erwuchs, unter drei Flüchen: erstens der Unfähigkeit, den Menschen als geistiges, um nicht zu sagen spirituelles Wesen zu denken. Zweitens leidet er unter der prometheischen Versuchung, die Regeln, das Gesetz, die Natur selbst zu manipulieren und dadurch die axiomatische Grundgegebenheit, die unverrückbare Verlässlichkeit, die eigentlich gesucht wurde, wieder auszuhebeln. Und drittens (da es ja gemäß dem ersten Fluch einen eigenständigen Bereich des Geistigen nicht gibt) gerät er in Versuchung, die Naturgesetze auch als solche für die Menschenwelt zu deuten, also natürlich-biologische Determinanten zu behaupten und zum Beispiel den Darwinismus von der Natur auf die Menschenwelt zu übertragen, mittels der Hirnforschung den freien Willen in Abrede zu stellen oder was auch immer mit dem Verweis auf Wissenschaftlichkeit zu rechtfertigen.

Doch zurück zu Huntington! »Westlich«, haben wir gesehen, steht bei ihm nicht als spezifischer Gegensatz zu »muslimisch«, »orthodox« oder »chinesisch«, sondern von alldem zusammen: »Auf der Makroebene ist die ausschlaggebende Teilung die zwischen ›dem Westen‹ und ›dem Rest‹.«[57] Der dergestalt hypostasierte Westen steht nicht mehr relativ zu einem *spezifischen* Anderen, seinem begrifflichen Gegenteil (»Osten«, »Orient«, »Morgenland«), sondern verselbständigt sich: Westen ist immer das, was (alle) anderen nicht sind. Rationalität oder Demokratie können die anderen gemäß der Logik Huntingtons *als andere* daher nicht erlangen, allenfalls um den Preis der Selbstaufgabe.

Insofern nun die Ideologie des Westens als Gegenmodell zu Huntington nur Fukuyama bereithält, baut sich im Zusammenspiel der beiden Richtungen – der konservativen und der fortschrittsliberalen – eine begriffslogische Falle auf, die den westlichen Diskurs über nichtwestliche Kulturen seit jeher geprägt hat. Folgen die als nichtwestlich bezeichneten Kulturen dem kulturrelativistischen Modell wesensgemäß getrennter kultureller Entitäten und Identitäten, so bleiben sie die, die sie immer waren, und haben allenfalls oberflächlich teil an den weltweiten Entwicklungen, etwa der Moderne, die in diesem Rahmen nur als westlicher »Impakt« vorgestellt werden kann.[58]

Folgen sie dem Modell wesensgemäß getrennter Kulturen nicht, bleibt ihnen nur das Modell des Fortschrittsliberalismus: Sie reihen sich nach und nach ein in den großen Treck, der vom Westen angeführt wird, das heißt, sie geben sich sukzessive auf, richten sich nach dem Westen, gehen in seine Richtung. Andere Richtungen sind in diesem Modell nicht denkbar. Wie einflussreich es ist, kann jeder, der diese Sätze liest, an sich selber testen, indem er sich fragt, was die Alternative wäre. *Tertium non datur.*

Die einzige Kultur, die im Rahmen dieser Vorstellungen auf die Zukunft hin offen ist, stellt der Westen dar. Nur er dreht sich nicht im Kreis wie eine Modelleisenbahn. Kein Wunder, dass er als Einziger dynamisch und fortschrittskompatibel ist. Er allein kann sich im Rahmen dieser kulturellen Weltkarte ändern, ohne sein Wesen zu verlieren. »Westen« ist dabei wiederum nicht inhaltlich definiert, sondern als das, was gestaltlos ist und sich ändert.

Dieses Bild vom »Westen«, »Abendland« oder »Europa« ist natürlich älter als sein Update bei Huntington oder Fukuyama. Wir finden es zum Beispiel auch bei Edmund Husserl (1859–1938), dem Begründer der philosophischen Phänomenologie. In einem berühmten Aufsatz aus dem Jahr 1935 beschreibt Husserl die mit der griechischen Philosophie anhebende europäische Kultur als eine, in der das »endliche Menschentum« (das heißt dasjenige traditioneller, sich nicht unendlich weiterentwickelnder Kulturen) »zum Menschentum unendlicher Aufgaben wird«.[59] Dies führe laut Husserl dazu, dass »sich [andere Völker] im ungebrochenen Willen zu geistiger

Selbsterhaltung doch immer europäisieren, während wir, wenn wir uns recht verstehen, zum Beispiel nie indianisieren werden«.[60] Ein einfacher Blick in die Geschichtsbücher genügt, klarzumachen, dass es bei der (Selbst-) Europäisierung der anderen zunächst sicher nicht um *geistige* Selbsterhaltung ging, sondern um die nackte Existenz. Wer sich nicht mit westlicher Militärtechnik wappnete wie Japan Ende des 19. Jahrhunderts, wurde wie China von den europäischen Großmächten aufgeteilt. Husserl als direkter Zeitgenosse dieser Entwicklungen hätte es besser wissen müssen.

Husserls Vorstellungen von Europa und den anderen entspricht demjenigen Fukuyamas. Für Huntington hingegen ist die Europäisierung oder Verwestlichung der anderen etwas Äußerliches, bezieht sich allein auf technische Aspekte. Überkulturelles, also mit Husserl zu sprechen, eine Europäisierung zum Zweck »*geistiger* Selbsterhaltung« gibt es nicht. Stattdessen folgt jede Kultur ihrer eigenen Logik, erhält sich ihren eigenen Geist. Der sich in diesen Vorstellungen äußernde Kulturrelativismus ähnelt den Vorstellungen des Nationalismus, nur dass es um größere Einheiten geht, um ganze Kulturräume statt einzelne Völker und Staaten. Der Kulturrelativismus erlaubt, Freiheit (für die *eigenen* Vorstellungen), Gleichheit (der Angehörigen der *eigenen* Kultur) und womöglich sogar Brüderlichkeit (zu verstehen im Sinn von Zusammengehörigkeit und Solidarität ihrer Mitglieder untereinander) wie in der Vorstellung von der Nation zu vereinen, und zwar scheinbar ohne die Problematik der nationalen Idee heraufzubeschwören, die sich in wechselseitiger Abgrenzung kleiner und kleinster nationaler Einheiten und schließlich in der Kriegsgefahr zwischen diesen Einheiten äußert.

Allerdings trügt dieser Schein. Die Probleme lassen sich mit Hilfe des Kulturrelativismus nicht vermeiden, sondern kehren wieder. So wird der nationale Chauvinismus nur durch einen kulturellen ersetzt – im Fall Huntingtons ist es ein westlicher, aber es gibt natürlich auch islamische oder fernöstliche. Die Kriegsgefahr wird von Huntington in Gestalt seiner Zukunftsvision interkultureller Auseinandersetzungen selbst heraufbeschworen, und auch die Abgrenzungen kehren wieder, nur weniger deutlich als staatliche und genau deswegen umso konfliktträchtiger. Ein Vorteil gegenüber dem Konzept der Nation ergibt sich nur für eine global agierende Wirtschaft, die von Freihandelsabkommen profitiert, welche wiederum mitdefinieren, wer zum Westen dazugehört, wer nicht.

Huntingtons essenzialistischem Verständnis von Kultur liegt kein dialektisches Geschichtsmodell zugrunde, sondern eines, das den Naturwissenschaften entlehnt ist. Es besagt, dass jede Kultur einen Wesenskern hat, in welchem ihre Entwicklungsmöglichkeiten enthalten sind, wie der Samen die Entwicklungsmöglichkeiten einer Pflanze enthält. Die geschichtliche Entwicklung besteht darin, dass sich die Kultur entfaltet, zu sich selbst kommt, sich auslebt und dabei doch immer ihrem Ursprung, dem Kern, treu bleibt – wodurch sich die Verwandtschaft dieser Theorie mit diversen Fundamentalismen erklären lässt, die sich ebenfalls auf eine Urgestalt von Kultur berufen.

Während die geschichtliche Bewegung gemäß dem dialektischen Geschichtsverständnis auf ein Ziel zuläuft, dieses den Horizont darstellt und alles, was geschieht, daraufhin gedeutet wird, geht das essenzialistische Geschichtsverständnis vom Ursprung aus, und dieser Ursprung, das heißt der Wesenskern der Kultur, bildet den Deutungshorizont der geschichtlichen Ereignisse. Somit wäre jede Abweichung etwa durch kulturelle Vermischung oder einen Universalismus eine Verfälschung sowohl des wesenhaften Ursprungs als auch der sich daraus ergebenden, »natürlichen« Entwicklungsrichtung.

In einem naturwissenschaftlichen Zeitalter und einer Kultur (nämlich der westlichen), die auf ihre Fähigkeit zur Naturbeherrschung große Stücke hält, hat dieses Bild beträchtliche Plausibilität. Es lässt sich mindestens bis ins 18. Jahrhundert zurückverfolgen, findet sich etwa bei Herder, wurde dann im 19. Jahrhundert popularisiert und erreichte im deutschen Sprachraum seinen Höhepunkt im Werk des vielgelesenen Naturdenkers und Abstammungstheoretikers Ernst Haeckel (1834–1919), der mit der Gründung seines freidenkerischen und antiklerikalen Monistenbundes (1906) ein naturwissenschaftlich-evolutionäres Weltbild mit rassentheoretischen Anklängen als Religionsersatz zu etablieren suchte. Diese Weltanschauung ist zwar seit ihrem Missbrauch in den Jahren des Nationalsozialismus diskreditiert, ihre Ideologeme sind jedoch nach wie vor weit verbreitet und prägen das landläufige Verständnis von Kultur, insbesondere von konservativer

Seite. Dieses Verständnis läuft, einfach gesagt, darauf hinaus, möglichst vieles – wenn nicht alles – mit dem Verweis auf die Natur zu erklären.

In ihren religiös geprägten Ursprüngen im 18. Jahrhundert hat diese Theorie der Analogie von Kultur und Natur auch eine universalistische Seite, die sich in der These äußert, dass alle Menschen und damit auch alle Kulturen aus einem gemeinsamen Kern abstammen – letztlich von Adam und Eva. Die Verwandtschaft ist demnach größer als das Trennende, welches sich gemäß diesen älteren Theorien nicht nur durch historische Entwicklungen, sondern auch durch klimatische Faktoren erklären lässt. Die höhere zivilisatorische Entfaltung einer Kultur wird vor diesem Hintergrund nicht automatisch als positive Entwicklung begriffen, sondern, wie etwa bei Rousseau, als negative Entfernung vom (gemeinsamen) Ursprung. Daher konnte Herder gerade in primitiveren Völkern oder Kulturen die eigentliche, wahre Menschheit erkennen (vgl. S. 256 ff.).

Oswald Spengler (1880–1936) entwickelte in seinem berühmten Werk mit dem suggestiven Titel »Der Untergang des Abendlandes« (1918–1922) aus der Gleichsetzung von Kulturen mit der Natur eine Theorie der Lebensalter der Kulturen: Sie entwickeln sich wie die Jahreszeiten oder altern wie Menschen, sodass man in Ägypten, der Antike, in China, in Indien, im Abendland ähnliche Aufstiegs- und Verfallserscheinungen findet. Man kann diese Parallelen sichtbar machen, indem man sie synoptisch auf einer Zeitschiene nebeneinander anordnet, getrennt nach künstlerischen, geistigen und politischen Entwicklungen.[61]

Das durchschnittliche Lebensalter einer Kultur beträgt demnach 1500 bis 2000 Jahre. Nach einer Blütezeit im »Kultur« genannten Lebensalter bricht die »Zivilisation« genannte Verfallszeit an, in welche das Abendland nach Spengler seit dem 19. Jahrhundert eingetreten sei. Wie für jede andere Kultur gilt auch bezüglich des Abendlands für die Epoche des »Winters« im geistigen Bereich »Irreligiöses und unmetaphysisches Weltstädtertum«, »Erlöschen der seelischen Gestaltungskraft«, »Fachwissenschaftliche Kathederphilosophie«; im Künstlerischen: »Luxus, Sport, Nervenreiz, Schnellwechselnde Stilmoden«; und, ein wenig unheimlich, dies hundert Jahre nach Erscheinen zu lesen, im politischen Bereich: »Herrschaft des Geldes (der ›Demokratie‹), Wirtschaftsmächte die politischen Formen und Gewalten durchdringend«, »Ausbildung des Cäsarismus. Sieg der Gewaltpolitik über das Geld. Zunehmend primitiver Charakter der politischen Formen«.

Ein kräftiger Hauch Spengler weht bis heute durch die Ideologien des Westens. Er zeigt sich in einem starren Verständnis von Kultur ebenso wie im Glauben, einen ominösen Verfall (Deutschlands, Europas, des Westens) aufhalten zu müssen. Vordergründig behauptete Spengler die Gleichheit der Kulturen: »Ich nenne dies dem heutigen Westeuropäer geläufige Schema, in dem die hohen Kulturen ihre Bahnen um uns als den vermeintlichen Mittelpunkt alles Weltgeschehens ziehen, das ptolemäische System der Geschichte und ich betrachte es als die kopernikanische Entdeckung im Bereich der Historie, dass in diesem Buch ein System an seine Stelle tritt, in dem Antike und Abendland neben Indien, Babylon, China, Ägypten, der arabischen und mexikanischen Kultur [...] eine in keiner Weise bevorzugte Stellung einnehmen.«[62] Die bevorzugte Stellung Europas ergibt sich für Spengler erst aus der Position des (natürlich europäischen) Betrachters selbst, der die Gesetze der kulturellen Entwicklung erkannt hat und sich ihren Konsequenzen stellt – also durch Übernahme einer vermeintlich wissenschaftlichen Beobachterperspektive: »Wer diese Höhe der Betrachtung erreicht hat, dem fallen alle Früchte von selbst zu.«[63]

Diese »Früchte« bestehen in nichts Geringerem als der Fähigkeit, die Zukunft vorherzusagen, also einer weiteren Form der politisch-historischen (Wetter-)Prognostik. Dies geschieht mit Hilfe der Erkenntnis der »Gesetze«, und zwar nicht nur der Gesetze der Natur, sondern auch der Geschichte, was am Ende getreu der monistisch-monokausalen Logik in eins fällt: Natur, Geschichte, Kultur haben *ein* gemeinsames Gesetz, das der Jahreszeiten und Lebensalter. Die aus der Instabilität der menschlichen Gesetze motivierte Suche nach verlässlicheren Gesetzen in der Natur wird von Spengler in der Nachfolge Nietzsches und Schopenhauers nun wieder auf Menschen und Kulturen zurückgebogen. Hat man dies mit Spengler und allen seinen Nachfolgern begriffen, erscheint die kulturelle und politische Entwicklung plötzlich als ebenso vorhersagbar wie die der Natur. »Es bedeutet [...], dass wir die welthistorische Entwicklung [...] nun auch vorwärts in großen Umrissen verfolgen können.«[64] Der Hang zur Prognose ist, wie wir gesehen haben, für die Ideologie des Westens charakteristisch, eine säkularisierte Form des Chiliasmus, und sie entlarvt diese Ideologie unvermeidlich als Religionsersatz.

Die Analogie zwischen Spengler und den anderen hier behandelten Autoren geht aber weiter und betrifft die Rolle, das Selbstverständnis des Propheten insgesamt. Spengler formuliert es wie folgt: »Ein Philosoph, der nicht auch die Wirklichkeit ergreift und beherrscht, wird niemals ersten Ranges sein.«[65] Die Denker seiner eigenen Zeit findet Spengler vor diesem Hintergrund beschämend: »Welche Geringfügigkeit der Person! Welche Alltäglichkeit des politischen und praktischen Horizonts! [...] Ich finde nichts als Provinzmeinungen, wie sie jeder hat. Ich frage mich, wenn ich das Buch eines modernen Denkers zur Hand nehme, was er vom Tatsächlichen der Weltpolitik [...] überhaupt ahnt. [...] Offenbar hat man den letzten Sinn philosophischer Wirksamkeit aus den Augen verloren.«[66]

So schließt sich der Kreis. Der Philosophen-Prophet, der die Zukunft vorhersagt, möchte einen »entscheidenden Rang im wirklichen Leben«, möchte mit einer »Tat« in »irgendeine Art von großer Wirklichkeit eingreifen«.[67] Der Prophet tut, was er prophezeit, am besten gleich selbst. In seiner Verkleidung als Philosoph tritt er aus den Wandelhallen der Akademie im Schatten der Akropolis heraus und widmet sich dem »Tatsächlichen der Weltpolitik«. Nur dann ist er »ersten Ranges«. Nur dann kann er sicher sein, dass seine Prophezeiung eintrifft. Die Analogie zu Fukuyama und Huntington, die beide in der aktiven Politikberatung tätig waren, liegt auf der Hand. Dass sie vielleicht nicht zu den größten Denkern zählen, ist nebensächlich, denn »ersten Rang« erhält man durch »Wirksamkeit«.

Mir geht es darum, darauf hinzuweisen, dass eine bestimmte Politik nicht, wie es ihre Theoretiker wollen, natürlich, naturgegeben, unausweichlich oder dialektisch-historisch zwangsläufig ist, sondern gemacht, gewollt, bejaht und letztlich ausgedacht, wenngleich permanent versucht wird, genau diesen ausgedachten Charakter durch Berufung auf Wissenschaftlichkeit, Naturgemäßheit oder Vernunft zu verschleiern. Mir geht es darum, dass genau dieses Machen, Wollen, Bejahen und Ausdenken in den erwähnten Theorien und Ideologien selbst thematisiert und vorgedacht ist. Für jeden, der lesen kann, liegt das Programm offen zutage.

Diese Offenheit verdankt sich dem Paradigma der Rationalität, auf das sich diese Theorien berufen: Da wir, so die Argumentation, uns auf Rationalität (und ihren »wissenschaftlichen« Blick auf die Natur) berufen, anders als alle anderen, die sich auf Nicht-Rationales berufen (Allah, Buddha, Laotse, Konfuzius), müssen »wir« rational betrachtet recht haben. Freilich ist durch die gebetsmühlenartige Berufung auf »Rationalität« allein diese noch lange nicht garantiert; »denn die Scholastik war ja auch rationalistisch«[68], wie Robert Musil so schön gesagt hat.

Die Kultur oder Natur, deren Gesetze man verstanden zu haben glaubt, ist veränderbar, manipulierbar, schon deswegen, weil der Mensch selber es war, der diese Gesetze schrieb – wiewohl er so tut, als entdecke er sie. Damit aber können die Grundlagen dessen, was zunächst und scheinbar axiomatisch gesetzt war, selbst verändert werden, weswegen alles, was auf dieser Grundlage vorausgesagt wird, zur *self-fulfilling prophecy* gerät.

Der »Westen« oder das »Abendland« hat das Problem, dass er zwar die Naturgesetzlichkeit der Natur zu nutzen gelernt hat, dass dies aber keinerlei Gewissheit in menschlichen und kulturellen Dingen gewährt – also in dem Bereich, wo es wirklich darauf ankäme und mit dem das tiefere Problem, nämlich die Unzuverlässigkeit und Wolfsgleichheit des Menschen begann. Jede Ideologie des Westens ist daher kompensatorisch, zugleich jedoch ungenügend, solange sie die Wirklichkeit nicht gänzlich nach ihren eigenen Vorgaben geformt hat.

Die einzige Art und Weise, wie die von diesen Kulturtheorien behauptete Wahrheit und Rationalität bestätigt werden kann, besteht darin, diese Wahrheit eigenhändig zu produzieren, also über einen Zirkelschluss – wir werden uns einem der berühmtesten, dem von Max Weber, gleich zuwenden. Dies ist mit einer bloßen Arbeit an der Kultur nicht getan, sondern hat zur Bedingung die Veränderung des Menschen als Natur. In diesem Prozess der Befreiung des Menschen aus seiner naturgegebenen Kreatürlichkeit befinden wir uns gerade.[69] Allerdings setzt dieser Prozess zugleich eine Gegenlogik in Gang. Die hochleistungsmedizinische Befreiung des Menschen von den Gesetzen der Natur verweist ihn auf die von ihm selbst gemachten Gesetze zurück, also wieder auf die kulturelle und geistige Sphäre, in der es keine absolute Axiomatik, keinen archimedischen Punkt mehr gibt. Spätestens der völlig von natürlichen Zwängen befreite Mensch wird dazu gezwungen sein, sich wieder auf den Geist zu besinnen. Keine Natur kann ihm die Konfrontation mit sich selbst dann noch abnehmen.

Der »westliche« Mensch, sofern dann dieser Ausdruck noch gilt, wird genauso von der Natur abgenabelt sein, wie es diejenigen, die an Gott glaubten und ahnten, dass sie in der Materie, der Welt, der Natur nur Gastfreunde und Fremdlinge sind, ihrem kulturellen Selbstverständnis nach immer schon waren. Edmund Husserl, dessen beschönigende Deutung der europäischen Überlegenheit kritisch erwähnt werden musste, darf in dieser Frage unser Gewährsmann sein: »Die Realität des Geistes als vermeintlich realen Annexes an den Körpern, sein vermeintlich raumzeitliches Sein innerhalb der Natur ist ein Widersinn.«[70] Und: »Nur wenn der Geist aus der naiven Außenanwendung zu sich selbst zurückkehrt und bei sich selbst bleibt, kann er sich genügen.«[71]

»Der Untergang des Abendlands« war ein Weltbestseller, eines der einflussreichsten Bücher der zwanziger Jahre. Spenglers Überlegungen, die perfekt zur Katerstimmung der Zwischenkriegszeit passten, strahlten selbst auf das Denken derjenigen aus, die sich gar nicht unmittelbar auf ihn beriefen oder bezogen oder die ihn, wie Robert Musil und viele Philosophen an den Universitäten, nicht ganz ernst nahmen.[72] Es ist für die Karriere des Wortes »Westen« vielleicht nicht nebensächlich, dass die englische Übersetzung (1926 und 1928 für den zweiten Teil) den zukunftsweisenden Titel »Decline of the *West*« trug. Eine konkrete Verbindungslinie von Spengler in die USA lässt sich ferner über die deutschen Philosophen und Politologen ziehen, die in den zwanziger, dreißiger und vierziger Jahren nach Nordamerika kamen, dort blieben und lehrten, allen voran Leo Strauss (1899–1973), der über seinen Schüler Allan Bloom (1930–1992) indirekt mit Fukuyama verbunden ist. Dies heißt natürlich nicht, dass sich Spenglers Theorien darin eins zu eins erhalten hätten; aber doch einige seiner grundlegenden Ideen und Verfahren.

Die Weltanschauung namens »Westen« bezieht ihre Überzeugungskraft nicht aus sachgemäßen Aussagen über die Außenwelt, über das »Tatsächliche der Weltpolitik«, sondern daraus, dass sie die Wirklichkeit, die sie bestätigt, selbst herstellt. Dafür ist es nötig, dass die Ideologie die von ihr konstatierte Wirklichkeit in ihrem Sinn beeinflussen kann. Diese wirkt dann wiederum auf sie selbst zurück und setzt sie instand, sich zu erneuern und zu aktualisieren.

Tatsächlich ist das »Tatsächliche der Weltpolitik« tatsächlich. Aber es ist, um das Wortspiel auf die Spitze zu treiben, die Sache einer Tat: gemacht, hergestellt, konstruiert. Der Übergang zwischen Denksachen und Tatsachen ist fließend. Was jeder aus seinem eigenen Leben und Handeln intuitiv weiß, scheint uns bei großangelegten Kulturtheorien seltsam abwegig. Der Grund, warum wir es für abwegig halten, liegt darin, dass sich Geschichte und Weltpolitik, anders als üblicherweise das eigene Handeln, der Kontrolle entziehen. Man kann die Weltgeschichte nicht steuern wie immerhin manchmal das eigene Leben. Ich unterstelle auch keine Form solcher Steuerung, jedenfalls nicht bewusst – das brächte uns allzu nah dem Bereich der Verschwörungstheorie. Das diffuse Was des Geschehenden bedarf, um in den Rang des von der Theorie verlangten »Tatsächlichen« und erst recht des »Tatsächlichen der Weltpolitik« erhoben zu werden, einer Deutung, die es in diesen Rang erhebt, einer Brille, die es als solches erscheinen lässt. Das Glas dieser Brille aber lässt sich schleifen.

Das wäre dann allerdings, wie bei Spengler, die Aufgabe des Philosophen, des Sehers, des Wetter- und Vogelflugdeuters. Die neue Wirklichkeit, die man durch diese Brille sieht, lädt wiederum dazu ein, in ihrem Sinn politisch tätig zu werden. So gibt es den Westen bis heute nicht als historisches Ding – wie es die NATO gibt (die mit dem Westen nicht identisch ist, es sei denn, man will die Türkei umstandslos dazuzählen), wie es die EU, die USA, wie es die UNO gibt oder das Den Haager Kriegsgerichtstribunal oder den Islam oder den Glauben der alten Ägypter. Bis heute ist der Westen nicht viel realer als Zeus. Aber man richtete dennoch sein Handeln nach ihm aus und glaubte überall in der antiken Welt sein Wirken zu spüren. Man konnte dieses Wirken deshalb »tatsächlich« spüren, weil man danach handelte, das heißt, weil es die Sache einer Tat war. Daher ließe sich sogar die Behauptung, dass Zeus nie existiert habe, widerlegen: Für die alten Griechen hat er sehr wohl existiert, ja womöglich war er für sie viel existenter als für uns heute der Westen.

Fassen wir zusammen: Aus der biologistischen Metaphorik, aus der vermeintlichen Analogie von Kultur und Natur resultieren bestimmte Grundannahmen: dass es relativ klar unterscheidbare Kulturen gibt, darunter einen Westen, dass Kulturen eine Art Wesenskern haben, eine Identität, dass es Gegensätze zwischen ihnen gibt, von denen einige oder die meisten nur um den Preis der Verleugnung dieser Identität zu überwinden wären, dass die Geschichte durch die Entwicklungsanlagen im Wesenskern der Kulturen determiniert ist und so weiter. Die essenzialistische, durch ihren unveränderlichen Wesenskern geprägte Kultur rückt an die Stelle einer angeblich bloß politischen »Ideologie« – das Modell bilden Faschismus, Marxismus und neuerdings Islamismus – und ersetzt diese: »Welchen Platz soll in einer Ära, in der weltweit Völker sich in kulturellen Begriffen definieren, eine Gesellschaft ohne kulturellen Kern [sic] einnehmen, die sich allein durch ein politisches Credo definiert? Politische Grundsätze [gemeint ist der zuvor von Huntington verhandelte »multikulturelle Trend«, aber auch der Marxismus, der statt kultureller Identität eine politische oder soziale voraussetzte] sind eine heikle Basis für den Aufbau einer dauerhaften Gemeinschaft. In einer Welt aus vielen Kulturkreisen, in der Kultur zählt, könnten die USA einfach der letzte anomale Überrest einer verblassenden westlichen Welt sein […].«[73] Mit diesen Worten fordert Huntington eine ideologische Aufrüstung des Westens, sodass auch dieser sich als klar konturierte Kultur begreifen darf.

Wenn aber der Begriff der Kultur den der Ideologie ersetzen kann, scheint er ähnliche Funktionen zu haben. Die Vermutung drängt sich auf, dass das, was sich hier als Kultur versteht, selbst eine Ideologie ist. »Die Zukunft der USA und die Zukunft des Westens hängen davon ab, dass die Amerikaner ihre Bindung an die westliche Kultur bekräftigen. Innenpolitisch bedeutet das die Absage an die konfliktstiftenden Sirenengesänge des Multikulturalismus.«[74] Denn »die Multikulturalisten […] verwerfen das kulturelle Erbe ihres Landes«. Sie möchten »ein Land der vielen Kulturen schaffen, will sagen ein Land, das zu keiner Kultur gehört und eines kulturellen Kerns ermangelt«.[75] Aus der Kultur, die Huntington meint, sind die kulturell anderen ausgeschlossen oder auszuschließen. Mit diesem Ausschluss und in der Funktion als Wahrerin und Verteidigerin des Westens verkommt die Kultur zur Ideologie.

Die Vorstellung, dass es der exzessive Kapitalismus und der Abbau des Sozialstaats, also die Abwesenheit egalitärer Politik sein könnte, die für Amerikas Uneinigkeit (»The Disuniting of America«[76]) viel stärker verantwortlich ist als der Multikulturalismus und dieser womöglich nur eine unzureichende Antwort auf die produzierte Ungleichheit ist, kann in dieser Spielart der Ideologie des Westens nicht vorkommen, weil eine egalitäre Politik als den eigenen Werten (allen voran Freiheit und Privateigentum) entgegengesetzt betrachtet wird, also als unamerikanische oder unwestliche Ideologie gilt. Indem die Kulturtheorie kulturelle Faktoren als primäre Beweggründe für politische Haltungen erachtet, findet sie auch nur kulturelle anstelle von wirtschaftlichen Faktoren und will auch keine anderen finden. Sie ist damit die perfekte Ideologie zur Verschleierung der verheerenden Folgen von wirtschaftlichen Ungleichheiten, da diese immer auf die Kultur oder eine falsche kulturelle Einstellung, etwa den Multikulturalismus, zurückgeführt werden können. Wir haben dies am Beispiel Griechenland kurz angedeutet.

Ferner fällt auf, dass der Freiheitsbegriff, der wie bei Fukuyama auch bei Huntington die oberste Stelle einnimmt, seltsamerweise ausgerechnet für die Kultur nicht gelten soll, obwohl – oder eben weil? – diese als entscheidende politische Determinante betrachtet wird. Es geht dabei wohlgemerkt nicht einmal um die Freiheit von Freiheitsgegnern wie Salafisten oder Marxisten-Leninisten, sondern um so abgehobene Fragen, welche Literatur an den Universitäten unterrichtet wird oder ob die »Ermutigung multikultureller Verschiedenartigkeit«, welche angeblich die »Administration Clinton zu einem ihrer Hauptziele« machte, statthaft sei.[77] In Abwandlung eines berühmten Satzes von Albert Camus müssen wir uns eine Menschheit, die hauptsächlich von der Frage geplagt wird, was sie lesen soll, wohl als ziemlich glückliche vorstellen.

Man muss Huntington zugestehen, dass seine Argumentation einigermaßen konsequent ist. Das macht ihn interessanter als manch anderen Autor, der zwar von ähnlichen Grundannahmen ausgeht, aber die Konsequenzen scheut und sich in Halbheiten verstrickt. Bei Huntington lesen wir offen, was anderswo – etwa in den Praktiken der westlichen Außenpolitik – verschleiert wird. Er ermöglicht uns daher, die Konsequenzen einer bis heute allgegenwärtigen, aber selten klar erkennbaren Weltsicht zu diskutieren.

Nehmen wir zur Illustration etwa die Behauptung, dass »Machthaber anderer Länder [...] manchmal versucht [haben], ihr kulturelles Erbe zu verleugnen und die Identität eines Landes von der einen Kultur zu einer anderen zu verschieben. Bis heute haben sie damit in keinem einzigen Fall Erfolg gehabt, vielmehr haben sie schizophrene, zerrissene Länder geschaffen.«[78] Man denkt dabei unweigerlich an die Türkei, die nach heftigen prowestlichen Reformen unter den Kemalisten im 20. Jahrhundert nun unter der Herrschaft der sich islamisch verstehenden AKP unter Präsident Erdoğan in eine antiwestliche Richtung zurückzurudern scheint und im wahrsten Sinn des Wortes zerrissen wirkt. Zugleich fragt man sich aber, ob China, Indien, Japan – allesamt hochmoderne Staaten, die zahlreiche westliche Vorstellungen integriert haben – sowie viele andere Länder und Regionen, die Huntington nicht zum Westen zählt, wirklich als zerrissen bezeichnet werden können. Und falls doch, ob sie dann wirklich zerrissener sind als viele westliche Gesellschaften, insbesondere die amerikanische.

Nimmt man aber die Türkei als Beispiel, liegt erneut die Vermutung nah, dass es neben anderen Faktoren auch die Theorie selbst gewesen sein könnte, die hier ihre eigene Wirklichkeit schafft. Vom kulturalistischen Blick auf den orientalischen Wesenskern festgelegt, können es die Türken nämlich selbst unter größter Anstrengung nicht schaffen, vom Westen als seinesgleichen anerkannt zu werden. Diese Anerkennung respektive Nicht-Anerkennung geschieht nicht nur im Kopf, sondern zeigt sich in Gestalt praktischer Politik: bei Visaregelungen, im Staatsbürgerschaftsrecht (wenn man etwa die doppelte Staatsbürgerschaft unterbinden will), im Bildungssektor.

Eine Verwestlichung aber, die für die, die sich darum bemühen, keine Früchte trägt, wird bald ihren Reiz verlieren und zur konstatierten Zerrissenheit der Bevölkerung führen, womit sich die Theorie ein weiteres Mal selbst bestätigt. Die Vorstellung von kultureller Reinheit, die ihr zugrunde liegt, hat sich vom Charakter einer Beschreibung (Kulturen *sind* so) in eine Norm verwandelt (Kulturen *sollen* so sein beziehungsweise *bleiben*). Wird diese Norm zur Devise in der Politik, wird sie dazu beitragen, dass die Kulturen wirklich das bleiben oder werden, was sie angeblich immer schon waren, womit die ursprüngliche Beschreibung (Kulturen *sind* so) sich eigenhändig bewahrheitet.

Die entscheidende Frage, die uns bereits begegnet ist, lautet allerdings, ob die Türkei überhaupt Bestand gehabt hätte, wenn nicht Mustafa Kemal Atatürk seine Modernisierung in die Wege geleitet hätte – eine Modernisierung, die fast immer zuerst eine militärische nach westlichem Vorbild ist und danach erst auf andere, kulturelle Felder übertragen wird. Hätte Atatürk den Befreiungskrieg nicht gewonnen und die notabene westlichen Besatzungsmächte aus dem Land geworfen, wäre die Türkei zerlegt worden.[79] Für fast alle Staaten der heutigen Welt war oder ist die Verwestlichung, wenigstens auf militärischem und wirtschaftlichem Gebiet, eine Existenznotwendigkeit. Andernfalls werden sie überrollt – und zwar vom Westen selbst. Die Verwestlichung ist selten bis nie eine Frage der Wahl. *Publish or perish*, heißt es in der Welt der Universitäten. In der realen Welt lautet der Spruch: *Westernize or perish!*

Huntingtons essenzialistischer Kulturtheorie gemäß ist von »Intervention des Westens in die Angelegenheiten anderer Kulturkreise« abzusehen, da dies »wahrscheinlich die gefährlichste Quelle von Instabilität und potentiellem globalen Konflikt in einer multikulturellen Welt ist«.[80] Wenn Kulturen wesensgemäß festgelegt sind, kann eine Einmischung nicht viel bringen oder allenfalls Äußerlichkeiten ändern. Entsprechend unmissverständlich ist die Absage an den Universalismus: »Der Glaube an die Universalität der westlichen Kultur [krankt] an drei Problemen: Er ist falsch, er ist unmoralisch und er ist gefährlich. Dass er falsch ist, ist die zentrale These des vorliegenden Buchs.«[81] Der Konservative, der sich zu Hause (im Fall von Huntington in den USA, die er protestantisch-europäisch halten will) entschieden gegen den Multikulturalismus äußert, hat auf globaler Ebene kein Problem damit, dass es unterschiedliche Kulturen gibt, ja ist sogar daran interessiert, die Vielheit der Kulturen zu bewahren, nicht zuletzt deshalb, um selbst als Vertreter einer autonomen Kultur anerkannt zu werden, sich Einmischungen zu verbieten und Vermischungen, etwa durch Einwanderung, begrenzen zu können. Dass keine der konservativen US-Regierungen sich an diese Regel der Nicht-Einmischung gehalten hat, steht auf einem anderen Blatt. Das Gebot, auf Einmischungen zu verzichten, bleibt theoretisch, weil zugleich gefordert wird, »die technologische und militärische Überlegenheit des Westens über andere Kulturen zu behaupten« und, wie bereits zitiert, »die Entwicklung der konventionellen und nichtkonventionellen militärischen Macht islamischer und sinischer Länder zu zügeln«. Spätestens das letzte Gebot macht Einmischungen sehr wahrscheinlich, was der Irakkrieg unter dem Vorwand der Zügelung der militärischen (angeblich massenvernichtungsfähigen) Macht des Iraks gezeigt hat, ein Vorwand, der geradewegs aus »Clash of Civilizations« abgeschrieben sein könnte.

Das Gebot der Nicht-Einmischung externalisiert die kulturellen Grenzen, verlegt sie nach außen. Erst dann und auf diese Weise werden es reale, unmetaphorische Grenzen. Dies geschieht zum einen aus dem Glauben an die Wesenhaftigkeit einer oder der eigenen Kultur. Es geschieht, diesen Glauben vorausgesetzt, dann aber auch und vor allem in der Absicht, Konflikte *innerhalb* eines Kulturraums zu vermeiden. Das Trennende ist nun nicht mehr innen, zerteilt nicht mehr das Eigene, sondern verläuft als klare Grenze außen. Damit sind die Konflikte zwar nicht verschwunden, aber klarer verteilt und beherrschbarer geworden. Das klingt, wie überhaupt die ganze Theorie, sehr schlüssig. Es ist auch schlüssig. Nur liegt dem, wie oft, wenn etwas allzu schlüssig ist, ein Wunschdenken zugrunde. Die Realität hinkt hinterher. Oder um es klar und leider nicht einmal mit einer Übertreibung zu sagen: Es ist ein Denken, welches, ohne dies zu beabsichtigen, geradewegs zu einer Politik ethnisch-kultureller Säuberungen, wenn nicht in den Genozid führen muss.

Das Problem, welches diese Theorie mit der Realität unserer, ja nahezu aller heutigen Gesellschaften hat, besteht schlicht darin, dass die kulturelle Homogenität, von der sie ausgeht, schon lange nicht mehr besteht und vor allem im Einwanderungsland USA nur unter der Bedingung der Marginalisierung weiter Bevölkerungsteile, das heißt nur unter der Voraussetzung einer Diskurshoheit des Rassismus je bestand. Man kann diese multikulturelle Realität bedauerlich finden, leugnen kann man sie nicht. Bereits vor dem Ersten Weltkrieg war der beliebteste Vorwand für die Einmischung europäischer Mächte in die orientalischen Angelegenheiten nicht eine universalistische Weltanschauung; es ging nicht, wie heute angeblich oft, darum, Menschenrechte zu verbreiten.

Vielmehr vertraten die europäischen Staaten den Anspruch, für diejenigen Minderheiten zu sprechen, die aus europäischer Sicht zur abendländischen Kultur gehörten: etwa die Christen im Nahen Osten, als deren Schutzmächte sich die verschiedenen europäischen Nationen aufzuspielen suchten. Somit war es ausgerechnet die Behauptung kultureller Zugehörigkeit (der Christen im Nahen Osten zum »christlichen Abendland«, also Westen), die den Übergriff über die kulturellen Grenzen hinweg rechtfertigte und teilweise noch heute rechtfertigt. Und die umgekehrt der Grund oder jedenfalls der Vorwand etwa des Osmanischen Reiches war, diejenigen, die dergestalt von anderen Mächten reklamiert wurden, als Fremde aufzufassen und sie im Krieg entsprechend feindselig zu behandeln. Dies geschah den Armeniern, die zwar nicht von den westeuropäischen Mächten, nach demselben Prinzip aber von Russland als Schutzbefohlene und daher von den Osmanen als fünfte Kolonne aufgefasst wurden.

Die einzige Welt, in der solchermaßen motivierte Eingriffe ausgeschlossen wären, wäre eine, in der es keine gemischtkulturellen Siedlungsräume gäbe. Tatsächlich ist es eine Spengler'sche »Tatsächlichkeit der Weltpolitik«, dass bis heute zahlreiche Anstrengungen unternommen worden sind, eine ebensolche Welt herzustellen – vom Ersten Weltkrieg mit der Vertreibung der Armenier, dem Bevölkerungstausch zwischen Griechen und Türken danach, über die Kriege der Nachfolgestaaten Jugoslawiens in den neunziger Jahren bis zur Neuordnung Syriens heute zieht sich die Blutspur der Idee kulturell (und das heißt auch ethnisch und religiös) homogener Räume. Mit dieser blutbefleckten Idee eine Vision des Friedens zu begründen, wie Huntington es vorschlägt, klingt absurd. Aber wenn die Theorie auf die Wirklichkeit nicht passt, muss sich gemäß der Theorie nicht die Theorie ändern, sondern wird zur Tat geschritten und die Wirklichkeit verändert, bis sie irgendwann passt. Genau das ist ein sicheres Zeichen für Ideologie.

Man kann den Universalismus durchaus für problematisch halten – dass die Lösung Huntingtons, also ein auf essenzialistischen Annahmen beruhender Kulturrelativismus, weniger problematisch wäre, kann nur jemand behaupten, »der in einer Welt [lebt], die sehr weit von der in diesem Buch beschriebenen entfernt ist«, um ein letztes Mal Huntington zu zitieren.[82] Es kommt hinzu, dass Huntingtons Theorie kultureller Großräume natürlich zahlreiche weitere Unterteilungen zulässt, ja provoziert. Nicht die *konkrete*

Einteilung der Kulturkreise, die Huntington vorschlägt, ist das Problem, sondern das Grundmuster, das darin besteht, überhaupt solche Einteilungen anhand von kulturellen Identitäten und Wesenheiten vorzunehmen; denn dieses Grundmuster neigt dazu, sich zu reproduzieren, indem es sich immer neue Felder der Anwendung in der an und für sich ungeteilten Wirklichkeit sucht.

Es wäre fahrlässig, sich aus intellektuellem Dünkel mit Huntington, seinen ideengeschichtlichen Vorläufern wie etwa Spengler und den politischen Vorstellungen, die bis heute daraus folgen, nicht mehr zu beschäftigen. Die Konflikte, deren Zeugen wir heute sind, sind von diesem Gedankengut unterfüttert, getrieben, motiviert, und es dient zu ihrer Rechtfertigung. Soweit es gegenwärtig abzusehen ist, scheint die Präsidentschaft von Donald Trump exakt auf den ideologischen Grundlagen zu stehen, die Huntington abgesteckt hat. Dazu zählt zum Beispiel der von Huntington prognostizierte Krieg mit China, der von Trumps ehemaligem Chief Advisor Stephen Bannon für unausweichlich gehalten wird, womit ein solcher nach Art der skizzierten sich selbst erfüllenden Prophezeiung eine beträchtliche Wahrscheinlichkeit erhält: »Wir werden in fünf bis zehn Jahren im Südchinesischen Meer einen Krieg führen«, sagte Bannon im März 2016 in einer Radiosendung. »Daran besteht kein Zweifel.«[83] Das einzige in der breiten Öffentlichkeit kursierende Konkurrenzmodell zu Huntingtons Vorstellung vom »Westen« ist kein anderes als das von Fukuyama[84], auch wenn sich gelegentlich der ein oder andere Vertreter andersgelagerter Kulturtheorien Gehör verschaffen kann.[85]

Der öffentliche Diskurs bleibt damit in weiten Teilen im Paradigma der Ideologie des Westens befangen, insbesondere in der von Fukuyama vorgeprägten Spielart, der gemäß der Westen gehalten ist, den Rest der Welt von der Überlegenheit seiner Vision zu überzeugen, auf dass sich dieser Rest ihm allmählich anschließe. Dieses optimistische und ein wenig selbstgefällige Bild prägt die Vorstellungen und Hoffnungen breiter Bevölkerungskreise im Westen, auch und gerade der Gebildeten.[86] Damit ist natürlich nicht gesagt, dass alle bekennende Fukuyama-Anhänger sind, ihn gelesen haben müssen oder die These vom Ende der Geschichte teilen. Sondern nur, dass Fukuyama eine der klarsten theoretischen Ausformulierungen von Einstellungen und Grundannahmen geliefert hat, die freilich schon vor ihm, neben ihm und ohne ihn kursieren.

Die meisten Menschen, die heute gegen den Nationalismus und für Europa eintreten, dürften nach wie vor viele Grundannahmen, vor allem einen gewissen Fortschritts- und Wohlstandsoptimismus, mit Fukuyama teilen: Der Zug der Menschheit, mit Europa an der Spitze, bewege sich langsam und vielleicht auch mit Störungen und Unfällen in eine bessere Zukunft. Im Großen und Ganzen weiß man, wie es zu gehen hat und wohin es geht. Die Gefahr freilich, dass eine solche Denkströmung leicht an den Nationalismus anschlussfähig ist und womöglich nur einen Nationalismus anderer Art, einen Nationalismus der westlichen Werte generiert, gerät dabei aus dem Blick. Zweifelhaft sind aber auch die Ziele, also die Richtung, die dieser Zug einschlägt. Das Ziel ist eine Welt, die von der Konkurrenz, vom Markt, vom Wecken und Befriedigen von Bedürfnissen lebt. Es ist vermutlich die Welt, in der wir gegenwärtig leben. Selbst wenn man vom unwahrscheinlichen Szenario ausgeht, dass sich weltweite Unterschiede einebnen und nicht verschärfen werden und dass das westliche Gesellschaftsmodell ökologisch verträglich über den Erdball verbreitet werden kann, könnte man der Auffassung sein, dass die Menschheit schon mitreißendere Visionen gekannt hat; könnte man den Verdacht hegen, dass in dieser Vorhersehbarkeit eine Seite des Menschen zu kurz kommt.

Vorerst sei auf einen anderen wichtigen Aspekt hingewiesen, nämlich die Frage nach den Möglichkeiten des Universalismus, also die Frage, ob es Werte und Weltanschauungen gibt, die alle Menschen unabhängig von ihrer Herkunft teilen können. Von dieser Frage hängt viel, wenn nicht alles ab. Wenn es nämlich stimmt, dass Huntingtons Vision die gewalttätigen Konflikte, die sie zu vermeiden vorgibt, womöglich mit verursacht; wenn sie eine Fiktion bleiben muss schon deshalb, weil ein Staat wie die USA aufgrund ihrer Bevölkerungszusammensetzung nicht monokulturell sein kann; wenn wir die Huntington'sche Vision, weil wir ihre biologistischen und essenzialistischen und identitären und antidemokratischen Prämissen ablehnen und damit natürlich auch den auf denselben Prinzipien aufbauenden Nationalismus, dann ist es entscheidend, eine Vision von Universalismus zurückzugewinnen, die sowohl dem Huntington'schen Verdikt entgeht als auch der Selbstgefälligkeit der Vision Fukuyamas, die vorgibt, immer schon zu wissen, wo es langgeht. Möglicherweise müssen wir dabei in Kauf nehmen, dass dieser Universalismus gar kein westlicher mehr sein wird – genau diesen kritisiert Huntington ja, und er verdient, kritisiert zu werden. Wenn wir aber gleichzeitig gewisse Errungenschaften, die herkömmlich als westliche gelten oder im Westen entstanden sind, nicht einfach über Bord werfen wollen oder können, müssen wir den »westlichen« Universalismus auf seine Ursprünge zurückverfolgen und uns fragen, wann, warum und ab welchem Moment er problematisch wird.

Huntington kritisierte den »Glaube[n], dass nichtwestliche Völker westliche Werte und Institutionen und westliche Kultur übernehmen sollten«.[87] Dies sei unmoralisch, die »logische Konsequenz des Universalismus ist Imperialismus«. Wenn wir das Argument dem Wortlaut nach betrachten, fällt zunächst auf, dass gar nicht der Universalismus an sich kritisiert wird, sondern der westliche – vordergründig weil Huntington seinen eigenen, westlichen Lesern ins Gewissen reden wollte. Man darf freilich vermuten, dass Huntington auch gegen chinesischen oder islamischen Universalismus etwas einzuwenden gehabt hätte. Ist das aber ein Argument gegen den Universalismus als solchen? Huntington würde, seiner Theorie der Kulturen getreu, geantwortet haben, dass jeder Universalismus eine bestimmte kulturelle Prägung hat, sich die Frage nach dem Universalismus als solchem also erübrigt, da es ihn nicht geben kann. Das klingt zunächst plausibel; freilich auch nur, solange wir Huntingtons Thesen der einigermaßen klar getrennten Kulturen teilen. Gehen wir von der Möglichkeit einer Vermischung oder auch nur fundamentalen Wandelbarkeit der Kulturen aus, zerfällt das Argument, und es rückt ein Universalismus in den Blick, der keine eindeutige kulturelle Bindung hat.

Im Übrigen ist der Universalismus selbst ein universelles Phänomen. Es gibt keineswegs nur einen westlichen, sondern ebenso einen islamischen, buddhistischen, chinesischen Universalismus, vermutlich auch viele andere. Zu fragen ist daher, was vom Universalismus bleibt, wenn man diese jeweiligen kulturellen oder nationalen Attribute wegstreicht. Was wäre ein universeller Universalismus, der ja der einzige wäre, der nicht einen begrifflichen Widerspruch in sich trägt, dessen Universalität nicht durch eine

Grenze wie »chinesisch«, »westlich«, »islamisch« limitiert wäre? Die gesuchte Universalität des Universalismus steht in einer Beziehung zu dem angedeuteten Recht auf Rechte, dem wir bereits Universalität zugesprochen haben. Das Recht auf Rechte wäre das Recht auf eigene Rechtssysteme und ist als solches universell.

Wäre das aber nicht wieder nur ein Relativismus, wo jede »Kultur« macht, was sie will? Doch würde der universelle Universalismus – wir werden ihn später Kosmopolitismus nennen – nicht nur »Kulturen« osmotischer, durchlässiger, weniger abgegrenzt definieren, er würde sich auch von der latenten Aggressivität von Huntingtons identitärem Relativismus unterscheiden. Zwar ist die Verbreitung der eigenen Werte erklärtermaßen nicht dessen Ziel. Aber es wäre laut Huntington besser, sie zu aggressiv zu verteidigen, als selbst Opfer der Verbreitung anderer, fremder Rechte zu werden, also Gefahr zu laufen, von anderen durch Osmose, Austausch, Grenzverkehr und dergleichen »unterwandert« zu werden. Deshalb gilt: Wenn die eigenen Rechte nur um den Preis ihrer Verbreitung gewahrt werden können, ist dieser Preis in Kauf zu nehmen. In der Logik der ewigen Angst vor dem anderen verschmilzt das relativistische Weltbild Huntingtons mit der universalistischen Vision Fukuyamas. Die Eskalation ist vorprogrammiert.

Vergleichen wir das bis hierhin Gesagte mit dem bislang monumentalsten Versuch einer Entmetaphorisierung des Westens, nämlich seiner Hypostase in Gestalt der Historie, wie Heinrich August Winkler sie in seiner vierbändigen »Geschichte des Westens« (2009 ff.) ins Werk zu setzen versucht. Nach Winkler beginnt der Westen nach einem Vorspiel in Griechenland, Rom und Jerusalem mit der Teilung des römischen Kaiserreichs zwischen West- und Ostrom – ein offenkundiger Anachronismus, denn das Römische Reich wurde ja nicht geteilt, um eine irgendwie geartete Entität namens »Westen« zu begründen. Und doch kann der Westen, will er mehr sein als eine bloße Metapher, offenbar nur durch eine Grenzziehung entstanden sein. Die Realität verleihende Grenzziehung zieht den Westen logisch an – oder er sie. Sie ist seine Bedingung, sie unterscheidet ihn von (Welt-)Religionen und anderen Ideologien, die ihrem Anspruch nach zumeist entgrenzend sind, universalistisch; die alle Menschen meinen und Grenzen überwinden. Die Idee der Grenze verbindet den Westen mit der modernen, in Europa entwickelten Staatsidee, vor allem dem Nationalstaat. Jede Vorstellung vom Westen steht unter dem Primat von Abgrenzungen, faktischen und metaphorischen.

Können aber diejenigen Akteure, die Winkler zu Vertretern und Ahnherren des Westens kürt – Denker, Dichter, Männer und Frauen der Religion, Politiker, vor allem im alten Griechenland –, wirklich für eine solche Abgrenzung, Grenzsetzung und Unterscheidung der Menschen in Anspruch genommen werden? Sollten die Werte und Vorstellungen, für die sie eintraten, nicht darüberstehen? Dies konstatiert Winkler selbst, ohne den Widerspruch zu sehen. Nach Winkler gehört zu den »bleibenden Errungenschaften [der griechischen Aufklärung, hier am Beispiel der Erzählung von Antigone,] die Einsicht in die ›ungeschriebenen Gesetze‹ (nomoi agraphoi) einer Ethik, die über allem positiven Recht steht«.[88]

Das Paradox jeder Ideologie und damit auch Geschichte des Westens lässt sich mit Hilfe dieser Behauptung auf den Punkt bringen. Die »ungeschriebenen Gesetze« haben anders als »positive« und damit kulturspezifische »geschriebene« Gesetze naturrechtlichen und damit universellen, für alle Menschen geltenden Charakter. Die Entgrenzung jedoch, die in dieser »naturrechtlichen Wendung«[89] angelegt ist und die für Winkler am Anfang des Westens und seiner Geschichte steht, wird im selben Atemzug als Beginn einer Grenze vereinnahmt, nämlich derjenigen zwischen dem Westen und den anderen. Diese anderen nämlich, so wird freimütig unterstellt, kennen derartige naturrechtliche »Wendungen« nicht.

Der Westen, könnte man mit Berufung auf Winkler sagen, unterscheidet sich dadurch, dass er nicht unterscheidet. Sein Nicht-Unterscheiden ist seine Unterscheidung – das Paradox des Westens. Er tut etwas (zwischen sich und den anderen unterscheiden), indem er nichts tut; indem er es, anders als angeblich die anderen, unterlässt, einen Unterschied zwischen sich und den anderen zu machen. Nur die anderen tun dies gemäß dieser Sichtweise. Weswegen man sich gegen sie wehren muss, weil sie einen ausgrenzen. Indem der Westen sich auf das Naturrecht beruft, gibt er vor, nicht auszugrenzen, nicht zu unterscheiden. Naturrecht kann nicht »westlich« sein, da die

Natur, wenn es sie in einem rechtlich relevanten Sinn überhaupt gibt, nicht zwischen West und Ost, Nord und Süd, schwarz und weiß, unterscheidet. Natur ist und gilt überall und für alle.

Was wie Haarspalterei klingt, berührt den Kern aller Vorstellungen vom Westen und verdeutlicht, warum es so schwierig ist, ihn zu fassen und zu definieren. Dabei hilft Heinrich August Winklers unscheinbarer Lapsus, der uns das Paradox erst vor Augen geführt hat. Wir verstehen jetzt vielleicht überhaupt erst richtig, was zu den unterschiedlichen Vorstellungen vom Westen bei Huntington und Fukuyama geführt hat, zu den Differenzen zwischen der kulturrelativistischen und der universalistischen Denkrichtung. Beide sind als Versuche zu verstehen, das Paradox des Westens aufzulösen. Huntington tut dies, indem er die Grenze und die Unterscheidung betont, Fukuyama, indem er die Nicht-Unterscheidung betont. Durch die Betonung der Grenze ist »Westen« zwar definiert, aber der Preis ist, um es wiederum paradox auszudrücken, dass dieser definierte Westen nicht mehr derjenige Westen ist, der er sein wollte oder zu sein beansprucht. Denn er behauptet ja, die Grenzen und Definitionen zu unterlaufen, etwa durch die naturrechtliche oder aufklärerisch begründete Universalität seiner Werte. Oder aber, indem er die globale Gültigkeit (sprich: die Universalität) des Kulturrelativismus behauptet, welche notfalls auch mit Gewalt zu wahren oder durchzusetzen ist.

Fukuyama hat das Paradox des Westens damit ebenso einer Scheinlösung zugeführt wie Huntington. Ein Paradox bleibt es. Wir können es nur aufheben, wenn wir auf die Kennzeichnung unserer Wert- und Rechtsvorstellungen als »westlich« verzichten oder wenn wir darauf verzichten, zu glauben, sie müssten auch für alle gelten. Nach außen hin, für die anderen, stellt sich die Alternative allerdings unterschiedlich dar und lautet: Wer auf Fukuyamas Zug nicht aufspringt, der wird mit Huntingtons Ausgrenzung bestraft. Dies ist die unausgesprochene Drohung der (neo)liberalen Weltpolitik. Alle, die nicht aufspringen können oder dürfen, die den Anforderungen nicht genügen, ihre Wirtschaft nicht liberalisieren, ihre Gesellschaften nicht nach westlichem Modell umformen – zumindest *pro forma* –, die werden den Despoten überlassen, die gemäß des Kulturrelativismus ohnedies viel besser zu diesen anderen passen (würden sie sich uns sonst nicht *an*passen?).

Mal solchen Despoten, die dem Westen freundlich, mal solchen, die ihm gegenüber unfreundlich eingestellt sind.

Dieses Paradox des Westens strukturiert das gesamte Opus von Heinrich August Winkler. Er versucht das Paradox über die Zeitschiene zu lösen; nicht wie Fukuyama mit Blick auf die Zukunft, sondern auf die Vergangenheit. Die Lösung des Paradoxes auf der Zeitschiene scheint zu funktionieren, indem man die sich einander ausschließenden Momente (Unterscheidung und Nicht-Unterscheidung) in unterschiedliche Zeiten verlegt. Winkler schreibt die Geschichte der Selbstwerdung des Westens. Bei Fukuyama ist der Westen seit dem Ende der Geschichte nur der Ausgangspunkt für etwas zukünftig Universelles; bei Winkler ist er das Ziel. Ausgangspunkt und Ziel sind aber jeweils die eigene Gegenwart, für die und auf die hin geschrieben wird, fast als hätte Nietzsche mit seinem Diktum aus den »Unzeitgemäßen Betrachtungen« Pate gestanden: »Nur aus der höchsten Kraft der Gegenwart dürft ihr das Vergangene deuten.«[90] Nietzsche grundiert nicht nur die Überlegungen Spenglers und Fukuyamas, sondern auch diejenigen eines vordergründig tiefseriösen Historikers wie dem 1938 in Königsberg, der Stadt Kants, geborenen Heinrich August Winkler.

»Der Spruch der Vergangenheit ist immer ein Orakelspruch: nur als Baumeister der Zukunft, als Wissende der Gegenwart werdet ihr ihn verstehen.«[91] Nietzsche liefert auf den Seiten, die diesem Zitat folgen, eine Rechtfertigung der Geschichtsfälschung. »Der historische Sinn, wenn er ungebändigt waltet und alle seine Consequenzen zieht, entwurzelt die Zukunft, weil er die Illusion zerstört.« Oder: »Die historische Gerechtigkeit, selbst wenn sie wirklich und in reiner Gesinnung geübt wird, [...] ist deshalb eine schreckliche Tugend.«[92] Oder auch: »Wenn die Gerechtigkeit allein waltet, dann wird der schaffende Instinkt entkräftet und entmuthigt.«[93] Nietzsche hat die historiografische Haltung, die er ablehnt, auf eine provokante Formel gebracht: »Fiat veritas pereat vita« – »Geschehe die Wahrheit, möge das Leben auch untergehen« (angesichts dieser historischen Wahrheit).[94] Wer will, kann mit Nietzsche die dreistesten Fake News begründen, Hauptsache, sie dienen dem, was Nietzsche unter »Leben« versteht: der Bejahung und Durchsetzung der eigenen Interessen, der »Geschichte großer Männer«.[95] Eine Geschichtsschreibung, die sich Nietzsches Programm einer Vitalisierung mit Hilfe der Historie verschreibt, hat sich von den westlichen Werten schon verabschiedet, bevor sie sie predigen kann. Nietzsche, immerhin, predigte sie gar nicht erst.

Die Konstruktion einer Entität namens Westen erfolgt bei Winkler – den wir hier, so ungerecht das Verfahren sein mag, lediglich als dankbares, ergiebiges Beispiel westlicher Selbstkonstruktion lesen – mit Hilfe zweier Verfahren, die den Charakter einer rein historischen Darstellung, welche die »Geschichte des Westens« durchaus *auch* ist, zur ideologischen Konstruktion hin überschreiten. Die eine besteht darin, »aus der höchsten Kraft der Gegenwart«, in diesem Fall mit der Kategorie des Westens, so wie Winkler ihn sehen will, die Geschichte zu lesen und neu zu schreiben. Aus dieser höchsten Kraft der Gegenwart betrachtet, kommt die Rückprojektion des Westens auf die ältesten Anfänge einem erzählerischen Verfahren gleich, das wir sonst nur aus religiösen Zusammenhängen kennen. Das Alte Testament wurde von den Christen auf das Kommen des Heilands hin gelesen, die darin erzählten Ereignisse vor dem Hintergrund des späteren Christentums gedeutet. Nichts anderes tut Heinrich August Winkler: Er liest die Geschichte als Ankündigung des späteren Westens. Angesichts der auch von Winkler geteilten populären Behauptung, dass sich der Westen durch seine Emanzipation von der Religion auszeichnet, entbehrt dies nicht einer gewissen Ironie.

Entsprechend kann auch nur die richtige Lektüre der Geschichte (wie für die frühen Christen die des Alten Testaments) klarstellen, dass der Westen heute der wahre und richtige ist (kann nur die richtige Lektüre die Echtheit des Messias bestätigen), also dass er wirklich existiert. Wiewohl er, versteht sich, in vieler Hinsicht gefährdet ist, was aber an der Grundaussage, dass es ihn überhaupt gibt, nichts ändert oder vielmehr, im Gegenteil, seine Existenz ein weiteres Mal bestätigt: Was bedroht ist, muss zwangsläufig auch existieren. Die Gefahr bestätigt, dass es das Gefährdete gibt, weswegen die Versuchung, Gefahren herbeizureden, immer dann besonders groß ist, wenn sich der Verdacht einschleicht, das Gefährdete sei vielleicht ohnedies eine Chimäre oder eine mit der Realität verwechselte Metapher.

Man könnte den Vergleich mit religiösen Erzählmustern noch weiter treiben. Dann wird deutlich, warum Fukuyama in die Zukunft blickt und den Westen im Hinblick auf eine Endzeit liest, wie es der Titel seines Buchs, »Das Ende der Geschichte«, ja besagt; während Winkler zurück in die Vergangenheit schaut. Deuten wir den Glauben an den Sieg des Westens in den Schriften Fukuyamas von 1988/1992 als ein ähnlich beglückendes Phänomen wie die Glaubensgewissheit der Jünger angesichts der Gegenwart Christi, so schrieb Winkler seine 2008 ff. erschienene Geschichte bereits vor dem Hintergrund einer ersten Katerstimmung des Westens, religiös gesprochen der Parusieverzögerung, das heißt der ausbleibenden Wiederkunft des Messias, des Nicht-Anbrechens des Himmelreichs. Der Glaube an den Westen, bei Fukuyama noch unangekränkelt, wird ein Vierteljahrhundert später von großen Zweifeln befallen.

Das andere Verfahren der Selbstkonstruktion des Westens ist noch schwieriger zu greifen. Es besteht, abstrakt formuliert, in impliziten Vergleichen, Vergleichen, in denen der Gegenstand, mit dem verglichen wird, in der Regel unausgesprochen bleibt, aber vom Leser hinzuzudenken ist und hinzugedacht wird. Dieser Vergleichsgegenstand ist ein imaginärer, imaginierter Anderer, welcher immer – eine Form der *petitio principii* – irgendwie schlechter, minderwertiger gedacht werden muss, damit das System funktioniert. Diese dergestalt imaginierten Anderen tauchen in der Huntington-Schule recht konkret als andere Kulturen auf. Obschon diese Schule von ihnen nicht viel weiß und auch nicht wissen will – sonst wären sie nämlich gar keine Anderen mehr, sonst könnten sie womöglich Wertvorstellungen und Errungenschaften mit »uns« teilen, was die Theorie aber nicht vorsieht. Denn, so glaubt Arthur Schlesinger zu wissen, einer derjenigen Autoren, auf die sich Huntington beruft:

> Was auch immer die besonderen Verbrechen Europas gewesen sind, dieser Kontinent ist ebenfalls die Quelle – die einzige Quelle – jener befreienden Ideen von individueller Freiheit, politischer Demokratie, der Herrschaft des Gesetzes, der Menschenrechte, der kulturellen Freiheit […]. Dies sind europäische, keine asiatischen, afrikanischen oder nahöstlichen Ideen, es sei denn, sie sind übernommen worden.[96]

Bedingung für solche Aussagen, auf denen die Vergleiche mit den Anderen beruhen, sind Ahnungslosigkeit und Unwissenheit, wenn nicht gezielt eingesetzte Ignoranz, also dasjenige, was sich einstellt, wenn die Erforschung und lehrende Vermittlung der Geschichte der Anderen an den Universitäten lieber kleingehalten wird, wie Huntington, Schlesinger und andere es – eben zu diesem Zweck? – befürworten. Dabei muss man die Geschichte der Anderen gar nicht gründlich studiert haben, um die hinter solchen Aussagen stehende Ignoranz zu entlarven. Es genügt ein gesunder, von der westlichen Abwertung anderer Kulturen unverdorbener Menschenverstand.

Glaubt jemand ernsthaft, andere Kulturen hätten nicht gewusst, was die Herrschaft des Gesetzes bedeutete, und keine Regeln und Gesetze gehabt? Dass den Menschen nicht auch in allen Kulturen (Menschen-)Rechte zuerkannt worden sind, obschon vielleicht andere? Dass unter Bedingungen vormoderner Kulturen womöglich nicht nur genauso viel, sondern sogar noch mehr kulturelle Freiheit – Vielfalt – herrschte als heute angesichts des gegenwärtigen massenmedialen Mainstreamings im Westen? Dass Vorstellungen von der Würde des einzelnen Menschen nicht auch woanders entwickelt worden sind?

Ein Spötter könnte die These vertreten, die Einzigartigkeit der abendländischen Kultur bestünde darin, auch noch im 21. Jahrhundert, angesichts der Globalisierung und in Gestalt ihrer prominentesten Denker und Autoren zu glauben, ihre Kultur allein habe solche Gedanken hervorgebracht, hingegen andere sie bestenfalls übernehmen können. Ein solcher allerdings spottwürdiger Dünkel ist umso unerklärlicher, als sich mit dem Verzicht darauf sogleich eine frohe Botschaft einstellt: Es existieren mehr Gemeinsamkeiten und mehr gemeinsame Interessen mit den anderen, als die meisten im Westen vermuten. Eine frohe Botschaft wäre es jedenfalls dann, wenn es tatsächlich um Wertvorstellungen ginge, nicht auch oder vor allem um Diskursherrschaft oder Hegemonie.

Im Hintergrund dieser Vergleiche beziehungsweise Unterscheidungen, die entweder auf Unwissen oder auf willentlicher Ignoranz beruhen (zuhanden der »höchsten Kraft der Gegenwart«, aus welcher die Geschichte nach Nietzsche zu beurteilen ist), steht als ihr Urbild, im Zitat von Schlesinger beinah wörtlich nachhallend, eine berühmte, von Max Weber stammende

Formulierung. Sie leitet die »Die protestantische Ethik und den Geist des Kapitalismus« ein. Die in Rede stehende Passage zieht sich bei Weber über mehrere Seiten. Es genügt für unsere Zwecke, den Auftakt zu zitieren, womit der Ton gesetzt ist: »Nur im Okzident gibt es ›Wissenschaft‹ in dem Entwicklungsstadium, welches wir heute als ›gültig‹ anerkennen. [...] Aller asiatischen Staatslehre fehlt [...]. Ähnlich in der Kunst. [...]«[97] Und so weiter.

Von historisch leicht widerlegbaren[98], auf bloßer Interpretation beruhenden und mit zahlreichen Wenn und Aber versehenen Aussagen abgesehen, überschreitet dieses Weber'sche »Nur im Okzident ...« selten den Erkenntniswert eines Zirkelschlusses. Denn »Okzident« ist bei Weber genau durch dasjenige definiert, was es eben nur hier, im Okzident, gibt; er ist nichts als das, was *nur* er ist. Wenn aber etwa der Hellenismus keineswegs nur eine europäische Angelegenheit war und Alexander der Große sich bekanntlich um den Westen nicht viel scherte, sondern nach Osten zog; wenn die antiken Schriften von den Arabern und Byzantinern überliefert wurden, Kulturen, welche, jedenfalls nach Winkler und Huntington, nicht zum Westen zu rechnen sind – wie kommt Weber dann dazu, hellenische Errungenschaften umstandslos dem Okzident zuzurechnen, wo doch Hellenen und Römer, ja nicht einmal die Menschen der Renaissance von Webers Okzident das Geringste wussten und noch der Markusdom in Venedig Architektur von durch und durch byzantinischem Geist ist?

> Durch mancherlei Reisen im Morgenland und durch Gespräche mit Kennern der byzantinischen Kunst bin ich zu der Überzeugung gelangt, dass kein Bau der Ostkirche uns Heutigen eine so klare und großartige Vorstellung von dem vermittelt, was ein byzantinisches Gotteshaus ist, wie San Marco.[99]

Wenn es indessen genügen sollte, sich auf solche durch und durch fremdinspirierten Vorläufer zu berufen, um sie berechtigterweise für den Okzident zu reklamieren, könnten dies etliche andere durch den einfachen Akt der Berufung darauf mit dem gleichen Recht ebenfalls tun: etwa die Araber und die orthodoxen Christen, deren Kultur nicht weniger von Antike und Spätantike geprägt ist als die Kultur des heutigen Westens.[100]

Bevor wir auf die Vergleichsproblematik mit Bezug auf Winklers »Geschichte des Westens« zurückkommen, müssen wir kurz bei Weber bleiben, dessen Bedeutung für die Ideologie des Westens zentral ist und der mit seinem rhetorischen Stakkato aus »Nur im Okzident …« in der Ouvertüre (»Vorbemerkung«) seines berühmtesten Buchs die Programmatik für diese Ideologie bereits früh gesetzt hat (»Die protestantische Ethik und der Geist des Kapitalismus« erschien erstmals 1904/05). Schon Anfang des 20. Jahrhunderts konstatiert Weber (zugestandenermaßen ein genialer Diagnostiker) eine Problematik und gerät damit, wie er selber sieht und gesteht, »auf das Gebiet der Wert- und Glaubensurteile«[101] (sprich: der Ideologie), welche noch Fukuyama umtreibt und von Max Weber mit fast identischen Worten beschrieben wird. Zitieren wir den betreffenden Absatz bei Weber zur Gänze:

> Auf dem Gebiet seiner höchsten Entfesselung, in den Vereinigten Staaten, neigt das seines religiös-ethischen Sinnes entkleidete Erwerbsstreben heute dazu, sich mit rein agonalen Leidenschaften zu assoziieren, die ihm nicht selten geradezu den Charakter des Sports aufprägen. Niemand weiß noch, wer künftig in jenem Gehäuse wohnen wird und ob am Ende dieser ungeheuren Entwicklung ganz neue Propheten oder eine mächtige Wiedergeburt alter Gedanken und Ideale stehen werden, oder aber – wenn keins von beiden – mechanisierte Versteinerung, mit einer Art von krampfhaftem Sich-wichtig-Nehmen verbrämt. Dann allerdings könnte für die »letzten Menschen« dieser Kulturentwicklung das Wort zur Wahrheit werden: »Fachmenschen ohne Geist, Genussmenschen ohne Herz: dies Nichts bildet sich ein, eine nie vorher erreichte Stufe des Menschentums erstiegen zu haben.«[102]

Wie die meisten anderen hier behandelten Autoren bekennt sich Weber mit seiner Erwähnung des »letzten Menschen« natürlich ebenfalls zur Nietzsche-Lektüre. Dass die ganze Tonlage des Absatzes und die Sorge, das Wort vom »Nichts, das sich einbildet, eine nie vorher erreichte Stufe des Menschentums erstiegen zu haben« könne »zur Wahrheit werden«, an Fukuyama erinnert (und wie bei diesem am Ende des Werks steht), braucht kaum erwähnt zu werden. Der Verdacht, *dass ebendieses Nichts der Westen selbst* ist, der sich als westlich bezeichnende Mensch, steht umso stärker im Raum, je mehr dieser sich einbildet, »eine nie vorher erreichte Stufe des Menschentums erstiegen zu haben«. Wie aber, lautet die der Ideologie des Westens gestellte Herkulesaufgabe, diesen Verdacht aus der Welt räumen? Auch hier hält Nietzsche die Antwort bereit. Dass der »letzte Mensch« ursprünglich als Schimpfwort gemeint war, trat bei Fukuyama gar nicht klar zutage – nur die Eingeweihten, die Nietzsche-Kenner unter seinen Lesern, wussten es. Für Nietzsche, der diese Formulierung geprägt hat, ist der »letzte Mensch« nämlich ein selbstzufriedener Langweiler. »So will ich denn vom Verächtlichsten sprechen: das aber ist der letzte Mensch«[103], heißt es in »Also sprach Zarathustra«.

Indem Weber sich am Ende seines Buchs auf diesen Satz bezieht, bekommt die schmeichelhafte und wohl in der Tat »eingebildete« Rede von »Nur im Okzident ...«, die am Anfang seiner Studie über die »Protestantische Ethik« stand, eine äußerst unschmeichelhafte Wendung, welche dadurch, dass die weitere Entwicklung sie bestätigt haben könnte, und ferner dadurch, dass wir im Westen ebendiese letzten Menschen im schlechten Sinn Nietzsches und Webers zu sein scheinen, zu einer regelrechten Anklage wird. Das »Nur im Okzident ...«, das heißt der evolutionäre Sieg der westlichen Idee, entpuppt sich, wer hätte es gedacht, als das eigentliche und größte Problem. Die gute Nachricht aber, die wir hier und jetzt zu verkünden haben, besteht darin, mit dem Phantasma von der westlichen Überlegenheit auch diesen Verdacht gegen sie zerstreuen zu können. »Nur im Okzident«, so könnte man spotten, führt das Gefühl der eigenen Überlegenheit zu einer solchen Form von Selbstinfragestellung, um nicht zu sagen, zu Selbsthass und Minderwertigkeitskomplexen. »Nur im Okzident« ist das, was ein Glück sein sollte, ein Unglück.

Doch spotten wir nicht und sehen uns vielmehr an, welche Lösungen für dieses Dilemma vorgeschlagen werden. Die Richtung gibt wiederum Nietzsche vor, diesmal in einem nachgelassenen Fragment, das aber, da es nach seinem Tod im Rahmen anderer Fragmente unter dem epochemachenden Titel »Der Wille zur Macht« neu herausgegeben wurde, weite Verbreitung erlangte. »Der letzte Mensch«, heißt es da, »ist der Gegensatz des Übermenschen.«[104] Der Mensch ist diesem Verständnis nach nicht Zweck und Ziel der Schöpfung, vor allem der letzte Mensch nicht, der alles klein macht. »›Wir haben das Glück erfunden‹ – sagen die letzten Menschen und blinzeln.«[105] Vielmehr ist der Mensch ein Wesen des Übergangs: »Der Mensch ist ein Seil, geknüpft zwischen Thier und Übermensch, – ein Seil über dem Abgrunde. Ein gefährliches Hinüber.«[106]

Damit das Überlegenheitsgefühl und die daraus resultierende Selbstzufriedenheit des die Errungenschaften des Westens verkörpernden, verächtlichen letzten Menschen nicht in Seichtigkeit ausartet – und den Thymos unbefriedigt lässt –, damit also der letzte Mensch nicht zum »Erdfloh«[107] wird, bleibt wenig anderes übrig, als diesen letzten Menschen zu überschreiten. Da der letzte Mensch aber niemand anderes als der Mensch selbst ist, jedenfalls der gewöhnliche Mensch, vor allem der im heutigen Westen anzutreffende (»er hüstelt und genießt sein Glück«[108]), bleibt im Rahmen dieser Ideologie, gemäß der ganz zu Anfang dieses Kapitels zitierten Stelle aus Leo Strauss' »Gedanken über Machiavelli«, nichts anderes übrig (»tertium non datur«), als den Menschen entweder zum Tier oder zum Übermenschen hin zu überschreiten, wie der Satz aus dem »Zarathustra« es vorgibt.

Genau dies ist die Aufgabe, die jedenfalls der neoliberal-progressive Zweig der Ideologie des Westens als die seine reklamiert; die konservative Linie Huntingtons entspricht eher dem sich einbuddelnden Erdfloh. Max Weber formuliert die Alternative wie folgt: »Niemand weiß […], ob am Ende dieser ungeheuren Entwicklung ganz neue Propheten oder eine mächtige Wiedergeburt alter Gedanken und Ideale stehen werden, oder aber – wenn keins von beiden – mechanisierte Versteinerung, mit einer Art von krampfhaftem Sich-wichtig-Nehmen verbrämt.« Natürlich ist der versteinerte Mensch eben Nietzsches letzter, der Erdfloh. Vielleicht sind es aber auch die Sportler (Reinhold Messner), Politiker (wie Bush sen.) oder Unternehmer (wie Trump), die ihre thymotischen Bedürfnisse in einem solch allzu zivilen Rahmen nur blinzelnd ausleben können.

Sollte allein die Wettbewerbslogik zur Überschreitung des letzten Menschen nicht reichen, was dann? Nach Nietzsche kann, darf und soll es nicht reichen, und nach Weber und Leo Strauss, die in dieser Sache alle Nietzsche folgen, ebenfalls nicht. Was verkünden Webers »ganz neue Propheten«?

Was folgt aus dem *tertium non datur* von Strauss? Wenn der Mensch etwas ist, »das überwunden werden soll«, wie die Verkünder verkünden, dann möchte man doch wenigstens wissen, wohin? Was ist dieser Übermensch? Weber argumentiert am genausten. Zwar will auch er nicht verraten, was die »ganz neuen Propheten« wohl zu sagen hätten, aber seine Alternative, die »mächtige Wiedergeburt alter Gedanken«, gibt immerhin eine Richtung vor. Halten wir uns indessen an Nietzsche und in seinem Gefolge an Leo Strauss, geht es nur um die Wahl zwischen Tier und (gottähnlichem) Übermenschen. Hier und nirgendwo anders nun beginnt und endet die große Problematik der Ideologie des Westens, die identisch ist mit oder parallel verläuft zu derjenigen des Kapitalismus, der sie gefördert, wenn nicht sogar, wie Weber selbst es zu schildern unternahm, hervorgebracht hat und dessen Denker, wie wir am Ende dieses Buchs sehen werden, auch Nietzsche ist.

Da aber nach wie vor sowohl unklar ist, was die neuen Propheten verkünden werden, als auch, was der Übermensch zu sein hätte, schlägt die Alternative in dem Moment, wo tatsächlich eine Wahl getroffen werden muss, das heißt, wenn man mit dem eigenen Wohlstands-Erdfloh-Dasein nicht zufrieden ist, zwangsläufig in eine Richtung aus, die man bereits kennt: im edleren Fall die der »mächtigen alten Gedanken«, im fragwürdigeren diejenige, die da heißt »zum Thiere zurück[zu]gehen«.[109] Nietzsche lässt gar keinen anderen Ausweg offen, denn selbst er weiß über den Übermenschen wenig bis nichts zu sagen, zum Beispiel: »Alles Übermenschliche erscheint am Menschen als Krankheit und Wahnsinn.«[110] Leo Strauss, subtiler, schreibt hingegen, wie zu Anfang unseres Kapitels erwähnt, zunächst in Nietzsches Sinn: »Da der Mensch […] das Wesen ist, das die Menschheit überschreiten muss, ist er gezwungen, die Menschheit zum Untermenschen hin zu überschreiten, wenn er sie nicht zum Übermenschen hin überschreitet.« Es bleibt dem Menschen nichts anderes übrig, als zum Tier zu werden, wenn er kein Gott werden kann oder will.

Dass dies keine bloß theoretische Einsicht und Konsequenz ist, sondern eine reale und politische, die in Realität und Politik umgesetzt worden ist, davon legt das Jahrhundert nach Nietzsche, das zwanzigste, beredtes Zeugnis ab. Wollten wir eine provokante Vermutung wagen, so lässt die Ideologie des Westens oder der sie hervorgebracht habende Kapitalismus, wie Weber ihn beschreibt (dabei gleich die Ideologie des Westens mitschreibend und in die Wege leitend), in Wahrheit nicht die Alternative zwischen Tier und Übermensch, sondern nur die zwischen Raubtier und Erdfloh zu, zwischen dem Menschen, den »sein Herz zum Untergang treibt«[111], und dem Menschen, der »das Glück erfindet und blinzelt«. »Wer will noch regieren? Wer will noch gehorchen? Beides ist zu beschwerlich. Kein Hirt und keine Herde. Jeder will das Gleiche, Jeder ist gleich: Wer anders fühlt, geht freiwillig ins Irrenhaus.«[112]

Wir sind wieder beim Kampf zwischen Herr und Knecht angekommen, dessen Urbild der Kampf zweier um den Vorrang kämpfender Hunde ist, bis einer sich unterwirft. Die Alternative ist das »eingebildete Nichts« Max Webers, der Mensch, der seine Leidenschaften »egalitär« befriedigt hat, das Wesen im selbstzufriedenen Schlummer der Isothymie.

Oder doch nicht? Es ist Leo Strauss, der – man sollte denken, fast ohne es zu wollen – eine andere Möglichkeit formuliert, eine, die beinah Webers mächtiger Wiedergeburt alter Gedanken ähnelt. Anders als Nietzsche macht Strauss dasjenige, was mit *superhuman* gemeint sein könnte, namhaft. Es ist nichts anderes als die Idee Gottes. Dieser nämlich, nicht ein diffuser, von niemandem zu definierender Übermensch, bildet das andere Ende des Seils, das nach Nietzsche zwischen Tier und Übermensch gespannt ist: »Da der Mensch […] das Wesen ist, das die Menschheit überschreiten muss, ist er gezwungen, die Menschheit zum Untermenschen hin zu überschreiten, wenn er sie nicht zum Übermenschen hin überschreitet. […].«[113] »The imitation of the beast takes the place of the imitation of God.« Der Mensch ahmt das Tier nach, wenn er nicht Gott nachahmt. Dies heißt im Umkehrschluss: Wenn er das Tier nicht nachahmen will, bleibt ihm nichts als die Gottsuche, die *imitatio* Christi, Mohammedi, oder wessen auch immer.

Damit bekommen wir des Pudels Kern zu fassen: *It's the religion, stupid!* Leo Strauss benennt, mehr unabsichtlich als aus systematischer Absicht (er selbst tendiert eher zum Platonismus), den wunden Punkt der Ideologie des Westens, ihren blinden Fleck, ihre *conditio sine qua non*: die Austreibung Gottes, der Religion oder spiritueller Orientierungen der tiefgründigeren Art. Nietzsche hat das Bild des Menschen als gespanntes Seil zwischen Tier und Übermenschen geprägt. Leo Strauss rückt es in den rechten Kontext und spricht aus, welche Gleichung diesem Bild zugrunde liegt, was aber Nietzsche nicht aussprechen kann: *Der Mensch ist ein gespanntes Seil zwischen Tier und Gott!* Warum Nietzsche dies nicht aussprechen kann, liegt auf der Hand: Für ihn ist Gott bereits gestorben. Max Weber hingegen weiß noch, dass erst die Ablösung der alten Verhaltensregeln des Glaubens, ihr Übergang in den Kapitalismus, zu den neuen Zuständen geführt hat: »Einer der konstitutiven Bestandteile des modernen kapitalistischen Geistes, und nicht nur dieses, sondern der modernen Kultur [...] ist [...] geboren aus dem Geist der christlichen Askese.«[114] Und Weber fährt fort: »Indem die Askese die Welt umzubauen und in der Welt sich auszuwirken unternahm, gewannen die äußeren Güter dieser Welt zunehmende und schließlich unentrinnbare Macht über den Menschen wie niemals zuvor in der Geschichte. Heute ist ihr Geist – ob endgültig, wer weiß es? – aus diesem Gehäuse entwichen.«[115]

Das Entweichen des asketischen Geistes, der allein die »humanity in the direction of the superhuman« führen kann und der, auch wenn es nicht so klingt, natürlich auch Nietzsches Ideal – und Praxis! – war, ist in dieser Deutung und damit in der Ideologie des Westens sowohl Entstehungsbedingung wie auch Produkt des Kapitalismus und für die Verschweißung von Kapitalismus mit dem Westen und mit dem Verlust Gottes, mit der Unfähigkeit, Gott zu denken, beziehungsweise damit, der Religion und der Orientierung an »inneren Gütern« einen ernstzunehmenden Platz einzuräumen, verantwortlich. Die Ideologie des Westens und der Kapitalismus sind damit gleichermaßen unfähig, dasjenige, was »superhuman« ist, nämlich Gott, zu denken. Und da ein Drittes nicht gegeben ist, *tertium non datur*, der Mensch auf dem Seil tanzt und sich in eine Richtung bewegen muss, wenn er nicht abstürzen und ein egalitärer Erdfloh sein will, soll heißen, wenn er nicht Sozialist ist, was dem Kapitalisten ein Dorn im Auge wäre, bleibt ihm als Richtung nur das Subhumane, Nietzsche zufolge also das Tier.

Was hier vielleicht furchtbar abstrakt und theoretisch klingt, lässt sich leicht ins Konkrete und Alltägliche übersetzen. Sobald die Grundbedürfnisse des Menschen gestillt sind, sobald der Status des selbstzufriedenen Erdflohs also erreicht ist, hat der Kapitalismus ausgedient, sofern es ihm nicht gelingt, die Gier zu wecken, also das Tierhafte im Menschen, dasjenige, was immer mehr will, was nie genug bekommt, sich am Konsum überfrisst. Den Trieb in die andere, übermenschliche Richtung zu wecken, kann der Kapitalismus nicht wollen, denn wer asketisch lebt, ist ein schlechter Käufer und auch niemand, der in einer Wettbewerbsgesellschaft etwas hermacht.

Damit sei nicht behauptet, dass Kapitalismus und bürgerliche Religiosität, Askese als Disziplin, Askese nicht als Selbstzweck, sondern um eines sichtbaren, materiellen Ziels willen, nicht vereinbar seien – sie sind es, wie ja schon Weber zeigte, sehr wohl. Schwer vereinbar ist der Kapitalismus indes mit Askese und einem Streben nach (nicht durch Materielles vermitteltem) Höherem, nach Wertvorstellungen, die im Geistigen angesiedelt sind, nicht »äußeren Gütern«, die zu erlangen bloße Innerlichkeit nicht genügt. Die hehren Schlagwörter von Individualität, Freiheit, Rationalität könnten vielleicht besser als Rezept für den Übermenschen als für das Tier dienen. Jedoch nur schwerlich, wenn das Streben nach Höherem abgeschnitten ist; ja wenn es dieses Höhere gar nicht mehr gibt und nur noch als Akkumulation des Gegebenen, je schon Vorhandenen und Produzierten zu definieren ist.

Erst vor diesem Hintergrund wird eigentlich klar, warum die Abgrenzung, warum die möglichst genaue Definition eines Okzidents, eines Westens, auf einmal so wichtig ist. Sie dient dazu, die Unfähigkeit, den Menschen zu einem Höheren hin zu überschreiten (da dieses mit dem Tod Gottes weggebrochen ist) und ihm mehr als bloß äußerliche Ziele vorzugeben, durch eine Form des *Überlegenheitsgefühls* zu kompensieren: Das Höhere, das erstrebt werden soll, ja recht eigentlich der Übermensch, ist man selbst, der Mensch des Westens. Weil das Höhere das Eigene, also man selbst ist, muss es auch Eigenes sein und bleiben, muss der Unterschied zu den anderen betont werden. Wenn es als Eigenes nicht unterscheidbar wäre von den anderen, würde es nichts Höheres sein – nichts Höheres jedenfalls als die hergebrachte menschliche Erdfloh-Gewöhnlichkeit, denn höher kann man nur sein im Vergleich, Übermensch kann man nur sein als Mensch *über* anderen Menschen, als Herr über Knechte, als Wetter über Menschen, die es erleiden.

Wie alle zu werden, mit der Restmenschheit in eine Humanität zu verschmelzen, kann vor diesem Hintergrund kein erstrebenswertes Programm sein – man würde sich mit allen anderen gemein machen, hätte keine Gelegenheit mehr, sich durch ein *Über-* auszuzeichnen. So sind denn zwar die westlichen Werte ganz die Werte aller, ungeteilt und unteilbar. Aber sie sollen, als solche unteilbaren und besten, doch nur die unseren ganz und gar sein. Sie sollen nur demjenigen ganz und gar zugehören, der, wenn er nicht schon Teil dieses Wir ist, zu einem ununterscheidbaren Teil dieses Wir werden soll – was ziemlich genau den konservativen Vorstellungen von Integration entspricht.

Immerhin benennt Weber seinen Vergleichsgegenstand, wenn er behauptet, dass es dies und jenes »nur im Okzident« gegeben habe. Bei Heinrich August Winkler hingegen müssen sich die Leser den Vergleichsgegenstand für all die historischen Besonderheiten des Westens, die es woanders angeblich nicht gibt (etwa die »naturrechtliche Wendung«), selber denken. Erst wenn Winkler im vierten Band der »Geschichte des Westens« in der Gegenwart ankommt, wird die Katze aus dem Sack gelassen. Wer im Sinne Winklers aber ein bisschen mitdenkt und die Nachrichtenlage der letzten Jahrzehnte mitbekommen hat, wird den Vergleichsgegenstand, den Namen der Katze, schon selber im Kopf ergänzt haben, also naturgemäß den Islam. Die Geschichte des Westens wird in Abgrenzung von einem imaginierten Islam geschrieben, der selbst immer schon nur als Gegenbild für einen positiv imaginierten Westen diente.

Wollten wir – und warum eigentlich nicht? – die Gedankenschraube noch eine Umdrehung weiterdrehen, kämen wir unweigerlich zum provokanten Schluss, dass der islamische Terrorismus gleichsam die Existenzbedingung des Westens ist; des Westens in den Köpfen, versteht sich, zumal er anderswo ohnedies nicht existiert. Der islamische Terrorismus, und das macht ihn so gefährlich, bestätigt aber nicht nur den Westen im Kopf, sondern produziert ihn realiter – und erst dadurch und jetzt wird er *wirklich* – in Gestalt von Bündnissen und ihren Kriegen, vom Überwachungsstaat, von Einwanderungs- beziehungsweise Flüchtlings- und Visapolitik, von Anerkennung oder nicht von Staaten (etwa Israels/Palästinas) und staatlicher Souveränität.

Ob es den Westen gibt oder nicht, hängt damit am seidenen, sagen wir halbseidenen Faden des Weber'schen »nur«. Erwiese sich dieses »nur« oder dieser Islam als Illusion (was nicht passieren wird, weil es nicht sein darf), bräche die Grenze zwischen dem Westen und seinem imaginierten Anderen zusammen, und er könnte über »seine« Werte, die seine dann nicht mehr sind, keine Diskurshoheit beanspruchen und keine Hegemonie mehr damit begründen. Um der Gefahr der Auflösung des Westens im »Rest« der Welt zu begegnen, riskiert die Ideologie des Westens sogar die Aufgabe der eigenen Werte, also die Selbstaufgabe. Fällt nämlich das Paradox des Westens fort – dass sich der Westen von anderen unterscheidet, indem er nicht zwischen sich und den anderen unterscheidet – und wäre er dann nur noch wie alle anderen Identitäten (etwa die religiösen oder nationalen), also schlicht eine, die unterscheidet, so verriete er seine aus der Aufklärung stammenden, der Ratio verpflichteten Ideale, die, wenn sie überhaupt gelten wollen, für alle gelten müssen – so wie die Naturgesetze überall auf der Welt gelten. Mit der Vorstellung vom Westen als einer Identität wie alle anderen lässt sich weder ein weltweiter Führungsanspruch noch moralische Überlegenheit begründen. Jede Unterscheidung oder Grenzziehung wird aber weitere Unterscheidungen und Grenzziehungen zur Folge haben, sodass wir – und fast sieht es gegenwärtig so aus – wieder im Zeitalter der Nationalstaaten landen – mit ihrer Konkurrenz, ihren Kriegen, Bündnissen und Diktatoren, die man nach dem Prinzip der Nicht-Einmischung gewähren lässt, auch wenn sie das eigene Volk bombardieren.[116]

Winklers »Geschichte des Westens« ist nur der Endpunkt, gleichsam die Krönung dieser Entwicklung, fasst sie zusammen und rundet sie auf, führt sie zum Höhepunkt: Die Vorstellung, dass der Westen nur eine Vorstellung, nur eine Ideologie ist, dies ist, nachdem nun in vierbändiger Gründlichkeit seine Geschichte geschrieben wurde, unvorstellbarer geworden; das Werk hat seinen Zweck erfüllt. Die einzige unideologische Art und Weise, eine Geschichte des Westens zu schreiben, wäre freilich eine andere: als Geschichte der Rede vom Westen.[117] Eine Aussage darüber, ob es den Westen gibt oder nicht und was dieser wäre oder zu sein hätte, kann sie nicht treffen. Sie ist wertneutral und von daher weder ideologisch noch ideologiekritisch. Darin unterschiede sie sich vom vorliegenden Buch: Ich halte die

Ideologie des Westens für apokalyptisch und möchte Alternativen dazu aufzeigen. Ich halte es für unerlässlich, sie abzuwickeln – falls sie sich nicht von allein abwickelt, da wir zu ahnen beginnen, dass sie dem, was sie zu leisten vorgibt, unmöglich gerecht werden kann.

INTERMEZZO

Unsere Zeit schafft […] Wunder, aber sie fühlt sie nicht mehr. Sie ist eine Zeit der Erfüllung, und Erfüllungen sind immer Enttäuschungen; es fehlt ihr an Sehnsucht, an etwas, das sie noch nicht kann, während es ihr am Herz nagt.[1]
Robert Musil, *Das hilflose Europa oder Reise vom Hundertsten ins Tausendste*

1979, zehn Jahre vor dem Fall der Berliner Mauer und der Ausformulierung der skizzierten Ideologien des Westens, publizierte der französische Philosoph Jean-François Lyotard (1924–1998) ein Buch über die geistige Situation der Zeit, das die philosophischen und weltanschaulichen Diskussionen der Folgejahre geprägt hat und bis heute nachwirkt: »La condition postmoderne« (auf Deutsch als »Das postmoderne Wissen«[2]). Lyotard greift Erkenntnisse von Logik (Gödel) und Sprachphilosophie (Wittgenstein) auf und verdichtet sie zur These, dass die großen Erzählungen – Ideologien, Weltanschauungen, Glaubenssysteme – ausgedient hätten, also einen umfassenden, totalen oder totalitären Anspruch auf Welterklärung nicht mehr glaubwürdig erheben können. Lyotard war lange Zeit Marxist gewesen, und die letzte große Ideologie, die für ihn die Glaubwürdigkeit verloren hatte, war der Sozialismus.

Die Vorstellung vom Ende der großen Erzählungen machte die Runde und galt fortan als das Kennzeichnen der *condition postmoderne*, der Postmoderne.[3] Eine gewisse Verwirrung entstand dadurch, dass die Rede von der Postmoderne ihrem Ursprung nach einerseits deskriptiv war – sie versuchte Phänomene in Kunst, Wissenschaft und Gesellschaft zu beschreiben, für welche sich die Kategorie der »Moderne« offenbar nicht mehr eignete. Andererseits zeitigte sie jedoch normative Folgen und konnte als Aufruf zu einer bestimmten Haltung aufgefasst werden. Damit ist der Begriff der Postmoderne ins Fahrwasser von Glaubensfragen geraten, was einer sachlichen Erörterung bis heute entgegensteht.

Unterstellt man, wie Lyotard, das Ende der großen Erzählungen und Ideologien, eröffnet dies zwar große Freiheiten, bedeutet aber auch eine Regellosigkeit und Relativität, die man mit guten Gründen für problematisch halten kann und die in der Rede von der postmodernen Beliebigkeit, dem *anything goes*, sprichwörtlich geworden ist. *Anything goes* wurde von dem Wissenschaftstheoretiker und Philosophen Paul Feyerabend geprägt. Feyerabend (1924–1994) gilt als Vertreter eines epistemologischen Anarchismus und postuliert einen radikalen Pluralismus. Er schreibt:

> Es ist also klar, dass der Gedanke einer festgelegten Methode oder einer feststehenden Theorie der Vernünftigkeit auf einer allzu naiven Anschauung vom Menschen und seinen sozialen Verhältnissen beruht. Wer sich dem reichen, von der Geschichte gelieferten Material zuwendet und es nicht darauf abgesehen hat, es zu verdünnen, um seine niedrigen Instinkte zu befriedigen, nämlich die Suche nach geistiger Sicherheit in Form von Klarheit, Präzision, »Objektivität«, »Wahrheit«, der wird einsehen, dass es nur einen Grundsatz gibt, der sich unter *allen* Umständen und in *allen* Stadien der menschlichen Entwicklung vertreten lässt. Es ist der Grundsatz: Anything goes.[4]

Noch heute wird in manchen kulturkritischen Feuilletons die Postmoderne gern für Sittenverfall, Kulturrelativismus und bodenlose Toleranz verantwortlich gemacht.[5] Bereits früh kollidierten die Vertreter der Postmoderne auch mit Fürsprechern der Moderne, die besser zu vollenden wäre, statt ihr Scheitern und Ende auszurufen. In diesem Sinne wandte sich Jürgen Habermas als Vertreter der Frankfurter Schule gegen die Thesen Lyotards und die ebenfalls aus Frankreich stammenden Denkströmungen des Post- respektive Neostrukturalismus.[6]

So oder so ist festzuhalten, dass nicht auf dem Gebiet der (politischen) Philosophie, sondern auf dem der Kunst und Kunstkritik, wo der Begriff ursprünglich geprägt wurde, am unmittelbarsten erfahrbar ist, was unter Postmoderne verstanden wird: Ließ sich doch die (notabene: westliche) Kunst spätestens seit den sechziger Jahren kaum noch entlang etablierter Muster und Entwicklungsschemata deuten, etwa der Entwicklung vom Realismus zur Abstraktion. In der als postmodern bezeichneten Kunst spielen

Wahrheit, Schönheit, Tiefe, politische Haltung und Gesellschaftskritik keine tragende, allein sinnstiftende Rolle mehr. Das Spiel mit Oberflächen und die Ironie überlagern die älteren, nur noch »modernen« Orientierungen. Was ernst gemeint ist, was spielerisch, was kritisch, was affirmativ, ist oft nicht mehr zu unterscheiden. Die sogenannte Pop-Art, etwa von Andy Warhol oder Claes Oldenburg, verkörpert diese Tendenz anschaulich.

Nun ist die Rede von der Postmoderne zuweilen selber als eine Form der großen Erzählung, eines Masternarrativs oder sogar einer Ideologie begriffen worden. Dies deutet Fredric Jameson an, ein anderer bekannter Theoretiker der Postmoderne, wenn er »von der unvorhersehbaren Rückkehr des Narrativs als Narrativ vom Ende der Narrative« spricht, »diese[r] Rückkehr der Geschichte mitten in der Prognose von der Abdankung der zielgerichteten Geschichte«.[7] Zwar will die Postmoderne eine Theorie oder eine Erkenntnis sein, die sich anderen entgegensetzt und deren Ansprüche entkräftet, indem sie ihnen Geltung und Glaubwürdigkeit abspricht. Aber sie unterscheidet sich von diesen Theorien insofern, als sie selbst keinen Ordnungsanspruch vertritt, keinen Wahrheitsanspruch in dem Sinne, dass sie festlegen möchte, was ist oder sein soll. Sie weist immer nur darauf hin, was nicht ist beziehungsweise nicht gilt, nämlich alle Erzählungen (Narrative), Ideologien oder Wahrheitsansprüche, die den engen Rahmen eines klar vorgegebenen Kontextes überschreiten.

Obwohl Lyotard die postmoderne Vielfalt (»l'hétérogénéité«) als »das einzige unübersteigbare Hindernis, an welches die Vorherrschaft der Ökonomie stößt«[8], bezeichnet hat, wurde ihr der Verzicht auf einen eigenen Wahrheitsanspruch als eine Art Kapitulation ausgelegt: »Es kann nur noch den Kapitalismus geben. Die Postmoderne fällte das Urteil über alle andersgelagerten Illusionen.«[9] Da die Postmoderne keinen eigenen Ordnungsanspruch erhebt, kann sie auch keinen substanziellen, also spezifischen Widerstand leisten, nur einen allgemeinen, der sich gegen *alle* anderen Ordnungsvorstellungen richtet, ja gegen die Vorstellung einer Ordnung überhaupt. Die Unterschiede zwischen Kapitalismus und Sozialismus, zwischen Weltanschauungen, die auf Gleichheit, und solchen, die auf Ungleichheit setzen, werden dadurch naturgemäß verwischt. Das utopische Potenzial oder die Perspektiven, die manche Theoretiker der Postmoderne oder des

Poststrukturalismus darin sehen wollten, sind zu unkonkret und abstrakt geblieben, um tiefergehende Wirkungen zu entfalten und breiter rezipiert zu werden. Folglich wird der Begriff der Postmoderne häufig nur mit Beliebigkeit assoziiert, nicht mit einer grundsätzlichen Kritik an Ideologien, Narrativen, Machtverhältnissen.

Trotzdem hat sich das Bewusstsein vom Ende der großen Narrative und Orientierungssysteme weit verbreitet, unabhängig von der Frage, wie man dazu und zur daraus folgenden Beliebigkeit steht. Selbst wer diese ablehnt, wird vielleicht zugestehen, dass es ein klares, unbestrittenes Masternarrativ nicht mehr gibt, dass es nur noch den Trend zu »zeitlich begrenzten Abmachungen auf jedem Gebiet der menschlichen Existenz« gebe: »beruflich, emotional, sexuell, politisch – Bindungen, die ökonomischer, flexibler, kreativer sind als die Fesseln der Moderne.«[10]

Bezeichnenderweise hat genau dieses Bewusstsein dazu beigetragen, dass Grenzen wieder populär geworden sind. Wenn und weil es keine allgemeinen, universalisierbaren Weltanschauungen mehr gibt, könnte es, so die Hoffnung, doch innerhalb gegebener, selbst gesetzter Grenzen gelingen, ein bescheideneres Orientierungssystem als gültiges zu etablieren. Das Bedürfnis nach Grenzziehung lässt sich daher stimmig mit der These von der Postmoderne in Einklang bringen. Ähnliches gilt vom Kulturrelativismus und einem identitären Konzept von Gesellschaft, so wenig dies den ursprünglichen Intentionen ihrer Theoretiker entsprechen mag.[11] Wenn man die Postmoderne so versteht, dass jeder (jeder Einzelne oder jede Kultur) nach eigener Fasson glücklich werden solle und auch nur so glücklich werden könne, ist die Abgrenzung vorprogrammiert – ein Punkt, auf den hinzuweisen die Verteidiger der Moderne gegen die Postmoderne nicht müde werden; zu Recht.

Auf unaufgeregt pragmatische Weise hat der amerikanische Philosoph Richard Rorty (1931–2007) versucht, die Überzeugung vom Ende der großen Denksysteme mit dem Selbstverständnis einer pluralistischen, offenen, gleichwohl ihrer Werte gewissen Demokratie zusammenzudenken, ja sie zu einer ihrer möglichen Voraussetzungen zu erklären. Es ist der Versuch einer Übersetzung postmoderner Einsichten in die Sprache der herrschenden Vorstellungen vom Westen. Sie ist für unsere Zwecke auch deswegen relevant, weil sie, anders als Lyotard, die Poststrukturalisten und auch die Frankfurter Schule, den Aspekt kultureller Verschiedenheit mit einbringt.[12] Das Bedürfnis nach einer überkulturellen, überzeitlichen Wahrheit entsteht aus der Problematik kultureller Differenz und begegnet uns, so Rorty, erstmals nachweislich im alten Griechenland. Die Stelle sei hier ausführlich zitiert, weil uns das Argument später beschäftigen wird:

> Angeregt worden ist die Herausbildung dieses Ideals [der Wahrheit] vielleicht durch das zunehmende Bewusstsein der Griechen von der absoluten Verschiedenheit menschlicher Gemeinschaften. Furcht vor der Borniertheit – der Beschränktheit durch den Horizont der Gruppe, in die man zufällig hineingeboren ist – und ein gewisses Bedürfnis, die Dinge mit den Augen des Fremden zu sehen, tragen zur Entwicklung des skeptischen und ironischen Tonfalls bei, der für Euripides und Sokrates charakteristisch ist. Herodots Bereitschaft, die Barbaren ernst genug zu nehmen, um ihre Sitten im Detail zu beschreiben, ist womöglich ein notwendiges Vorspiel zur These Platons, der Weg zur Überwindung des Skeptizismus liege in der Vorstellung eines gemeinsamen menschlichen Ziels, das nicht durch die griechische Kultur, sondern durch das Wesen des Menschen gesetzt werde. Die Verknüpfung der sokratischen Entfremdung [alienation] mit der platonischen Hoffnung führt zur Entstehung der Idee des Intellektuellen als einer Gestalt, die nicht vermöge der Meinungen seiner Gemeinschaft, sondern in unmittelbarer Weise mit dem Wesen der Dinge in Fühlung steht.[13]

Gegen diesen überkulturellen und wohl auch überzeitlichen Begriff der Wahrheit bringt Rorty nun die Figur des Pragmatikers (*pragmatist*) in Stellung. Der Pragmatiker ist nicht einfach ein Kulturrelativist, der in der Annahme, dass sowieso jede Wahrheit relativ ist, jedem die seine zugesteht, sondern jemand, der *im vollen Bewusstsein* der Relativität seiner Anschauung eine ethnozentristische Position einnimmt. Er nimmt sie ein, obwohl er weiß, dass sie mit guten Gründen bestritten werden kann. Er weiß aber auch – hier wären wir bei Lyotard –, dass es die übergeordnete Wahrheit nicht gibt oder er jedenfalls keinen Zugriff darauf hat.

Dieses Bewusstsein des Verlusts unanfechtbarer Wahrheit versetzt den Pragmatiker in die Lage, die eigenen Anschauungen wertzuschätzen und ernst zu nehmen wie auch andere zu respektieren. Es nötigt ihm eine Haltung auf, die Rorty »Ironie« genannt hat. Die Ironie erlaubt es, eine gewisse ethnozentristische Borniertheit, die wir ihm zufolge nie ganz ablegen können, in Kauf zu nehmen, ohne der »sokratischen Entfremdung«, dem Bewusstsein des Verlusts absoluter Wahrheit, die Berechtigung abzusprechen. Der Absolutheitsanspruch des Wahrheits-Universalismus ist aufgegeben, ohne die eigene Beschränktheit und mit ihr die aller anderen abzuleugnen.[14] Genau dies erweist sich überraschenderweise als ein Argument für die liberale Gesellschaft: »Der Ironiker ist der typische moderne Intellektuelle, und die einzigen Gesellschaften, die ihm oder ihr die Freiheit zugestehen, ihre Entfremdung [alienation] zu äußern, sind liberale.«[15]

Weil keine absolute Wahrheit behauptet wird, kann im Namen einer solchen Wahrheit auch nichts erzwungen werden. Gegen eine womöglich daraus resultierende Gleichgültigkeit bringt Rorty den Begriff der Solidarität ins Spiel. Es geht darum, im sozialen Verkehr Erniedrigung (»humiliation«) anderer möglichst zu vermeiden oder zu reduzieren. Mit dieser Haltung sind wir zwar in der postmodernen Welt relativer, ständig zu revidierender Wahrheiten – von Rorty »redescriptions« genannt –, aber der Umgang mit dieser Relativität bedeutet nicht Gleichgültigkeit gegenüber den anderen, sondern verpflichtet mangels sonstiger Imperative zur Solidarität.[16]

Nun mutet das »Ende der Geschichte«, das Fukuyama ausgerufen hatte, wie ein Echo auf das Ende der großen Erzählungen in der postmodernen Theorie ebenso wie auf die Thesen Rortys an. Wie für Lyotard mit der Glaubwürdigkeitskrise des Sozialismus die letzte dieser Erzählungen zu Ende gegangen ist[17], ist für Fukuyama mit dem Zusammenbruch des kommunistischen Blocks das Ende der Geschichte gekommen und ein postideologisches Zeitalter angebrochen.[18] Zwar hat ein politisches System, nämlich die liberale, marktwirtschaftlich orientierte Demokratie, den Wettbewerb der Ideologien gewonnen. Aber nur, so der Glaube, weil dieses System (diese »Erzählung«) der Natur des Menschen und der geschichtlichen Entwicklung am genausten entspricht, also am erfolgreichsten Objektivität beanspruchen darf.[19] Das Ende der Geschichte beendet mithin auch die weltanschauliche Beliebigkeit, da die Wahrheit nun ja gefunden scheint. Die Weltgeschichte wäre demnach Ausdruck einer der Postmoderne vergleichbaren Verwirrung gewesen – und sie ist es, wo sich die westliche Ansicht nicht durchgesetzt hat und Geschichte in Gestalt von Kriegen und ideologischen Auseinandersetzungen weiterläuft, gemäß dieser Lesart immer noch.

Der skizzierten Ideologie des Westens wäre es somit weitgehend gelungen, dem postmodernen Hyperpluralismus eine eigene, konsistente Weltsicht, ein Masternarrativ entgegenzustellen – und damit die Behauptung vom Ende der großen Erzählungen Lügen zu strafen. Die »höchstentwickelten Gesellschaften«, auf die Lyotard seine These bezogen wissen wollte, sind auf die Vorstellung vom großen, in eine bessere Zukunft fahrenden Zug des liberal-progressiven Kapitalismus eingeschworen. Mit der im Westen – außerhalb spezifischer Subkulturen und akademischer Winkel – selten bestrittenen Geltung und der unerhörten technischen, finanziellen, medialen und nicht zuletzt militärisch-polizeilichen Macht dieses Masternarrativs entspricht die gegenwärtige Situation vermutlich den schlimmsten Befürchtungen Lyotards.

Allein die Verschiedenheit, die Heterogenität, der Widerstreit zwischen verschiedenen Weltsichten hätten nach Lyotard verhindern können[20], dass eine bestimmte Weltanschauung, nämlich die ökonomische, sich mit Hilfe der von ihr vorangetriebenen Technologien für alle Zeit den Vorrang sichert, zumal wenn sie sich in eine »Philosophie einer Geschichte der Emanzipation« kleidet – und damit, dürfen wir ergänzen, die Versprechungen von Moderne und Säkularismus zu erfüllen scheint: »Mehr Reichtum, mehr Sicherheit, mehr Abenteuer, u. s. w.«[21]

Heutzutage scheint diese Hegemonie eine Tatsache und Lyotards Kind, die Postmoderne, ein für alle Mal in den Brunnen der Geschichte gefallen. Ein internationaler Sachbuchbestseller aus dem Jahr 2016/17 drückt diese Situation wie folgt aus:

> Zu Beginn des 21. Jahrhunderts rollt der Zug des Fortschritts wieder aus dem Bahnhof – und dieses Mal wird es vermutlich der letzte Zug sein, der die Station namens Homo sapiens verlässt. Wer diesen Zug verpasst,

wird keine zweite Chance mehr bekommen. Um einen Sitzplatz zu ergattern, muss man die Technologie des 21. Jahrhunderts und ganz besonders die Wirkungskraft von Biotechnologie und Computeralgorithmen verstehen. […] Im 21. Jahrhundert werden diejenigen, die im Zug des Fortschritts sitzen, göttliche Fähigkeiten der Schöpfung und Zerstörung erlangen, während diejenigen, die zurückbleiben, vom Aussterben bedroht sind.[22]

Fukuyamas Zug hat sich im Verlauf eines Vierteljahrhunderts, seit er im Jahr 1992 in Washington losgefahren ist, in eine Arche Noah verwandelt. Das Neue dieser neuen Arche Noah besteht darin, dass nur diejenigen gerettet werden, die das weltanschauliche System des Westens übernehmen, also auf den Zug aufspringen. Der Unterschied zur biblischen Legende liegt auf der Hand: Auf der Arche der Legende wurden Exemplare *jedes* Lebewesens gerettet, also im Kern die ganze Welt ohne Unterschied. Der Zug des Fortschritts[23] hingegen lässt alle, die sich nicht anpassen, zurück und droht ihnen damit, auszusterben. Statt Vielfalt und Pluralität gibt es nur noch ein sich selbst reproduzierendes, monokulturelles System, in dem »hochintelligente Algorithmen uns besser kennen als wir uns selbst«.[24] Wer diese Zukunft, die in vielen Bereichen längst unsere Gegenwart ist, wirklich will, der springe auf den Zug auf! Wer nicht, überlege sich rasch etwas Besseres.[25]

Um zu verstehen, wie es geschehen konnte, dass man der Menschheit ungestraft die Pistole auf die Brust setzen und sie vor die Alternative stellen kann: *Westernize or perish!* Spring auf den Zug auf oder stirb aus!; um dieser unverhohlenen Erpressung eine schlagkräftige Alternative entgegenzusetzen, müssen wir eine kleine Zeitreise in die Vergangenheit unternehmen und die vor gut einhundert Jahren vorgenommene Weichenstellung korrigieren. Wir müssen den Zug vom Gleis in Richtung Moderne mit ihren Totalitarismen und monokulturellen Fortschrittsfantasien in Richtung der Postmoderne umleiten. Nicht, damit er dort für alle Zeit stehenbleibt, sondern damit wir überhaupt wieder in die Lage versetzt werden, uns zu überlegen, wohin wir eigentlich fahren wollen.

1922 hat Robert Musil (1880–1942), mehr *en passant* als systematisch, auf ein ähnliches Phänomen wie später Lyotard, Feyerabend oder Rorty hingewiesen. Die Zeit für große Erzählungen, für Ideologien, sei abgelaufen. »Niemals wieder wird eine einheitliche Ideologie, eine Kultur in unserer weißen Gesellschaft von selbst kommen.«[26] Die Begründung, die Musil für das Ende der großen Erzählungen im Westen – nichts anderes ist »unsere weiße Gesellschaft«[27] – liefert, darf nach wie vor Gültigkeit beanspruchen:

> Eine gedeihende Gesellschaft befindet sich geistig in einem fortschreitenden Selbstzersetzungsprozess. Immer mehr Menschen und Meinungen beteiligen sich an der allgemeinen Ideenbildung, und immer neue Ideenquellen werden durch Eindringen in frühere Zeiten und Verbindung zwischen entlegenen Ursprungsörtern aufgeschlossen. [...] Da aber kaum bestritten werden kann, dass jeder der von da und dort sich kreuzenden Ideen ein gewisser Lebenswert einwohnt, Unterdrückung Verlust, und nur Aufnahme Gewinn ist, so liegt ein ungeheures Organisationsproblem darin beschlossen, dass man die Auseinandersetzung und Verknüpfung ideologischer Elemente nicht dem Zufall überlasse, sondern fördere.[28]

Dass die Postmoderne in Kunst, Denken und Philosophie in der Wiener Moderne schon angelegt war, hatte Lyotard selbst angedeutet, als er auf die Vorläuferschaft von Musil, Hofmannsthal, Mach, Wittgenstein, Schönberg, Broch, Kraus hinwies.[29] In dieses Bild fügt sich, dass der erwähnte Paul Feyerabend (1924–1994) aus Wien stammte und ein Schüler Wittgensteins und Karl Poppers war, dessen Plädoyer für die »offene Gesellschaft« er, nachdem er das Buch Poppers ins Deutsche übersetzt hatte[30], dann explizit gegen Popper zum *anything goes* übersteigerte.

Eine weitere Begründung Musils für das »ungeheure Organisationsproblem«, also die ideologische Impotenz und Unglaubwürdigkeit seiner Zeit, lautet in einer denkwürdigen Formulierung, dass dem »Volumen des sozialen Körpers seine Leitfähigkeit für Einflüsse nicht mehr entspricht«.[31] Trotz »Eisenbahn, Telegraph, Telephon, Flugmaschine, Zeitung, Buchhandel, Schul- und Fortbildungssystem, Wehrpflicht«[32] bleibe die »Reizleitungsfähigkeit des sozialen Körpers«[33] ungenügend. Inzwischen ist diese kollektive »Reizleitungsfähigkeit« mit Radio, Fernsehen, Computer, Internet und

Vollvernetzung über Smartphones sowie dem daraus resultierenden Datenwissen mit seinen Rückkopplungseffekten auf nie geahnte Weise wiederhergestellt.

Ich denke jedoch, dass dies nicht genügt hätte, um in einer sich selbst als weltanschaulich chaotisch empfindenden Gesellschaft ein einigermaßen geschlossenes Narrativ, eine Ideologie zu generieren. Ich denke, die liberale, im Popper'schen Sinn »offene Gesellschaft« des Westens (und damit auch die diese Offenheit radikalisierende Postmoderne) konnte, wie im vorherigen Kapitel angedeutet, nur deswegen zu einer eigenen Ideologie entwickelt werden, weil sie, je offener sie ist, umso entschiedener alles das ausschließt, was nicht beliebig, frei, offen und so weiter ist. Erst das bereits benannte Paradox des Westens hat es ermöglicht, den Westen in der eigenen Wahrnehmung zu einem geschlossenen Ganzen zu machen. Man könnte sagen: Es ist die Postmoderne selbst, die den Westen davor bewahrt, das Schicksal einer postmodernen Gesellschaft zu erleiden, nämlich die ideologische Impotenz.

Die ideologische Schließung, die Etablierung eines weitgehend geschlossenen Narrativs unter dem Signum der Offenheit, also das westliche Paradox, ist jedoch selber erst durch einen Umstand möglich geworden, von dem Musil nichts ahnen konnte und der noch für Lyotard in der Form, in der wir heute damit konfrontiert sind, offensichtlich nicht vorstellbar war. Die von Musil ja durchaus bedauerte Unmöglichkeit eines Narrativs oder einer Ideologie in einer offenen Gesellschaft – einer »Gesellschaft ohne Eigenschaften« – konnte sich erst in dem Moment selbst in ein Narrativ oder eine Ideologie verwandeln und zur Eigenschaft der »Gesellschaft ohne Eigenschaften« werden, als der »Rest« der Welt dem Westen selbstbewusst mit eigenen Narrativen entgegentrat und seinen hegemonialen Anspruch in die Grenzen wies – ungefähr in die Grenzen, die auch heute noch die des Westens markieren. Diese Entwicklung begann Anfang des 20. Jahrhunderts im Fernen Osten, emblematisch in Gestalt des japanischen Sieges gegen eine von »Weißen« regierte Gesellschaft, nämlich das Russische Kaiserreich im Jahr 1905, setzte sich fort im Türkischen Unabhängigkeitskrieg Anfang der zwanziger Jahre und kulminierte in den antikolonialen Bewegungen der vierziger, fünfziger und sechziger Jahre. Damit kam es zu einer doppelten Bewegung: Von außen stieg der Druck auf den Westen im Sinn einer Abgrenzung, einer Wehrhaftigkeit; von innen jedoch stieg er auch, allerdings in genau die gegenteilige Richtung: hin zu mehr Offenheit, Freiheit, Emanzipation.

Dass die eigene »westliche« Gesellschaft, die Popper 1944, beim erstmaligen Erscheinen seines Buchs und vor dem Hintergrund der Totalitarismen der dreißiger und vierziger Jahre, noch guten Gewissens »offen« nennen konnte, längst nicht offen und freizügig genug war, diese heute unbestrittene Tatsache[34] formulierte und manifestierte dann die inzwischen (warum wohl?) so verschriene Generation der Achtundsechziger, eine Bewegung, die ihre Dynamik und Widerstandskraft, ihre Vorbilder und Orientierungsgrößen gezielt auch aus der nichtwestlichen Welt bezogen hatte. Mögen wir heute in vielen dieser tiers-mondistischen, auf die Entwicklungsländer bezogenen Orientierungen selbst wieder (links-)totalitäre Neigungen erkennen (deutlich etwa im Maoismus jener Zeit), so bleibt die Tatsache einer neuen, jetzt wirklich postmodern zu nennenden Offenheit, bleibt die Sprengung beengender gesellschaftspolitischer Verhältnisse auch und vor allem im Westen selbst eine Tatsache. Und bleibt es Tatsache, dass sich ein halbes Jahrhundert nach Achtundsechzig das Selbstverständnis des heutigen Westens vor allem auf soziokulturellem Gebiet nahezu vollständig dieser Generation verdankt, mit der wiewohl nach wie vor unvollendeten Geschlechtergerechtigkeit als Flaggschiff.

Folglich war im Kielwasser der Achtundsechziger der Zustand wiederhergestellt, den Musil teils fasziniert, teils beunruhigt bereits in den zwanziger Jahren in Worte zu fassen versuchte und den die Theoretiker der Postmoderne beschrieben haben und festschreiben wollten, indem sie nachzeichneten, dass erkenntnistheoretisch betrachtet kein weltanschauliches, ja nicht einmal ein logisch-wissenschaftliches System als wahr bewiesen werden könne; indem sie also den Anspruch auf Wahrheit und Objektivität aufgaben. Damit war zwar nicht ausgeschlossen, dass eine Macht oder Mächte eine Vorherrschaft erlangen, dass es hegemoniale Diskurse geben könne; aber ihr Wahrheitsanspruch war von vornherein diskreditiert, was gleichzeitig alle anderen ermutigte, ihre (entsprechend relative) Position zur Geltung zu bringen.

Das Problem war nur: Die antiimperialen Bewegungen der Dritten Welt, von denen sich die Achtundsechziger so begeistert hatten inspirieren lassen, gerieten selbst in das Fahrwasser reaktionärer und totalitärer Tendenzen. Die Verfechter der radikalen Offenheit, der Befreiung, des *anything goes* standen plötzlich allein da. Schon 1983 formuliert Lyotard diese Erfahrung unmissverständlich: »Die stolzen Kämpfe für die Unabhängigkeit haben junge, reaktionäre Staaten hervorgebracht.«[35] Die Achtundsechziger traten ihren Marsch durch die Institutionen an und öffneten den Westen auf ungekannte Weise. Die sogenannte Dritte Welt geriet in den Sog von totalitären Regimen, Diktaturen, Juntas. Ob diese prowestlich waren wie bis 1979 der Schah im Iran oder antiwestlich wie die den Schah stürzende islamische Revolution, ist unerheblich. Ein Vorbild konnten diese Staaten und Gesellschaftsordnungen nicht mehr sein.

Damit war die (radikale, postmoderne) Offenheit zum Kennzeichen des Westens selbst geworden, und zwar *ausschließlich* des Westens, wie spätestens seit der Auseinandersetzung mit dem Islam auch in Bevölkerungskreise hinein vermittelt worden ist, die von der Postmoderne nie etwas gehört haben und für welche die Achtundsechziger verdammt alte Männer und Frauen sind. Auf diese Weise ist ein klares ideologisches Bewusstsein der eigenen Differenz, der Grenzen des Eigenen entstanden, welches zugleich die Grenzen der eigenen Offenheit und Toleranz markiert. Konnten sich die Achtundsechziger mit ihrer in den eigenen Gesellschaften erhobenen Forderung nach Offenheit und Freiheit als Teil der Welt fühlen und waren dabei von der Welt inspiriert, so lässt sich dies von der westlichen Offenheit und Freiheit heute nicht mehr sagen. Vielmehr wird diese oft genau dazu genutzt, die anderen, das heißt die Welt, auszuschließen. Die Frage, wie berechtigt oder sinnvoll das jeweils ist, interessiert uns vorläufig nicht. Uns interessiert das Phänomen.

Denn mit der inzwischen als geschlossenes Narrativ oder Ideologie deutbaren Rede vom Westen (»und seinen Werten«) geschieht auf globaler Ebene gegenwärtig das, was einhundert Jahre vorher, wie von Musil beschrieben, »in unseren weißen Gesellschaften« mit den vielen konträren, damals kursierenden Anschauungen und Ideologien passiert ist. Oder, um einen gewagten zeitlichen Sprung zu tun, vielleicht auch das, was 2500 Jahre vorher den alten Griechen widerfuhr, als sie, mit Rorty zu sprechen, ein »zunehmendes Bewusstsein von der absoluten Verschiedenheit menschlicher Gemeinschaften« erlangten; und was sich für viele Gesellschaften konstatieren lässt, die das eine Zeitlang für ausreichend offen und umfassend gehaltene Eigene in der Begegnung mit anderen plötzlich als begrenzt erfahren: Dieses Eigene, und mag es sich noch so offen angefühlt haben, wird relativiert, vergleichbar, verliert seine singuläre Stellung und kann seinen absoluten Anspruch nur noch schwerlich glaubwürdig erheben.

Das ist im vorliegenden Fall umso kränkender, als der Westen sich eingeredet hat, den Gipfel der Offenheit, Freiheit, Objektivität und so weiter schon erklommen zu haben – also sozusagen der historischen Weisheit letzter Schluss zu sein, das ultimative Dachnarrativ, dem sich die anderen nur noch unterordnen können, sollen, müssen: *Westernize or perish!* Diejenigen, die innerhalb des Narrativs namens »Westen« leben, von ihm umfangen sind, an es glauben und es keineswegs zu Unrecht als überaus, ja vielleicht sogar *zu* offen erleben, sehen sich plötzlich auf globaler Ebene mit konkurrierenden Narrativen konfrontiert, die das westliche Narrativ, obwohl oder gerade weil es so offen ist, doch wieder nur zu einem Narrativ unter vielen machen (wollen).[36]

Dies führt wie erwähnt dazu, dass wir uns geradewegs in einem nun globalgesellschaftlichen Zustand wiederfinden, den Musil und Lyotard für die »weißen«, europäischen, »höchstentwickelten« Gesellschaften beschrieben haben. Damit aber werden auf einer höheren Ebene, der globalen, all jene Thesen, experimentellen Praktiken, Möglichkeiten und Probleme wieder aktuell, die vor hundert und vor fünfzig Jahren schon einmal zur Verhandlung standen – nur dass wir diese Verhandlungen, diese Tradition leider in buchhändlerische Nischen, Oberseminare, Subkulturen abgedrängt und oft schlicht vergessen haben.

Wir wollen also noch einmal die Möglichkeit ausloten, entweder ohne Narrative – jedenfalls ohne Masternarrative – auszukommen. Oder aber, wenn sich dies als unbefriedigend erweist, ein solches Master- oder Dachnarrativ zu finden, das genügend Balance, das heißt gleichberechtigten Spielraum für die – mehr oder weniger ironisch (à la Rorty) zu sehenden und praktizierenden – Unternarrative garantiert. Ein Dachnarrativ also, welches nicht selbst zu hegemonialen Tendenzen und damit zur Bevorzugung einer Sichtweise, einer Wahrheitsauffassung neigt, zum Beispiel zu der von Lyotard gefürchteten Hegemonie der Ökonomie oder derjenigen von Technik und Information, vor der Yuval Noah Harari warnt und die er zugleich dazu nutzt, denjenigen, die den westlichen Zug nicht besteigen, das Aussterben zu prophezeien.

Manche könnten ein solches Vorhaben als utopisch bezeichnen und es als Fantasterei abtun. Doch bliebe dann unverstanden, wovon die Rede ist. Genau dasjenige, was dann vorschnell als utopisch oder fantastisch in die Irrelevanz verwiesen wird, existiert in vielen Bereichen, und seien es Nischen, schon längst; ist in Verhandlung, wird debattiert, und sei es nur privat; hat seit langer Zeit, nicht erst seit der Postmoderne, nicht erst seit der Wiener Moderne, eigene Traditionen ausgebildet, und seien es Gegentraditionen; wird in etlichen Aspekten des Lebens praktiziert und gelebt, auch, aber keineswegs nur im »Westen«. Es hat jedoch keine übergreifende theoretische, narrative Ausgestaltung erfahren, wird als Projekt und Praxis aus diesem Grund nicht oder nur in unzusammenhängenden Fragmenten gesehen, soll vermutlich aus vielen Gründen auch nicht gesehen werden, fügt sich nicht zu einem Bild, hat kein politisches Programm, mag hier und da Anwälte haben, aber selten solche, die die nötigen Synapsen schaffen.

Es geht also nicht darum, etwas zu erfinden, was es noch nicht gibt, sondern den Blick auf etwas scharfzustellen, was schon vorhanden ist, aber als Bild und Zusammenhang noch nicht oder nur selten so gesehen und wahrgenommen worden ist. Was den »Westen« betrifft, geht es nicht darum, irgendwelche seiner vielbeschworenen »Errungenschaften« oder »Werte« abzuschaffen oder einzuschränken, sondern die selbstgefällige Annahme – und die daraus resultierende Grenze – zu überwinden, diese gehörten dem Westen wie ein Eigentum, ja seien eigentlich und ursprünglich »westlich«, den anderen bestenfalls geliehen. Wären sie es, dann wären sie ausgesprochen relativ, beschränkt und damit einigermaßen wertlos. Das wäre bedauerlich, insbesondere aus westlicher Sicht.

Die Ideologien des Westens, ihre Geschichtsschreiber, Politologen und Verfassungsrichter werden uns in einigen Jahrzehnten so fremd sein wie heute die einstigen Ideologien des Imperialismus oder Marxismus-Leninismus, die Ideologien der Missionare oder der griechischen Polis – fremd und dennoch auf unheimliche Weise vertraut, denn ganz und gar können und wollen wir sie, wie wir gesehen haben, nicht abschütteln. Wir können nur versuchen, produktiver mit ihnen zu arbeiten, sie neu zu deuten. Wir können versuchen, uns zwar als Nachlassverwalter des Westens zu verstehen, aber nicht mit dem Auftrag, diesen Nachlass um jeden Preis zusammenzuhalten, weder unter dem Namen des Westens noch unter einem anderen.

Vielmehr ergeht der Auftrag, die begriffliche, narrative Einheit »Westen« – der Name, unter dem dieser Nachlass uns überliefert ist – aufzulösen und uns, wie ein Antiquar, der den Verstorbenen nicht kannte, dasjenige dort herauszusuchen, was uns nützlich und zukunftsfähig scheint, hingegen dasjenige zu entsorgen, was offensichtlich problematisch geworden ist. Als Erstes zählt dazu der Begriff des Westens selbst, die Fiktion, dass dasjenige, was mit diesem Nachlass auf uns gekommen ist, eine *Einheit* bildet, *ein* Ding sei. Erst wenn diese Klammer oder diese große Kiste aufgebrochen ist – wir hoffen, sie im ersten Kapitel bereits aufgebrochen zu haben –, können wir uns auf unbefangene Weise dem Inhalt widmen. Dasselbe werden wir, obschon wir es in diesem Rahmen oft nur andeuten können, mit den Traditionen der anderen tun, mit den Nachlässen und Namen des Islams, des Hinduismus, Buddhismus, Taoismus und natürlich auch der Antike, des Kommunismus und so weiter. Wir streichen die Namen weg, die am Ende nur ab- und ausgrenzen, öffnen die unter diesem Namen zu Recht oder Unrecht überlieferten Kisten und entnehmen daraus, wie es die Menschen seit jeher mit dem gemacht haben, was auf sie kam, dasjenige, was uns nützlich und sinnstiftend scheint.

Für dieses Verfahren, das natürlich ein *patchwork* ist, ein *bricolage*, eine Collage – doch jedes Leben, jede Kultur, jedes Narrativ ist das –, mussten wir, da wir im Westen und für Leser im Westen sprechen, zunächst das Narrativ des Westens selbst aufbrechen. Wir mussten mit Verweis auf die entsprechenden Traditionen erst den Möglichkeitsraum, die Offenheit wiederherstellen, den freien Horizont, der allein durch das Abräumen des Namens des »Westens« und der damit einhergehenden Grenzen geschaffen werden kann. Dazu gehört, mit der vermeintlichen Erfüllung, die von der Ideologie versprochen wird, zu brechen, sie als wenig befriedigende Chimäre zu entlarven. Dem unangenehmen Gefühl der Sättigung, das solche »Erfüllung« hervorruft, ist in einem ersten Schritt die Entfremdung des Unerfülltseins, die Sehnsucht, entgegenzusetzen. »Erfüllungen sind immer Enttäuschungen«, hat Musil im eingangs zitierten Passus geschrieben. Das Ziel hieße also, das zu finden, was wir noch nicht können, uns allenfalls vorstellen können. Der Zug soll keine fahrplanmäßig festgelegte Strecke abfahren – das ist die langweiligste Vision, die man sich denken kann –, sondern er sollte dem zustreben, was wir noch nicht kennen und können, »während es uns am Herz nagt«.

KOSMOPOLITISCHE ANLÄUFE

Wie sehr käme der Plan der Vorsehung zu kurz, wenn zu dem, was wir Kultur nennen und oft nur verfeinte Schwachheit nennen sollten, jedes Individuum des Menschengeschlechts geschaffen wäre?[1]
Herder, *Ideen zur Geschichte der Philosophie der Menschheit*

Wo keine Götter sind, walten Gespenster.[2]
Novalis, *Die Christenheit oder Europa*

Die Diskussion der Postmoderne erschien als Frage nach der Möglichkeit und Notwendigkeit übergeordneter Narrative. In Zeiten eines internationalen Austauschs, der auch die vorgegebenen ideologischen Grenzen überschreitet und außer Kraft setzt, ergibt sich das Bedürfnis nach anderen, umfassenderen Narrativen, die in der Lage sind, die neue Situation zu beschreiben und in ihr Orientierung zu stiften. Insofern dabei die Geltung bis dahin bestehender Narrative oder Ideologien in Frage gestellt und unterlaufen wird, geht mit diesem Bedürfnis das Gefühl einer weltanschaulichen Krise einher. Die Suche nach und die Entstehung von neuen Narrativen markieren Epochenwenden und sind zugleich ihr Resultat.

In der fast lückenlos vernetzten, sich als globalisiert empfindenden Welt des 21. Jahrhunderts stellt sich damit die Frage, ob es ein Masternarrativ geben kann, das sowohl individuelle Orientierung stiftet als auch auf der Höhe der vorgegebenen allgemeinen, universellen Aufgaben und Probleme ist. Ein Narrativ, das diesen doppelten Anspruch, den individuellen und den allgemeinen, nicht erfüllt, wird in einer globalisierten Welt berechtigterweise Widerspruch auslösen und auf Widerstand stoßen. Dies ist gegenüber dem Narrativ des Westens der Fall, das sich anheischig macht, ein solches Masternarrativ, der »Endpunkt der ideologischen Evolution« zu sein. Der Widerstand gegen dieses Narrativ kommt dabei von außen ebenso wie von innen.

Es versteht sich, dass ein alternatives Narrativ nicht einfach erfunden, aus dem Nichts in die Welt gesetzt oder von oben herab oktroyiert werden kann. Es kann nur aus bereits gegebenen Narrativen herauswachsen, aus einer global vernetzten Diskursgemeinschaft, die von den jeweils vor Ort gegebenen dezentralen Diskursen und Narrativen unterfüttert wird. Um als übergreifendes Narrativ, als Masternarrativ oder Dachnarrativ gelten zu können, müsste es den Spagat schaffen, zugleich offen genug zu sein – idealerweise bis an die Grenze von Paul Feyerabends Devise *anything goes* – und zugleich wert- und zielsetzend, Orientierung stiftend – andernfalls ist die Rede vom »Narrativ« sinnlos und wir können bei den globalen Partikularitäten, Relativismen, Identitäten stehenbleiben und dieses Buch zuklappen.

Ich möchte das gesuchte Narrativ als kosmopolitisch bezeichnen. Es stünde für einen neuen Kosmopolitismus, der scharf vom herkömmlichen Universalismus zu unterscheiden wäre. Als bloßer Universalismus wäre die weltweite Geltung eines spezifischen, historisch gewachsenen und lokal grundierten Narrativs zu verstehen, etwa der Universalismus einer Religion wie des Christentums oder des Islams oder derjenige säkularer Ideologien wie des westlichen Liberalismus oder des Kommunismus. Der neue Kosmopolitismus unterschiede sich auch deutlich vom alten, der oft nur ein anderer Name für einen sich weltoffen gebenden westlichen Universalismus war, wie etwa Gurminder K. Bhambra feststellt: »Es ist wohl ein Fehler, anzunehmen, dass der Kosmopolitismus von der europäischen Zivilisation oder der Geschichte der europäischen Philosophie losgelöst betrachtet werden kann. [...] Es wäre ein Fehler, darauf zu hoffen, dass wir jemals eine wahrhaft kosmopolitische Vision der Kosmopolis erreichen können.«[3]

Es sei nun versucht, den Gegenbeweis anzutreten, nicht zuletzt dadurch ermutigt, dass die »wahrhaft kosmopolitische Vision der Kosmopolis«, gerade wo und weil sie als (letztlich) unerreichbar dargestellt wird, gleichwohl einen Horizont markiert, dem zuzustreben man wenigstens versuchen darf. Dabei muss es allerdings gleichgültig sein, woher dieser Kosmopolitismus stammt und ob er als von der europäischen Philosophie losgelöst betrachtet werden kann oder nicht (ein sehr äußerliches, schlimmstenfalls rassistisch antieuropäisches Kriterium) und wer ihn wo unter Berücksichtigung welcher Quellen entworfen hat. Wichtig ist nur, was er leistet und für wen – idealerweise für alle. Was den bisherigen Kosmopolitismus betrifft, wäre Bhambra freilich recht zu geben: Die meisten seiner Spielarten sind ein verschleierter Universalismus, ein Universalismus also, der in Richtung eines Kosmopolitismus ausgebaut wird, indem er seine historischen und lokalen Prägungen verleugnet, verschleiert oder für Notwendigkeit und naturwissenschaftliche Wahrheit ausgibt, wie im Liberalismus, Kommunismus und dergleichen.

Auf der Suche nach einem kosmopolitischen Narrativ müssen wir von den Elementen ausgehen, die bereits in unseren Gesichtskreis getreten sind und uns beeinflusst haben. Ich kann im Rahmen einer anvisierten weltweiten Diskursgemeinschaft keine chinesische oder indische Stimme mimen oder vorwegnehmen. Ich kann mir, obwohl ich mich lange mit arabischer und islamischer Kultur beschäftigt habe, nicht einmal deren Stimme anmaßen – sie wird im Übrigen selbst äußerst heterogen sein. Ich kann aber versuchen, eine Offenheit für andere Stimmen herzustellen und aus den mir zugänglichen weltanschaulichen Grundlagen und Bausteinen diejenigen Elemente zur Geltung zu bringen, die Anschlussmöglichkeiten für den »Rest« der Welt (aber ebenso für »the West«) bieten, die in der Lage sind, die möglichen und wahrscheinlichen weltanschaulichen Zumutungen dieser Welt auszuhalten, abzufedern, zu integrieren. Für diesen Zweck ist es dann allerdings sinnvoll, sich ein wenig mit den Narrativen, Problemen, Anliegen anderer Kulturkreise auszukennen. Andernfalls wird auch das neue kosmopolitische Denken zu kurz springen und im Graben eines hegemonialen Universalismus oder eines Relativismus landen, der partikulare, in sich verschlossene Identitätskonzepte fördert und Antagonismus und Konkurrenzkampf heraufbeschwört, also wiederum bei einer Spielart der Ideologie des Westens stehenbleibt.

In Abgrenzung dagegen sind für unsere Zwecke diejenigen kosmopolitischen Tendenzen seit der Aufklärung interessant, denen es gezielt darum zu tun war, die westlichen Paradigmen nicht einfach auf die Welt auszuweiten, sondern sie zu überschreiten, sich nichtwestliche Sichtweisen zu eigen zu machen und diese in das Kaleidoskop eines nicht mehr vorrangig westlich geprägten Kosmopolitismus zu integrieren. Selbst wenn die wenigsten dieser kosmopolitischen Überlegungen unseren heutigen Anforderungen genügen, liefern sie brauchbare Ansätze und prägen unsere Sicht auf die Welt bis heute. Ein neuer Kosmopolitismus tut gut daran, von ihnen auszugehen, sie zugleich aber kritisch weiterzudenken. Ein erstes, handfestes Beispiel liefert Goethes Vorstellung von einer Weltliteratur, auch weil der Begriff eine reiche Nachwirkung und Rezeptionsgeschichte aufweist. Weltliteratur bezeichnet bei Goethe nicht die Summe aller Literaturen der Welt, auch nicht ein Qualitätsmerkmal, etwa die beste oder exemplarischste Literatur der Welt, sondern zunächst vor allem eine Epoche. So heißt es in den Gesprächen mit Eckermann (31.1.1827), wo der Begriff zum ersten Mal erläutert wird:

> Ich sehe immer mehr, dass die Poesie ein Gemeingut der Menschheit ist, und dass sie überall und zu allen Zeiten in Hunderten und Aberhunderten von Menschen hervortritt. [...] Jeder muss sich eben sagen, dass es mit der poetischen Gabe keine so seltene Sache sei. [...] Aber freilich wenn wir Deutschen nicht aus dem engen Kreise unserer eigenen Umgebung hinausblicken, so kommen wir gar zu leicht in diesen pedantischen Dünkel. Ich sehe mich daher gern bei fremden Nationen um und rate jedem, es auch seinerseits zu tun. National-Literatur will jetzt nicht viel sagen, die Epoche der Weltliteratur ist an der Zeit und jeder muss jetzt dazu wirken, diese Epoche zu beschleunigen.[4]

Die Bereitschaft, sich auf fremde Literatur einzulassen, hat Goethe in seiner Auseinandersetzung mit der islamischen und chinesischen Literatur bewiesen; dessen ungeachtet bleibt sein Horizont jedoch verblüffend europäisch. An der zitierten Stelle heißt es weiter:

> Im Bedürfnis von etwas Musterhaftem müssen wir immer zu den alten Griechen zurückgehen, in deren Werken stets der schöne Mensch dargestellt ist. Alles Übrige müssen wir nur historisch betrachten und das Gute, so weit es gehen will, uns daraus aneignen.

Und in einem der Aphorismen, die »Wilhelm Meisters Wanderjahre« abschließen (»Aus Makariens Archiv«), heißt es noch deutlicher:

> Möge das Studium der griechischen und römischen Literatur immerfort die Basis höherer Bildung bleiben. – Chinesische, indische, ägyptische Altertümer sind immer nur Kuriositäten. Es ist sehr daran wohlgetan, sich und die Welt damit bekannt zu machen; zu sittlicher und ästhetischer Bildung aber werden sie uns wenig fruchten.[5]

Es versteht sich, dass Goethes und jedem verwandten Begriff von Weltliteratur damit enge Grenzen gesetzt sind, die aus Begeisterung dafür, dass sich der größte deutsche Dichter selbst kosmopolitisch gibt und für die Literatur der weiten Welt interessiert, nicht selten unterschlagen und kleingeredet werden. Dass die eigene literarische Tradition in Gestalt von Griechen und Römern höher geschätzt wird als eine fremde, ist nicht das Problem. Das Problem verbirgt sich im teleologischen, entwicklungsorientierten Horizont von Goethes Begriff der Weltliteratur, der damit nicht nur zur ideologischen Aufladung des Westens beiträgt, sondern im Endeffekt die eigene Literatur bedroht, wie Goethe geahnt hat: »Jetzt, da sich eine Weltliteratur einleitet, hat, genau besehen, der Deutsche am meisten zu verlieren; er wird wohltun dieser Warnung nachzudenken.«[6] Insofern der Begriff »Weltliteratur« eine wachsende Konvergenz der Literaturen voraussagt, wird bei diesem Prozess unweigerlich auch die deutsche Literatur als deutsche ihre Eigenständigkeit verlieren und fremde Literaturen nachahmen, vor allem die weiter verbreiteten englischen und französischen. Es versteht sich, dass von einer Tendenz, die sogar das Deutsche bedroht, weniger mächtige und moderne Literaturen, die schon für Goethe eher »Kuriositäten« sind, erst recht bedroht werden – die vielbeschworene Weltliteratur wäre ein Verlustgeschäft.

Vor diesem Hintergrund ist eine weitere Bemerkung Goethes auffällig: »Die Epoche der Weltliteratur ist an der Zeit und jeder muss jetzt dazu wirken, diese Epoche zu beschleunigen.« Die Vorstellung, Zeitläufe selbst bewirken, ja beschleunigen zu können (gleich zu welchem Preis und auf wessen Kosten), ist uns als eine spezifisch westliche bereits begegnet: Der Prognostiker der Weltliteratur behält recht, indem er selbst vorantreibt, was er voraussagt. Ferner beobachten wir am Begriff der Weltliteratur den Übergang von der zunächst wertneutralen, deskriptiven Aussage (Goethe stellt fest, *dass* die Epoche der Weltliteratur angebrochen ist) zur normativen Aussage (»jeder *muss* jetzt dazu wirken«[7]). Kein Wunder, dass sich Oswald Spengler, der die Figur des Prognostikers, der seine Prognose selbst ins Werk setzt, am klarsten formuliert hat, besonders gern und oft auf Goethe beruft.

Goethe sieht sich, seine Zeit, seine Epoche, seine Art des Umgangs mit Literatur an der Spitze einer zeitlichen Entwicklung, die sich für ihn nur erahnen lässt. Er konstatiert diese Epoche nicht nur, er kündigt sie auch an. Deshalb sind, mit Ausnahme der griechischen und römischen Literatur, für Goethe alle anderen Literaturen tendenziell bloß historische Phänomene, Kuriositäten der Vergangenheit. Die griechisch-römische Antike ragt für Goethe anders als die anderen Literaturen nicht nur deswegen heraus, weil sie das natürliche Vorbild für die europäischen Literaten darstellt, sondern weil sie somit die Vorläuferin derjenigen Literaturen ist, die für Goethe an der Spitze der weltliterarischen Entwicklung und damit an der Spitze *aller* Literaturen stehen. Weil die Antike Vorläuferin der weltliterarischen Avantgarde ist, welche, Zufall oder nicht, von Europa ausgeht, und weil diese Avantgarde sich auf diese Antike beruft, ist sie, anders als alle anderen Literaturen der Welt, nicht bloß historisch zu betrachten, sondern nach wie vor aktuell und vorbildhaft: Sie hat dieser Epoche, diesem Bewusstsein, dieser und der kommenden Literatur die Entstehungsgrundlage geliefert und bleibt damit auch weiterhin die zentrale Inspirationsquelle der Literatur der Welt, so die Aussage.

Im selben Moment also, wo das Fremde zumindest als Anregung zugelassen und gewürdigt wird (das »Gute daraus« wird »angeeignet«, das Schlechte, so die Implikation, verworfen; nur: Wer urteilt?), wird die eigene, westliche, europäische Perspektive als *ultima ratio temporis* festgeschrieben. Dieses Bewusstsein, oder sagen wir besser: diese Selbststilisierung im Sinne einer zeitlichen Avantgarde wäre nicht möglich ohne den für Goethe und seine Zeit so wichtigen, im Ausgang von Naturwissenschaft und Morphologie gewonnenen Begriff der Entwicklung, der uns in der Erörterung der Ideologie des Westens ebenfalls begegnet ist. Die »literarische Entwicklung«, so geläufig die Rede davon geworden ist[8], stellt aber nichts als eine Metapher dar, eine weitere problematische Übertragung aus dem Feld der

Natur in das der Kultur.[9] Goethe selbst benutzt die Metapher der literarischen Entwicklung meines Wissens nicht, aber der naturwissenschaftliche Entwicklungsbegriff liegt durchaus auch seiner Sicht auf die Literatur zugrunde. Diese Entwicklung hat ein Ziel und seit Goethe einen Namen: Weltliteratur.

Um zu erkennen, wie problematisch ein solcher Entwicklungsbegriff für die Literatur ist, sei eine Gegenposition angeführt. Nicht irgendeine, sondern die deutlichste, radikalste. Elias Canetti notiert:

> Stämme, die manchmal aus wenigen Hundert Menschen bestehen, haben uns einen Reichtum hinterlassen, den wir gewiss nicht verdienen, denn durch unsere Schuld sind sie ausgestorben oder sterben vor unseren Augen, die kaum hinsehen, noch aus. Ihre mythischen Erfahrungen haben sie sich bis zum Schluss erhalten und das Merkwürdige ist, dass es kaum etwas gibt, das uns mehr zustattenkommt, kaum etwas, das uns so sehr mit Hoffnung erfüllt wie eben diese frühen, unvergleichlichen Dichtungen von Menschen, die, von uns gejagt, übervorteilt und beraubt, in Elend und Bitterkeit zugrunde gegangen sind. Sie, die – für ihre bescheidene materielle Kultur von uns verachtet – blindlings und erbarmungslos ausgerottet wurden, haben uns ein geistiges Erbe hinterlassen, das unerschöpflich ist. Für seine Rettung darf man der Wissenschaft nicht dankbar genug sein; seine eigentliche Bewahrung, seine Auferstehung zu unserem Leben, ist Sache der Dichter.[10]

Diese Haltung lässt sich, wie wir sehen werden, bis auf Herder zurückverfolgen. Sie wird uns noch mehrfach begegnen. Canetti begründet sein Urteil mit seinen eigenen Erfahrungen bei der Lektüre des Gilgamesch-Epos, das erst im 19. Jahrhundert entdeckt wurde: »Kein Werk der Literatur, buchstäblich keines hat mein Leben so entscheidend bestimmt wie dieses Epos, das viertausend Jahre alt ist und bis vor hundert Jahren niemand bekannt war.«[11] Canetti schließt daraus, dass es ihm unmöglich ist, »das Corpus der überlieferten Dinge, die uns zur Nahrung dienen, als abgeschlossen zu betrachten, und selbst wenn es sich erweisen sollte, dass keine schriftlich fixierten Werke von ebensolcher Bedeutung nachkommen, so bleibt das enorme Reservoir des durch die Naturvölker mündlich Überlieferten«. Auch Canetti will also, wie Goethe, nationalliterarische Begriffe, Orientierungen, Wertungen überwinden. Allerdings bedeutet dies bei ihm keine Angleichung, keinen Entwicklungsprozess, sondern eine Erinnerung, Würdigung und dichterische Wiederbelebung (als »Sache der Dichter«) – und zwar desjenigen, was nach Goethe lediglich »kurios« ist. Genau dies ist der Punkt, wo Elias Canetti der Ideologie des Westens, hier in Gestalt ihres Literaturverständnisses, ein Literaturverständnis *jenseits des Westens* entgegenhält, auf das wir uns fürderhin berufen wollen.

Was nun aber Goethe betrifft, so ist die Weltliteratur, die er meint, gar keine Literatur der (ganzen; oder auch nur halben bekannten) Welt; sie ist *grosso modo* nicht mehr als die Menge der europäischen Literaturen in den großen europäischen Literatursprachen, umkreist von Satelliten in Gestalt einiger weniger anderer bedeutender Sprachen wie dem Arabischen, Persischen und Chinesischen. Die Überwindung der vermeintlichen Nationalliteratur, die durch den Begriff der Weltliteratur angekündigt wird, entpuppt sich als Augenwischerei, ist doch das Konzept der Nationalliteratur, jedenfalls im emphatischen Sinn, selbst erst eine Erfindung der Goethezeit! Die Überwindung dieses engen, gerade erst entstandenen Konzepts kann schlechterdings nicht als Literatur der Welt, geschweige denn als Kosmopolitismus gelten, wie Marx und Engels es später im »Kommunistischen Manifest« deuten (siehe unten).

Vor dem Hintergrund des im 19. Jahrhundert aufziehenden Nationalismus war Goethe damit zwar seiner Zeit voraus, wirkt seine Haltung kosmopolitisch und progressiv. Kann sie aber heute noch wegweisend sein? Gerade auch Goethes Bild der von ihm geschätzten persischen oder chinesischen Literatur leidet unter der westlichen Projektion, es handle sich dabei um »nationale« Literaturen, die mithin ebenso zu überwinden wären wie die einzelnen nationalen europäischen, welche freilich noch dabei waren, sich herauszubilden: Die Italiener, Spanier, Engländer, Franzosen waren in der nationalliterarischen Entwicklung vorausgegangen, die Deutschen zogen bereits nach, die Osteuropäer folgten im Lauf des 19. Jahrhunderts.

Mag Hafis (ca. 1320–1390), mit dem sich Goethe in seinem »West-östlichen Divan« in einen imaginären Dialog begibt, heute als ein iranischer

Nationaldichter gelten und verehrt werden; zu seiner oder zu Goethes Zeit war er zwar der berühmteste Dichter seiner Sprache – aber kein Dichter einer Nation! Es gab keine chinesische oder persische (iranische) Nation im heutigen oder damaligen nationalstaatlichen Sinn. Wer dies behauptet, wie es zum Beispiel nationalistisch gesinnte Iraner gern tun, projiziert den heutigen, modernen Begriff von Nation und Staat zurück in eine Zeit, wo dergleichen weder existierte noch abzusehen war.

Vielmehr war die Dichtung von Hafis und im Stil von Hafis selbst zum höchsten Ausdruck einer transnationalen und in diesem Sinn kosmopolitischen Kultur geworden, die noch zu Goethes Zeit in höchster Blüte stand – Weltliteratur par excellence. Diese persischsprachige Kunstpoesie gedieh in Bosnien genauso wie viele tausend Kilometer weiter östlich am Hof von Delhi, wo noch 1858 der von den Briten abgesetzte letzte Großmogul in seinem goldenen Käfig seine Zeit mit dem Verfassen klassischer persischer Verse verbrachte. Von Sarajevo bis Delhi galt mithin eine Literatursprache, eine Dichtungsweise, eine Tradition und verband die unterschiedlichsten »Völker« (das heißt die Gebildeten unter ihnen), ganz so wie einst das Mittellateinische die Gebildeten Europas verband. Statt dies zu erkennen, begreift Goethe etwa die serbische Volkspoesie als Ausdruck dafür, dass auch in »rohen« Völkern die Poesie gedeihen kann:

> Auffallend musste […] sein, dass ein halbrohes Volk [gemeint sind die Serben] mit dem durchgeübtesten [gemeint sind die Franzosen] gerade auf der Stufe der leichtfertigsten Lyrik zusammentrifft, wodurch wir uns abermals überzeugen, dass es eine allgemeine Weltpoesie gebe und sich nach Umständen hervortue; weder Gehalt noch Form braucht überliefert zu werden, überall wo die Sonne hinscheint, ist ihre Entwicklung gewiss.[12]

Goethe deutet diese Entwicklung in Serbien im Geist seiner Zeit als »natürliche«. Die Poesie wächst, analog zu den Pflanzen, »überall wo die Sonne hinscheint« – deutlicher lässt sich der Vergleich von literarischer und biologischer Entwicklung kaum formulieren. Damit ist klar, dass Goethe nicht wusste oder wahrhaben wollte, dass am selben Ort, zur selben Zeit eine der formal »durchgeübtesten« Kunstpoesien der Welt gedieh, und zwar ausgerechnet eine, welche die Sprache, die Ausdrucksweisen und das kulturelle Umfeld mit dem von Goethe geschätzten Hafis teilte. In Bosnien, also einem zentralen Siedlungsgebiet auch der Serben, war noch zu Goethes Zeiten eine auf Hafis zurückgehende Tradition mystischer Dichtung in persischer Sprache lebendig[13], und es ist sehr unwahrscheinlich, dass diese Poesie spurlos an den serbischen Volksdichtern vorbeiging. Den Nationalismus, den Goethe beklagte, hatte die islamische Welt schon überwunden beziehungsweise, da es ihn dort nicht gab, nie überwinden müssen; überwinden muss sie ihn heute, nachdem sie ihn aus Europa importiert oder sich von den Europäern hat aufdrängen lassen, zumeist gegen die eigenen Wünsche und Vorstellungen, wie etwa im Fall der Neuordnung des Nahen Ostens nach dem Ersten Weltkrieg.

Die Literatur ist ein vergleichsweise unschuldiges Beispiel für die im westlichen Denken verankerte Vorstellung von Teleologie und Entwicklung, mit welcher zugleich ein Führungsanspruch in der Welt begründet wird. Spätestens mit dem »Kommunistischen Manifest« verliert der Begriff der Weltliteratur jedoch seine Unschuld. Sie wird bei Marx und Engels zur Illustration, wenn nicht zum Maßstab für die vom Bürgertum ausgehenden »kosmopolitischen« Kräfte des Wandels:

> Die Bourgeoisie hat durch ihre Exploitation des Weltmarktes die Produktion und Konsumtion aller Länder kosmopolitisch gestaltet. Sie hat zum großen Bedauern der Reaktionäre den nationalen Boden der Industrie unter den Füßen weggezogen. Die uralten nationalen Industrien sind vernichtet worden und werden noch täglich vernichtet. [...] An die Stelle der alten lokalen und nationalen Selbstgenügsamkeit und Abgeschlossenheit tritt ein allseitiger Verkehr, eine allseitige Abhängigkeit der Nationen voneinander. Und wie in der materiellen, so auch in der geistigen Produktion. Die geistigen Erzeugnisse der einzelnen Nationen werden Gemeingut. Die nationale Einseitigkeit und Beschränktheit wird mehr und mehr unmöglich, und aus den vielen nationalen und lokalen Literaturen bildet sich eine Weltliteratur.[14]

Der Kosmopolitismus der Bourgeoisie ist hier primär eine zerstörerische Kraft, und zwar vor allem durch ihren hegemonialen, alles »gestalten« wollenden Charakter, den wir im Begriff der Weltliteratur nur verschleiert wahrgenommen haben. Die »uralten nationalen Industrien« entsprechen den Nationalliteraturen bei Goethe (»National-Literatur will nicht mehr viel sagen«). Materielle und geistige Produktion gehen parallel. So verwandelt sich die »Weltliteratur« in einen Indikator für ökonomische und gesellschaftliche Prozesse, die sich nicht so leicht »lesen« lassen wie Literatur. Wird »Weltliteratur« aber dergestalt als Vorzeichen verstanden, ist der auf die Welt ausgreifende Eurozentrismus schon in ihr vorausgesetzt, eingepreist. Instinktiv lesen Marx und Engels den Begriff richtig, nämlich in seinem problematischsten Aspekt, seiner hegemonialen Entwicklungslogik. Wenn es Weltliteratur in dem von Goethe konstatierten Sinn gibt (wobei dahingestellt bleibe, wie Goethe selbst diese Entwicklung bewertet hätte), so ist ihr vordergründiger Kosmopolitismus ganz wie derjenige der Bourgeoisie nichts als die machtpolitisch durchgesetzte Universalisierung, sprich Globalisierung, der eigenen geistigen *und* ökonomischen Konzepte.

Rechnet man diese Parallelität von Literatur und Ökonomie in die Zukunft (von Marx aus gesehen) hoch, das heißt in unser aller Gegenwart, müsste die Vereinheitlichung der Literatur derjenigen des Weltmarktes heute entsprechen. Verhält es sich so? Zwar ist in bestimmten Bereichen eine Globalisierung von Literatur festzustellen, etwa in Gestalt eines globalen Buchmarktes, globaler Autorschaft, globaler Auszeichnungen wie etwa dem Literaturnobelpreis und global agierenden Literaturagenturen. Dennoch ist die Literatur in praktisch allen Sprachen ungleich vielfältiger als das, was daraus auf dem globalisierten Buchmarkt einer breiten Öffentlichkeit als *die* Weltliteratur erscheint. Die Behauptung, die Literatur vereinheitliche sich, und man wisse schon, was (Welt-)Literatur heute meint, wenn man ein paar internationale Autoren kennt, zeugt entweder von Arroganz oder von Ignoranz. Goethes Wort hat sich umgekehrt: Wer *nur* sieht, was als Weltliteratur gilt oder solche zu sein vorgibt, bezeugt »diesen pedantischen Dünkel«.

Vor diesem Hintergrund könnte es geraten sein, auf den verschlissenen Begriff der Weltliteratur ganz zu verzichten, wie es etwa die amerikanische Literaturwissenschaftlerin Emily Apter in ihrem Buch mit dem programmatischen Titel »Against World Literature. On the Politics of Untranslatability« vorschlägt. Dahinter steht die Absicht, Weltliteratur anders, breiter, weniger hegemonial und ausschließend zu denken, als es seit Goethe getan wurde. Diese Haltung beruht nicht zuletzt auf der Erkenntnis, dass nicht alles übersetzbar ist und dass es womöglich sogar gut ist, dass es dies nicht ist. Gerade das Unübersetzbare bewahrt Sichtweisen auf, die in den Sprachen, in denen »Weltliteratur« heute erscheint, oft verlorengehen, wie etwa die französische Philosophin Barbara Cassin in ihrem »Wörterbuch der unübersetzbaren Begriffe« aufzeigt.[15] Weltliteratur im hergebrachten Sinn erscheint vor diesem Hintergrund nicht als Auszeichnungsmerkmal, sondern als Verlustgeschichte.

Im Rahmen des globalen, kapitalorientierten Buchmarktes erweisen sich Selbstbeschränkung, wenn nicht erfolgsorientierte Selbstzensur als Voraussetzung dessen, was noch als Weltliteratur durchkommt: »Das gründlich durchkapitalisierte System der Literatur der Welt geht davon aus, dass die Autoren kommerzielle Werte verinnerlichen.«[16] Dasselbe Phänomen ließe sich auch ohne den Fingerzeig auf den Kapitalismus formulieren. Es ist mit jeder Ausrichtung von Literatur – und nicht nur dieser – an äußeren Zielen, Erfolgen, Wertmaßstäben gegeben, sagt Elias Canetti: »Die Absicht auf Erfolg wie der Erfolg selber haben eine *verengende* Wirkung. Der Zielbewusste auf seinem Weg findet das meiste, was seiner Erreichung nicht dient, als Ballast. […] Die Position ist alles, sie ist von außen bestimmt, es ist nicht er, der sie erschafft, an ihrer Entstehung hat er keinen Anteil.«[17]

Einer solchen Haltung gegenüber der Literatur stellt Apter eine Vielzahl von Ansätzen, Ideen, Theorien und begrifflichen Neuprägungen entgegen, die in den letzten Jahren gegen diese Vereinheitlichungstendenzen entwickelt worden sind. Gemeint ist natürlich kein Rückfall in Nationalliteraturen, kein Verzicht auf Übersetzungen, kein Rückzug auf das Partikulare und je Eigene, sondern Vergleich und Abgleich, die Synopsis von Literaturen und Sprachen, ihre wechselseitige Erhellung gerade durch das, was an ihnen unübersetzbar, unvergleichbar, nicht vermittelbar ist. Es ginge also darum, das Bewusstseins für den Mehrwert jeder einzelnen, speziellen Sprache zu schärfen; ein Mehrwert, der aber natürlich nicht an sich – das wäre der Dünkel, vor dem schon Goethe warnte –, sondern eben erst im Vergleich und in der Auseinandersetzung mit den anderen sich zeigt. Was unübersetzbar ist, enthüllt sich als solches erst, wenn man versucht, es zu übersetzen. Es erweist sich nie an und für sich in der Sprache, in der es verfasst wurde.

So gesehen ist Übersetzung immer nötig. Nur mit ihrer Hilfe wird das je Spezifische an Sprachen und Literaturen sichtbar und kann als solches geschätzt werden, nicht zuletzt wenn und weil es sich als kaum übersetzbar entpuppt. Das erschiene als eine reichlich banale Erkenntnis, wäre sie nicht verlorengegangen – was umso bedauerlicher ist, als das zugrunde liegende Prinzip keineswegs nur eines ist, das Sprache, Literatur und Übersetzung betrifft:

> Im Falle jener Kulturen, die wir »archaische« genannt haben, ist im Gegensatz zu unserer eigenen Kultur ein weitaus deutlicheres Bewusstsein davon vorhanden, dass wir nur das *sein* können, was wir sind, wenn wir zur gleichen Zeit das sind, was wir *nicht* sind, dass wir nur dann wissen können, wer wir sind, wenn wir unsere Grenzen erfahren und damit überschritten haben, wie es etwa Hegel ausdrücken würde.[18]

Es wäre also äußerst töricht, auf jeden Versuch hin zu einer Weltliteratur im Sinn einer globalen Lesbarkeit zu verzichten, auf den Wunsch zu verzichten, das Fremde zu lesen und zu erkunden. Man würde sich nicht nur der Möglichkeit des Vergleichs und der Unterscheidung berauben und damit der Selbsterkenntnis, sondern auch der Möglichkeit der Überschreitung des (womöglich ohnedies nur eingebildeten) Selbst und der Begründung von Gemeinsamkeiten.

Ein Beispiel: Die kurdische Literatur ist auf dem internationalen Buchmarkt nach den vorherrschenden Kriterien von Weltliteratur nahezu chancenlos. Wenn die Kurden überhaupt eine Stimme haben wollen, müssen sie in der Regel in »größeren« Sprachen schreiben (wobei »größer« hier eigentlich nur heißt, in Sprachen, die von anerkannten Nationalstaaten gefördert werden), Türkisch oder Arabisch etwa, entsprechend den Sprachen der Staatsgebiete, in denen sie zu Hause sind, und die schon für sich Sprachen sind, die sich ebenfalls auf dem internationalen Buchmarkt schwertun, sodass diejenigen türkischen oder arabischen Autoren, die auf Französisch, Englisch oder Deutsch schreiben können, selbst lieber in diesen Sprachen schreiben. Ebendies ist die Folge der Epoche der Weltliteratur, wie Goethe sie verstand. Wenn aber, wie Goethe befürchtete, das Deutsche schon dabei zu verlieren hatte, wie erst das Arabische, Türkische; und wie dann erst das Kurdische!

Dazu kommt: Die Kurden haben keinen Staat, durften in den Staaten, in denen sie lebten – vor allem Türkei, Syrien, Iran, Irak –, ihre Sprache lange Zeit nicht pflegen, sie war zeitweise sogar verboten. Zahlreiche Kriege, Bürgerkriege, Massaker, teilweise mit Giftgas, und politische Verfolgungen haben die Kurdengebiete heimgesucht. Überdies zerfällt Kurdisch in zwei deutlich verschiedene Dialekte, von denen einer, das Kurmandschi, die lateinische Schrift, der andere, östliche, das Sorani, in Nordirak und Iran gesprochen, die arabische Schrift verwendet. Als Sprache für moderne Literatur existiert das Kurdische erst seit den zwanziger Jahren des 20. Jahrhunderts. Literaturübersetzer aus dem Kurdischen ins Deutsche gibt es praktisch keine (in anderen europäischen Sprachen sieht die Situation nicht besser aus). Sorani hat zirka zwölf Millionen Sprecher, die Bildungslage ist prekär: Die Bedingungen für Autoren, die auf Sorani schreiben, sind mithin dermaßen schlecht, dass man sich wundern muss, dass es überhaupt eine Sorani-Literatur gibt. Angesichts dieser Ausgangslage Zugang zum internationalen Buchmarkt zu bekommen ist nahezu unmöglich.

Als ich 2014 anlässlich einer Konferenz in Sulaimaniyya weile, der zweitgrößten Stadt von Irakisch-Kurdistan, frage ich kurdische Freunde, ob sie mir eine Buchhandlung zeigen können. Sie führen mich in eine unterirdische Ladenpassage, wo es Papierwaren und antiquarische Bücher in allen Sprachen gibt, vor allem auf Arabisch, Persisch, Kurdisch, Englisch und Französisch, auch ein paar deutsche Bücher sind darunter. Ein Laden wirkt sehr ordentlich, er hat nur Neuware, das meiste auf Sorani. Ich wundere mich ein wenig, wie lebendig das Verlagswesen doch zu sein scheint, wenn solch ein Laden sich halten kann. Auf einer Theke steht eine solide Kassette, eine zwölfbändige Gesamtausgabe gebundener Bücher: Es handle sich, sagen mir meine Freunde, um die Romane von Bachtyar Ali, dem bekanntesten Romanautor der Region. Er lebe in Deutschland und sei, obwohl in keine westliche Sprache übersetzt, so erfolgreich, dass er von den Honoraren für seine in Kurdistan verkauften Bücher gut im Exil leben könne.

Ein Deutsch-Kurde unter meinen Begleitern hat aus Begeisterung einen der Romane übersetzt. Die deutsche Fassung ist gut genug, um zu vermitteln, dass es sich um einen großen Autor handelt. Zwei Jahre später erscheint das erste Buch von Bachtyar Ali auf Deutsch, auch dies eine Übersetzung eines begeisterten, in Österreich lebenden kurdischen Lesers und einer Mitstreiterin.[19] Ein weiteres Jahr später, 2017, erscheint auch die von einem erfahrenen deutschen Lektor überarbeitete Version derjenigen Übersetzung, die ich in Sulaimaniyya zu lesen bekommen hatte.[20] Gleichzeitig wird eine auf ähnliche Weise zustande gekommene englische Übersetzung eines anderen Romans von Bachtyar Ali publiziert.[21]

Die Mechanismen der Weltliteratur, die Apter zu Recht kritisiert und die Goethe kommen sah, die er aber in Kauf zu nehmen bereit war, also die Konzentration der dann so genannten Weltliteratur auf große Sprachen, Weltsprachen, ihre Vereinheitlichung, Kommerzialisierung, Verwestlichung – all das ist in diesem Fall mit relativ einfachen Mitteln überwunden worden, mit Hilfe der bloßen Fähigkeit der Literatur, ihre Leser, in diesem Fall die kurdischen, zu begeistern und in ihnen das Bedürfnis zu wecken, ihre Begeisterung weiterzugeben: weil es ihre Geschichte ist, weil sich darin ihr Weltgefühl ausdrückt, weil ihre Erfahrungen und Sichtweisen darin auf exemplarische Weise ausgedrückt werden; weil ihre Geschichte, wenn niemand diese Bücher übersetzt, ungehört bliebe; und weil sie ahnen, dass ihre Erfahrung, ihre Leidensgeschichte, ihre Passion nicht nur ihre ist, sondern der ganzen Welt gehört und von ihr gehört werden soll.

Erst durch solche unvorhergesehenen, nicht steuerbaren Verfahren aber kommt die Welt in ihrer tatsächlichen Breite als innerer und äußerer Schauplatz in die Weltliteratur. Wir begreifen beim Lesen der Romane von Bachtyar Ali zweierlei: So dermaßen fremd und unverständlich ist das bis dahin Unbekannte und vermeintlich Fremde gar nicht, weder was den Inhalt betrifft, noch die Form oder den Schreibstil – sogar Romane auf Sorani sind versierte moderne Literatur. Als junger Mann ist Bachtyar Ali mit einem Freund auf Schmugglerwegen und unter Lebensgefahr durch Gebiete gereist, die von drei Fraktionen – Kurden, Irakern, Iranern – umkämpft waren, um in Teheran – nur dort gab es sie – internationale Literatur in persischer Übersetzung zu erstehen.[22] Die beiden sind heil und mit vielen Büchern im Gepäck zurückgekehrt. Aber der Freund wurde später bei einer Hausdurchsuchung verhaftet, weil man verbotene Bücher bei ihm fand: die aus Teheran. Bachtyar Ali sah ihn nie wieder.

Die Welt, die hier überhaupt erst in die Weltliteratur hineinkommt, ist von einer Gewalt geprägt, die die Vorstellungskraft selbst hartgesottener Nachrichtenkonsumenten sprengt. Dennoch erscheint sie humaner und barmherziger als je in den abendländischen Literaturen. Aus Bachtyar Alis Romanen spricht eine nach wie vor lebendige, mystische Tradition, eine Mystik der Immanenz oder, anders gesagt, einer Transzendenz, die ohne Dogma, Bekenntnis, Glauben, etablierte Religion und kodifizierten Gottesbezug auskommt. Diese Mystik wird in den Romanen nicht explizit, geschweige denn theoretisch ausgeführt. Aber sie lebt in den Figuren und in der Erzählhaltung, wird beim Lesen erfahrbar.

Den gedanklichen Hintergrund dieser Weltsicht hat Bachtyar Ali in einem philosophischen Essay über die Erfahrung des Flüchtlings erläutert.[23] Er greift darin Motive auf, die uns an Hannah Arendt und ihre Analyse des Phänomens der Staatenlosen in der Zwischenkriegszeit in ihrem Buch über die »Elemente und Ursprünge totaler Herrschaft« erinnern. Bachtyar Ali weist darauf hin, dass, entgegen einem weitverbreiteten Vorurteil, der Westen oder Europa für den Flüchtling keineswegs ein ungebrochener Sehnsuchtsort ist, in welchem, wenn man dorthin gelangt ist und bleiben darf, die Hoffnungen sich erfüllen, das Gefühl von Heimat und Ankunft sich einstellt.

> Es gibt in der Imagination des Flüchtenden keinen »paradiesischen Westen«. Denn die Erzählung von einem Garten Eden, der den Flüchtenden auf der anderen Seite erwartet, entspringt einem rein westlich konstruierten Migrationsnarrativ. Dem Flüchtenden geht es darum, den unpolitischen Charakter des Raums wiederherzustellen, ihn wieder zu einem Ort zu machen, der noch keiner Polarisierung unterworfen ist. […] Er wandert aus, um nach einem verschwundenen Territorium zu suchen. Die Flucht ist ein zum Scheitern verurteiltes Unterfangen, doch ist sie

gleichzeitig auch ein Versuch, die Welt wieder als ein öffentliches Gut zu definieren, auf das alle Geschöpfe Anrecht haben.[24]

In Wahrheit ist die Heimat immer schon eine verlorene, im emphatischen Sinn unerfüllte, jedenfalls für die Flüchtlinge, die ähnliche Erfahrungen wie Bachtyar Ali und seine Landsleute gemacht haben: massive Verfolgung durch Saddam Hussein, Giftgasangriffe, innerkurdische Fraktionskriege, Vertreibungen, Guerillakampf, der Krieg gegen den IS und der Kampf um die kurdische Unabhängigkeit. Aufgrund dieser und ähnlicher Erfahrungen ist dem Flüchtling – wenn nicht dem Menschen überhaupt – die Heimatlosigkeit unauslöschlich ins Gedächtnis eingeschrieben. Er nimmt sie in Gestalt eines existenziellen »Schreckens« mit ins Exil. Dieser innere Heimatverlust ist unaufhebbar und lässt sich durch keine Integration auffangen, wiedergutmachen; er lässt sich allenfalls verschleiern, übertünchen, verleugnen oder verdrängen. Sich nicht zu integrieren hält den Schrecken auf eine schöpferische Art und Weise aufrecht:

> Wer sich nicht integriert, ist deshalb noch nicht gleich ein passives, isoliertes Wesen, eine kulturell und sprachlich entfremdete Kreatur. Vielmehr lässt sich dadurch jener schöpferische Schrecken aufrechterhalten, der den ewigen »Werdeprozess« nach sich zieht. Ganz im Sinne der Aufforderung Nietzsches, »gefährlich zu leben«. Gefahr steht hier für Veränderung, Weiterentwicklung. Aus dem Migranten soll ein wahrhaftiger »Nomade« im Deleuze'schen Sinne werden, einer, der nicht nur geografische Räume durchquert, sondern Deleuze'sche »Fluchtlinien« und neue Freiräume stiftet. Dem also die Aufgabe zukommt, die Semantik des Raums zu erweitern und den statischen Strukturen innerhalb der gesellschaftlichen Ordnung neue Wendeschleifen hinzuzufügen. Im Zustand des Schreckens lebt es sich anders als im Zustand der Sicherheit. Der Fürchtende erliegt nicht so schnell der Versuchung, auf die Leichtigkeit des Ortes, auf oberflächliche Prosperität zu vertrauen, sondern betritt in kultureller Hinsicht Neuland. Seine Existenz ist also von anthropologischer Bedeutung, ist er doch einer, der aufgehört hat, Orientale oder Abendländer zu sein. Er ist vielmehr eine Art Zukunftsdetektor, der

> Wegbereiter eines Menschentypus, der sich nicht in die existierenden Gussformen einpassen lässt.[25]

Der Flüchtling, gerade wenn und weil er sich nicht ohne weiteres integrieren lässt, wird in einer Umkehrung der geläufigen westlichen Vorstellungen nun selber zum Vorläufer eines neuen Menschentypus, einer weltgeschichtlichen Avantgarde. Er unterwirft sich nicht dem Reglement, das die gegenwärtige Weltordnung dem Menschen vorgibt, sondern stellt ein Wesen dar,

> das nicht einfach nur gegen die politische Situation im Orient mit seinen Identitätskonflikten, sondern auch gegen die Logik der europäischen Moderne rebelliert, indem es aufoktroyierte Kategorisierungssysteme, Mechanismen der pragmatischen Unterteilung und rein opportunistische Maßstäbe an den Begriff der gesellschaftlichen Integration ablehnt.[26]

Die nationalstaatliche Ordnung der Welt stiftet nach Bachtyar Ali nicht nur keine Heimat, sie nimmt dem Menschen überhaupt die Möglichkeit, sich auf Erden heimisch zu fühlen. Während sie Heimat stiften soll, macht sie ihn heimatlos – ein Paradox, welches auch ohne Flucht erlebt werden kann: zu Hause. Der Jurist und Schriftsteller Bernhard Schlink schildert in einem Essay mit dem Titel »Heimat als Utopie« eine solche Erfahrung am Beispiel der Ostdeutschen, die sich nach dem Systemwechsel von 1990 im eigenen Land nicht mehr zu Hause fühlten. Im Exil im eigenen Land sieht er das Inbild der Entfremdung an sich. Das Exil wird damit von einer konkreten Situation zu einer existenziellen Metapher. Schlink schreibt:

> Das Exil ist eine Metapher, und die Frage, wo die zum Exil gehörige Heimat ist, geht […] fehl. […] Exil ist eine Metapher für die Erfahrung der Entfremdung, die so existenziell und universell ist, dass sie keinen Ort braucht und auch keine Heimat als Gegenort.[27]

Der Schrecken, der bei Bachtyar Ali noch sehr konkret ist, erscheint bei Bernhard Schlink als Entfremdungserfahrung der Moderne schlechthin.[28] Da sich, schließt Schlink, »die alten menschheitserlösenden Ideologien […]

verbraucht haben«, wird »die nächste Generation von Ideologien [...] eher auf die nationale, ethnische oder religiöse Heimat bezogen sein«.[29] Von heute aus betrachtet scheint Schlink recht behalten zu haben. Nationalistische, religiöse und ethnische Heils- und Heimatversprechen haben Hochkonjunktur. Mit Bezug auf *nationale* Erlösungsvorstellungen trifft seine Feststellung jedoch nur auf den Westen und vielleicht Russland zu, wo allein diese noch glaubwürdig vertreten werden können. In den meisten anderen Weltgegenden und zumal den ehemals kolonisierten oder von den europäischen Kolonialmächten gegründeten Staaten hat die nationalstaatliche Ordnung ihre Versprechen nicht halten können, ja die Lage der Menschen verschlimmert – was wiederum Bachtyar Alis Skepsis gegen den Staat motiviert.

Aus diesem Grund sind außerhalb des Westens die universalistischen, auf nationalstaatlich-ethnische Vorstellungen von Heimat und Nation verzichtenden Ordnungsmodelle nach wie vor populär oder wieder im Kommen. Dies äußert sich in den Fluchtbewegungen ebenso wie in der Renaissance der Religion, besonders des Islams, der zwar eine religiöse, das heißt ideologische Heimat bietet, aber eben keine ortsbezogene, wie Schlink sie kommen gesehen hat. Religion im Sinn von ortsbezogener Heimat statt ortlosem Universalismus finden wir in reiner Ausprägung nur in Israel. Islam, Christentum, Buddhismus, Taoismus, selbst Hinduismus verstehen sich der Tendenz nach eher universalistisch und ortlos.

Dieses Konzept der Ortlosigkeit ermöglicht es einer Terrororganisation wie dem »Islamischen Staat«, für alle Muslime zu sprechen und als ihr Staat gelten zu wollen. Und es ermöglicht denjenigen, die dies möchten, diesen – ohnedies vornehmlich virtuellen – Staat als den ihren anzunehmen, obwohl er an einem ganz anderen Ort beheimatet ist als sie. So furchtbare Auswirkungen dies im Fall des islamischen Terrorstaates hat, verfügt doch die dahinterstehende Idee, nämlich eine (virtuelle) Ordnungsmacht für all jene zu bilden, die sich dazu bekennen, gleich wo sie sind, über beträchtliches utopisches Potenzial. Ein virtueller Staat nicht als Terrororganisation, sondern als Schutzmacht, als Garant eines rechtlichen Minimums durch die Bereitstellung dafür nötiger menschlicher und finanzieller Ressourcen, die Etablierung eines Unterstützernetzwerks im humanitären, nicht im terroristischen Sinne, ist dabei nicht einmal eine unrealistische, utopische Idee, sondern wird in gewissem Sinne bereits praktiziert, wenngleich oft nur in speziellen Milieus, etwa dem Kunst- und Literaturbetrieb, wo mit Hilfe von Künstlerresidenzen und Veranstaltungen Visa und Einreiseerlaubnisse generiert werden, mit Hilfe von Stipendien eine Grundsicherung gewährleistet wird und sich ein europaweites Unterstützernetzwerk aus den unterschiedlichsten Institutionen und Individuen herauskristallisiert hat.[30] Ähnliches gilt für weltweit agierende Stiftungen.

Die Ausbildung parastaatlicher Strukturen, gespeist aus einem Ethos, das über festgeschriebenen nationalstaatlichen Gesetzen steht, dürfte die einzige gewaltfreie Art und Weise sein, um die Problematik der nationalstaatlichen Weltordnung zu unterlaufen. Sie ist entsprechend in vollem Gang. Wir neigen jedoch dazu, bloß die negativen Seiten dieser Entwicklung herauszustellen, weil wir im nationalstaatlichen Paradigma befangen sind und alles, was dieses unterläuft, als Bedrohung empfinden. Wenn mit Blick auf die Entscheidung der Bundesregierung im Herbst 2015, die Grenzen für Flüchtlinge zu öffnen, in konservativen und rechten Kreisen gern von Staatsversagen die Rede ist, so mag diese Beschreibung für ein bestimmtes, ein wenig in die Jahre gekommenes Verständnis von Staat vielleicht zutreffen.

Sie verkennt aber, dass gerade dieses Staatsversagen, nämlich die Aufhebung der Grenzen als der Grundbedingung des nationalstaatlichen Ordnungsprinzips, ein Stück Zukunft vorweggenommen hat und die früher oder später anstehende, teilweise bereits in vollem Gang befindliche Auflösung der gegenwärtigen Ordnung antizipiert hat. Man könnte mit Bezug auf die deutsche, wenn nicht jede Geschichte jedes Staates auf die Idee kommen, dass die größten, schönsten, befreiendsten Momente mit dem Versagen und dem Zusammenbruch dieser Ordnung zusammenfallen. Das trifft auf das Jahr 2015 genauso zu wie auf das Jahr 1989, auf den November 1918 ebenso wie auf den Mai 1945. Es trifft auf die meisten Revolutionen und Kapitulationen zu, sofern es nur gelungen ist, sie in eine friedliche neue Ordnung zu überführen.

Angesichts dieser Herausforderungen nimmt Schlink eine für unsere Zwecke wegweisende Umdeutung des Heimatbegriffs vor. Heimat ist nach Schlink kein naturgegebenes, selbstverständliches Recht, auf das man Anspruch erheben kann, wie es der Nationalismus nahelegt. Vielmehr stellt das Recht selbst die Heimat dar. Einfacher gesagt: Nicht die Heimat ist ein Recht, sondern das Recht ist eine Heimat. Denn »die eigentliche, die letzte, die zerstörerischste Heimatlosigkeit« ist laut Schlink die Rechtlosigkeit als solche.[31] Heimat »beginnt« daher nach Schlink »mit der Anerkennung der Zugehörigkeit zu einer politischen Gemeinschaft, [...] die vor Staatenlosigkeit, zielloser Flucht und Vertreibung, Internierungs- und Konzentrationslagern schützt«.[32] Dies ist mit Bezug auf Hannah Arendt und ihre Schilderung der Problematik der Staatenlosigkeit in ihrem Buch »Elemente und Ursprünge totaler Herrschaft« gesagt.

Die These Schlinks, dass nicht die Heimat ein Recht ist, sondern das Recht eine Heimat, verstanden in dem Sinne, dass eine rechtlich gesicherte Situation Heimat stiften und die wesentliche Funktion von Heimat erfüllen kann – wenn nicht emotional, so doch existenziell, indem sie die Existenz erst erlaubt und ermöglicht –, löst den Begriff der Heimat aus seinem geografischen, konkreten Bezug und verortet ihn, wie Schlink schreibt, in »einer politisch anerkannten Gemeinschaft«.

Was aber, wenn diese Gemeinschaft politisch nicht mehr anerkannt wird, man daraus ausgestoßen wird oder aus ihr fliehen muss oder möchte, ohne dass man schon eine andere anerkannte Gemeinschaft hat, wie es doch oft geschieht und wie es Hannah Arendt oder Bachtyar Ali beschreiben? Die Formulierung des »Rechts auf Rechte« bei Hannah Arendt scheint diese Frage zu berücksichtigen. Laut Arendt handelt es sich dabei um das »Recht jedes Menschen, zur Menschheit zu gehören«.[33] Die »politisch anerkannte Gemeinschaft«, die Schlink voraussetzt (welche aber unweigerlich die Frage aufwirft, wer sie konstituiert und anerkennt), wird bei Hannah Arendt also – dies der entscheidende Schachzug – durch »die Menschheit« ersetzt. Es ist die Zugehörigkeit zur Gemeinschaft der Menschheit, welche nach Arendt das grundsätzlichste Recht des Menschen, nämlich das Recht auf Rechte, verleiht.

Bedarf dieses Recht aber nicht auch einer Anerkennung? Wer die Menschheit nicht als integrale Gemeinschaft anerkennt, wird auch kein Recht auf Rechte zugestehen. Das bedeutet im Umkehrschluss: Wer kein Recht auf Rechte zugesteht, erkennt auch die Menschheit als Gemeinschaft nicht an. Er unterscheidet zwischen denen, die dieses grundlegende Recht haben, und denjenigen, die es nicht haben, also keinerlei Rechte haben, Outlaws, Vogelfreie, Sklaven, Indianer; oder diejenigen, die Hannah Arendt vor allem meinte, die Staatenlosen.

In dem Moment, wo jemand des Rechts auf Rechte beraubt wird, zum Beispiel indem man ihn oder sie zum Abschuss freigibt – sei es durch eine Drohne, sei es durch einen Selbstmordattentäter, die Begründung ist einerlei –, wird die Gemeinschaft der Menschheit aufgehoben, nicht mehr anerkannt. So jedenfalls lässt sich ein alter jüdischer Rechtsgrundsatz deuten, der später vom Koran übernommen worden ist. In der Fassung des Jerusalemer Talmuds lautet er: »Wer auch immer eine Seele zerstört, so wird dies betrachtet, als ob er die ganze Welt zerstören würde. Und wer auch immer ein Leben rettet, so wird dies betrachtet, als hätte er die ganze Welt gerettet.«[34] Die koranische Version findet sich in Sure fünf, Vers 32 und lautet in der Interlinearübersetzung von Rudi Paret:

> Aus diesem Grund (d. h. aufgrund dieses [zuvor geschilderten] Brudermords [Kain und Abel]) haben wir den Kindern Israels vorgeschrieben, dass, wenn einer jemanden tötet, (und zwar) nicht (etwa zur Rache) für jemand (anderes, der von diesem getötet worden ist) oder (zur Strafe für) Unheil (das er) auf der Erde (angerichtet) hat, es so sein soll, als ob er die Menschen alle getötet hätte.[35]

Die vordergründige (hyperbolische) Lesart, dass die Ermordung eines Menschen so schlimm ist, als würde die ganze Menschheit oder die ganze Welt vernichtet, verschleiert den tieferen, nämlich metaphorischen Sinn. Erst wenn wir diesen bedenken, tut sich der Horizont auf, der auch bei Hannah Arendt mit zu bedenken ist: Der Mörder tötet nicht die Menschheit als Ganzes, sondern die Menschheit als integrale Gemeinschaft identischer Wesen. Er leugnet, ignoriert und entkräftet das Recht des getöteten Menschen, zur Menschheit zu gehören, mithin das »Recht auf Rechte [...], [das gemäß Arendt] von der Menschheit selbst garantiert werden müsste«.[36]

Warum von der Menschheit selbst? Im Zitat aus Talmud und Koran ist es nicht die Menschheit, die dieses Recht garantiert, sondern eine höhere, transzendente, religiöse Instanz, genannt Gott, Allah, Jahwe oder wie auch immer. Da aber nun, fährt Arendt fort, »die absoluten und transzendenten Maßstäbe der Religion oder des Naturrechts ihre Autorität verloren haben«, sei »eine Rechtsauffassung, die das, was recht ist, mit dem identifiziert, was gut für … ist – den einzelnen oder die Familie oder das Volk oder die größte Zahl – unausweichlich«. Und sie schließt mit der bemerkenswerten Feststellung:

> Wir begegnen hier auf höchst reale Weise einer der ältesten Aporien der politischen Philosophie, die uns nur so lange verborgen bleiben konnte, als eine unerschütterte christliche Theologie den Rahmen für alle politischen und philosophischen Probleme abgab, die aber bereits Plato dazu veranlasste zu sagen: »Nicht der Mensch, sondern ein Gott muss das Maß aller Dinge sein.«[37]

Die Menschheit, nichts anderes besagt diese Aussage von Hannah Arendt, kann »das Recht auf Rechte oder das Recht jedes Menschen, zur Menschheit zu gehören«[38], nicht garantieren. Wenn die Menschheit, rein logisch betrachtet, nichts als die Menge aller Menschen ist, gehört zwar jeder Mensch unausweichlich dazu. Aber dies bleibt rechtlich folgenlos, solange diese Menge selbst wiederum nicht mehr ist als die Gesamtheit ihrer Teile, also der einzelnen Menschen. Rechtlich relevant ist diese Menge nur, wenn sie als *eine* Menge begriffen wird, als integrale Einheit an und für sich, eine Einheit, die zerbricht, wenn, wie es das Wort aus dem Talmud sagt, ein Element daraus von einem anderen vernichtet wird.

Jetzt verstehen wir, warum es einen Gott braucht oder etwas Höheres, um diese Einheit zu garantieren: Nur von außen, außerhalb der Menge der Menschheit, kann diese als Einheit gesehen und erfahren werden. Niemand, der in einer Masse steht, kann die Masse als Masse sehen, wie es ein Beobachter von oben und außen könnte. Der Begriff und das Gefühl der Einheit der Menschheit erfordern also einen Standpunkt oder Blick von außen. Diesen Blick steuert die Vorstellung von Gott bei – strukturell betrachtet ist Gott nichts anderes als dieser Blick von außen. Vor allem dank dieser Position erfüllt er eine wesentliche Funktionen dessen, wofür die Vorstellung von Gott steht: die Menschen vor ihm – seiner Größe, Unendlichkeit, Transzendenz – gleich und zu *einer* Menschheit zu machen. Aus diesem Grund gelten seine Gesetze auch nicht lediglich für bestimmte Menschen, wie die Gesetze eines beliebigen Landes, sondern für alle. Seine Gerechtigkeit ist nicht deswegen absolut, weil er besser als die Menschen weiß, was gut oder schlecht ist; sondern weil er seine Gesetze ausnahmslos für alle gelten lässt, weil sie keine Ausnahmen kennen – es sei denn die Barmherzigkeit, die so gesehen sowohl als beinah menschlicher, parteiischer Zug erscheinen kann, die aber auch garantiert, dass das Verhältnis Gottes zu den Menschen nicht totalitär ist, gnadenlos, ein purer Automatismus. Dies ist es auch, was Gott vom perfekten Staat unterscheidet: die Möglichkeit, Gnade und Barmherzigkeit walten zu lassen, also seine Macht nie so ausnahmslos walten zu lassen, wie es seine Position eigentlich vorsieht.

Der Blick von außen und oben, der der Gottesvorstellung inhärent ist, erklärt die universalistische Tendenz der Religionen, ihr Konkurrenzverhältnis zum modernen Nationalstaat. Und erklärt, warum der Begriff der Menschheit, verstanden als integrale Einheit gleicher Wesen, unweigerlich an eine transzendente Instanz gekoppelt ist und ohne sie nicht auskommt, so bitter diese Erkenntnis für den Säkularismus sein mag. Die transzendente Instanz kann aus ererbten religiösen Vorstellungen bestehen, gleich ob diese in einer praktizierten Religiosität gelebt und gepflegt werden oder eher unbewusst fortwirken, ohne sich in einer religiösen Lebenspraxis niederzuschlagen. Versteht man diese Instanz als die strukturelle Position außerhalb der Menschheit, mit deren Hilfe wir diese als eine zusammengehörige Menge begreifen können, böte es sich an, diese Instanz, vulgo Gott, als Arbeitshypothese vorauszusetzen, wenn man von so etwas wie Menschheit und ihren Rechten reden will. Ohne dass man an einen Gott glauben müsste, wäre doch die Position Gottes im rechtlich-moralischen Diskurs gesetzt.

Man könnte nun argwöhnen, dass ein solcher hypothetischer, einzig zum Zweck rechtlicher Garantien gesetzter Gottesbegriff, weil er hypothetisch ist, auch kraftlos sei, keinerlei Macht habe, keinen Gehalt, keine in seinem Sinn wirkenden Traditionen. Der hypothetische Gottesbegriff ist jedoch gleichsam die Hypostase, Inkarnation, des Rechts auf Rechte selbst. Zu sagen, man lehne einen solchen Gottesbegriff ab oder halte ihn für irrelevant, weil er hypothetisch ist, liefe darauf hinaus zu sagen, ein Recht auf Rechte gebe es nicht oder dieses sei ebenfalls bloß eine gutgemeinte Annahme. Das liefe darauf hinaus zu sagen, Recht selbst sei irrelevant und man käme auch ohne aus. Es käme der Behauptung gleich, man wäre bereit, im Fall der Fälle auf dieses Recht zu verzichten, sich selbst, etwa wenn der eigene Staat untergeht, wenn man für seine Meinungen oder seinen Glauben verfolgt wird, der Rechtlosigkeit auszusetzen, sich für vogelfrei erklären zu lassen. Dies kann aber schlechterdings nicht sein; denn jeder, der in eine solche Situation gerät, wird sich unwillkürlich immer noch als rechtsfähige, mit basalen Rechten ausgestattete Person empfinden; oder aber er hätte bereits jedes Rechtsbewusstsein und jede Selbstachtung verloren. Wenn man dieses Recht leugnet, sind es immer nur die anderen, denen man es abspricht oder abzusprechen geneigt ist. Wer aber anderen dieses Recht abspricht, setzt sich selber außerhalb der von der transzendenten Instanz gesetzten Gemeinschaft und bewirkt damit letztlich nur seinen eigenen Ausschluss, seine eigene Entrechtung – ein Zustand, der dem der Apostasie oder dem Kirchenbann im herkömmlichen religiösen Verständnis entspricht.

Es ist nicht ganz so dumm vom Koran, wie manche vielleicht meinen, wenn der Spruch aus dem Talmud um eine Ausnahme erweitert wird, nämlich den Totschlag aus Vergeltung oder wegen Unruhestifterei, Arabisch *fasād* (heute das einschlägige Wort für Korruption), denn derjenige, der tötet, positioniert sich damit selbst außerhalb der Rechtsgemeinschaft »Menschheit« (oder »ganze Welt«) beziehungsweise erkennt die transzendente, rechtssetzende Instanz (Allah, Gott, Jahwe) nicht an und setzt stattdessen ein anderes, nämlich sein eigenes Recht. Er identifiziert also nach Arendt »das was recht ist […] mit dem was gut für … ist«, womit er sich nach traditionellem religiösen Verständnis automatisch selbst für vogelfrei erklärt. Erst mit Nennung dieser Ausnahme wird deutlich, dass der koranische Spruch (und der jerusalem-talmudische) einen rechtlich gleichgestellten einheitlichen Mengenbegriff namens Menschheit (arabisch: *nās*) voraussetzt. Indem der Mörder (und seine Ausnahme von Rechtsschutz) die Einheit der Menschheit zerstört, lässt er sie, wenn auch als zerstörte oder gestörte, erscheinen; damit wird allen deutlich, dass es da eigentlich eine Gleichheit, eine einzige integrale Menschheit gäbe, die aber nun zerstört ist.

Nun wäre allerdings zu fragen, ob die Vorstellung von der Einheit der Menschheit besser nicht durch eine Art Gotteshypothese, sondern durch eine andersgeartete Instanz gestiftet werden könnte, etwa durch einen Blick auf die Menschheit von unten statt von oben, aus dem Himmel.[39] Dies scheint der Weg, den Aufklärung und Moderne beschritten haben und der bei Hannah Arendt in Gestalt des Naturrechts als der Alternative zum Gottesbegriff namhaft gemacht wird. Wenn beide wegfallen, bleibt nur menschengemachtes Recht, eigenes, egoistisches Recht: »Eine Rechtsauffassung, die das, was recht ist, mit dem identifiziert, was gut für … ist – den einzelnen oder die Familie oder das Volk oder die größte Zahl –, ist unausweichlich, wenn die transzendenten Maßstäbe der Religion *oder des Naturrechts* ihre Autorität verloren haben.«[40]

Zu fragen wäre also, inwiefern die Berufung auf Natur und Naturgesetze (oder die *nomoi agraphoi*, die ungeschriebenen Gesetze der Griechen, die uns am Beispiel der Antigone und in der Diskussion westlicher Ideologeme bei Heinrich August Winkler begegnet sind) eine Instanz geltend macht, die mit der religiösen – oder unserer transzendent-hypothetischen – vergleichbar wäre und ähnliche Garantien stiften, einen »ähnlich objektiv verpflichtenden Charakter« annehmen kann. Es wäre schön. Nur sehe ich folgende Probleme.

Kein Naturrecht kommt um die Verlegenheit herum, den Menschen als Teil der Natur sehen zu müssen; nur insofern er Teil der Natur ist, können die Rechte und Gesetze, welche die Natur vorgibt, auch für den Menschen gelten. Dass der Mensch Teil der Natur ist, dass auch für ihn die ungeschriebenen Gesetze, die *nomoi agraphoi* gelten, ist ein naturrechtliches Dogma. Wir haben es so sehr verinnerlicht, dass wir es nicht mehr in Frage stellen, und die Naturwissenschaften, die genau von diesem Dogma ausgegangen sind, ja daraus ihre Existenzberechtigung zogen – wir beschäftigen uns mit den Naturgesetzen nicht *just for fun*, sondern weil wir sie auch für *unsere* Gesetze halten –, erweisen sie als »wahr« mit jeder neuen wissenschaftlichen Mode. Gentechnik, Hirnforschung, die Entstehung der Arten – sagt uns all dieses nicht: Der Mensch ist Natur, integraler Teil von ihr?

Angesichts dessen sei zunächst festgestellt, dass die Vorstellung, der Mensch sei nicht Natur oder jedenfalls nicht mit dieser völlig identisch, eine lange Tradition aufweist. Die Gottesebenbildlichkeit des Menschen wäre ein Beispiel für solch eine Vorstellung aus dem Bereich der Theologie. Sie drückt sich in Geboten aus, die dem Menschen abverlangen, sich zu beherrschen, also nicht bloß gemäß seiner Natur zu handeln. Wie es die Geschichte des Asketentums durch alle Völker und Zeiten belegt, ist dies, wiewohl heute (und im Westen sowieso) aus der Mode gekommen, dem Menschen häufig gelungen. Zwar gesteht auch die Theologie zu, dass der Mensch einen natürlichen Anteil hat, dass Natur ein Teil von ihm ist und er auf sie Rücksicht zu nehmen hat oder mit ihr kämpfen muss. Sie weiß aber anders als viele unserer Hirn- und Genforscher, dass der Mensch nicht restlos in dieser Natürlichkeit, Kreatürlichkeit aufgeht, sondern auch noch über andere Anteile verfügt, mögen diese nun Geist, Seele, Verstand, Vernunft, göttlicher Funken oder wie auch immer genannt werden. Der Mensch muss mit seiner Natur klarkommen, er ist ihr in vieler Hinsicht unterworfen, kann sich ihren elementarsten Gesetzen nie entziehen. Aber er ist, so jedenfalls eine überlieferte Sichtweise, nicht auf sie zu reduzieren. Hans Jonas schreibt mit Bezug auf Pascal:

> Als ein Stück der Natur ist der Mensch nur ein Schilfrohr, das jeden Augenblick geknickt werden kann von den Kräften jenes immensen Alls, in dem schon die Existenz des Rohres nichts als ein besonderer, blinder Zufall ist, nicht weniger blind, als der Zufall seiner etwaigen Zermalmung. Als *denkendes* Rohr ist er aber gerade nicht Teil der Summe, gehört er nicht zu ihr, sondern ist radikal verschieden, inkommensurabel. […] Er allein in der Welt denkt, nicht weil, sondern obwohl er ein Teil von ihr ist.[41]

Gleichwohl ist der Versuch der Reduktion des Menschen auf seine Natur (oder, gleichbedeutend, sein geschichtliches Werden, also seine Entwicklungsgesetze) von etlichen Denkströmungen der Moderne in Angriff genommen worden[42], nicht zuletzt in der Hoffnung, dem Naturrecht doch noch zum Durchbruch zu verhelfen und damit aus objektiven Gegebenheiten heraus eine nichtmenschengemachte moralisch-rechtliche Orientierung zu gewinnen. Genügt aber nicht der Hinweis, dass der Mensch die

Natur auf eine Weise manipulieren kann, die das Herrschaftsverhältnis zuweilen umkehrt (was im Fall der Gotteshypothese nicht der Fall ist), um den Glauben an eine naturrechtlich, geschweige denn historisch begründete Verbindlichkeit zu untergraben? Könnte man nicht sogar sagen, dass die Natur am Ende beherrschbarer ist als der Mensch (und die Geschichte sowieso menschengemacht ist, was auch immer man ihr an Gesetzen unterstellt)? Von intrinsischen Schwierigkeiten der Begründung von Naturrecht abgesehen, wie wir ihnen in Gestalt des Hume'schen Gesetzes begegnet sind, ist also bereits fragwürdig, ob Naturrecht gegenüber dem Menschen überhaupt greift. Und hat der Mensch nicht immer schon seine Kreatürlichkeit überschritten und seine Welt gemacht oder – konstruiert? Der Soziologe Thomas Luckmann schreibt:

> Der Organismus – für sich betrachtet nichts anderes als der isolierte Pol eines »sinnlosen« subjektiven Prozesses – wird zum Selbst, indem er sich mit den anderen an das Unternehmen der Konstruktion eines »objektiven« und moralischen Universums von Sinn macht. Dabei transzendiert er seine biologische Natur. Es deckt sich mit einer elementaren Bedeutungsschicht des Religionsbegriffs, wenn man das Transzendieren der biologischen Natur durch den menschlichen Organismus ein religiöses Phänomen nennt.[43]

Nun kommt aber noch ein anderer Aspekt hinzu, der jede Form von Naturrecht destabilisiert und menschlichem Gutdünken unterwirft, nämlich die simple Frage, wer auf welche Weise definiert, was Natur im Sinne naturrechtlicher Relevanz überhaupt ist. Unabhängig von der Frage, wer genau aus welcher Perspektive und mit welchen Interessen dies tut: Es sind immer die Menschen und nie die Natur selbst – was wiederum für die Nicht-Reduzierbarkeit des Menschen auf die Natur spricht; denn wenn man sagen will, die Natur definiert sich in Gestalt des Menschen, der als Natur begriffen wird, selbst, so wird man feststellen müssen, dass die Natur in Gestalt des Menschen mit sich selbst über ihre Selbstdefinition uneins ist, was nicht für diese These spricht. Nur ein absoluter Materialismus würde aus diesem Dilemma herausführen: Natur ist Materie, welche die Naturwissenschaft erforschen kann. Wenn wir eines Tages alle ihre Gesetze kennen, lässt sich alles, was wir für Geist und so weiter halten, auf Gesetze der Materie zurückführen. Dies ist eine im Westen weitverbreitete Haltung oder Hoffnung. Nur nützt sie uns wenig oder wirft uns auf willkürliche Mutmaßungen über diese Natur zurück, solange der Tag, an dem wir alle Gesetze kennen, noch nicht angebrochen ist. Sollte er aber eines Tages anbrechen, ist die Natur damit selbst aufgehoben und nur noch Gesetz, das heißt selbst etwas Geistiges, das den Menschen braucht, um verstanden zu werden. Natur und Nicht-Natur würden zusammenfallen, jegliche Unterscheidung wird sinnlos, und die Naturgesetze, die dann vom Menschen völlig beherrscht werden, können diesem genau deswegen keine höheren, transzendenten Gesetze mehr sein.

Jede Form von Naturrecht und jede sich daran anlehnende Form von Rechtsverständnis hängt also von der Frage ab, was in einer gegebenen Epoche und gegebenen Gemeinschaft als Natur und als natürlich gilt oder dafür gehalten wird, als angeboren, von der Natur mitgegeben, als selbstverständlich und unhinterfragbar. Dabei ist die Rückkopplung des Naturrechts an die tatsächliche, materielle Natur, wie sie die Wissenschaft zu sehen meint, eine vergleichsweise neue, moderne Entwicklung. Sie ist konsequent, da die Moderne alle Selbstverständlichkeiten hinterfragt außer denen, die sie für wissenschaftlich erwiesen und gegeben hält (so dehnbar der Wissenschaftsbegriff gerade in populären Zusammenhängen auch sein mag). Die einzige andere Möglichkeit, Naturrecht zu begründen, ist die Berufung auf die Geschichte, wie wir es bei Hegel und Fukuyama sehen. Im Begriff der Entwicklung oder Evolution verschmelzen die Vorstelllungen von Natur und Geschichte zur Naturgeschichte (nicht zuletzt der Menschheit) und sind dementsprechend populär und wirkmächtig.[44]

Das beste Beispiel dafür liefert der Darwinismus, und es ist vor diesem Hintergrund klar, warum seit der Aufklärung Natur- und Erdgeschichte eine solch große Rolle für die Intellektuellen spielen, warum Goethe sich intensiv damit beschäftigt hat, Alexander von Humboldt und viele andere. Um Neugier als solche, wie Hans Blumenberg in seinem Buch »Die Legitimation der Neuzeit« das Interesse an der Natur erklärt hatte, ging es vermutlich nur am Rande. Und wenn es zutrifft, dass der Mensch, gemäß dem ersten Satz der »Metaphysik« von Aristoteles, »von Natur aus nach Wissen«

strebt[45], wäre es, gerade wenn man »von der Natur aus« denkt, doch eine naheliegende Frage, warum er dies tut. Unsere Vermutung lautet: Es ging und geht ihm um die Neu- und Letztbegründung von Gewissheiten. Neugier ist nicht Selbstzweck oder Suche um der Suche willen. Ihr Hintergrund ist Ungewissheit, Unsicherheit, die wiederum dazu anregen, zu hinterfragen; ist Orientierungslosigkeit, Verwirrung in Bezug auf die letzten Dinge. Insofern jedes Naturrecht auf ein unerreichbares »Ding an sich« geht und dieses – immer vergeblich – zu erkennen strebt, verweist es seine Verfechter in Vorläufigkeit und in Erklärungsnot. Manche können damit umgehen, viele nicht. In die Erklärungsnotlage, in die Lücke, schießen die Narrative, die Wahrheiten zu stiften versprechen, schießt der wissenschaftliche Populismus, schießen die Ideologien, die sich in der Moderne zur Ideologie umbildenden Religionen und nicht zuletzt die so smarte Ideologie des Westens. Bereits Hannah Arendt sprach von der »Sehnsucht moderner Massen nach wissenschaftlichen Beweisen«[46] und wies auf die Vorliebe totalitärer Bewegungen für die Wissenschaft hin:

> Im Gegensatz zu älteren Formen politischer Propaganda, die dazu neigte, sich auf die Vergangenheit zu berufen, um Gegenwärtiges zu rechtfertigen, benutzt totalitäre Propaganda die Wissenschaft, um die Zukunft zu prophezeien. Niemals zeigt sich deutlicher, wie sehr gerade auf den Ideologien – Sozialismus oder Rassedoktrinen – die eigentliche Anziehungskraft der Bewegungen beruht, als wenn die Massenredner, anstatt zu sagen, was sie konkret zu tun gedenken, unter ungeheurem Beifall auseinandersetzen, dass sie die verborgenen Kräfte entdeckt haben, welche ihnen und allen, die mit ihnen gehen, unweigerlich Glück bringen werden […].[47]

Die Massenredner gibt es nicht mehr, die Propheten der Wissenschaft und Entdecker verborgener Kräfte (Gene, Hormone, Hirnregionen, Evolution), von denen uns einige im zweiten Kapitel begegnet sind, haben indessen nach wie vor Hochkonjunktur und produzieren einen Bestseller nach dem anderen.

Was wäre die Alternative zu Orientierungen, die sich an naturrechtliche

Vorstellungen anlehnen und auf einer naiven Wissenschaftsgläubigkeit beruhen? Ist denn die höhere transzendente Instanz, die manche Gott nennen mögen und die wir, ob wir nun gläubig sind oder nicht, als Hypothese vielleicht voraussetzen müssen, wenn wir ein unverrückbares Grundrecht setzen wollen, nicht ebenso menschengemacht und anfällig für Ideologisierungen? Ist nicht genau dies die Lehre aus der Geschichte und der Grund, warum sich die klügsten Köpfe von der Religion abgewandt, der Natur zugewandt haben? Letzteres gewiss. Nur impliziert die Hypothese einer transzendenten, außerhalb der Menschheit stehenden Instanz und Perspektive keine Religion oder Religiosität, selbst dann nicht, wenn wir diese Instanz Gott nennen wollen. Sie ermöglicht zwar (und viele!) Religionen, Ideologien, Ausdeutungen, Folgerungen – aber sie gibt keine von ihnen vor. Genau auf diese Unterscheidung, auf das Bewusstsein davon kommt es an.

Die hypothetisch gesetzte höhere Instanz garantiert nichts als das Recht auf Rechte – nämlich das Recht darauf, sich religiöse, ideologische, irdische Heimaten zu suchen. Der hypothetische Gott ist genau derjenige, sehr alte, von dem man sich kein Bild machen darf und soll. Das heißt: Diese Hypothese, aber auch nur sie allein, entzieht sich dem Zugriff, gibt keine Ausdeutung, kein Narrativ, kein Gebot vor. Sie sagt nur, dass alle von Menschen vorgenommenen Ausdeutungen, Narrative, Ideologien, Gebote vor dem Hintergrund einer Perspektive und damit Verantwortung vorgenommen werden sollen, die über den Menschen steht, was wiederum nichts anderes heißt, als dass es sich um eine Perspektive handelt, die dazu nötigt, die Menschheit als Einheit zu sehen und sie auf diese Sichtweise zu verpflichten. Diese (Selbst-)Verpflichtung wird im Tausch gegen ein Recht auferlegt, nämlich dasjenige, Rechte zu haben, sich Gesetze zu geben, Narrative zu konstruieren, Religionen, Ideologien und dergleichen. Diese menschengemachten relativen Gewissheiten und Narrative stehen dabei unter keinen anderen Vorgaben, als die Gewissheiten der anderen, ihr Recht auf (ihre!) Rechte, zu respektieren und nie zu glauben, man selbst, und nur man selbst, wisse, was die eigentliche, letzte, nichtrelative Gewissheit und Gerechtigkeit sei. Denn damit würde man den anderen ihr Recht zur eigenen Rechtssetzung absprechen, also das Recht auf eigene Rechte – nur die eigenen können als Recht empfunden werden, sind, um mit Bernhard Schlink zu reden, eine Heimat im Recht, ganz gleich, wie sie zustande gekommen sind, ob zum Beispiel auf demokratische Weise oder durch Überlieferung, Offenbarung und dergleichen, solange sie nur als eigene empfunden werden.

Die Annahme eines Rechts auf Rechte und der Menschheit als Einheit, die wir uns mit Hilfe der Hypothese einer transzendenten Instanz auferlegen, scheint allerdings auf einen Werterelativismus hinauszulaufen, mit dem Gebot, die jeweils anderen einfach in Ruhe zu lassen, die Dinge so hinzunehmen, wie sie nun einmal sind, und seien sie furchtbar. Eine solche Haltung, seit langem diskreditiert, kann nicht mehr ernsthaft empfohlen werden. Sie dürfte unter den Umständen der Globalisierung, wo alle einander jetzt schon viel zu nah gerückt scheinen und das empfundene Eigene stets viele fremde Elemente enthält, ohnedies nicht in Reinform durchzuhalten sein.

Es versteht sich jedoch, dass, wo unsere Hypothese einer transzendenten Instanz und ihrer irdischen Stellvertreter in Gestalt von konkreten Narrativen, positiven Religionen und so weiter angenommen wird, unmöglich der Status quo, der Zustand der gegenwärtigen weltanschaulichen Verhältnisse, bestehen bleiben kann, sondern diese zwangsläufig von unserer Annahme unterminiert werden, also nicht dieselben bleiben werden.

Wenn im herkömmlichen (Werte-)Relativismus die Anschauung der anderen mit Gleichgültigkeit betrachtet wird, dann doch nur insofern, als auch die eigenen Werte von außen nicht mehr hinterfragt werden und – innerhalb der Grenzen der eigenen Gemeinschaft – als absolut und unhinterfragbar erscheinen. Unsere Annahme hingegen unterläuft diesen Status quo, weil sie die Selbstgewissheit gleich welcher bestehenden Anschauungen und Narrative unweigerlich relativiert. Wir alle brauchen Narrative, Weltanschauungen, Rechtsvorstellungen; aber keine ist und gilt absolut. Jeder Glaube, der dies behauptet, verstößt gleichsam gegen das Gebot, sich kein Bild zu machen. Von der der Postmoderne unterstellten Beliebigkeit, von dem ihr unterstellten Relativismus unterscheidet sich unsere Haltung dadurch, dass sie davon ausgeht, dass es durchaus eine letzte Instanz, ein Recht auf Rechte gibt; dass sich diese jedoch unterschiedlich manifestiert; und dass mit der Annahme der Gleichheit der Menschen vor Gott (also jener transzendenten Instanz) ein hoher, nahezu unerreichbarer moralischer

Anspruch als Richtwert gesetzt wird. Sodass mit Bezug auf die Postmoderne statt *anything goes* der Wahlspruch lauten müsste: *Many things go. But not all.*

»Ohne einen transzendenten Drang, der all das Geschrei nach Macht und Geld überflügelt, wird nichts von Nutzen sein«, schrieb Jacob Burckhardt in einem Brief bereits 1892.[48] Die unausgesprochene Hypothese einer transzendenten, über der Menschheit stehenden Instanz könnte einer Dynamik zugrunde liegen, die bereits in unserer Gegenwart ein neues Verständnis von Recht geschaffen hat. Der im Prinzip absolute Anspruch unserer politischen und weltanschaulichen Ordnungen wird dadurch zunehmend unterlaufen, und zwar nicht im Sinn einer neuen Unverbindlichkeit oder eines Anarchismus, sondern durch alternative Verbindlichkeiten. Diese Verbindlichkeiten stehen der gegenwärtigen Ordnung zum Teil offen entgegen.

Das Musterbeispiel liefert die Flüchtlingskrise von 2015, die zahlreiche private und nichtstaatliche Initiativen hervorbrachte. Unabhängig vom offiziellen rechtlichen Status der Flüchtlinge wurde ein moralischer Imperativ im Sinne einer solchen transzendenten Instanz zur Geltung gebracht. Den Flüchtlingen wurde – zumindest für den Zeitraum der bedingungslosen Grenzöffnung – ein Recht auf Rechte zugestanden, welches, wenngleich nur kurz, unabhängig von Pässen, Herkunftsländern und sonstigen Identitäten Geltung erlangte. Die Aufhebung der bestehenden Ordnungsprinzipien wurde sogar von der Ordnung, dem Staat selber, vorgenommen, und zwar indem ihre Repräsentanten ein höheres Recht als das geltende, staatlich gesetzte, als ihres anerkannten.

Sofern man dies selbst nicht wiederum als Willkür, Beliebigkeit, Versagen oder Anarchismus auslegen will (wie es die Gegner dieser Entscheidung natürlich tun), ist eine solche Überschreitung der bestehenden Ordnung nur zu begründen, zu erklären und nachzuvollziehen, wenn die transzendente Instanz, sei es bewusst, sei es unbewusst, als gesetzt angenommen wird, wenn also davon ausgegangen wird, dass ein höheres Recht existiert als dasjenige, das sich in positiven Gesetzen niederschlägt. Dieses höhere Recht zeichnet sich gegenüber einem sich auf die Natur oder auf konkrete Traditionen berufenden Recht dadurch aus, dass es nicht mehr zwischen den Menschen unterscheidet und die Zugehörigkeit zur Menschheit die am höchsten zu wertende und letztlich entscheidende Zugehörigkeit ist. Diese entzieht sich dem Zugriff durch jegliches Recht, das vermittels anderer Begründungsverfahren zustande gekommen ist: natürliche (naturrechtliche), nationale oder anderweitig kollektive (religiöse, ethnische, sprachliche), ja sogar verfahrensrechtlich zustande gekommene (demokratische, republikanische). Es ist wichtig, klar und deutlich darauf hinzuweisen, dass das Recht auf Rechte, die hypothetisch gesetzte, transzendente Instanz, auch und gerade *über* mehrheitlichen, demokratischen und anders rechtsstaatlich und legitim zustande gekommenen Gesetzen steht. Unmissverständlich ausgedrückt: Die Meinungen der Leute, des Volks, der Menschen tangieren diese höhere Instanz nicht. Eben und nur deswegen ist sie höher, steht sie über ihnen. Man mag dies undemokratisch nennen; aber wie schon Hannah Arendt erkannt hat, muss selbst die Demokratie in einem solchen Fall und für dieses höhere Recht außer Kraft gesetzt werden können:

> Denn es ist durchaus denkbar und liegt sogar im Bereich praktisch politischer Möglichkeiten, dass eines Tages ein bis ins Letzte durchorganisiertes, mechanisiertes Menschengeschlecht auf höchst demokratische Weise, nämlich durch Majoritätsbeschluss, entscheidet, dass es für die Menschheit im Ganzen besser ist, gewisse Teile derselben zu liquidieren.[49]

Der pragmatische Umgang mit der Flüchtlingskrise scheint mir ein Indiz dafür, dass die von mir skizzierte Annahme einer außerhalb der Menschheit stehenden, das Recht auf Rechte garantierenden transzendenten Instanz kein intellektuelles Gedankenspiel, kein frommer Wunsch, keine Utopie ist, sondern bereits hier und heute wirksam geworden ist und gelebt wird. Handelt es sich dabei aber nicht um eine Ausnahme? Der Ausnahmecharakter des Ereignisses besteht nicht in der Geltendmachung eines höheren Rechts als solchem, sondern in der Massivität und Unübersehbarkeit, mit der dies geschah; und dass es in einer ganzen Gesellschaft geschah, unter tatkräftiger Mitwirkung der Regierung und der staatlichen Institutionen.

Dasselbe höhere Prinzip ist aber auch unabhängig von der Flüchtlingskrise wirksam, ja manifestiert sich herkömmlicherweise in Bereichen, die mit der Flüchtlingsfrage nichts zu tun haben. Unübersehbar ist dies im

Klima- und Umweltschutz, wo ebenfalls ein höheres Recht in Anschlag gebracht wird als ein staatliches oder sonst wie verfahrensrechtlich zustande gekommenes. Die Schwierigkeit, Klimaschutzabkommen zu treffen und durchzusetzen, ist geradezu ein Indiz dafür, dass keine Partikularinteressen dahinterstehen, das heißt solche, die die Menschheit teilen, sondern solche, die die Menschheit als Einheit voraussetzen und sich dem partikularen Zugriff und der individuellen Nützlichkeit entziehen. Denn so gut man Klimaschutzabkommen mit Eigeninteresse und mit naturwissenschaftlichen Argumenten begründen kann (sodass es scheinen könnte, man bräuchte die höhere, transzendente Instanz gar nicht, sondern es handle sich um eine naturrechtliche Mission), so groß scheint unter diesen rein naturwissenschaftlichen Prämissen die Möglichkeit, sich eigennützig gegen Klimaschutz zu entscheiden und davon auszugehen, dass es einem selbst damit im Endeffekt besser geht – das Hume'sche Gesetz macht es möglich. Im Übrigen lassen sich naturwissenschaftliche Erkenntnisse bestreiten und werden bestritten, sei es mit guten, sei es mit schlechten Argumenten. Obwohl wissenschaftlich belegbar, ist der Klimawandel für die breitere Öffentlichkeit – die die Argumente nicht selber wissenschaftlich reproduzieren kann – eine Glaubensfrage, eine kollektiv geteilte Erzählung, ein Narrativ. Dies ist ein kategorialer Unterschied zur Ansetzung eines höheren Prinzips. So paradox es klingt: Es kann nicht bestritten werden. Die Frage, ob es zutrifft oder nicht, stellt sich gar nicht. Die einzige Frage ist, ob wir es anerkennen oder nicht. Erkennen wir es nicht an, verwerfen wir damit die Idee *einer* Menschheit und schließen entweder die anderen oder uns selbst daraus aus.

Für unsere Zwecke ist ferner die von Hannah Arendt vorgenommene Unterscheidung zwischen einzelnen, konkreten Menschenrechten (»wie immer sie einst definiert wurden«) und dem grundlegenderen »Recht auf Rechte« hilfreich. Sie bedeutet nämlich, dass der Verlust partikularer (Menschen-)Rechte, wie sie im Westen definiert werden, keineswegs »unbedingt den Zustand absoluter Rechtlosigkeit nach sich [zieht], in dem allein von einem Verlust der Menschenrechte mit Sinn gesprochen werden kann«. Die Frage nach dem Recht auf Rechte ist daher für ein kosmopolitisches, globales Rechtsverständnis unter Umständen wichtiger als die Frage nach einzelnen Menschenrechten.

> Diese anscheinend humanitären Anstrengungen, wenigstens auf dem Papier jedem Menschen so viel Rechte wie nur möglich zuzusprechen, diskreditieren nicht nur die Idee der Menschenrechte als Utopie; sie sind selbst nur eines der vielen Symptome für die sich überall durchsetzende Tendenz, die wirkliche Situation der Staatenlosigkeit, die Unmöglichkeit, ihnen [den Staatenlosen] die Menschenrechte innerhalb des Systems souveräner Staaten zu sichern, zu ignorieren. Wenn es überhaupt so etwas wie ein eingeborenes Menschenrecht gibt, dann kann es nur ein Recht sein, das sich grundsätzlich von allen Staatsbürgerrechten unterscheidet.[50]

Die Unterscheidung zwischen partikularen, kulturspezifischen Menschenrechten (im Plural) und einem fundamentaleren Menschenrecht auf Rechte umgeht die Gefahr, diese Rechte nach dem Menschenbild eines bestimmten Kulturkreises – üblicherweise des westlichen, der sich diesbezüglich wiederum die *ultima ratio* anmaßt – zu definieren und diese (und damit sein eigenes Rechtsverständnis) dann für universell zu erklären und sie global verbreiten zu wollen, wie es gegenwärtig der Fall ist.[51]

Praktisch bedeutet dies einerseits, dass jeder ein Recht auf ein kulturell kodiertes Verständnis von Rechtssicherheit hat, also das (Schlink'sche) Recht auf eine Heimat gemäß einem je überlieferten Rechtsverständnis. Andererseits bedeutet dies, dass es jenseits kulturell kodierten Rechts und spezifischer Ordnungssysteme und Narrative eine Art Minimalrecht selbst dann geben muss, wenn dies zu gegebenen Gesetzen oder Privilegien im Widerspruch stünde – wie etwa Grenzöffnung und unkontrollierte Aufnahme von Flüchtlingen mit dem Regelungsanspruch des Staates und den Erwartungen vieler Bürger an den Staat in Konflikt gerät.[52]

Wenn wir nun aber für das Recht auf Rechte als den Quellcode aller menschenrechtlichen Diskussionen einen transzendenten Standpunkt einnehmen müssen, eine hypothetische Instanz über und außerhalb der Menschheit, dürfte dies nicht ohne Folgen für den Begriff von Heimat bleiben, der die vorangegangenen Überlegungen (ausgehend vom Problem der Heimatlosigkeit und dem Gefühl der Fremdheit und Entfremdung bei Bachtyar Ali und Bernhard Schlink) in Gang gesetzt hat. Für Schlink, erinnern wir uns, war nicht die Heimat ein Recht, sondern das Recht eine Heimat. Wenn aber das fundamentalste Recht, das Recht auf Rechte, an den transzendenten Standpunkt gebunden ist, so ist dieser Standpunkt unweigerlich auch der Ausgangspunkt und das Fundament jeder Vorstellung von Heimat und damit derjenige Punkt, an dem Heimat beginnt, wenn sie nur je als Rechtssicherheit, Verlässlichkeit, Vertrautheit verstanden wird. Insofern dieses Fundament der Vorstellung von Heimat (jedenfalls der Heimat als Recht und Sicherheit) an eine Instanz geknüpft ist, die außerhalb der Menschheit gestellt ist und sich ihrem Zugriff notwendig entzieht und entziehen soll, liegt, wenn nicht die Heimat selbst, so doch ihre Voraussetzung, paradoxerweise außerhalb jeder konkreten, irdischen Heimat – und damit außerhalb jedes konkreten, irdischen Narrativs.

Wenn ferner die von uns angenommene transzendente Instanz Vorbilder und strukturelle Analogien in den Gottesvorstellungen zumindest der drei monotheistischen Weltreligionen aufweist, so dürfte sich auch in diesen Religionen eine Rückbindung der Heimat an eine solche Form der Transzendenz erhalten haben. Am Ende seines Essays stellt Bernhard Schlink fest:

> Manchmal heißt es, es habe vor unserer Zeit andere Zeiten gegeben, in denen Orte des Lebens unverrückbar waren und Gemeinschaft und Zugehörigkeit, Anerkennung und Schutz sich von selbst verstanden. Ich glaube es nicht; die Erfahrung, *in dieser Welt, aber nicht von dieser Welt zu sein*, ist so alt wie das Christentum, und die Erfahrung von Heimatverlust, Heimatsuche und Heimatlosigkeit so alt wie das Judentum. […] In der Zukunft wird sich kein Ort des Lebens von selbst verstehen.[53]

Gehen wir der These nach, dass diese Erfahrung so alt sei wie die monotheistischen Religionen. Die Vorstellung vom diesseitigen Exil des Menschen lässt sich auf den Anfang der Genesis zurückführen, auf den Bericht von der Vertreibung aus dem Paradies. Damit wurde »der Mensch als Mensch ein Exilant, und die Erde der Ur-Ort des Exils«.[54] Seither ist die Heimatlosigkeit den drei großen Weltreligionen in Gestalt der Erzählung von der Vertreibung Adams und Evas aus dem Paradies für immer eingeschrieben.

Nun ist die Rückkehr ins ursprüngliche Paradies in keiner dieser Religionen vorgesehen. Möglich ist aber die Abkehr von der Welt, die Orientierung am und Hinwendung zum Jenseits, das in Islam und Christentum teils als neues Paradies, teils als Hölle vorgestellt wird. Vor diesem Hintergrund heißt es in Vers 19 des 119. Psalms: »Ich bin ein Gast auf Erden.« Derartige Äußerungen über das Gast-Dasein und damit die Fremdheit des Menschen in der Welt finden sich an verschiedenen Stellen des Alten Testaments.

Im Neuen Testament wird Ähnliches im Philipper-Brief (3,20) ausgedrückt, wo es heißt: »Unsere Heimat aber ist im Himmel.« Explizit wird diese Vorstellung im Brief des Paulus an die Hebräer. Dort heißt es (11,13): »Diese alle [...] bekannten, dass sie Fremde und ohne Bürgerrecht auf der Erde seien. Jetzt trachten sie nach einem besseren Vaterland, das ist nach einem himmlischen.«[55] Auch wenn die Rede von der Welt als Fremde oder Exil nicht zu den Leitvorstellungen des Christentums gehört, ist sie nie in Vergessenheit geraten.

Weniger bekannt ist, dass sich dieselbe Vorstellung auch im Islam findet, und zwar deutlich ausgeprägter als in Christentum und Judentum. Einer der bekanntesten, als kanonisch erachteten Aussprüche (arabisch: *hadīth*) des Propheten Mohammed lautet wie folgt: »Sei in dieser Welt als wärst du ein Fremder oder einer, der auf einem Weg vorübergeht.« Dieses Hadith findet sich in einer weitverbreiteten Sammlung von Prophetensprüchen, den sogenannten »Vierzig Hadithen«, die im 13. Jahrhundert von dem Religionsgelehrten al-Nawawī zusammengestellt wurde und die bis heute sehr populär ist.[56] Ein anderer überlieferter Spruch des Propheten lautet: »Der Islam begann fremd und er wird wieder so fremd werden, wie er einst begann. Gesegnet seien also die Fremden.«[57]

So rätselhaft dieser Spruch ist, legt er jedenfalls nahe, die Fremdheit als den Anfang und das Ende, also gleichsam das A und O, das Alpha und das Omega der von Mohammed auf der Arabischen Halbinsel begründeten Religion zu bezeichnen. Vor allem die Sufis, die islamischen Mystiker, haben diese Haltung kultiviert. Der Sufismus, schrieb bereits 1909 der bedeutende Orientalist Ignaz Goldziher, habe »neuplatonische und gnostische Gedanken islamfähig« gestaltet.[58] Hier als Beispiel ein paar Sprüche, die der Islamwissenschaftler Richard Gramlich gesammelt hat: »Fremdling ist, wer fern der Heimat ist, während er darin weilt.« Oder auch: »Fremdling ist nicht, wer fern der Heimat ist, sondern wer wenig Artgleiche und Ähnliche hat.« Als der Mystiker al-Shiblī gefragt wurde, was Vertrautheit mit Gott sei, soll er geantwortet haben: »Dein Fremdheitsgefühl gegenüber dir selbst, deiner Seele und der ganzen Schöpfung.«[59]

Die Fremdheit, könnte man vielleicht sagen, ist damit im Islam das, was im Christentum und, wir kommen später darauf zurück, in den indischen Religionen, zumal im Buddhismus, das Leiden ist. Leiden ist negativ, gewiss. Aber es ist doch zugleich die Erinnerung an Gott und der Wegweiser zur Erlösung, nicht zuletzt deswegen, weil es der Weg ist, den Jesus gegangen ist: das Leiden auf sich zu nehmen. Aus einer höheren Perspektive betrachtet, ist die Fremdheit – ebenso wie im Christentum das Leiden – daher nichts Schlimmes und kann vom Propheten sogar empfohlen werden, ähnlich wie besonders gläubige Christen oder die indischen Asketen das Leid regelrecht gesucht und provoziert haben, durch Selbstkasteiung etwa oder durch das Märtyrertum. Wenn im Christentum »gerade die Leidenserfahrung zu einem Ort der Gottesbegegnung werden kann, die den Menschen verwandelt und erlösend befreit«[60], wie es im »Lexikon des [christlich-islamischen] Dialogs« heißt, so darf dasselbe für die Erfahrung der Fremdheit im Islam gesagt werden: Sie kann zu einem Ort der Gottesbegegnung werden.

Die transzendente, jenseitige Verortung von Heimat ist also in allen drei monotheistischen Weltreligionen eine gängige Vorstellung gewesen und verhält sich strukturell analog zu unserer transzendenten Verortung der außerhalb der Menschheit stehenden rechtssetzenden Instanz, die wir mit Schlink und Arendt damit gleichsam als Quellcode von Heimat bezeichnen können. Was aber nützt uns diese Feststellung? Sie hat eine fundamentale Konsequenz zunächst gar nicht in rechtlicher, sondern in weltanschaulicher Hinsicht: Nicht nur ist es, wenn wir diese religiösen Positionen ernst nehmen, unsinnig, vergeblich und womöglich sogar frevelhaft, nach einer Heimat auf Erden zu suchen (entsprechend dem Gebot »Du sollst dir kein Bild machen« – die Vorstellungen von konkreter, irdischer Heimat wären ein solches Bild); vielmehr ist es nun sogar so, dass, wenn die wahre Heimat im Jenseits liegt, alle Menschen auf Erden ohne Ausnahme fremd sind. Dies heißt aber im Umkehrschluss, dass *niemand* fremd ist, da es in einem Land – dem irdischen Diesseits –, wo alle Menschen Fremde sind, völlig unsinnig wäre, noch von Fremden zu reden: Die Menge der Fremden ist identisch mit der Menge der Menschen, Menschen und Fremde sind synonym, es gibt keinen Unterschied zwischen ihnen und damit den Menschen untereinander. Damit verhält es sich so, wie wenn alle Deutschen auf einmal in Spanien leben würden, sonst aber niemand. Weder wären dann diese Deutschen einander fremd, noch wäre es sinnvoll, von ihnen als Fremde im herkömmlichen Sinn zu sprechen. Allenfalls die Erinnerung, dass sie einst aus Deutschland kamen (und, wer weiß, nach dem Tod wieder dorthin zurückkehren), könnte sie noch dazu berechtigen, sich in diesem Spanien als Fremde zu sehen.

Die Vorstellung von der grundsätzlichen Fremdheit des Menschen in der Welt hat damit paradoxerweise das Potenzial, das genaue Gegenteil zu bewirken: dass keiner mehr fremd ist und sich fremd fühlt, weil nun alle unter ihresgleichen sind. Fremde sind sie dann vielleicht noch in der materiellen Welt, dem Diesseits; aber doch nicht untereinander, ihren Mitmenschen gegenüber – ein Umstand, der wiederum nahelegt, dass der Mensch nicht auf die Natur, die diesseitige Welt, zu reduzieren ist und dass die eigentliche Fremdheit, die Fremdheit im nichtmetaphorischen Sinn, keineswegs die Entfremdung von der Natur ist, wie es alle aufklärerischen Theorien seit Rousseau mutmaßen, sondern immer schon eine unter und gegenüber den Menschen war.

Anders gesagt: Nur gegenüber den Menschen kann der Mensch ein Fremder sein; und nur ihnen gegenüber und nur unter ihnen kann er auch, wenn das Unter-Menschen-Existieren gut verläuft, kein Fremder sein, sich nicht als Fremdling fühlen. Die Fremdheit in der Welt ist damit selbst nur eine Metapher für die Fremdheit unter Menschen. Und nur im und durch den Verkehr mit Menschen kann die Fremdheit aufgehoben werden, keineswegs aber durch eine Arbeit an der Natur. »Die Entfremdung des Menschen […] drückt sich aus in dem Verhältnis, in welchem der Mensch zu den andren Menschen steht«, weiß sogar Karl Marx.[61]

Die Aufhebung der Fremdheit unter den Menschen und mit Bezug auf die Menschen ist aber wiederum nur denkbar, wenn man eine höhere, jenseitige Instanz ansetzt, eine Instanz, aus deren Perspektive sich die Menschen als Gleiche ausnehmen und nicht einander fremd sind, weil sie ihre Fremdheit (in der Welt und aus der Sicht der jenseitigen Instanz) *gemeinsam* haben (wie die Deutschen in unserem Beispiel in Spanien); weil sie sie teilen, wie zwei Landsleute sich im Ausland treffen und froh sind, eine gemeinsame Sprache zu haben. Während uns – und den Religionen – hier aber die Hypothese der transzendenten Instanz beziehungsweise der religiöse Glaube an eine jenseitige Heimat genügt, um die Fremdheit zu akzeptieren und menschlich und politisch operabel und produktiv zu machen, muss sie im Kommunismus materialistisch und mit klarem Rückbezug auf die Natur, dem Zauberwort aller nachaufklärerischen Theorie, überwunden werden: »Also die Gesellschaft ist die vollendete Wesenseinheit des Menschen mit der Natur, die wahre Resurrektion der Natur, der durchgeführte Naturalismus des Menschen und der durchgeführte Humanismus der Natur.«[62] Die marxistische *Entfremdungsintoleranz* verdammt den Menschen dazu, Natur zu sein, und die Natur dazu, Mensch zu werden. Man muss viel in Ovids »Metamorphosen« gelesen haben, um derlei apokalyptische Fantasien für »natürlich« zu halten. Es scheint mir sinnvoller und nicht zuletzt menschlicher und natürlicher, uns zur eigenen Fremdheit in der Welt zu bekennen, zur Nicht-Reduzierbarkeit des Menschen auf die Natur.

Doch stellen wir diese Überlegungen zunächst zurück und blicken noch einmal in die Ideengeschichte. So vertraut die Vorstellung von der Fremdheit in der Welt den drei monotheistischen Religionen ist und so notwendig sie ihnen zugehört, so repräsentiert sie doch nur eine, und zwar die jenseitsbezogene Seite des Glaubens, während sie die diesseitige Flanke offenlässt. Die Vorstellung von der grundsätzlichen Fremdheit ist eine der Negativität, sie bedeutet »Weltverzicht« (wie der passende Titel des Buchs von Richard Gramlich über die Sufis lautet), bedeutet Askese, bedeutet eine Abkehr vom Diesseits mit der Folge, dass die diesseitigen, lebenspraktischen Belange vernachlässigt werden, wenn nicht gleichgültig scheinen oder die Beschäftigung damit sogar als verwerflich gilt. Ohne Diesseitsbezug, dürfen wir vermuten, ohne Anspruch auch, das Diesseits zu regeln und damit nicht nur jenseitige, sondern auch diesseitige Versprechen zu machen und Probleme zu lösen, wären diese Religionen marginal geblieben. Vor allem aber hätten sie das Potenzial nicht genutzt, das sich aus der Setzung einer höheren Instanz ergibt, die eben auch ein Quellcode für das konkrete Recht und eine konkrete Politik sein kann. Die Fremdheit vorauszusetzen, ohne daraus *in* der Welt ordnungspolitisches Kapital zu schlagen, macht sie zum Selbstzweck und nach diesseitigen Maßstäben sinnlos, ja überflüssig.[63]

Es gab in der Spätantike jedoch tatsächlich eine mächtige religiöse Strömung, welche die radikale Ablehnung des Diesseits zum Programm erhoben hat. Es handelt sich um die Gnosis, ein Sammelbegriff für verschiedene religiöse Strömungen, die von der Zeit Alexanders des Großen im 4. Jahrhundert vor Christi bis ins frühe Mittelalter im Vorderen Orient und östlichen Mittelmeerraum großen Einfluss hatten. Während die Gnosis als solche heute nicht mehr existiert, ist gnostisches Gedankengut in alle monotheistischen Religionen eingegangen; heutzutage findet es sich nach Ansicht vieler Historiker auch in zahlreichen nichtreligiösen Ideologien, besonders dort, wo radikale Dichotomien von Gut und Böse vorhanden sind und die Welt ohne Zwischentöne in Schwarz und Weiß aufgeteilt wird. Dafür ist besonders der Manichäismus bekannt, der »zum selben Ideenkreis« wie die Gnosis gehört.[64]

Kurz gesagt besteht der gnostische Glaube in der Annahme, dass der Mensch aus der jenseitigen Welt des Lichts in die Dunkelheit des Diesseits geworfen ist. Somit ist er hier auf Erden (dem von bösen Mächten beherrschten Reich der Finsternis) fremd und sollte zu seinem göttlichen Ursprung zurückkehren. »Die Wiedererinnerung an die eigene Fremdheit, das Erkennen seines Exils als das, was es ist, ist dann der erste Schritt zurück, das erwachende Heimweh ist die beginnende Heimkehr«, schreibt der Gnosis-Forscher Hans Jonas (1903–1993). Und weiter: »Dies alles gehört zur ›leidvollen‹ Seite der Fremdheit. Doch hinsichtlich ihrer Herkunft ist sie zugleich eine Auszeichnung, eine Quelle eigener Kraft.« Laut Jonas ist »der Begriff eines fremden Lebens eines der wichtigsten und eindrucksvollsten Symbolworte, die uns in der gnostischen Sprachwelt begegnen, und es ist völlig neu in der Geschichte menschlichen Redens überhaupt«.[65]

Das frühe Christentum, erläutert Hans Jonas weiter, hat erst in der Auseinandersetzung mit der Gnosis eine eigenständige Theologie ausgebildet. Ähnliches ließe sich vom Islam sagen, der bei Jonas allerdings nicht vorkommt, obwohl die zitierten Hadithe eine eindeutige Sprache sprechen. Der ihnen zugrunde liegende Begriff des Fremden und der Fremdheit ist ohne die Gnosis, wie Jonas sie beschreibt, kaum denkbar. Und so ist es nicht verwunderlich, dass sich die Vorstellung von der Fremdheit des Menschen im Koran noch gar nicht findet, während sie hundert oder einhundertfünfzig Jahre später, als die Hadithe gesammelt wurden, als authentische Aussage des Propheten gehandelt wurde. Denn anders als auf der abgelegenen Arabischen Halbinsel, wo Mohammed wirkte, waren der östliche Mittelmeerraum und das Zweistromland das Hauptverbreitungsgebiet der Gnosis, also der heutige Irak, der im Lauf des 7. Jahrhunderts von den Muslimen erobert wurde und wo seit jener Zeit das Zentrum der muslimischen Theologie lag.

Die Gnostiker wurden von den Muslimen »Zindīq« (Ketzer) genannt. Um das Jahr 780 kam es zu einer großen Verfolgungswelle gegen diese Gnostiker, die offenbar viele Anhänger hatten und deren Vorstellungen den muslimischen Glauben zu unterwandern drohten. »In der Spätantike hatte die Gnosis vermocht«, schreibt der Islamwissenschaftler Heinz Halm, »heidnische, jüdische, christliche und iranische Traditionen mit ihrem Weltgefühl zu durchdringen und zu verwandeln; Versuchungen dieser Art wurde nun auch die islamische Verkündigung ausgesetzt.«[66] Die zitierten Hadithe sind eine Folge dieser gnostischen »Versuchungen«. Zwar wurden die Gnostiker aus Bagdad vertrieben. Aber in den prophetischen Überlieferungen über die Fremdheit finden wir bis heute ihren Fußabdruck. Von einer »charakteristischen Aneignungslust« des Islams sprach der bereits erwähnte Orientalist Ignaz Goldziher. Zwar werden die Hadithe sämtlich dem Propheten zugeschrieben; in Wahrheit dürften viele Prophetensprüche jedoch in späterer Zeit entstanden sein, sodass auf diesem Wege Haltungen kanonisiert werden konnten, die sich in den Anfängen des Islams nicht fanden. Was gnostisch ist, was islamisch, lässt sich daher heute nur schwer auseinanderdividieren.

Gnostisches Gedankengut hat sich über die monotheistischen Weltreligionen hinaus verbreitet und gehalten. »Das Wort vom fremden Leben [lässt sich] als das Urwort der Gnosis verstehen«[67], schreibt Hans Jonas.

»Die Begrenzung durch die Idee des Jenseits nimmt der Welt ihren Totalitätsanspruch.«[68] Dies entspricht einer in vielen, wenn nicht den meisten Hochreligionen vorhandenen Tendenz, den »Totalitätsanspruch« des Diesseits in Frage zu stellen. Selbst quasireligiöse Strömungen, die gar keine Idee von Gott oder Jenseits kennen wie der Taoismus, lehren eine Abkehr von der Welt, wie sie ist, das heißt, wie sie uns als gegebene entgegentritt. In den indischen Religionen wird das Gegebene, die diesseitige Erscheinungswelt, als *maya* dargestellt, als »Illusion, die die Welt der Erscheinungen für die ›Soheit‹ der Wirklichkeit hält«.[69]

In der Gnosis wie auch in den monotheistischen Weltreligionen kann diese Ablehnung der Welt zum Wunsch führen, sie zu vernichten, um dadurch der Herrschaft der jenseitigen, wahren, besseren Welt zum Durchbruch zu verhelfen. Ausdruck und Name für diesen Wunsch ist die Apokalypse. »Die Unbedingtheit, mit der sich in der Vision die neue Welt von der alten scheidet, die Naherwartung der Wandlung« kennzeichne die apokalyptische Vision, schreibt der Literaturwissenschaftler Hans Vondung.[70] Apokalypse ist Untergang der alten Welt und Aufgang einer neuen, bisweilen auch im Diesseits. Daher hat sie einen utopischen Beiklang, ist, nach Ernst Bloch, »ein erzutopischer Archetyp, auch wenn die Apokalypse, die ihn enthält, mit der fixen Zweiheit von Hölle und Himmel die Zweiheit der alten Klassengesellschaft ebenfalls mitreproduziert und verewigt hat«.[71] Die Apokalypse wird utopisch, wenn »bislang frei schwebende oder auf ein Jenseits konzentrierte Hoffnungen [...] plötzlich diesseitig, als hier und jetzt realisierbar erlebt [werden]«, heißt es hingegen bei Karl Mannheim.[72] In der apokalyptischen Erwartung oder Vision entlädt sich, so könnte man mit einer Formulierung von Vondung sagen, die »Erfahrung einer extremen Spannung zwischen Defizienz und Fülle«[73], wo das Diesseits oder die Gegenwart als defizient, das Jenseits oder die nachapokalyptische Zukunft als erfüllt aufgefasst wird oder, mit unserem Wort, als unentfremdet.

Insofern man mit Bezug auf diese Ablehnung des Diesseits oder der Gegenwart (als des Gegebenen, je Begegnenden) vor dem Hintergrund eines besseren Jenseits oder einer besseren nachapokalyptischen Zukunft von einer universellen religiösen Vorstellung sprechen kann, wird sofort ersichtlich, welchen Bruch die mit Neuzeit, Aufklärung und Moderne einziehende

Auffassung bedeutet, dass es nur das Gegebene, die hiesige, diesseitige Welt gibt; oder dass jedenfalls nur diese uns zugänglich ist, nur sie für unser konkretes Dasein von unmittelbarer Bedeutung sei. Eine Schnittmenge zwischen beiden Vorstellungen bietet allein die Apokalypse, insofern sie die Zeit der Fülle vom Jenseits in ein zukünftiges Diesseits projiziert, in eine Zukunft also, die auch einer säkular geprägten Vorstellungswelt zugänglich ist, wo sie in Gestalt der Utopie wiederkehrt.

Seit der Säkularisierung kann die diesseitige Welt mithin wieder ihren »Totalitätsanspruch« erheben. Seltsamerweise jedoch verschwindet damit noch lange nicht das Gefühl der Fremdheit oder die mit ihr korrespondierenden Symptome, wie etwa das Leiden oder die Erfahrung des Mangels, nicht nur des materiellen, sondern auch des seelischen, also zum Beispiel die Entfremdung. Nur ist die Fremdheit nicht mehr an eine jenseitige Heimat zurückgebunden, was eigentlich schlimmer ist, denn nun fühlt man sich zwar nach wie vor fremd, aber an gar keinem Ort mehr zu Hause, nicht einmal nach dem Tod in einem Jenseits. »Die marxistische und die existenzialistische Entfremdungserfahrung war ohne Ortsbezug, war Erfahrung der Ortlosigkeit«, schreibt Bernhard Schlink.[74] Erst jetzt, abgekoppelt vom Heimatbegriff und damit ohne jede Perspektive, im Sinne einer Heimat geheilt zu werden, wird die Fremdheit unerträglich. Eine eventuell in die Zukunft projizierte Zeit der Fülle ändert daran nichts. Die Ortlosigkeit der Utopie bestand immer schon darin, dass sie allenfalls in der Zukunft Wirklichkeit wird, weswegen U-topie (wörtlich übersetzt ja nichts als die Ortlosigkeit, die Schlink meint) im Alltagsverstand etwas Fantastisches, bestenfalls Zukünftiges meint. Eine Heimat, die in der Zukunft liegt, zumal in der fernen, ist aber keine; sie ist und bleibt utopisch.

Der Mensch ist seither dazu verdammt, in der Welt, im Hier und Jetzt, zu Hause zu sein, heimisch zu werden. Fremdheit und Leiden haben keine Rechtfertigung mehr, sind kein Zeichen mehr für eine göttliche Herkunft oder den Weg zu Gott. Derjenige Anteil *des Menschen*, der nicht mit der Welt übereinstimmt, stört. Oder aber (es läuft auf dasselbe hinaus) derjenige Anteil *der Welt*, der nicht mit dem Menschen übereinstimmt. Wenn es den Punkt, die Heimat im Jenseits, welcher die Nicht-Übereinstimmung und Heimatlosigkeit des Menschen in der Welt allein erklären und begründen kann, nicht mehr gibt, wie es seit der Säkularisierung der Fall ist, so muss diese Nicht-Übereinstimmung, muss die Nicht-Reduzierbarkeit des Menschen auf die Welt auf einem Baufehler, einem Irrtum oder einer Täuschung beruhen, und zwar entweder auf einem Fehler aufseiten der Welt oder auf einem Fehler aufseiten des Menschen.

Gleich wie es sich damit verhält und wo der Fehler liegt, ergibt sich aus diesem Befund seit der Säkularisierung ein *Auftrag* an den Menschen. Dieser Auftrag lautet, dass die Nicht-Übereinstimmung irgendwie überwunden, der Fehler, gleich worauf er beruhe, behoben werden müsse. Die indischen Religionen, nicht zuletzt der Buddhismus, haben diese Haltung lange vor der europäischen Aufklärung vorweggenommen. Sie verorten den Fehler im Denken des Menschen, im Verhaftetsein an falschen Vorstellungen und schlecht begründeten Begierden. Kein Wunder, dass die indischen Religionen seit der Aufklärung auch im Westen populär geworden sind, angefangen bei der Philosophie Arthur Schopenhauers bis hin zum Populärbuddhismus im Westen heute. Der genannte Auftrag an den Menschen gemäß dem Weltbild der westlichen Moderne (verstanden im weitesten Sinn als Epoche von der Aufklärung bis heute) ist zunächst nur ein Auftrag, eine Handlungsanweisung, Orientierung. Dieser Auftrag ist in unterschiedlichem Sinn interpretiert worden, hat zu verschiedenen Paradigmen des Umgangs mit dem Problem der Fremdheit im nachmetaphysischen Zeitalter (dem Zeitalter ohne eine die Fremdheit erklärende Heimat im Jenseits) geführt. Zumindest drei lassen sich klar unterscheiden: das Entwicklungsparadigma, das Eigentlichkeitsparadigma und das existenzialistische Paradigma.

Im Entwicklungsparadigma (wir könnten auch Fortschrittsparadigma sagen) wird der genannte Auftrag im Sinn eines säkularisierten Heilsversprechens, einer konkreten, hoffnungsfrohen Zukunftserwartung oder Utopie begriffen. Ein Beispiel für eine solche Verweltlichung des Heilsanspruchs liefert der Positivismus, welcher der Menschheit aufgrund der technischen Entwicklung eine rosige Zukunft voraussagt. Beispielhaft für diese Haltung ist der französische Soziologe Auguste Comte (1798–1857), ein archetypischer Vertreter westlichen Fortschrittsglaubens, der in seinen Schriften zahlreiche Ideologeme des Westens systematisch ausgearbeitet hat. »Die geschichtliche Entwicklung der Menschheit ist nicht in einem verschwommenen Sinn universal, sondern sie hat ihren einheitlichen und bestimmten Ausgangspunkt in der weißen Rasse im christlichen Okzident. Nur die westliche Zivilisation ist dynamisch, progressiv und universal in ihrem missionarischen Anspruch«, fasst Karl Löwith eine der Grundannahmen von Auguste Comtes Denken zusammen.[75]

Comte selbst nannte sein Vorhaben »positive Philosophie«[76]; dieser »Positivismus« war eine der wirkmächtigsten Weltanschauungen des 19. Jahrhunderts. Obwohl der Positivismus heftiger Kritik ausgesetzt war, ja für manche zu einem regelrechten Hassobjekt wurde, und trotz der mit dem Fortschritt einhergehenden Gefahren und Katastrophen darf diese säkulare, auf die Zukunft bezogene Erlösungsvision bis heute als eines der populärsten Narrative der Menschheit gelten, keineswegs nur im Westen. Gleich ob ernst gemeint oder als Werbung ausgemalt, kehrt dieses Narrativ zum Beispiel in den Fantasien einer Verbesserung der Welt durch die Informationstechnik bei Google, Facebook, Apple und so fort wieder. In dieser Vision wird die Nicht-Übereinstimmung des Menschen mit der Welt, seine Fremdheit in ihr, sein Leiden an ihr, nicht als Bau- oder Denkfehler des Menschen gesehen, sondern als Mangel der Welt oder Natur, die dementsprechend mit den zur Verfügung stehenden Mitteln manipuliert und zugerichtet werden muss.

Diese technische Vision steht in einer Komplizenschaft zu den modernen politischen Visionen, geht oft mit ihnen Hand in Hand. »Letztes Ziel und Aufgabe jedoch ist die Anwendung der Ergebnisse der Naturwissenschaften auf die soziale Physik oder Soziologie zum Zwecke der gesellschaftlichen Neugestaltung«, vermerkt Löwith mit Bezug auf Comtes Verständnis von »Soziologie«. Nicht nur die Natur, sondern auch die Gesellschaft muss umgebaut werden, um den Menschen mit der Welt – diesmal der Welt in Gestalt seiner, des Menschen selbst – in Einklang zu bringen. Den soziologisch-politischen Visionen liegt anders als den bloß technisch-naturwissenschaftlichen immerhin die Einsicht zugrunde, dass die Fremdheit des Menschen in der Welt, also das, woran er in der Welt vor allem leidet, ihm nicht zuletzt von ihm selbst auferlegt wird.

Wenn der Mensch des Menschen Wolf ist – und nicht die Natur –, dann ist es der Mensch, der sich ändern, gezähmt werden oder notfalls in Zaum gehalten werden muss. Der Mensch, nicht die Natur macht den Menschen zum Fremden, lautet auch eine Lehre des Kommunismus, wie wir bereits angedeutet haben: »Der Satz, dass dem Menschen sein Gattungswesen entfremdet ist, heißt, dass ein Mensch dem andren, wie jeder von ihnen dem menschlichen Wesen entfremdet ist«[77], lautet die entsprechende Einsicht im »Kapital« von Marx. Folglich braucht es einen neuen Menschen, und die Gesellschaft muss umgebaut werden. Der Umbau kann im Extremfall auch ein Rückbau sein. Was sich ausdifferenziert hat, soll wieder gleich werden, nicht mehr nur aus einer transzendenten, jenseitigen Perspektive (also im abgehobenen Sinne gleich vor Gott), sondern *realgesellschaftlich*. Gleich in diesem Sinne wird man, indem man alle Sonderrechte, alle im Lauf der Geschichte erworbenen partikularen Rechte, verliert. Der Name für dieses Recht ist aber nichts anderes als Eigentum, zu verstehen als ein Recht auf …, ein Recht an …, ein Recht auf … und an …, das andere nicht haben:

> Die positive Aufhebung des Privateigentums als die Aneignung des menschlichen Lebens ist daher die positive Aufhebung aller Entfremdung, also die Rückkehr des Menschen aus Religion, Familie, Staat usw. in sein menschliches, d. h. gesellschaftliches Dasein[78],

weiß Marx. Der dank der Aufhebung aller Sonderrechte endlich mit seinesgleichen gleich gewordene Mensch – gleich ist er gleichsam durch einen Verlust geworden, weil er auf nichts Besonderes mehr ein Recht hat und damit kein Recht *mehr* als irgendein anderer – ist unter seinesgleichen logischerweise nicht mehr fremd, da nun alle wie er sind. Das emanzipatorische Ideal dieser Form des *social engineering*, der gesellschaftlichen Ingenieurskunst, besteht also in letzter Konsequenz nicht darin, den Menschen immer *mehr* Rechte zu geben (wie es die Identitätspolitik unserer Tage will), sondern niemandem irgendeines. Diese Haltung ist konsequent, enthält jedoch eine apokalyptische Dimension, insofern sie auf einen Zusammenbruch aller Unterschiede und Unterscheidungen hinausliefe. Jedes Recht, das nicht für alle gilt, diskriminiert die, für die es nicht gilt, verschafft ihnen einen Nachteil. Wenn nur heterosexuelle Paare heiraten und in den Genuss der damit verbundenen staatlichen Vorteile kommen dürfen, kann dies von homosexuellen Paaren zu Recht als Benachteiligung aufgefasst werden. Jeder, der einen europäischen Pass hat, hat einen Vorteil vor den meisten anderen Erdenbürgern. Ultimative Gleichheit, in die Wirklichkeit übertragen, läuft auf einen Rückbau der Geschichte, alles Gewordenen und Gewohnten hinaus und kann kurzfristig sicher nur gewaltsam realisiert werden. Es ließe sich daraus aber das alltagspolitische Gebot ableiten, zu versuchen, Gleichheit eher durch Einebnung als durch Betonung der Unterschiede zu erreichen. Mit einem konkreten Beispiel: Statt ein drittes Geschlecht in den Pass eintragen zu lassen, um Transsexuellen Gerechtigkeit widerfahren zu lassen, wäre es sinnvoller, auf den Eintrag des Geschlechts im Pass ganz zu verzichten, eine Option, die das Bundesverfassungsgericht dem Gesetzgeber offengelassen hat.[79]

Das Eigentlichkeitsparadigma (man könnte es auch das Zugehörigkeitsparadigma nennen) begegnet dem Problem der Fremdheit in der Welt nicht so sehr mit dem Verweis auf eine unzureichende Gesellschaft, die im Sinne einer »sozialen Physik« zu verändern und zu entwickeln wäre – wiewohl die radikalen Spielarten dieses Paradigmas in Gestalt von Nationalsozialismus und Faschismus dies ebenso versucht haben wie der Kommunismus –, sondern mit der Grundannahme, Heimat und Zugehörigkeit seien eigentlich immer schon gegeben, die Fremdheit mithin eine Illusion, eine falsche Betrachtungsweise. Politisch gesehen bedeutete dies in der Regel die Annahme, dass die Nation nicht erst herzustellen ist, sondern stets da war und nur als politische Größe nicht (ausreichend) genutzt wurde. Ihr müsse nur Geltung verschafft, sie müsse nur erkannt und, wenn es Widerstände gibt, verteidigt und errungen werden (notfalls mit den Mitteln des Kriegs oder der ethnischen Säuberungen). Wenn die Nation »gesund« ist, wird sich das Gefühl von Heimat und Zugehörigkeit schon einstellen.

Zu den intellektuelleren Spielarten des Eigentlichkeitsparadigmas zählt es, anzunehmen, dass der Fehler nicht in der Natur oder dem tatsächlichen Sein des Menschen liegt, sondern daran, dass der Mensch diese wahre Natur, sein wirkliches Sein nicht zureichend erkennt, blind ist, mit falschen Begriffen auf die Wirklichkeit schaut. Somit besteht eine Argumentationslinie in der Ansicht, dass der Mensch unreduzierbarer Teil der Natur ist, ihr ursprünglich zugehört. Der Mensch ist Gewächs der Welt, *Homo mundanus*, wie einer der Hauptvertreter dieser Auffassung, Wolfgang Welsch, es nennt. Welsch gesteht dabei zu, dass die »Tiefenstruktur des neuzeitlichen und modernen Denkens die Annahme einer grundsätzlichen Opposition zwischen Mensch und Welt zur Basis habe«.[80] Dieser von ihm beklagten »Tiefenstruktur« hält er die Behauptung entgegen, der Mensch sei kein »Weltfremdling«, sondern ursprünglich in der Welt zu Hause und dafür eingerichtet worden. Als »Homo mundanus« ist er in der Welt (lateinisch: *mundus*) beheimatet. Zur Unterstützung seiner These beruft sich Welsch auf neuere Erkenntnisse von Biologie und Evolutionslehre.

Interessant ist an dieser These zum einen, dass Welsch der Philosophie, und zwar ausgerechnet der modernen und säkularen mit ihren Fortschrittsidealen, ebenfalls unterstellt, sie gehe (beginnend mit Descartes im 17. Jahrhundert[81]) von der These der Fremdheit des Menschen in der Welt aus. Damit wird unsere Vermutung, die Auffassung, der Mensch sei fremd in der Welt, habe eine lange geistesgeschichtliche Kontinuität von der Antike bis in die Gegenwart, von Welsch auf seine Weise unterfüttert.

Zum anderen bestätigt Welsch unseren Befund von der Entfremdungsintoleranz des modernen Menschen, und zwar indem er die These, der Mensch sei fremd in der Welt, selber bekämpft, also ableugnet, dass es überhaupt Fremdheit gibt. Allerdings untermauert er seine Gegenthese von der Beheimatung des Menschen in der Welt nicht mit philosophischen, sondern naturwissenschaftlichen Argumenten. Er wechselt also die Argumentationsebene. In diesem Sinn bekämpft er nicht die Entfremdung, wie es die praktische Philosophie mit Hilfe von Ethik, Moral und Staatslehre versucht hat oder die positivistische mit Hilfe des technisch-wissenschaftlichen Fortschritts, sondern leugnet sie schlichtweg mit naturwissenschaftlichen Argumenten ab. Hätte er recht, könnte man so weit gehen, das Ende der Philosophie auszurufen, da gemäß dieser Sicht die meisten ihrer Probleme auf einer – naturwissenschaftlich nun aufgeklärten – Chimäre beruhen. Wir vermuten hingegen, dass es sich bei der Chimäre in Wahrheit um eine Tatsache handelt, nämlich dass die Stellung des Menschen in der Welt keineswegs so klar ist, wie es die Evolutionsbiologie Welsch vorgaukelt.

Der Wechsel der Argumentationsebene von der Philosophie auf die naturwissenschaftlich-evolutionsbiologische Ebene ist auch insofern wenig hilfreich, als damit weder der von zahlreichen neuzeitlichen Philosophen konstatierten Sinnkrise noch der von Descartes thematisierten Erkenntniskrise begegnet werden kann. Dieser Krise kann hingegen mit den Argumenten der Philosophen begegnet werden; und sie kann mit deren Argumenten immerhin thematisiert werden, was unmöglich ist, wenn man sie unter Berufung auf Naturwissenschaft und Evolution ableugnet.

Selbst wenn der Mensch biologisch betrachtet keineswegs fremd in der Welt wäre, kommt er sich dennoch häufig so vor, zum Beispiel wenn er körperlich leidet (von seelischem Leiden ganz zu schweigen). Man kann darauf mit Schmerzmitteln, Psychopharmaka und Hightech-Medizin reagieren; mit Drogen, Alkohol oder einer nach immer neuem Kick verlangenden Lebensweise. Die durch Fremdheitsgefühle, Leid und letztlich den Tod aufgeworfenen Sinnfragen, Reibungsflächen und Entfremdungserfahrungen können Technik und Fortschritt jedoch nicht beantworten und schon gar nicht eine Naturphilosophie, die das Befremdende daran schlicht ableugnet.

Es gibt jedoch im Rahmen des Eigentlichkeitsparadigmas noch eine andere Art und Weise, die Reibungsfläche zwischen Mensch und Welt aufzuheben. Sie besteht darin, alles, was diese Reibungsfläche (das heißt die Fremdheit) voraussetzt oder thematisiert, etwa die Metaphysik, als »Seinsvergessenheit« zu deuten: Der Mensch habe im Verlauf des metaphysischen, auf ein (religiöses) Jenseits bezogenen Zeitalters – man lässt dieses üblicherweise mit Platon und seiner Ideenlehre beginnen – vergessen, dass er in der Welt, im Sein, immer schon ursprünglich zu Hause ist. Er hat sich zu sehr auf die Metaphysik eingelassen, hat sich einreden lassen, Wahrheit sei nicht in dieser Welt, sondern in höheren Sphären zu suchen; seine Heimat sei nicht in der Welt, sondern im Jenseits oder einem rein geistigen, pneumatischen Bezirk.

Dies erklärt recht gut, warum Heidegger, auf den die Rede von der Seinsvergessenheit zurückgeht, sich eine Zeitlang mit dem nationalsozialistischen Projekt als einem aggressiven Bekenntnis zu einem behaupteten Eigenen identifizieren konnte. Ausgehend vom griechischen Wort für Wahrheit, *aletheia*, deutet Heidegger Wahrheit als Un-Verborgenheit (*a-letheia*). Wahrheit ist also im Grunde immer schon da und anwesend, sie ist lediglich verstellt, und zwar in Heideggers Terminologie passenderweise durch das »Gestell«, verstanden als alles, was den Menschen von der eigentlichen, unmittelbaren Weltbegegnung ablenkt, vor allem aber die Technik, die sich zwischen den Menschen und die Welt *stellt*. In seiner Schrift »Die Technik und die Kehre« schreibt Heidegger:

> Die Bedrohung des Menschen kommt nicht erst von den möglicherweise tödlich wirkenden Maschinen und Apparaturen der Technik. Die eigentliche Bedrohung hat den Menschen bereits in seinem Wesen angegangen. Die Herrschaft des Gestells droht mit der Möglichkeit, dass dem Menschen versagt sein könnte, in ein ursprüngliches Entbergen einzukehren und so den Zuspruch einer anfänglicheren Wahrheit zu erfahren.[82]

Die Rede vom *Homo mundanus* ist deswegen leicht zu missbrauchen. Wenn Heimat in der Welt und Wahrheit im wissenschaftlich erschlossenen Diesseits als bereits vorhanden gedacht sind, wir sie bis jetzt nur nicht haben sehen wollen oder können, ergibt sich daraus logisch der Auftrag, dasjenige, was diesen Blick verstellt oder erschwert, zu beseitigen. Dazu zählen die realen Fremden ebenso wie alles sonst, was der eigenen, hergebrachten Vorstellung von Heimat widerspricht, ja am Ende alles, was man nicht sehen und (an Argumenten und abweichenden Meinungen) hören will, alles, von dem man glaubt, dass es sich vor die eigene, eigentliche Wahrheit stellt: angefangen bei der Technik wie bei Heidegger bis hin zu allen möglichen anderen Phänomenen der Moderne, der Demokratie, der Globalisierung, der Digitalisierung, der Migration und so weiter.

Es versteht sich, dass dieses Paradigma oft in einen Gegensatz zum erstgenannten, dem Fortschrittsparadigma, gerät; wiewohl es auch Mischformen gibt, wie eben den Nationalsozialismus, wo der Fortschritt in der Durchsetzung der Eigentlichkeit und Zugehörigkeit besteht, die als den anderen Zugehörigkeiten überlegen gedacht wird, was gleichsam in der Natur der Sache liegt: Für einen selbst ist die eigene Zugehörigkeit immer den anderen überlegen – wäre es nicht so, würde man sich ihr nicht verbunden und zugehörig fühlen, sondern wäre ihr entfremdet oder könnte eine beliebige andere wählen. Von der Tatsache aber, dass die eigene Zugehörigkeit für einen selbst meistens besser ist, ist es nur ein kleiner Schritt zur Schlussfolgerung, die eigene Zugehörigkeit sei nicht nur für einen selbst, sondern an und für sich besser als andere.

Unter anderem auf Heidegger geht aber auch das dritte Paradigma des Umgangs mit der Fremdheit in der Welt zurück, das existenzialistische. Es besteht einfach gesagt darin, die Fremdheit auch ohne Aussicht auf Heimat oder Erlösung hinzunehmen, sie als Schicksal zu akzeptieren und aus ihr heraus eine Haltung im Leben zu finden. Sie ist der religiösen Akzeptanz der Fremdheit verwandt, verzichtet aber auf die Absicherung, auf die Heimat im Jenseits. Diese Auffassung ist in Nietzsche und Schopenhauer, religiös gewendet in Kierkegaard vorgebildet, wobei Kierkegaard gleichsam das Bindeglied zwischen dem existenzialistischen Paradigma und dem Zugehörigkeitsparadigma darstellt. Inwiefern, das erklärt Rüdiger Safranski in seinem Buch über Heidegger wie folgt:

> Kierkegaards Angriff gegen die illusionäre Selbstmächtigkeit des Geistes [in der klassischen Bewusstseinsphilosophie] geht […] von der nicht zu beseitigenden Differenz zwischen Denken und Existenz [aus]. In den Verstrickungen des Lebens geraten wir immer wieder in Situationen, in denen wir uns entscheiden müssen, wer wir sein wollen. Wir verlassen den Raum des bloß Denkbaren, wir müssen uns festlegen, Verantwortung übernehmen, wir können nicht vermeiden, von einem Möglichkeitsmenschen, der alles bedenken kann, zu einem Wirklichkeitsmenschen zu werden, der aus dem Denkbaren das auswählt, was ihn im inneren und äußeren Handeln bindet.[83]

Kierkegaard geht zwar von der »nicht zu beseitigenden Differenz zwischen Denken und Existenz« aus, plädiert aber dafür, diese Differenz durch eine Entscheidung außer Kraft zu setzen. In dem Moment, wo wir eine Entscheidung, eine Wahl treffen und damit für unser Handeln verantwortlich werden, verlassen wir den Raum des bloßen Denkens und betreten denjenigen der faktischen Existenz. Wir sind nach Kierkegaard zur Entscheidung genötigt, weil wir anders, nämlich rein denkerisch, die Differenz zur eigentlichen Existenz nicht beseitigen können. Indem aber die Entscheidung die denkerische Differenz zum Sein aufhebt, begünstigt sie die eine Seite der Differenz zugunsten der anderen. Mit und dank der Entscheidung, können wir sagen, katapultiert sich der Existenzialist zurück ins Eigentlichkeitsparadigma. Als jemand, der sich ein für alle Mal entschieden zu haben glaubt und in der Verantwortung steht, entgeht er damit zwar der Differenz zwischen Denken und Existenz – und damit der Entfremdung; bleibt aber dann wie zur Strafe in die (bloß vermeintliche) Eigentlichkeit der (und Zugehörigkeit zur) sich entbergenden Existenz gebannt, zu ihr verurteilt. Man könnte auch sagen, der Existenzialist flieht vor der Entfremdung in ein Narrativ, welches die Fremdheit immer schon aufzuheben verspricht. Dieses Narrativ kann natürlich auch im Fortschrittsparadigma, im Kommunismus oder dergleichen bestehen, für den sich viele Existenzialisten engagiert haben. Diese »engagierte« Figur und Spielart des Existenzialismus wird vor allem von Jean-Paul Sartre repräsentiert.

Freilich gibt es auch den Existenzialismus *vor* dem Sprung ins Narrativ, einen Existenzialismus, der die Differenz zwischen Denken und Sein aushält und jede Entscheidung als Verrat an der existenzialistischen Ausgangslage deutet. Diese Haltung ist von Albert Camus vertreten worden, dem Zeitgenossen und Antipoden von Sartre, der die Absurdität der Existenz und die Fremdheit des Menschen ins Zentrum seines Werks stellte. In seinem Buch »Der Mythos des Sisyphos« behandelt er den Selbstmord als philosophische Frage: »Sich entscheiden, ob das Leben es wert ist, gelebt zu werden oder nicht, heißt auf die Grundfrage der Philosophie zu antworten.«[84] Diese Grundfrage der Philosophie stellt sich angesichts der vermuteten Absurdität der Existenz. Die Existenz ist laut Camus absurd, denn:

> Eine Welt, die man – selbst mit schlechten Gründen – erklären kann, ist eine vertraute Welt. Aber in einem Universum, das plötzlich der Illusionen und des Lichts beraubt ist, fühlt sich der Mensch fremd. Aus diesem Exil gibt es keine Rückkehr, da es der Erinnerungen an eine verlorene Heimat oder der Hoffnung auf ein gelobtes Land beraubt ist.[85]

In diesen Sätzen ist der Ausgangspunkt der existenzialistischen Haltung zur Fremdheit exakt benannt. Der Existenzialist steht vor der Wahl, die Fremdheit auszuhalten oder sich durch den existenzialistischen Sprung vor ihr zu retten. Während sich der Gläubige aber immerhin auf eine Heimat im Jenseits freuen und vorbereiten kann, bleibt demjenigen, der von der Absurdität der Existenz überzeugt ist, kein Trost. Er ist mit seiner Fremdheit allein. Entsprechend groß ist die Versuchung zum Sprung. Der Rat des Propheten: »Sei in der Welt wie ein Fremder oder einer, der auf dem Weg vorübergeht«, scheint vor diesem Hintergrund schwer zu beherzigen. Und doch ist der Existenzialist aufgrund seines Bewusstseins der Differenz zwischen Denken und Sein, seines womöglich unaufhebbaren Gefühls der Fremdheit stets vor dieselbe Alternative gestellt. Oder aber mit der Schwierigkeit konfrontiert, trotz ständig wiederholter Sprünge doch nie im richtigen Leben zu landen, die Differenz zu spüren, die Fremdheit zu erfahren – und sei es, weil auch im Diesseits, in der gegebenen Welt, das nach Heidegger zu ent-bergende Sein längst nicht mehr zugänglich ist. »Es gibt kein richtiges Leben im falschen«, dekretierte, das Dilemma beschreibend, Adorno. In Kunst und Literatur der Moderne ist dieses Lebensgefühl oft festgehalten worden, mit Kafka als einsamem Höhepunkt.

Allerdings ist fraglich, ob eine solche existenzialistische Sichtweise ohne Sprung – oder allein mit dem Sprung ins sowieso falsche Leben – eine brauchbare Vision, eine empfehlenswerte Haltung darstellt. Zumindest wird sie immer eine elitäre Haltung sein, die zum einen das entsprechende Bewusstsein voraussetzt, zum anderen die bescheidenen Mittel (Sartre lebte zeit seines Lebens in einem Hotelzimmer), die es erlauben, sich in der Heimatlosigkeit, im ewigen Provisorium und Möglichkeitsraum vor dem Sprung einzurichten. Halten wir unseren Vorschlag dagegen, vor dem Sprung in eine jeweilige Wahrheit eine transzendente Instanz anzusetzen, so erweist sich diese Instanz als hilfreiche Rückzugsposition. Sie schafft eine Leerstelle, die nicht nur, wie Thomas Khurana schreibt, das Politische erfordert[86], sondern die auch den »Raum des bloß Denkbaren«, von dem Safranski mit Bezug auf Kierkegaard sprach, offenhält und zugleich jeden Wahrheitsanspruch, der mit dem Sprung einhergeht, als relativ markiert. Boris Groys schreibt mit Bezug auf Kierkegaard:

> Die Wahl der eigenen Existenz und der existentielle Sprung wurden vielfach als Figuren der Versöhnung mit der schlechten Wirklichkeit interpretiert, die man stattdessen lieber verändert sehen wollte [was der Haltung des Verbesserungs- und Fortschrittsparadigmas entspräche oder dem engagierten Existenzialismus Sartres]. [...] Aus dem zuvor Gesagten folgt aber, dass sich Kierkegaard gerade dann, wenn er die Wahl der Wirklichkeit beschreibt, auf die größtmögliche innere Distanz zu dieser Wirklichkeit begibt, selbst am radikalsten an ihr verzweifelt und sein Nicht-Einverständnis mit ihr am konsequentesten bekundet.[87]

Die »innere Distanz« ist Anerkennung der Fremdheit und der Differenz, das Wissen darum, dass beide unaufhebbar sind, und ebendieses Wissen unterscheidet den Existenzialisten vom Anhänger des Fortschritts- ebenso wie von dem des Eigentlichkeitsparadigmas, begründet aber auch seine tragische Weltsicht. Er kann zwar den Sprung in die Welt, in eine Position innerhalb der Welt vollziehen, Wirklichkeitsmensch werden, aber er liefert sich ihr nicht aus, bleibt innerlich distanziert, wahrt die Möglichkeit eines Rücksprungs. Somit bleibt ihm die transzendente Perspektive, die Position außerhalb der kruden Wirklichkeit, erhalten.

Wiederum bietet sich ein Vergleich mit den Lehren des Buddhismus an: Nachdem der Buddha das Nirwana erfahren hat – zu übersetzen als unser Zustand der absoluten Distanz zur je gegebenen Welt, also als Fremdheit im Diesseits –, kehrt er in die Welt, in die (nach buddhistischer Auffassung freilich illusionäre) Wirklichkeit (in unsere Terminologie übersetzt: ein Narrativ) zurück. Diese Rückkehr ist der Sprung des Existenzialisten in das je gegebene Sein. Aber wie der Existenzialist oder jedenfalls wie Kierkegaard gemäß Groys hält der Buddha dazu »die größtmögliche innere Distanz«, bewahrt sich also die Möglichkeit des Rücksprungs ins Nirwana auf. »Dagegen bietet sich die Wahl des endlichen Seins zum Tode für Heidegger eindeutig als eine allein richtige Wahl, der man nur ›uneigentlich‹ zu entfliehen versuchen kann.«[88] Mit diesem Satz (von Boris Groys) wird der Unterschied zum Eigentlichkeitsparadigma deutlich. Nicht umsonst ist das existenzialistische Paradigma dem vordogmatisch-religiösen, das den Menschen nur als Gast auf Erden sieht, verwandt.

Es lohnt sich an dieser Stelle, einen kleinen Exkurs über die Kunst einzuschieben, da in ihr die skizzierten Paradigmen am nachvollziehbarsten gespiegelt und verarbeitet werden und sie uns jenseits begrifflicher Abstraktionen einen Einblick in die Befindlichkeiten der Moderne erlaubt.

Das Eigentlichkeitsparadigma schlägt sich im Konzept einer Kunst nieder, die einen Einstellungswandel bewirken will, eine veränderte Haltung oder Sichtweise, in welcher sich die Dinge als schön zeigen, selbst womöglich die hässlichen. Peter Handke vertritt diese Spielart. In seinen Büchern können selbst Nicht-Orte, *non-lieus*, trostlose Vorstädte, Autobahnen, das Gefühl der Heimat in der Welt vermitteln.[89] Es ist möglich, noch den Impressionismus so zu deuten (nicht umsonst schrieb Handke ein Buch über Cézanne[90]). Denn es ist im Impressionismus nicht die Frage, ob die abgebildeten Dinge an sich schön, erbaulich, unentfremdet sind. Vielmehr sieht sie der Blick des Malers schön, zumal die Symbole der Moderne, die üblicherweise für Entfremdung, Entzauberung, brutalen Fortschritt stehen: eine Eisenbahnstation mit Lokomotiven, der Rauch einer Fabrik am Stadtrand, ein geschäftiger Hafen, der Boulevard einer Großstadt wie Paris.

Die Übergänge sind fließend. Die ausgetretenen Bauernschuhe in der Stube – Heidegger beschreibt sie – sind schön trotz der Armut, die sie auch ausdrücken. Das wogende Weizenfeld vielleicht auch noch. Aber dann werden schwarze Raben hineingemalt. Alles wird bedrohlich, neigt sich ins Negative. Die positive Vision lässt sich nicht mehr halten, erweist sich als Lüge. Der Mensch fühlt sich fremd. Das Eigentlichkeitsparadigma kippt zurück in das existenzialistisch-tragische. Van Gogh ist es, der diesen Kippmoment am eindringlichsten symbolisiert hat. Hören wir, was Heidegger über van Gogh (und Conrad Ferdinand Meyers Gedicht »Römischer Brunnen«) schreibt:

> Das Bild, das die Bauernschuhe zeigt, das Gedicht, das den römischen Brunnen sagt, bekunden nicht nur, was dieses vereinzelte Seiende als dieses sei, falls sie je bekunden, sondern sie lassen Unverborgenheit als solche im Bezug auf das Seiende im Ganzen geschehen. Je einfacher und wesentlicher nur das Schuhzeug, je ungeschmückter und reiner nur der Brunnen in ihrem Wesen aufgehen, umso unmittelbarer und einneh-

mender wird mit ihnen alles Seiende seiender. Dergestalt ist das sichverbergende Sein gelichtet. Das so geartete Licht fügt sein Scheinen ins Werk. Das ins Werk gefügte Scheinen ist das Schöne. Schönheit ist eine Weise, wie Wahrheit als Unverborgenheit west.[91]

Selbst wer noch nie eine Zeile Heidegger gelesen hat, ahnt angesichts dieser Passage, worauf Adorno mit seinem Verdikt über den »Jargon der Eigentlichkeit« abzielte; ahnt aber vielleicht auch die Faszination, die dieser Jargon ausüben kann; und ahnt, welche Funktion die Kunst im Eigentlichkeitsparadigma zugeschrieben bekommt und welche sie sich selbst, siehe Handke, ebenso zurechnet und zueignet. Fast aber will man die Bauernschuhe van Goghs, das Gedicht C. F. Meyers gegen die Vereinnahmung Heideggers in Schutz nehmen. »Wie Landschaft hässlicher wird vor dem Bewundernden, der mit den Worten: Wie schön! sie stört«[92], so ergeht es uns womöglich hier, wenn Heidegger dazwischenredet. Meyers Gedicht »Der römische Brunnen« lautet:

Aufsteigt der Strahl und fallend gießt
Er voll der Marmorschale Rund,
Die, sich verschleiernd, überfließt
In einer zweiten Schale Grund;
Die zweite gibt, sie wird zu reich,
Der dritten wallend ihre Flut,
Und jede nimmt und gibt zugleich
Und strömt und ruht.[93]

Es ist aber die existenzialistische Haltung, die sich am deutlichsten in den heute als kanonisch geltenden Strömungen der künstlerischen Moderne niedergeschlagen hat. Wir finden sie bei Kafka ebenso wie bei den Surrealisten, bei den Expressionisten ebenso wie bei Büchner, Nietzsche und Heidegger, bei Giacometti und Rothko und natürlich auch in der neuen Musik. Ihre Grundstimmung ist das nur kurzzeitig, in ekstatischen Momenten aufhebbare Gefühl der Tragik, ist die Skepsis, und sie bedeutet, an Fortschritt und andere Verheißungen ebenso wenig glauben zu können wie an die Behauptung, der Mensch sei in der Welt ohnedies zu Hause. Die Gottverlassenheit, die sich in diesem Gefühl ausdrückt, muss nicht ein schierer Atheismus sein. Sie kann sich genauso im Gefühl oder Bewusstsein absoluter Gottferne äußern. An Gott wird dann zwar noch geglaubt, aber er ist unerreichbar, derart transzendent, dass er keine Rolle mehr spielt, bloß als Verlust erfahren wird.[94] Diese Erfahrung ist so universell und zeitlos, dass der arabische Mystiker Ibn Arabi sie bereits um die Wende vom 12. ins 13. Jahrhundert in einem Gedicht ausgedrückt hat:

aus liebesqual und liebesleidenschaft
sag ich ach würde wer mich
krank macht auch mich pflegen

doch ging er nur an meiner tür vorüber
verbarg sich höhnisch unterm schleier
und tat als gäbs mich nicht

sein sich verschleiern kränkt mich nicht
mich kränkt dass er so tut als gäbs mich nicht.[95]

Dass es weder im Diesseits noch im Jenseits eine Heimat geben kann, ist die Urerfahrung solcher Kunst. Ihr Held ist Odysseus, der in Gestalt von James Joyce' »Ulysses« (des Dubliner Durchschnittsbürgers Leopold Bloom) zum Inbegriff des modernen (Anti-)Helden geworden ist. Was es mit Odysseus in der nachmetaphysischen Moderne auf sich hat, hat auf knappstem Raum der 1930 geborene syrische Dichter Adonis (Pseudonym für Ali Ahmad Said Isbir) ausgedrückt. In dem Gedicht »Erde ohne Rückkehr« von 1961 heißt es:

Selbst wenn du heimkehrtest, Odysseus
Selbst wenn die Fernen dir zu eng würden […]
Bleibst du die Geschichte eines Aufbruchs
Bleibst du auf einer Erde ohne Verheißung
Bleibst du auf einer Erde ohne Rückkehr –
Selbst wenn du heimkehrtest, Odysseus.[96]

Das Gefühl der Weltfremdheit ist hier von seiner Herkunft aus den religiösen Narrativen vollständig abgekoppelt. Die Odyssee, verstanden als Heimatlosigkeit, ist der Zustand des modernen Menschen auch ohne Verwurzlung im Diesseits. Der Mensch kommt nirgendwo an. Das Ertragen der Ankunftslosigkeit, der Heimatlosigkeit ohne Rückbindung an eine Transzendenz und ohne Hoffnung in der Immanenz kennen wir aus der europäischen Ideengeschichte spätestens seit Nietzsche. Wie Adonis und viele andere arabisch-islamische Dichter beweisen, ist dies längst auch in der islamischen Welt eine weitverbreitete Haltung geworden: »Wir reisen wie alle anderen, aber wir kehren nirgendwohin zurück«, dichtet zum Beispiel Mahmud Darwish (1941–2008), der bekannteste Dichter der Palästinenser, ihrer Vertreibung und Heimatlosigkeit. Sein Gedicht »Wir haben ein Land aus Worten« schließt mit den Zeilen:

> Wir haben ein Land aus Worten:
> Sprich, sprich, damit wir das Ende der Reise erkennen.[97]

Allerdings hat auch das Fortschrittsparadigma seine Kunst. Sie kommt uns am ehesten als positiv und lebensbejahend vor. Das drückt sich aus im Glauben an die ästhetische Erziehung bei Schiller oder ganz anders und auf eher machohafte Weise im Futurismus, der genauso auf den Orient übergriff wie der Existenzialismus. Der türkische Dichter Nazim Hikmet (1902 bis 1963) wollte schon in den zwanziger Jahren in einem Gedicht zur Maschine werden, und sei es ironisch:

> Trrrrum, trrrrum, trrrrum!
> Trak tiki tak!
> Zur Maschine will ich werden!
> Aus meinem Hirn,
> Aus meinem Fleisch,
> Aus meinem Skelett
> Kommt dieser Trieb!
> […] Und glücklich ward ich nur
> Mit Turbine im Bauch,

Mit Schrauben am Schwanz.
Trrrrum, trrrrum, trrrrum!
Trak, tiki, tak!
Zur Maschine will ich werden![98]

Der Positivismus wird von Auguste Comte und explizit im Sozialistischen Realismus zum künstlerischen Programm erhoben. Bei Auguste Comte klingt das so:

> In dem Lob der großen Werke des Menschen, seiner Eroberung der Natur, der Wunder seiner sozialen Fähigkeiten wird dann das ästhetische Genie eine Quelle neuer und mächtiger Inspirationen finden, die der größten Volkstümlichkeit fähig sein werden, weil sie in Harmonie mit dem Instinkt unserer Überlegenheit und unserer Überzeugungen stehen.[99]

Wir finden dieses Programm heute in der populären Filmkunst wieder, mit ihrer Aussicht auf ein Happyend und den Paradiesen von Liebe und Versöhnung, von Hollywood über Bollywood bis zu deutschen Vorabendserien, in Science-Fiction-Mythen wie »Star Wars« oder, ironisch gebrochen, in der kühlen Ästhetisierung des Konsums in der Pop-Art, einer Ironisierung, die die zugrunde liegenden Annahmen nicht weniger augenzwinkernd bestätigt wie in Frage stellt und die sich ebenso von der Werbung inspirieren lässt, wie die Kunst ihrerseits die Werbung anregt.

Alle drei genannten Paradigmen, die auf die nachmetaphysische Entfremdungserfahrung antworten, stehen nicht unter dem Zeichen einer Versöhnung mit der Fremdheit, sondern unter der postmetaphysisch unausweichlichen Prämisse, den genannten Auftrag zu erledigen, nämlich den Auftrag, die Fremdheit aufzuheben, zu beseitigen, die Welt oder die Existenz zur Heimat zu machen, mit Ausnahme mancher Strömungen des Existenzialismus wie bei Camus. Damit aber dürfen wir mit Wolfgang Welsch feststellen, dass die gesamte Moderne unter einer unaufhebbaren Entfremdungsintoleranz leidet. Sie leidet paradoxerweise nicht nur unter dem Leiden, sondern auch darunter, es nicht mehr erleiden zu dürfen, will sie ihrer

Mission nachkommen – eine Mission, die mit der Abdankung der Religion und dem Verlust der Heimat im Jenseits unausweichlich scheint: die Welt, koste es, was es wolle, zur Heimat zu machen.

Erschwerend kommt hinzu, dass die drei möglichen Antworten auf diese Problematik (in Gestalt unserer drei Paradigmen) sich wechselseitig in die Fremdheit katapultieren, ausschließen, abstoßen: Das Fortschrittsparadigma zerstört die Möglichkeit des Eigentlichkeitsparadigmas: Heideggers Hauptgegner ist das »Gestell« der Technik, genau dasjenige also, was den Fortschritt ausmacht. Das Eigentlichkeitsparadigma schließt strenggenommen den Fortschritt, nicht zuletzt den sozialen, aus. Es will die Dinge nehmen, wie sie eigentlich, das heißt ohne die Verbesserungswut der Fortschrittsgläubigen, sind; will sie aus dem, wodurch sie verstellt werden, entbergen. Es ist damit naturgemäß konservativ und widersetzt sich dem für den Fortschritt nötigen Wunsch nach Veränderung, da die Heimat ja immer schon »eigentlich« da ist. Dieser konservative, soziale Nöte oft verschleiernde Zug hat Adorno zu seiner Philippika im »Jargon der Eigentlichkeit« gegen Heidegger und dessen Adepten veranlasst. In seinem von hegelianisch-marxistischem, dialektischem Jargon durchtränkten, hochverklausulierten Stil, der wie nebenbei die Abwehrreaktion illustriert, mit der die postmetaphysischen Paradigmen einander begegnen, schreibt Adorno:

> Aber Geborgenheit als Existential wird aus dem Ersehnten und Versagten zu einem jetzt und hier Gegenwärtigen, unabhängig von dem, was sie verhindert. Das hinterlässt seine Spur im geschändeten Wort: die Reminiszenz ans Eingehegte und sicher Umgrenzte ist gekettet an jenes Moment bornierter Partikularität, das aus sich heraus das Unheil erneuert, vor dem keiner geborgen ist. Heimat wird erst sein, wenn sie solcher Partikularität sich entäußert, sich aufgehoben hat, als universale.[100]

Das existenzialistische Paradigma mit seiner Strategie des Weder-noch, des heroischen Aussitzens der Entfremdung – mit der Aussicht auf eine heilsame, solidarische Gemeinschaft, um nicht zu sagen *Bruderschaft* der Entfremdeten – wird durch die *Entweder-oder*-Haltung der anderen Paradigmen konterkariert und in eine Außenseiterrolle gedrängt. Zugleich erhebt es den Vorwurf gegen die anderen, die Grundbefindlichkeit der Moderne, eben die Entfremdung selbst, um des billigen Effekts der Illusion einer Beheimatung in der Welt willen zu verraten. Der eigentümliche Reiz einer Theorie wie derjenigen Fukuyamas liegt darin, alle drei modernen Paradigmen irgendwie zu einer Synthese zusammenzuführen. Diese geschieht durch den Trick, das Fortschrittsparadigma als eigentliche Heimat und Wahrheit, *aletheia*, zu ent-bergen. Im Stachel des Thymos jedoch bleibt zugleich die Reibungsfläche, die Differenz zur Welt ein Stück weit erhalten, eine Differenz, die in der Wettbewerbsgesellschaft auf erfüllende Weise ausagiert werden kann, indem sie immer wieder die Gelegenheit zum existenziellen Sprung (in die schöne Welt der Waren) bietet, dazu also, alles auf eine Karte zu setzen, sich zu entscheiden und doch immer wieder zurückzukönnen, zurückzumüssen in die Freiheit des jeweils nächsten Konsums. Der existenzialistische Sprung wird im Neoliberalismus endgültig zum Kauf, zur Entscheidung für eine Ware; sarkastisch gesprochen, der Sprung zurück zum Umtausch. Hätte Fukuyamas Vision nicht nur ihre kapitalistisch-materielle, sondern eine geistige Dimension, die die eigene Weltsicht nicht absolut setzen würde, wäre sie nicht hegemonial und würde sie allen anderen nicht die Anpassung, wenn nicht das Aussterben ankündigen oder androhen, könnte man sie fast für genial halten.

Allein die französische Literaturwissenschaftlerin und Psychologin Julia Kristeva entwickelt eine Akzeptanz und positive, zielführende Verwertung der nachmetaphysischen Entfremdungserfahrung ohne Rückgriff auf eine transzendente Instanz oder einen Gottesbegriff. Der Preis, den sie dafür zahlt, ist freilich eine Psychologisierung der Fremdheitserfahrung. In ihrem Standardwerk zum Begriff des Fremden in der abendländischen Ideengeschichte »Étrangers à nous-mêmes« schreibt sie:

> Der Fremde ist in uns. Und wenn wir vor dem Fremden fliehen oder ihn bekämpfen, kämpfen wir gegen unser Unbewusstes – dieses Uneigentliche unseres unmöglichen Eigentlichen. […] Freud lehrt uns, die Fremdheit in uns selbst zu erkennen. Das ist vielleicht die einzige Möglichkeit, sie nicht nach außen zu projizieren. […] Das Fremde ist in mir, also sind wir alle Fremde. Wenn ich mir sogar selbst fremd bin, gibt es

> folglich keine Fremden mehr. Freud sagt das so nicht. Aber die Ethik der Psychoanalyse impliziert eine Politik: ein Kosmopolitismus neuen Typs, der quer zu den Regierungen steht, den Ökonomien und Märkten und im Sinne einer Menschheit wirkt, deren Solidarität darauf beruht, dass sie um ihr Unbewusstes weiß, so begehrend, zerstörerisch, ängstlich, leer und unmöglich es auch ist.[101]

Der Kosmopolitismus neuen Typs, den Kristeva erwähnt, ist uns bereits begegnet; es ist exakt derjenige über-, unter- oder parastaatliche, der uns vorschwebt. Die Haltung zur Fremdheit an sich, die Kristeva unter Berufung auf Freud entwickelt, erinnert dabei an die existenzialistische: Die Fremdheit ist zu ertragen, eine endgültige Lösung gibt es nicht, denn Fremdheit ist das Andere, Unheimliche, Unbewusste in uns selbst. Kristeva teilt mit der existenzialistischen Haltung aber auch die Schwäche, eine recht elitäre, individualistische Sichtweise zu propagieren, indem sie das Drama der Differenz, der Nicht-Übereinstimmung mit dem Sein, in das Innerste, Un(ter)bewusste des einzelnen, individuellen Menschen selbst verlegt.

Zudem leidet Kristevas Deutung der Fremdheit unter dem Begriffsapparat, der Episteme, dem Narrativ der Psychoanalyse und spiegelt deren Entstehungskontext, ihre spezifische Zeit, ihren spezifischen Ort, das Wien der Jahrhundertwende. Die Psychoanalyse mag im Sinne Kristevas zu einer kosmopolitischen Öffnung beitragen; kann jedoch aufgrund ihrer spezifischen Verwurzlung in westlichen Zusammenhängen schwerlich selbst als kosmopolitisches Narrativ gelten, als eines also, das nicht bloß die eigenen Anschauungen universalisiert, sondern auch eine Heimat, ein Dach, einen Raum für andere, fremde Narrative abgeben kann. Kristevas Blick auf die Fremdheit bleibt im postmetaphysischen Paradigma der Moderne. Es ist damit weder mit religiösen Narrativen vereinbar – steht also quer zu den Vorstellungen eines Großteils der (nichtwestlichen) Menschheit –, noch macht es, anders als unsere Annahme einer transzendenten Instanz, ausreichende inhaltlich-rechtliche Vorgaben, wie sie der Blick von außen auf die Menschheit liefert (indem er sie zu einer Einheit Gleicher macht), nicht aber der Blick in eine wie auch immer definierte, letztlich individuell und kulturell geprägte Seele, Psyche der Menschen.

Doch kommen wir auf die Problematik der modernen Entfremdungsintoleranz zurück, die seit der Diskreditierung der Religion vorprogrammiert ist, weil allein das Diesseits als Ort von Heimat und Wahrheit erscheinen kann. Wenn Weltfremdheit, Heimatlosigkeit, Entfremdung eine zugleich quälende und inspirierende Rolle für das moderne Selbstverständnis gleich welcher Couleur spielen; wenn der daraus abgeleitete, nicht zuletzt politische und soziale Auftrag lautet, die Fremdheit abzubauen oder ganz zu beseitigen – so kann die Erörterung der Frage, welche Rolle der reale Fremde, der fremde Mensch als solcher, in dieser Konstellation spielt, nicht außen vor bleiben. Diese Frage liegt umso näher, als das Phänomen, das wir beschrieben haben und das die Moderne in all ihren Spielarten antreibt, auf einer bloßen Metapher beruht, nämlich auf einer Übertragung der Erfahrung des Fremdseins in einem anderen Land oder einer fremden Gesellschaft hin zu einer Erfahrung oder Empfindung, die als Fremdsein im Leben insgesamt, als Fremdsein in der Welt gedeutet wird (und damit, heimlich, still und leise, wieder den quasireligiösen Blick von außerhalb auf die Welt verrät). Diese Übertragung, erinnern wir uns, lag natürlich ebenfalls der alten gnostischen Sichtweise zugrunde, wie sie Islam und Christentum geprägt hat. Wenn aber das Exil als Metapher eine solche Bedeutung auch in der säkularisierten Moderne spielt, liegt es nahe, dass umgekehrt das echte Exil, die echte Heimatlosigkeit, die unmetaphorische Fremdheit und die unmetaphorischen Fremden ihrerseits eine spezifische Stellung in den Narrativen und Orientierungssystemen der Moderne einnehmen; dass sie womöglich selbst als mehr gesehen werden denn dasjenige, was sie sind; ja dass sie ihrerseits zum Symbol werden, zur Metapher, und dass der *metaphorische* Umgang mit der Fremdheit in der Moderne sich an ihnen *konkret* manifestiert, wie es in den Judenverfolgungen und im Holocaust dann geschah.

Damit kommen wir wieder zu Hannah Arendt und der Frage der Staatenlosen, zur Frage nach der Heimat im Recht, die Bernhard Schlink aufgeworfen hat, und zur Frage, was überhaupt ein Fremder ist, wie er definiert wird und inwiefern das Fremdsein vorgesehen und gleichsam »erlaubt« ist. Es steht ein Verdacht im Raum: Wenn die Fremdheit seit der Abdankung des religiösen Narrativs mit seinem rechtlichen und geistigen Universalismus metaphorisch nicht mehr als integraler Teil der menschlichen Existenz gedacht werden kann – und sie kann nicht mehr so gedacht werden, weil die metaphorische Heimat, der Bezugspunkt im Himmel oder Jenseits, fortfällt –, kann auch die (unmetaphorische) Fremdheit als solche nicht mehr kosmopolitisch (universalistisch) gedacht und relativiert werden, da der extrakosmische Bezugsrahmen entfallen ist.

Da das Gefühl und die Erfahrung der Fremdheit in der Welt, die Differenz zwischen Denken und Sein als Fehler gesehen wird, richten sich die Energien darauf, sie zu beseitigen. Vor diesem Hintergrund ist der faktische, echte Fremde Ausdruck und Symptom dieses Fehlers. Wenn es in einer richtig geordneten Welt keine Fremdheit mehr geben soll oder gibt – wie es etwa Marx voraussagt und wie es Heidegger uns herbeiphilosophieren will, indem er die eigentliche, unentfremdete Welt raunend »entbirgt« –, dann wird es logischerweise in dieser Welt auch keine Fremden mehr geben. Im Umkehrschluss bedeutet dies, dass dort, wo Fremde, fremde Menschen sind, die Versprechen der Moderne noch nicht eingelöst worden sind. Denn die Fremden sind nur die sichtbarste Gestalt der Fremdheit, ihre Manifestation. Dies führt zu der Schlussfolgerung, die dann im Nationalsozialismus, aber nicht nur dort, Politik geworden ist: Statt die metaphorische Fremdheit des Menschen in der Welt aufzuheben, wie es trotz aller utopischen Versprechen vermutlich nie gelingen kann, beseitigt man ihren sichtbarsten Ausdruck, die Fremden – was als Idee umso näher liegt, als dies durchaus möglich zu sein scheint.

Die Ausmerzung der Fremdheit, die dem Programm der Moderne eingeschrieben ist, steht somit zwar nicht in einem zwangsläufigen, aber doch ursächlichen und logischen Zusammenhang mit dem Versuch, die tatsächlichen Fremden auszumerzen. Wenn die Ausmerzung der Weltfremdheit der Heilshorizont der Moderne ist (und sei es so, dass sich alle dem vom Westen angeführten Treck anschließen), dann werden es die tatsächlichen Fremden in dieser Moderne immer schwer haben. Kündigte nicht sogar der bekennende israelische Buddhist Yuval Noah Harari ihnen das Aussterben an? Die Beseitigung der Fremden kann begriffslogisch geschehen, staatsrechtlich, philosophisch, psychologisch, durch Integration, Anpassung, Unterwerfung oder wie sonst die entsprechenden Forderungen an diejenigen lauten, die jeweils als fremd gelten – die Kriterien wechseln häufig. Sie kann sich aber ebenso real und unmetaphorisch niederschlagen, völkermörderisch, pogromartig. Und sie tut es noch.

Das ist eine sehr weit reichende These, ein sehr weit reichender Verdacht. Aber sein erhellendes Potenzial ist hoch, und zwar in doppelter Hinsicht: Die Unfähigkeit der Moderne, Fremdheit, Differenz, Reibungsflächen hinzunehmen, erklärt nicht nur das ähnlich gelagerte Problem der Moderne mit den Fremden, sondern auch umgekehrt: Das historisch nachweisbare Problem der Moderne mit den Fremden ist ein weiterer Hinweis darauf, dass die nachmetaphysische Moderne mit der Fremdheit insgesamt ihre Schwierigkeiten hat – und, um sie zu lösen, zu weitaus radikaleren Lösungen gegriffen hat als die (europäische) Vormoderne, welche gewiss ebenfalls nicht immer fremdenfreundlich war, wie wir in Gestalt der spanischen Inquisition noch sehen werden, welche als Vorläuferin der modernen Haltung gelten muss.

Aber es ist nicht nötig, die Gräueltaten der Geschichte für unsere These zu bemühen. In aller Regel werden die Fremden, wird die Fremdheit auf andere Weise ausgeblendet oder reduziert. Ausgeblendet etwa durch Gettobildung oder Verdrängung aus dem politischen Diskurs (wie in Deutschland die Zuwanderung jahrzehntelang kein politisches Thema war) oder zum Verschwinden gebracht oder abgemildert durch Integration. Noch der heutige islamische Terrorismus, um eine weitere These zu wagen, ist primär kein Terrorismus des Islams, sondern des Fremden. Will sagen: Er streicht das Fremde am Fremden heraus, indem er die Angst vor dem Fremden schürt und sie sich politisch zunutze macht. Er hebt die Fremdheit hervor, unterstreicht sie. Er hintertreibt die Globalisierung, indem er aufzeigt, wie leicht aus dem oberflächlichen Funktionieren, dem reibungslosen Durcheinander fremdester Menschen erst die Reibungsflächen, die Differenzen, dann das Bedrohliche und Tödliche hervorschießen können.

Der Terror will die Fremdheit der Fremden wiederherstellen und dadurch ihre Ausgrenzung herbeiführen; dies ist eines der proklamierten Ziele des »Islamischen Staates« und anderer Terrorgruppen gewesen. Der Terror reklamiert die Fremden für sich – nicht zuletzt die Staatenlosen in Hannah Arendts Sinn, die, wie das Beispiel des Berliner Weihnachtsmarkt-Attentäters Anis Amri zeigt, dafür besonders anfällig sind. Erinnern wir uns: Selbst Tunesien, Amris Herkunftsland, wollte ihn nicht mehr anerkennen, zurücknehmen, verschleppte das deutsche Gesuch nach Ersatzpapieren.

Wäre die Geschichte eine jähzornige Person, müsste man solches die Rache der Geschichte nennen. Der »Islamische Staat« als der Staat der Staatenlosen ist zugleich der Staat, dessen einzige Tat in der Zerstörung besteht. Er ist sozusagen die Antimaterie unserer nationalstaatlich geordneten Welt. Was er vor allem zerstört, ist die zentrale Illusion der Moderne: die Fremdheit reduzieren, beseitigen zu können; dass es nichts Inkommensurables, nichts Unintegrierbares geben könne, dürfe, müsse, sowohl gesellschaftlich wie privat.

Dass die Zerstörung dieser Illusion mit dem Tod arbeitet, ist nicht weniger konsequent. Denn das, was in das alternativlose Diesseits der Moderne definitiv nicht zu integrieren ist, ist der Tod. Dass solcher Terror mit der Religion verbunden ist, ist ebensowenig verwunderlich. Nur eine – und sei es noch so pervertierte – Idee von Religion kann jenseits aller strategischen Ziele, jenseits jeden Sinns im modernen, weltlichen Sinn (auch wenn ein solcher Sinn dem IS angedichtet wird oder er ihn sich andichtet) zu derartigen Aktionen anstiften.

Der Terror versucht, die Fremdheit des Fremden herauszustellen, in einen irreversiblen Hass umzuwandeln. Dabei trägt dieser Gegenschlag des Fremden alle Markierungen der Moderne mit sich herum – Zynismus, Nihilismus, purer Vernichtungswille. Der Fremde verkörpert nun in Gestalt des Terroristen genau diejenige anarchische, zersetzende Gewalt, die ihm immer angedichtet wurde. Jetzt, jetzt erst wirklich, ist er der Brunnenvergifter, Kindesmörder, Menschenfresser – die reale, nicht mehr nur imaginäre Verkörperung des Unheimlichen, des Alien. »Das deutsche Wort ›unheimlich‹ ist offenbar der Gegensatz zu heimlich, heimisch, vertraut, und der Schluss liegt nahe, es sei etwas eben darum schreckhaft, weil es nicht bekannt und vertraut ist«[102], schreibt Freud in »Das Unheimliche«. Dem wäre hinzuzufügen, dass das Unheimliche tatsächlich in einer aufgeklärten Moderne, die Gespenster und Geister abgeschafft hat, keine Heimat, keinen Ort mehr hat – ohne doch, *hélas!*, deswegen selbst schon zu verschwinden. Warum aber verschwindet das Unheimliche nicht, wenn doch die Geister verschwinden? Einen Hinweis gibt uns vielleicht die folgende Stelle bei Freud, auf die sich auch Julia Kristeva bezieht:

> Wenn die psychoanalytische Theorie in der Behauptung recht hat, dass jeder Affekt einer Gefühlsregung, gleichgültig von welcher Art, durch die Verdrängung in Angst verwandelt wird, so muss es unter den Fällen des Ängstlichen eine Gruppe geben, in der sich zeigen lässt, dass dies Ängstliche etwas wiederkehrendes Verdrängtes ist. Diese Art des Ängstlichen wäre eben das Unheimliche [...]. Wenn dies wirklich die geheime Natur des Unheimlichen ist, so verstehen wir, dass der Sprachgebrauch das Heimliche in sein Gegenteil, das Unheimliche, übergehen lässt, denn dies Unheimliche ist wirklich nichts Neues oder Fremdes, sondern etwas dem Seelenleben von alters her Vertrautes, das ihm nur durch den Prozess der Verdrängung entfremdet worden ist.[103]

Das Fremde, Unheimliche ist ein irgendwie Vertrautes, nämlich etwas Altbekanntes, das aber nun, gleichsam heimlich, als Verdrängtes, das heißt Verheimlichtes, in den Tiefen der Seele liegt und diese *heim*sucht. Worin genau besteht dieses Verdrängte? Hier beißt sich die Katze in den Schwanz. Denn das seit Aufklärung und Moderne Verdrängte, das nun als ihr Unheimliches in Gestalt des Terrors der Fremden wiederkehrt, ist nichts anderes als das Fremde, das Unheimliche selbst, und zwar genau deshalb, weil es im modern-aufgeklärten Wachbewusstsein, nach Austreibung aller Geister, allen Aberglaubens und schließlich der Religion, für das Fremde und Unheimliche keinen Raum, keinen Platz mehr gibt: Es darf keinen mehr geben.

So tautologisch es klingt: Das »wiederkehrende Verdrängte«, das uns Angst macht, ist die Angst, ist das Unheimliche und Fremde selbst. Dieses unheimliche Fremde ist aber heimlich der Seele immer schon vertraut. Sie traut sich nur nicht, es ins Bewusstsein treten zu lassen, weil im Bewusstsein, in der Wachwelt, im Gegebenen, kein Platz dafür ist; weil das Jenseits, die transzendente Instanz, weil die Religion, die es erklären und rechtfertigen könnte, selbst zur Quelle des Unheimlichen, Beunruhigenden und Befremdenden wurde oder erklärt wurde – und wie um sich selbst als solche zu beweisen nun im islamistischen Terror wiederkehrt.

»Wo keine Götter sind, walten Gespenster«, schrieb einst Novalis.[104] Das Verdrängte, das verdrängt wurde, weil es nicht mehr sein durfte, und nun zum Unheimlichen geworden ist, ist die Religion. Sie und nur sie war in der Lage, die Fremdheit als Fremdheit zu denken und zu dulden und damit auch einen Raum, eine Heimat für die Fremdheit in uns zu schaffen, »diese beunruhigende Fremdheit, die [...] unsere eigene ist«.[105] Das andere, Befremdende, das wir verdrängen, ist *nicht* das unheimliche »Andere des Todes, das Andere der Frau, das Andere eines unbeherrschbaren Triebs«[106], wie Kristeva schreibt (und damit Tod, Frau, Trieb überhaupt erst unheimlich macht). Vielmehr wächst und entsteht dieses (und mit ihm die Psychoanalyse) als Verdrängtes und Bedrohliches in dem Moment, in dem es keine Kosmologie, kein Narrativ, keine *Religion* mehr gibt, die es schlüssig erklären könnte. Der Tod, der Trieb, die Geschlechter bilden die Reibungsflächen und Problematiken, die abzuschaffen der Moderne nicht gelungen ist, trotz unaufhörlicher Versuche, sie zumindest zu beherrschen und manipulierbar zu machen. Ist es, aus ihrer entfremdungsintoleranten Perspektive, nicht die unheimlichste Vorstellung von allen, dass ihr dies niemals gelingen wird? Oder sind wir schon so weit, für dieses Versagen dankbar zu sein?

Unter dem Eindruck der Totalitarismen des 20. Jahrhunderts hat der Religions- und Politikwissenschaftler Eric Voegelin (1901–1985) die Moderne, besonders die aus ihr resultierenden politischen Massenbewegungen, in Zusammenhang mit der gnostischen Haltung zur Welt und zum Diesseits gebracht. Indem sie zu wissen vorgeben, wie eine bessere Welt aussieht, sehen sich die Moderne ebenso wie die gnostischen Strömungen ermächtigt, die gegebene Welt für eine bessere zu zerstören. In einem weiteren Sinne ist die gesamte Moderne für Voegelin Gnosis, wie er in seinem Buch über »Die politischen Religionen«[107] darlegt: Des Jenseitsbezugs enthoben, muss die in den Totalitarismen kulminierende Moderne zwangsläufig auf eine Veränderung der Verhältnisse hinarbeiten, um das Diesseits zur Heimat zu machen, da es darüber hinaus keine gibt. Dies führt dazu, dass die Moderne mit dem Gegebenen, dem je als wirklich Begegnendem, auf dem Kriegsfuß steht, es verneint, es ablehnt wie einst die Gnosis den »Totalitätsanspruch« der Welt. Voegelin behauptet also eine geistige Kontinuität zwischen Gnosis, Moderne und Totalitarismus, die ihn zur Vermutung führt, dass die Moderne und der ihr inhärente Liberalismus (und damit die Ideologie des Westens) stets die Gefahr birgt, wenn nicht regelrecht dazu tendiert, in den Totalitarismus abzugleiten, wie es in den zwanziger Jahren in Europa geschehen ist und wie es auch Hannah Arendt beschreibt, wiewohl sie den Totalitarismus ohne Rückgriff auf den Verdacht untergründig fortwirkenden gnostischen Gedankengutes interpretiert.[108]

Der von Voegelin hergestellte Zusammenhang zwischen Moderne und Gnosis bleibt jedoch oberflächlich, weil die Gnosis zwar mit dem Diesseits auf dem Kriegsfuß stand, dabei aber von einer jenseitigen Heimat ausging und damit als Antwort auf die Ablehnung der Welt nicht nur die Weltveränderung oder Weltzerstörung, sondern vor allem auch den Weltverzicht, die Abkehr von der Welt erlaubte, wie sie bei den islamischen Sufis oder bei den christlichen, buddhistischen, hinduistischen, taoistischen Asketen Praxis wurde. Voegelins These leistet dennoch etwas. Sie macht uns auf eine tiefergehende Problematik aufmerksam, nämlich darauf, dass es zwischen den radikalen, zerstörerischen, das Diesseits kompromisslos nach ihrem Vorbild vergewaltigenden totalitären Bewegungen und unserer eigenen Haltung im Umgang mit Leiden, Entfremdung, Fremdheit eine Kontinuität gibt, einen fundamentalen Zusammenhang, der sich bei unserer Erörterung des Umgangs mit den realen Fremden in der Moderne, des modernen Unbehagens gegenüber der Fremdheit, bereits angedeutet hat.

Voegelin bringt uns auf den Verdacht, dass der Unterschied zwischen den radikalen, weltverändernden politischen Bewegungen und unserer eigenen Haltung nicht grundsätzlich ist, sondern nur graduell. Unser Umgang mit diesen Problemen ist subtiler, weniger offen gewalttätig. Er läuft aber ebenso darauf hinaus, die Fremdheit möglichst weit herunterzudimmen, Reibungsflächen abzubauen, Leiden auszumerzen, Sinnkrisen entweder durch Konsum, Ehrgeiz oder Psychotherapie zu »heilen«, also zum Verschwinden zu bringen, und insgesamt dem Menschen die Erinnerung an etwas jenseits des Gegebenen, Diesseitigen auszutreiben, um nicht zu sagen zu exorzieren. Denn wozu sollten wir diese Erinnerung auch kultivieren, wenn eine transzendente Instanz, die Annahme eines Jenseits des Gegebenen, oder wenn der Glaube an Gott keine Funktion und keinen Sinn mehr hat?

Wie wir aber gesehen haben, hat diese Annahme nur dann keinen Sinn, wenn wir tatsächlich an die Ideologie des Westens glauben, wirklich der Ansicht sind, dass das Gegebene, uns je Begegnende, das einzige Wahre sei, und nur dieses; und dass alle Menschen vor uns oder (noch?) unter uns, die etwas anderes glauben, naturgemäß falsch liegen, Narren sind. Wollen wir so eitel und eingebildet – um nicht zu sagen: verblendet – nicht sein, könnte sich herausstellen, dass die Annahme der transzendenten Instanz, gleich wie wir sie nennen, Gott, Jenseits oder nur eine hilfreiche Hypothese oder Krücke, sehr wohl eine begründete Funktion hat, nämlich genau diejenige, den politischen Spielraum für die Akzeptanz und den Dialog zwischen den verschiedenen, sich aus der höheren Instanz, so sie diese nur anerkennen, durchaus gleichberechtigt ausnehmenden Weltsichten zu ermöglichen.

Welchen Vorschlag macht Voegelin, um das genannte Dilemma zu überwinden? In einem späten Aufsatz heißt es:

> Absolut gültige Doktrinen, Systeme und Werte [entsprechend unserer Rede von Narrativ, Ideologie, Ordnung] sind Trugbilder, die durch deformierte Existenz hervorgebracht werden. Was in der Geschichte der Menschheit, d.h. in der zeitlichen Dimension der Existenz konstant bleibt, ist die Struktur der Existenz selbst.[109]

Das, was Voegelin hier als »deformierte Existenz« bezeichnet, tritt ihm zufolge dann ein, wenn, wie im Mittelalter, »existentieller Glaube zum Fürwahrhalten von Lehrmeinungen vertrocknet«. Aber auch die im 18. Jahrhundert anhebenden Versuche, »Realität der Existenz zurückzugewinnen, [...] waren im entscheidenden Punkt zum Scheitern verurteilt, weil sie [...] den defizienten Modus doktrinärer Wahrheit als die Form beibehielten, welche die neue Erkenntnis annehmen musste«. Seither herrsche »das Zeitalter der modernen Dogmatomachie [des Kampfes der Dogmen] [...] – mit dem Unterton einer apokalyptischen neuen Zeit, des Zeitalters, in dem der Mensch mündig geworden ist, des vollkommenen und deshalb letzten Zeitalters menschlicher Geschichte«.[110] Die Überzeugung, dass sich existenzielle Wahrheit in Doktrinen fassen lasse, habe sich nach Voegelin von 1750 bis 1950 erstreckt. Wir können getrost sagen, sie erstrecke sich bis heute, denn den apokalyptischen Unterton des »letzten Zeitalters der menschlichen Geschichte« treffen wir ebenso in der Ideologie des Westens an wie bei ihren bis heute bestehenden Antipoden, zumal dem Kommunismus und dem Islamismus.

Bedeutsamer für unsere Zwecke ist jedoch ein anderer Aspekt. Indem Voegelin »absolut gültige Doktrinen, Systeme und Werte« verwirft und für Trugbilder hält, scheint er sich unversehens postmodernen Positionen anzunähern: Es gibt kein wahres, glaubwürdiges Narrativ mehr. Denn »weder durch Behauptungen über die richtige Ordnung […], noch durch einen Katalog unveränderlicher Werte« könne das, was in der Geschichte der Menschheit konstant sei, erfasst werden. Dennoch hält Voegelin an einer Form der »Wahrheit der Existenz«[111] fest. Wie dürfen wir das verstehen? Voegelin schreibt:

> Existenz hat die Struktur des Zwischen, des platonischen *metaxy*, und wenn irgendetwas in der Geschichte der Menschheit konstant bleibt, dann ist es die Sprache der Spannung zwischen Leben und Tod, Unsterblichkeit und Sterblichkeit, Vollkommenheit und Unvollkommenheit, Zeit und Ewigkeit; zwischen Ordnung und Unordnung, Wahrheit und Unwahrheit, Sinn und Sinnlosigkeit der Existenz. […] Zwischen den Stimmungen von Freude und Verzweiflung; und schließlich zwischen Entfremdung in der doppelten Bedeutung der Entfremdung von der Welt und der Entfremdung von Gott.[112]

Wir können dies so verstehen, dass der Mensch nach Voegelin nicht nur Schauplatz des Dramas zwischen Diesseits und Jenseits, Licht und Dunkel, Heimat und Entfremdung, Geistigem und Materiellem ist, sondern zugleich die Vermittlungsinstanz, das Pendel *zwischen* diesen beiden. Es sind nicht zuletzt die Fremden und die Gefühle von Fremdheit und Entfremdung, die uns in einer Zeit, in der das Pendel allzu stark in Richtung Immanenz, Natur, Unmittelbarkeit, Diesseits ohne höheren Standpunkt ausgeschlagen ist und dort für immer hängenzubleiben droht, an das Weder-noch und Sowohl-als-auch, an das Dazwischensein (*metaxy*) des Menschen erinnern.

Voegelin stützt sich bei seinem Verständnis der Existenz und des Menschen auf die antike Philosophie, wie man an dem Verweis auf das platonische *metaxy* (griechisch für »in der Mitte, dazwischen«) sieht. Die antike Philosophie zeichnet sich laut Voegelin dadurch aus, Diesseits und Jenseits weder völlig voneinander abzukoppeln, noch beide einander gleichzusetzen, sondern sie in einem Spannungsverhältnis zu sehen, in dem sich der Mensch bewegen und orientieren muss, ob es ihm gefällt oder nicht. Auch Hannah Arendt, erinnern wir uns, hat auf Platon und seine Aussage verwiesen, »nicht der Mensch, sondern ein Gott muss das Maß aller Dinge sein«[113], wenn fundamentale Menschenrechte, zuallererst aber das Recht auf Rechte selbst, nicht menschlicher Willkür anheimfallen sollen. Die Gefahr dieser Willkür besteht immer dann, wenn der Mensch sich selbst an die Stelle Gottes setzt oder, was auf dasselbe hinausläuft, glaubt, im Besitz einer endgültigen Wahrheit zu sein; wenn er sich nicht bloß vorläufig, relativ und provisorisch zum Maß aller Dinge macht, sondern endgültig. »Die Symbolik einer endgültigen Wahrheit wird durch den apokalyptischen Traum hervorgebracht, die Spannung der Existenz abzuschaffen: Der Besitz der endgültigen Wahrheit würde den endgültigen Menschen schaffen, der es nicht länger nötig hätte, die Wahrheit seiner Existenz zu suchen«[114], führt Voegelin aus.

Platon hat, erinnern wir uns, die Ideenlehre entwickelt. Das Reich der Ideen repräsentiert eine Form der Transzendenz, einfach gesagt, des Jenseits. Der Mensch steht zwar im Diesseits, in der Immanenz. Er kann aber in das Reich der Ideen Einblick erhalten (wenn auch nicht körperlich in dieses Reich hinüberwechseln). So betrachtet ist der Mensch weder total hier in der Immanenz, kein bloßer *Homo mundanus*; noch steht er völlig aufseiten der Transzendenz, wäre er selber ein göttliches Wesen. Ob Platon für dasjenige, worauf Voegelin hinauswill, nämlich den Menschen in der »Spannung der Existenz« zu halten und diese nicht apokalyptisch abzuschaffen, ein gutes Vorbild ist, sei dahingestellt. Es gibt Platon-Deutungen, wie etwa diejenige Karl Poppers, der wir im ersten Teil des Buchs begegnet sind, welche Platon ebenjene Neigung zum Totalitarismus vorwerfen, die Voegelin bekämpfen will. Wenn der Einblick in das Reich der Ideen den Zugang zu einer absoluten Wahrheit bedeutet – und sei es auch nur für den Philosophen –, scheint die Gefahr tatsächlich gegeben, den endgültigen Menschen herbeiführen zu wollen (wie es in Platons »Staat« und anderen Utopien durchexerziert wird) und damit die Suche nach der Wahrheit und die Spannung der Existenz abzuschaffen.

Es gäbe dann nicht nur, wie es sinnvoll ist, das Wissen (oder die Hypothese), dass ein Gott existiert – als ein dem menschlichen Zugriff entzogener Garant der Rechte –, sondern man glaubt dann auch zu wissen, was dieser Gott genau will, wie er sich die Welt vorstellt. Dann aber macht man sich, theologisch gesprochen, wiederum ein Bild von diesem Gott, holt ihn in den Bezirk des Menschen, gestaltet ihn nach seinen eigenen Vorstellungen, entzieht ihn – und die Rechte, die er garantieren soll – gerade nicht dem Zugriff, sondern greift auf ihn zu und ermächtigt sich mit seiner Hilfe, mit dem Verweis auf ihn. Nicht umsonst ist dies nach altem religiösen Verständnis eine der größten Sünden überhaupt; nicht umsonst heißt es bereits am Anfang der Zehn Gebote: »Du sollst dir kein Bildnis machen.«[115]

Anders gesagt: Es gibt einen von einer transzendenten Instanz – dem mosaischen Gott, dem platonischen Reich der Ideen – gestifteten *Auftrag zur Ordnung*. Dieser Auftrag gibt aber noch nicht die Ordnung selbst vor, sondern konkretisiert diese nur insofern, als es ein Auftrag an die Menschen als Gesamtheit und an eine Ordnung unter und zwischen ihnen ist; damit aber keine unverbesserliche, endgültige, also auch keine, die als Ordnung selber »natürlich«, »göttlich« oder aus anderen Gründen unveränderlich wäre. Voegelins, aber letztlich auch Arendts Argumentationen richten sich gegen die Illusion, man könne die »Spannung der Existenz«, die Problematik (und Notwendigkeit) rechtlicher Unwägbarkeiten mal eben aussetzen, es gäbe dafür tatsächlich eine endgültige Lösung. Zugleich weisen sie uns darauf hin, dass es unsinnig ist, über diese Problematik und »Spannung der Existenz« zu jammern und die Welt deswegen, wie es die Gnosis und ihre modernen Spielarten tun, für verwerflich zu halten und eine endgültige, mithin apokalyptische Lösung durchzupeitschen, wie es jedenfalls nach der Lesart von Arendt und Voegelin (zwei im Übrigen sehr verschiedenen Denkern) die totalitären Bewegungen des 20. Jahrhunderts versucht haben und wie wir es heute in anderen Strömungen wieder sehen, etwa den radikalen Varianten der Ideologie des Westens oder den radikalen Varianten des Islams.

Wenn man aber, wie es versucht wurde, meint, deswegen besser ohne Gott auszukommen – in der ehrenwerten Absicht, dadurch der Versuchung zu entgehen, sich ein Bild zu machen, eine Ordnung festzulegen, die man einem Gott zuschreibt –, entgeht man in Wahrheit keineswegs der Versuchung zur dogmatischen Festlegung (denn, mit Voegelin zu sprechen, der »Modus doktrinärer Wahrheit wird als Form beibehalten«), sondern begibt sich nur der Möglichkeit, diese als solche, als Bildnis, als *dogmatische* Festlegung, in Frage zu stellen und sich ihrer Relativität, ihrer Menschengemachtheit bewusst zu werden. Mit anderen Worten: Ohne die transzendente Instanz ist man unfreier als vorher, weil man für das Ungenügen und die Begrenztheit, die in jeder Doktrin, in jedem Narrativ liegt, dann keine Erklärung mehr hat und entweder, wie in den dargestellten drei Paradigmen der nachmetaphysischen Moderne, sich selbst (beziehungsweise seiner Sichtweise) oder aber der Welt die Schuld geben, sich selbst oder die Welt *auf Teufel komm raus* verändern, verwandeln muss.

Es spricht natürlich nichts dagegen, sich selbst oder die Welt zu verändern, wenn man dies möchte oder sich darauf einigt; es spricht aber vieles dagegen, wenn man dies muss oder glaubt zu müssen, weil man nur so die verlangte Identität von Welt und Narrativ herstellen kann, eine Identität, die immer eine Fiktion ist, die nie endgültig herzustellen ist. Die Reibungsfläche, die Spannung der Existenz wäre nicht einmal um den Preis der Apokalypse abzuschaffen – oder nur, indem man die Welt selbst abschafft.

Alles spricht jedoch dagegen, die Welt zu verändern, wenn man diejenigen, die davon betroffen sind, nicht mit einbezieht, sie mit ihren Wünschen, Sichtweisen, Bedürfnissen nicht mit entscheiden lässt, das heißt, ohne dieses Vorhaben in einen offenen politischen Raum zu stellen, zu dem die Betroffen Zugang haben, an dem sie teilhaben. Ebendies wird vom Recht auf Rechte und von einer Instanz eingefordert, die die Menschheit als Einheit zu sehen in der Lage ist und diese Sicht in den notwendig menschlichen, das heißt relativen, vorläufigen, unfertigen und imperfekten politischen Raum überträgt.

Man mag das für eine bescheidene Erkenntnis halten. Sind nicht die Menschenrechte, wie wir sie zu bestimmen gewohnt sind, viel mehr als dieses unbestimmte, dem politischen Raum vorgesetzte Recht auf Rechte? Und ist die transzendente Instanz nötig, solange wir nur an die unveräußerlichen Menschenrechte glauben, an die Menschenwürde?

> Als die Menschenrechte zum ersten Male proklamiert wurden, galten sie als unabhängig von der Geschichte und von den Privilegien, welche die Geschichte gewissen Schichten der Gesellschaft zugespielt hatte. In der neuen Unabhängigkeit lag die neu entdeckte Würde des Menschen. Diese neue Würde nun war von Anfang an recht fragwürdiger Art. Historische Rechte wurden durch natürliche Rechte ersetzt, die »Natur« an die Stelle der Geschichte gesetzt, wobei stillschweigend vorausgesetzt war, dass die Natur dem Wesen des Menschen weniger fremd sei als die Geschichte.[116]

Weder der Natur des Menschen noch der Natur selbst, so Arendt, können wir heute noch trauen. »Geschichte und Natur sind uns in diesem Sinne gleichermaßen fremd, nämlich in dem Sinne, dass das Wesen des Menschen mit ihren Kategorien nicht mehr zu begreifen ist. Andererseits ist die Menschheit, die für das 18. Jahrhundert nicht mehr als eine regulative Idee war, für uns zu einer unausweichlichen Tatsache geworden.«[117] Es ist der unentrinnbare Sog der Globalisierung, es ist die nicht mehr zu ignorierende Einheit, um nicht zu sagen Schicksalsgemeinschaft der Welt, welche die Menschheit zu »einer unausweichlichen Tatsache« macht, wie Hannah Arendt schon Mitte des 20. Jahrhunderts begriff. Genau diese Tatsache aber schreibt uns im Ausgang von Arendt auch die transzendente Instanz vor, macht sie denknotwendig. Sie erst ermöglicht ein kosmopolitisches Denken in einem fortan noch gültigen Sinn, ein kosmopolitisches Denken, das nicht lediglich die Universalisierung eines lokalen, kulturspezifischen, einer bestimmten Entwicklung und Tradition sich verdankenden Narrativs ist, das also nicht hegemonial ist, sondern zunächst nur den politischen Raum, den Gesprächsraum eröffnet und offenhält, der allenfalls den Diskussionen einer globalen Problematik angemessen wäre.

Um diese These zu belegen und anschaulich zu machen, wollen wir sie mit dem bisherigen Verständnis von Kosmopolitismus abgleichen und den Versuchen nachgehen, die unternommen worden sind, die Welt in diesen Kosmopolitismus hineinzuholen; wollen sehen, ob und inwiefern sie gescheitert, ob und inwiefern sie gelungen sind; und was sie uns vielleicht zu sagen haben.

Die Literatur, von der unsere Überlegungen zu Beginn dieses Kapitels ausgegangen sind, bewährt sich als guter Indikator für kosmopolitische Haltungen und den Umgang mit dem anderen und Fremden, sie bildet jedoch nicht ihr zentrales Anliegen, steht nicht im Zentrum der kosmopolitischen Sorge. Dieses Anliegen lässt sich vielmehr als das Streben nach einer Weltordnung und einem Narrativ beschreiben, welches ausreichend Verbindlichkeit beanspruchen darf, um eine Form globaler Verständigungsethik – im Idealfall Rechtssicherheit – oder zumindest eine Perspektive darauf zu gewährleisten. Es geht dabei nicht wie in der Literatur um Worte, literarische Wertung, feinsinnige Abwägung von Bedeutungen, Wahrung der Unterschiede oder Herausfinden der Gemeinsamkeiten, sondern zuweilen um nichts Geringeres als das Überleben. Es geht um die alte, seit der Aufklärung populäre Frage nach einem weltweiten, womöglich sogar dauerhaften, »ewigen Frieden«, wie Kant es Ende des 18. Jahrhunderts nannte. Das Aufkommen des Kosmopolitismus ist damit historisch betrachtet zunächst eine unweigerliche Folge der Zurückstufung der Religion. (Welt-)Religionen haben einen Zug ins Universelle, erheben den Anspruch, für alle Welt zu gelten; sind aber deswegen nicht schon kosmopolitisch. Denn ihren universellen Anspruch hegen sie unter der Bedingung ihres eigenen Systems (oder Narrativs), das der Welt übergestülpt werden soll. Der Kosmopolitismus, jedenfalls derjenige der Aufklärung, versteht sich in seinen ehrgeizigsten Ausprägungen, etwa bei Kant, als Narrativ, das für alle gelten kann und das versucht, von den universellen Grundlagen des Menschseins in der Welt an und für sich auszugehen. Ein Bekenntnis wie zu einer Religion wäre dafür demnach nicht nötig – was die kleine, aber feine Nebenwirkung hat, dass, ob sie es wollen oder nicht, auch diejenigen unter diesem Narrativ (und seinen politischen Folgen) subsumiert werden, die sich damit nicht identifizieren; die sich nicht dazu bekennen würden, wenn ein Bekenntnis vorgesehen wäre. Allein aus diesem Grund wäre eine Erneuerung des Kosmopolitismus an der Tagesordnung, sofern man noch in der Nachfolge der Aufklärung – und damit kosmopolitisch – denken möchte.

Der Kosmopolitismus des 18. Jahrhunderts musste sich einerseits für die Kulturen der Welt, für die Unterschiede der Menschen und ihres Glaubens offen zeigen, sich für sie interessieren und in der Lage sein, die Unterschiede mit zu bedenken und in sein System zu integrieren, wenn er seinen Anspruch glaubwürdig vertreten wollte. Andererseits schien die Begegnung mit den anderen zu offenbaren, dass ihre Weltvorstellungen nicht wirklich in das System passten, dass sie in dessen Sinn nicht ernst zu nehmen waren und daher nicht mitreden konnten. Die Position der anderen wurde nicht als solche mitbedacht, als eine unverfügbare von außen; sondern sie stellte bestenfalls ein Argument, eine Spielmarke in innereuropäischen Debatten dar, um die eigene Haltung als besser, universeller, offener und so weiter hinstellen zu können.

Der Kosmopolitismus der Aufklärung argumentiert wie folgt. Der Mensch, so die grundlegende Behauptung, ist von Natur aus überall gleich. Die bestehenden Unterschiede sind kultureller Art – eine Feststellung, der man sich anschließen könnte. Allerdings bleibt Kant, der hier als Kronzeuge des aufklärerischen Kosmopolitismus dienen mag, dabei nicht stehen, sondern versucht, die kulturellen Unterschiede ihrerseits mit Hilfe der Natur zu erklären und sie dadurch im Endeffekt einzuebnen, aufzuheben. Nur wenn diese Unterschiede auf eine tieferliegende, »natürliche« Gleichheit zurückgeführt sind, bilden sie für den universellen Anspruch des Kosmopolitismus – und damit der europäischen politischen Vorstellungen – keine unüberwindliche Hürde mehr. In seiner Schrift »Zum ewigen Frieden« von 1795, dem wohl bedeutendsten kosmopolitischen Manifest der Aufklärung, unternimmt Kant diesen Versuch der Einebnung kultureller Unterschiede; diese lägen nämlich in der Absicht der Natur[118], um die Entwicklung voranzutreiben, den Menschen anzuspornen. Man muss, so Kant, diese anspornende Absicht der Natur nur erkennen und ihr ein wenig nachhelfen, dann wird mit Hilfe der (letztlich göttlichen) Vorsehung der Endzweck der Natur, nämlich der ewige Frieden, erreicht werden können.

> Das, was diese Gewähr [des ewigen Friedens] leistet, ist nichts Geringeres, als die große Künstlerin Natur, aus deren mechanischem Laufe sichtbarlich Zweckmäßigkeit hervorleuchtet, [und zwar:] durch die Zwietracht der Menschen Eintracht selbst wider ihren Willen emporkommen zu lassen.[119]

Ausgehend von diesem typisch abendländischen Naturbegriff kommt Kant zur weitreichenden politisch-moralischen Schlussfolgerung, dass sich »die Dinge, die wir vernünftigerweise wohl hätten tun sollen, aber doch unterlassen, sich endlich [mit Hilfe der Natur] selbst machen«.[120] Aus der vorgeblich erkannten Zweckmäßigkeit der Natur (eine Vorstellung, die die Naturwissenschaften heute bestreiten würden) und ihrer »Mechanik« glaubt Kant auf eine Teleologie, einen zielgerichteten Gang der Entwicklung und Geschichte auch in menschlichen Dingen schließen zu dürfen, um das Ziel, nämlich »den ewigen Frieden«, zu erreichen. Aus dieser Teleologie folgt nach Kant eine Politik, für welche die kulturellen Differenzen keine Bedeutung mehr haben: Wenn die Gesetze der Natur, wie es wohl der Fall ist, universell sind, und wenn ferner die Geschichte nur die Verlängerung der Natur ist, von dieser angetrieben und ähnlich wie diese in einer (pflanzenhaften, biologischen) Entwicklung begriffen ist, so sind auch die Geschichte und damit die Politik und das Verhalten der Menschen insgesamt auf diese Naturgesetze zurückführbar, mithin ebenfalls universell, die kulturellen Unterschiede nur ein Akzidens, das sich im Lauf der Entwicklung verliert. Mit ihrer Rückbindung an die Natur (wie vormals an Gott) sind Moral und Politik keine autonomen, vom Menschen frei zu bespielenden Sphären mehr, sondern dem bekannten naturrechtlichen Zwangsmechanismus unterworfen, der für Kant geradezu die Garantie und Bedingung für den Frieden bildet.

Leider hat die permanente Bezugnahme auf die Natur und das, was angeblich natürlich ist, nicht zu einer Hebung der Moral, des Friedens und der Völkerfreundschaft beigetragen. Ganz abgesehen von ihren fragwürdigen metaphysischen Voraussetzungen und ihrem impliziten, von Spinoza mit seiner berühmten Gleichsetzung von Gott und Natur ererbten Gottesbegriff (*deus sive natura*), ist diese Vorstellung von den fragwürdigsten Ideologien missbraucht und abgenutzt worden. *Jenseits des Westens zu denken kann daher nur heißen, auf »Natur« in welcher Gestalt und Verkappung auch immer als orientierungsstiftende, das menschliche Handeln erklärende und rechtfertigende Größe zu verzichten* – womit, nebenbei gesagt, überhaupt erst wieder Freiheit in einem ethisch-moralischen Sinne denkbar wird.

Um die Menschheit zum »ewigen Frieden« zu führen, bedient sich die

Natur nämlich des Krieges. Ihn zu rechtfertigen ist von dort nur ein kleiner Schritt. Erst der Krieg, so Kants Credo, zivilisiert den Menschen, treibt ihn seiner Bestimmung zu. So werden die Menschen »durch Krieg allerwärts hin, selbst in die unwirtbarsten Gegenden, getrieben [...], um sie zu bevölkern«.[121] Aufgrund des »Kriegs gegen die Tiere«[122] haben die Menschen »gnug zu tun, um unter sich friedlich zu leben«. Die Natur hat »despotisch gewollt, dass sie [die Menschen] allwärts [auf Erden] leben sollten«, und »sie hat, zu diesem ihren Zweck zu gelangen, den Krieg gewählt«.[123] Obwohl die Natur am Ende den Frieden vorsieht, erlegt sie dem Menschen vorerst den Krieg auf: »Der Krieg [...] scheint auf die menschliche Natur aufgepfropft zu sein, und sogar als etwas Edles, wozu der Mensch durch den Ehrtrieb [Thymos?], ohne eigennützige Triebfedern, beseelt wird, zu gelten.«[124] Daher schreiben die Menschen, »sogar [...] auch wohl Philosophen«, »dem Krieg an sich selbst eine innere Würde« zu, und es wird »von unmittelbarem großen Wert zu sein geurteilt«, »dass Krieg sei«.[125]

Gewiss, Kant zitiert hier nur die geläufigen Auffassungen der Menschen seiner Zeit und weist darauf hin, dass diese Meinungen »uneingedenk des Spruches jenes Griechen« seien, der besagt: »Der Krieg ist darin schlimm, dass er mehr böse Leute macht, als er deren wegnimmt.«[126] Dies ändert nichts daran, dass Kant den Krieg für ein Mittel der Naturabsicht »zum ewigen Frieden« hält. Die Passage, aus der wir zitiert haben, schließt mit dem Satz: »So viel von dem, was die Natur für ihren eigenen Zweck, in Ansehung der Menschengattung als einer Tierklasse, tut.«

Es ist folglich sinnvoller und besser, wenn der Mensch aus Einsicht tut, was ansonsten die Natur doch erledigt, »obzwar mit viel Ungemächlichkeit«. Denn sie »will unwiderstehlich, dass das Recht zuletzt die Obergewalt erhalte«. Will der Mensch den Willen der Natur tun, um die Obergewalt des Rechts durchzusetzen, ist die Versuchung groß, auch auf den Krieg als Mittel dafür zurückzugreifen, zumal wenn dies, wie wir gesehen haben, auch die Natur selbst tut, »obzwar mit viel Ungemach«; sodass es letztlich immer besser ist, wenn wir Menschen es selbst erledigen. Auch eine wohlwollende Auslegung wird kaum um die Feststellung herumkommen, dass sich Kant hier auf moralisches Glatteis begibt.

Mit Hilfe dieser Naturvorstellung wird nun das Weltbürgerrecht begründet, da die Natur gemäß Kant ebenfalls die Verhältnisse der Völker untereinander regelt. Weltbürgerrecht ist die Voraussetzung zu einem Frieden, der mithin von einer spezifischen (sprich: europäischen) Naturvorstellung garantiert wird. Mit der Formulierung eines solchen Weltbürgerrechts hilft man nur den spezifischen Absichten der Natur (*sive deus* – oder Gott!) nach. Die Forderung nach einem Weltbürgerrecht wird zusätzlich mit der (wie gesehen, ebenfalls naturabhängigen) historischen Entwicklung begründet, welche gemäß Kant zu einer Vorstufe dessen geführt hat, was wir heute Globalisierung nennen.

> Da es nun mit der unter den Völkern der Erde einmal durchgängig überhandgenommenen (engeren oder weiteren) Gemeinschaft so weit gekommen ist, dass die Rechtsverletzung an einem Platz der Erde an allen gefühlt wird: so ist die Idee eines Weltbürgerrechts keine phantastische und überspannte Vorstellungsart des Rechts, sondern eine notwendige Ergänzung des ungeschriebenen Kodexes, sowohl des Staats als auch des Völkerrechts zum öffentlichen Menschenrechte überhaupt, und so zum ewigen Frieden, zu dem man sich in der kontinuierlichen Annäherung zu befinden nur unter dieser Bedingung schmeicheln darf.[127]

Diese und viele andere Passagen in Kants Text klingen auch nach mehr als zweihundert Jahren vertraut; wir können sie unmittelbar auf unsere gegenwärtige weltpolitische Situation beziehen. Es ist faszinierend zu sehen, wie exakt Kant bereits damals eine Situation beschrieben hat, die zu seiner Zeit viel weniger offensichtlich gewesen sein dürfte als heute. Die Präzision der Beschreibung, die erst in unserer Zeit wirklich zutrifft (etwa »dass die Rechtsverletzung an einem Platz der Erde an allen gefühlt wird«, was ja überhaupt erst durch die aktuelle mediale Entwicklung möglich geworden ist[128]), scheint allerdings auch ein wenig unheimlich. Das sollte zu denken geben – handelt es sich womöglich um eine Art optischer Täuschung, eine Projektion?

So oder so scheint nicht so sehr die optimistische Schlussfolgerung Kants zuzutreffen, wir befänden uns in Annäherung an einen großen Frieden, als dass die Hoffnungen, Werte und Ziele, die darin ausgedrückt sind, nach wie vor als unsere gelten dürfen. Kant beschreibt mithin weniger unsere Wirklichkeit als unser Narrativ. Er schreibt es in den zitierten Passagen auf, erzählt es uns, erschafft es. Das westliche Narrativ beruht in wesentlichen Punkten auf Prämissen, die von Kant und der Aufklärung geprägt worden sind. Man sieht es daran, wie gut Kant mit der politischen Vision Fukuyamas und der anderen im zweiten Kapitel vorgestellten Denker zusammenpasst. Wenn dieses über zweihundert Jahre alte Narrativ nach wie vor plausibel ist, dürfte dies weniger an dessen »objektiver« Wahrheit liegen, geschweige denn daran, dass die Welt und die Absichten und Ziele der Natur richtig gedeutet werden, sondern daran, dass die Welt in den letzten zweihundert Jahren nach Maßgabe ebendieses aus der Zeit der Aufklärung stammenden Narrativs geordnet wurde.

Werfen wir den Blick auf eine aktuelle, jedoch kritischere Fortschreibung des Kant'schen kosmopolitischen Narrativs. Wir finden sie in einem Aufsatz aus dem Jahr 2009, und sie stammt von der heute in Yale lehrenden Habermas-Schülerin Seyla Benhabib. Mit Bezug auf Habermas schreibt Benhabib:

> Kosmopolitismus bedeutet für mich anzuerkennen, dass Menschen moralische Personen sind, die ein Recht auf den Schutz durch das Gesetz haben, und zwar aufgrund der Rechte, die ihnen nicht als Staatsbürger oder als Mitglieder einer ethnischen Gruppe zukommen, sondern die sie einfach als Menschen beanspruchen können. Des Weiteren bedeutet Kosmopolitismus, dass Ländergrenzen im 21. Jahrhundert zunehmend durchlässig und dass Gerechtigkeit innerhalb der Grenzen und Gerechtigkeit jenseits der Grenzen miteinander verbunden sind, selbst wenn es zwischen ihnen zu Spannungen kommen kann und kommt.[129]

Mit Kant bedeutet »Weltbürgerschaft zunächst einmal eine neue globale Rechtsordnung, in der Menschen einfach aufgrund ihres Menschseins bestimmte Rechte haben«. Die große dahinterstehende Frage lautet, ob das Recht auf Rechte, das Hannah Arendt als das fundamentalste Menschenrecht bestimmte, an die Zugehörigkeit zu einem Gemeinwesen gebunden ist und ob man Teil dieses »Demos« (verstanden als ein politisch organisiertes Volk) sein muss oder nicht, um an diesem Grundrecht teilzuhaben. Benhabib schließt ihren Abriss der Geschichte des Kosmopolitismus, dessen Hintergrund nicht zuletzt die heraufziehende Flüchtlingskrise bildet, mit folgenden Worten:

> Deshalb gehört in unserer Zeit unbedingt zum Vermächtnis des Kosmopolitismus, den Gast nicht als Gast, sondern als potentiellen Bürger und Gesellschaftsmitglied zu behandeln. Oder, in den Worten von Jürgen Habermas, in Zeiten der Globalisierung wird die »Einbeziehung des Anderen« zur weltbürgerlichen Pflicht, die nicht an den nationalen Grenzen Halt macht.

Damit werden bestimmte Rechte des Menschen aufgrund seines bloßen Menschseins anerkannt, und die Einbeziehung des anderen in bestehende Rechtsräume wird zur »weltbürgerlichen Pflicht«. Aber:

> Es gibt kein demokratisches Verfahren, um demokratisch zu entscheiden, wer Teil des demos sein soll und wer nicht, weil eine solche Entscheidung bereits die Unterscheidung zwischen denen, die entscheiden dürfen, und den anderen, die nicht zu dem demos gehören, impliziert. Wir stehen vor einem unvermeidlichen Zirkel.[130]

Das Problem besteht demnach im Rahmen des vorgegebenen kosmopolitischen Narrativs darin, dass es die ordnende Instanz nicht gibt, welche, wie etwa ein durch ein Volk (*demos*) konstituierter Staat, die geforderten (Weltbürger-)Rechte verleiht, garantiert und durchsetzt. Dieses Problem sei zwar unaufhebbar, betont Benhabib, es gebe jedoch Lösungen dafür, »die gerechter oder intelligenter sind als andere«. Und es gibt eine Art moralischen Imperativ für diejenigen, die sich zum Kosmopolitismus bekennen.

Um dem genannten »unvermeidlichen Zirkel« zu entkommen, wollen wir den zugrunde liegenden Vorstellungen genauer nachgehen. Es sei in diesem Zusammenhang erwähnt, dass Seyla Benhabib von einer jüdischen Familie in Istanbul abstammt, einer Familie also, die in den Genuss der Rechtssicherheit des osmanisch-islamischen Millet-Systems kam und nicht der im 20. Jahrhundert (jedenfalls für die Juden) weitaus labileren Rechtlichkeit der europäischen Staaten. Im 16. Jahrhundert war ihre Familie von der Reconquista zur Flucht aus Andalusien gezwungen worden; denn im Unterschied zu den Muslimen zwangen die Spanier alle Andersgläubigen zur Konversion. Die große Mehrzahl der Juden wanderte in Länder aus, wo sie ihren Glauben behalten durften; die meisten von ihnen gingen daher in die islamische Welt, ins Osmanische Reich.

Die Frage von Hannah Arendt nach dem Recht auf Rechte, der scheinbar unvermeidliche kosmopolitische Zirkel, hat sich also außerhalb des christlichen Europas und vor dem Aufkommen moderner Staatlichkeit in vergleichbarer Weise nicht gestellt. Ebenso wie die Weltliteratur, die Goethe ansagte, bereits zu seiner Zeit ausgerechnet in der islamischen Welt von Sarajevo bis Delhi in Gestalt der alle Grenzen überschreitenden Tradition der persischen Ghaselendichtung (mit Hafis als Inbild und Höhepunkt) Realität war, hatte auch der Kosmopolitismus, den die Aufklärung einforderte, in der islamischen Welt bereits eine prototypische Gestalt gefunden – genau in der Welt also, die in Europa in völliger Verkennung der Situation (wie wir sie gleich erläutern werden) als Hort der Despotie und des religiösen Fanatismus galt.

Die Familie von Seyla Benhabib und Zehntausende andere Juden werden gewusst haben, warum sie sich nach der Vertreibung durch die Christen ausgerechnet im Osmanischen Reich niederließen. Für diejenigen, die, wie etwa die ebenfalls vor der Reconquista fliehende Familie Spinozas, zunächst in sich tolerant gebenden christlichen Herrschaftsgebieten Zuflucht suchten, begann dagegen eine wahre Odyssee. Weil Spinoza (1632–1677) mit seiner Gleichsetzung von Gott und Natur für die Vorgeschichte des aufklärerischen Kosmopolitismus eine entscheidende Rolle spielt, lohnt es sich, hier auch auf diese Geschichte einzugehen.

Bereits 1391 war der christliche Mob in Sevilla mit dem Schlachtruf »Tod oder Taufe« durch die Straßen gezogen.[131] Es kam zu einer Welle von Zwangskonversionen, die das sogenannte Marranentum hervorbrachten: äußerlich zum Christentum bekehrte Juden, die aber viele ihrer jüdischen Riten und Traditionen heimlich beibehielten – oder denen man vorwarf, dies zu tun. Als Ferdinand und Isabella, die »Katholischen Könige«, eine eigene spanische Inquisition einführten, gerieten die Marranen unter den Generalverdacht, Ketzer zu sein und einen falschen Glauben zu verbreiten. Auch die verbliebenen, noch nicht marranischen Juden wurden nun vor die Wahl gestellt, sich zum Katholizismus zu bekehren oder auszuwandern.

In Erinnerung an das weitgehend gelungene Zusammenleben von Juden und Muslimen im arabisch-muslimischen Andalusien[132] flohen die jüdischen Familien, die es sich leisten konnten (die Schiffsreise war teuer, die Kapitäne nicht weniger habgierig als die heutigen Fluchthelfer), ins Osmanische Reich. Andere, darunter die Familie Spinozas, siedelten nach Portugal über, wo ihnen zunächst Asyl gewährt wurde, bis sie wenig später auch dort zur Christianisierung gezwungen wurden. In den folgenden Wirren der portugiesischen Inquisition gingen viele von ihnen nach Spanien zurück und zogen, sofern es ihnen erlaubt wurde, schließlich weiter in nordeuropäische Städte wie Venedig, Hamburg, London und Amsterdam, wo manche von ihnen zum jüdischen Glauben zurückkehrten, wie die Familie von Spinoza, dabei aber oft weiterhin in einem marranischen Milieu vordergründig christianisierter Juden lebten. Yirmiyahu Yovel hat Spinoza daher in seiner Biografie einen »Marranen der Vernunft« genannt.

Es liegt schon vor dem Hintergrund dieser (Familien-)Geschichte nah, die Gesetze, die die Ordnung zwischen den Menschen gewährleisten sollen, nicht mehr in einer überlieferten Religion, sondern in den neu entdeckten, größere Verlässlichkeit versprechenden »Gesetzen der Natur« zu suchen. Um den Übersprung von den Gesetzen der Natur zu denen der Menschen zu leisten (und damit nicht nur die natürliche, sondern auch menschliche Ordnung auf ein festes Fundament zu gründen), braucht man aber notwendig die Annahme, dass »Gott […] identisch mit der Gesamtheit der Natur [ist]«. Erst dann kann man zu dem Schluss kommen, dass »Gottes Gebote […] nicht in der Bibel [stehen], sondern […] in den Gesetzen von Natur und Vernunft [liegen]«.[133] Eine »Ethik«, wie Spinozas Hauptwerk heißt, kann aus der Natur nur abgeleitet werden, wenn sie die ursprüngliche und wichtigste Funktion Gottes übernimmt: nämlich das richtige Leben, die moralische Orientierung und damit die Gesetze zu stiften.

Als die Rede vom Gesetz, wir haben es im letzten Kapitel angedeutet, aus ihrem ursprünglichen Kontext, der Schnittstelle zwischen Religion und

Politik, auf die Natur übertragen und zum »Naturgesetz« wurde, war sie im Zusammenhang mit der Natur zunächst nichts als eine Metapher. Diese Erkenntnis ging verloren, als sich herausstellte, dass die Natur tatsächlich »Gesetzen« zu folgen schien, die man nur noch entdecken musste. Einmal entdeckt, versprachen sie eine größere Zuverlässigkeit, Sicherheit und Gewissheit als die Gesetze, die die Menschen an der Schnittstelle von Religion und Politik selber schufen und die die Welt, jedenfalls die europäisch-christliche, ins Chaos gestürzt hatten, zumal aus der Sicht der verfolgten Juden und Marranen. Wenn Gott, der ultimative Gesetzgeber, aber nun selber die Natur ist und sich in ihr manifestiert, so sind seine Gesetze folglich mit denen der Natur identisch, stehen »die Gebote Gottes [...] nicht in der Bibel, sondern liegen in den Gesetzen von Natur und Vernunft«. Ich weiß nicht, ob Spinoza diese Lesart seiner Philosophie tatsächlich gewollt hat und es selbst so sah. Es ist aber das, was seine Leser und intellektuellen Nachfolger aus seiner Philosophie gemacht haben.

So naheliegend und verführerisch die Gleichsetzung von Natur und Gott in puncto Gesetzen klingt: Das fundamentale politische Problem ist damit nicht gelöst. Wer macht, erlässt und garantiert die Gesetze praktisch; welche konkrete, gegebene Macht setzt das Recht durch? An diesen Unwägbarkeiten zeigt sich, dass die Metapher von den Naturgesetzen nur eine Metapher ist: Als Gesetze im eigentlichen, unmetaphorischen Sinn taugen die der Natur nicht, obschon diese Behauptung immer wieder aufgestellt worden ist, obschon stets aufs Neue versucht wurde – selbst Kant, haben wir gesehen, tat dies –, aus den Naturgesetzen menschliche Gesetze abzuleiten, wie es dann später auf die krudeste Weise Rassismus und faschistische Ideologien taten und mit Hilfe der Übertragung von Naturgesetzlichkeiten auf menschliche Zusammenhänge ihre Mordtaten zu rechtfertigen suchten: »Je besser wir die Gesetze der Natur und des Lebens erkennen und beobachten, [...] desto besser passen wir uns dem Willen des Allmächtigen an. Je mehr Einsicht wir in den Willen des Allmächtigen gewinnen, desto größer werden unsere Erfolge sein.«[134]

Diese geradezu beispielhaft spinozistische Argumentation stammt von dem Hitler-Vertrauten und nationalsozialistischen Reichsminister Martin Bormann. Ich erwähne sie nicht, um den Spinozismus, geschweige denn

Spinoza abzuwerten, sondern um auf die Gefahren und die – historisch, siehe Bormann, auch realisierten – Möglichkeiten des Missbrauchs hinzuweisen, die das mit Spinoza und der Aufklärung anhebende Gedankengut in sich trägt. Es unterscheidet sich darin nicht im Geringsten von den ebenso missbrauchbaren religiösen Narrativen. Anders als Gott oder die Vorstellung eines Gottes (wie Spinoza sie durchaus hegte, sonst hätte er die Natur nicht mit Gott gleichgesetzt) können die Naturgesetze aber keine menschlichen Gesetze und schon gar kein Recht stiften, das einem überlieferten (und damit wohl letztlich religiös inspirierten) Rechtsempfinden entspricht.

Wer stiftete nun aber die Gesetze und die Moral, die sich aus dem »Natur und Vernunft« gewordenen Gott nicht oder nur rudimentär ableiten ließen? Wer füllte die Lücke? Die Antwort darauf ist ebenso simpel wie eindeutig und unvermeidlich: der Staat. Um diesen mit einer solchen Autorität zu versehen und nicht nur, wie in der Vormoderne, als äußerlich-weltliche, sondern auch als moralische (und damit potenziell religiös gerechtfertigte) Autorität erscheinen zu lassen – eine Vorstellung, die schließlich bei Hegel kulminiert –, musste eine Operation geleistet werden, welcher sich nicht umsonst einige der bedeutendsten Denker ihrer Zeit verschrieben, etwa Spinozas Zeitgenosse Thomas Hobbes (1588–1679), der nur zwei Jahre nach Spinoza starb (dessen Werk, da es postum publiziert wurde, aber nicht gekannt haben dürfte).

Diese Operation besteht kurz gesagt darin, dort, wo dies die Religion nicht mehr glaubwürdig leistet, den Staat seinerseits durch das zu legitimieren, was an die Stelle Gottes getreten war, nämlich Natur und Vernunft. Genau dies bewerkstelligen die Staatstheorien seit dem 17. Jahrhundert. Vereinfacht gesagt: Der Staat bekommt von Natur und Vernunft die Aufgabe verliehen, an ihrer statt Gott zu spielen und Gesetze zu stiften. Leider ist zu argwöhnen, dass dabei der Bock zum Gärtner gemacht worden ist, jedenfalls wenn wir die Familiengeschichte Spinozas zum Ausgangspunkt nehmen. Denn die Inquisition, die Spinozas Familie heimsuchte, war nicht die einer rein religiösen Autorität und diente nicht primär der Kirche, sondern der Festigung ebenjenes absolutistischen Staates, der nun anstelle der diskreditierten Religion für Recht und Moral verantwortlich sein wollte und sollte:

> Als sie [Ferdinand und Isabella] in Aragonien und Kastilien den Thron bestiegen, führten sie eine eigene spanische Inquisition ein, die nicht mehr dem Papst in Rom unterstand, und nutzten sie als politisches Werkzeug, um den neuen absolutistischen Staat zu schmieden. [...] Trotz ihrer grausamen Methoden sah man den Erfolg der Inquisition mehr darin, die Macht des Königs überall zu verbreiten, als darin, das Reich von judaisierenden Marranen zu säubern.[135]

In diesem Kontext wurde auf der Iberischen Halbinsel zum ersten Mal eine Verbindung der Religion nicht nur zu einem Bekenntnis, sondern zur biologischen Herkunft, das heißt zum »Blut«, geknüpft, womit überhaupt erst die Möglichkeit für die Rassentheorien des 19. Jahrhunderts und die Bezeichnung der Juden (eigentlich ja nichts als eine religiöse Bezeichnung) als einer eigenen »Rasse« und »Nation« eröffnet wurde. Es lohnt sich, an dieser Stelle kurz zum anderen Ende des Mittelmeers, hinüber ins Osmanische Reich zu wechseln. Glücklich war, wer wie die Familie von Seyla Benhabib vor der Inquisition dorthin unter islamische Herrschaft ausgewandert war. Die heimliche Hauptstadt der Juden im Osmanischen Reich wurde Thessaloniki, das »Jerusalem des Balkans« und die »Mutter Israels«:

> Die sephardischen [d. h. von der Iberischen Halbinsel eingewanderten] Juden bildeten eine Art Staat im Staate. Sie hatten ihre eigene Gerichtsbarkeit; die rabbinischen Tribunale agierten unabhängig von der osmanischen Obrigkeit. Ihre Stadtviertel waren selbstverwaltet. [...] Die Synagogen benannte man nach dem Herkunftsort ihrer Erbauer: Toledo, Mallorca, Lissabon, Sizilien, und viele andere. Am Samstag ruhte die Arbeit: Niemand hätte am Sabbat ein Geschäft geöffnet, dieses Tabu galt auch für Christen und Muslime; kein Schiff konnte samstags entladen werden. Auch das geistige Leben blühte auf. [...] Von 1500 bis zu Beginn des 20. Jahrhunderts war Saloniki eine mehrheitlich jüdische und spanischsprachige Stadt.[136]

Erst die Neuordnung des Nahen Ostens nach dem Zusammenbruch des Osmanischen Reiches und der erzwungene türkisch-griechische Bevölkerungstausch machten die Juden Thessalonikis zu einer Minderheit. Den Todesstoß aber versetzte diejenige Macht den Juden, die das totalitäre und rassistische Staatsverständnis, das mit den Katholischen Königen seinen Anfang nahm, mit der ebenfalls damit beginnenden Weltanschauung, die Staat, Natur und Gesetz zusammendachte, seinem Paroxysmus zugetrieben hatte, das nationalsozialistische Deutschland:

> Am 9. April 1941 marschierten die deutschen Truppen in Saloniki ein. Damit begann für die Sepharden ein langer Leidensweg, an dessen Ende für die meisten der Tod in den Gaskammern von Auschwitz stand. [...] 45 659 Menschen wurden direkt nach Birkenau und Auschwitz deportiert und dort vergast. Am 7. August 1943 konnte Wisliceny [der von Adolf Eichmann zu diesem Zweck nach Saloniki abgeordnete SS-Hauptsturmführer] nach Berlin melden: Saloniki judenfrei![137]

Der Staat, der sich auf die Natur (Rassismus, Darwinismus, Kampf aller gegen alle) als seinen Gott beruft – und betroffen und gemeint ist hier keineswegs nur der nationalsozialistische Staat –, hat sich statt als Garant der Rechte als ihr größter Vernichter entpuppt. Scheint es vor diesem Hintergrund nicht angezeigt, das vielgefeierte »Abenteuer der Immanenz«[138], die Geschichte der im Werk von Spinoza erstmals deutlich ausformulierten Gleichsetzung von Gott und Natur, einer Revision zu unterziehen?

Ein weiteres Problem kommt hinzu. Der Staat kann zwar anstelle Gottes und der Natur Gesetze machen, vielleicht sogar »vernünftige«; er stiftet oder garantiert damit aber noch keine Moral, jedenfalls nicht, solange er sich nicht seinerseits doch wieder auf die Religion beruft, wie es entsprechend häufig dann auch geschah. Das Ergebnis ist die merkwürdige, stets schwierige und doch zugleich notwendige Kohabitation von Staat und Religion, mit der nicht einmal die Säkularisierung Schluss machte – dies wurde erst im 20. Jahrhundert von Kommunismus und Faschismus versucht, weil diese sich nicht nur als staatstragende, sondern auch als moralstiftende Ideologien verstanden. Diese neue Moral speiste sich aus einer falsch verstandenen Idee von Wissenschaft wie dem dialektischen Materialismus oder aus dem Willen zur Macht und dem Rassismus. Voraussetzung für eine solche moralische Verirrung war der Zusammenfall der Kategorien von Wirklichkeit und Moral, wie er sich seit Spinozas *deus sive natura* angekündigt hatte, wodurch zwischen Sein (*natura*) und Gesetz (Gott), zwischen Sein und Sollen kein Unterschied mehr festgemacht werden kann.

Der Zusammenfall von Sein und Sollen, der bei Spinoza noch in der Schwebe ist, kam nun nicht auf der Seite des Sollens oder Gottes zu liegen, wie in der Vormoderne, sondern auf der des Seins, der Natur. Nach vormodernem religiösen Verständnis war, vereinfacht gesagt, alles Gott, Gesetz, Sollen, hingegen das Sein, die Natur nichts und zu vernachlässigen. Eine der radikalsten Ausformulierungen der Nichtigkeit des Seins finden wir bei dem aus Andalusien stammenden arabischen Theosophen Ibn Arabi (1165–1240). Für ihn sind Naturgesetzlichkeit und Kausalität – nach Nietzsche das Gegenprinzip zur Moral – zur Gänze aufgehoben. Noch die kleinste Bewegung, die auf der Welt geschieht oder die wir Menschen tun, geht auf einen bewussten Willensakt Gottes zurück. In Umkehrung der aristotelischen Kategorien (wie wir sie heute verstehen) ist das Reale, das Sein, für Ibn Arabi lediglich in der Transzendenz angesiedelt und dem Menschen nur geistig, spirituell, imaginär zugänglich. Dasjenige, was wir heute als das Reale ansehen, das Sein, die Natur in unserem Sinne, ist nach Ibn Arabi nur das Mögliche, ein Potentialis. Da es wie alles Materielle vergänglich ist, kann es kein reales Sein haben, ist wenig mehr als Chimäre. Eine Haltung, die wir ähnlich in indischen Religionen finden.

Mit Spinoza wurden Sein und Sollen, Natur und Gott zunächst (nur) auf eine identische Stufe gehoben, eine Ausgewogenheit zwischen beiden hergestellt, bis sich die Waagschale im Laufe der weltanschaulichen Klärungen auf die Seite der Natur und des Seins hinabneigte und die Moral, das Sollen, das Gesetz als nichts Eigenes mehr galt, das heißt, nicht mehr war als Natur und Sein selbst. Diese historische Entwicklung, die überhaupt erst dazu geführt hat, Zuflucht – und Gott – in der Natur zu suchen, dürfte in dem Moment begonnen haben, als sich Moral und Recht, als sich die Religion, verstanden als autonomer, Recht und Gesetz aus sich heraus garantierender Bereich, nicht mehr gegen die Übernahme und Ausnutzung durch weltliche Mächte wehren konnten. Die Religion, also die das Recht an Höheres rückbindende Institution, verliert die Autonomie und wird ein bloßes Instrument zum Machterhalt und zur Machtsteigerung wie im Fall der Katholischen Könige, die unabhängig von Rom eine eigene Inquisition aus rein staatspolitischen Gründen einführen. Oder sie wird ein bloßer identitätspolitischer Faktor wie in den Religionskriegen des 17. Jahrhunderts. Die Diskreditierung der Religion konnte durch die reformatorischen Bewegungen nicht nur nicht aufgehalten werden, wie es vielleicht ursprünglich ihr Ansinnen war. Vielmehr beförderten sie diese Diskreditierung noch, da sie nun selbst nicht nur an der Wahrheit, sondern auch an der Macht teilhaben, nicht nur am Sollen, sondern auch am Sein mitbestimmen wollten: »Nicht zuletzt, um ›Fehldeutungen‹ und Unruhen zu vermeiden – aber auch, um seine Kirchenerneuerung im Diesseits machtpolitisch zu verankern – rechtfertigt Luther das Prinzip der ›Landeskirchen‹, was zu einer heillosen Vermengung von Religion und Politik führen sollte.«[139]

Die Vermengung von Religion und Politik, die der Westen heute dem Islam vorwirft und ihm pauschal unterstellt, ist nicht *nur auch* ein europäisches Problem gewesen, in vormoderner Zeit war sie *auch nur* ein europäisches Problem! Die Glaubwürdigkeitskrise, in welche sie die Religion in Europa, also das Christentum, gestürzt hat, ist mehr als nachvollziehbar. Es ist aber, so kränkend diese Erkenntnis für den Westen vielleicht ist, deswegen noch lange keine Glaubwürdigkeitskrise anderer Religionen, etwa des Judentums, des Islams oder asiatischer Glaubenssysteme. Das Antidot namens Aufklärung und Naturgesetzlichkeitsglaube, das gegen diese Krise in Europa vielleicht gewirkt hat – wenn auch unter enormen Kosten –, kann deswegen schwerlich anderswo sinnvoll eingesetzt werden. Wird dies dennoch versucht, wie es seit der Zeit des Kolonialismus bis heute der Fall ist, wirkt das Antidot nicht als Heilmittel, sondern als pures Gift und löst genau die Krankheiten aus, die es in Europa mehr oder weniger erfolgreich bekämpft hat: die Politisierung der Religion. Die Krise des heutigen Islams ist das traurige Resultat und hat inzwischen auch dort zu einer Glaubwürdigkeitskrise geführt, wie sie sich etwa in den muslimischen Islamkritikern niederschlägt. So nachvollziehbar diese Kritik angesichts der herrschenden Lage scheint, sie ist die Kritik an einem Islam, der die europäischen Pillen geschluckt hat und seither wenig mehr ist als die Reinkarnation des kranken, in Religionskämpfen darniederliegenden Europas der Vergangenheit.

Wer eine Illustration der hier abstrakt dargestellten neuzeitlichen Entwicklungen sucht, wer den Unterschied zwischen Sein und Sollen, zwischen Moral und Natur und den Übergang zwischen beiden ins Bild gesetzt sehen, ihm zusehen will, dem könnte ein flüchtiger Blick, eine grobe Kenntnis der europäischen Kunstgeschichte genügen. Das Zauberwort, um den Übergang von der vormodernen Auffassung, die religiös geprägt gewesen ist und das Sollen, das Ideal, über Sein und Wirklichkeit stellte, in der Kunst zu unterscheiden von der mit der Renaissance anhebenden, in der Aufklärung kulminierenden Orientierung am Gegebenen, ist die Mimesis, also die Vorstellung, die Kunst solle sich an der Wirklichkeit, an der Realität orientieren, habe sie nachzuahmen. Zu dieser neuen mimetischen Tendenz in der Kunst gehört die »Erfindung« der Perspektivtechnik, die es erlaubt, räumliche Verhältnisse realistisch wiederzugeben. Die Erfindung ist freilich keine; sie ist nur die Konsequenz einer umfassenderen Umorientierung, einer Abkehr von der höheren, transzendenten, ideal gedachten Sphäre und höheren, transzendenten Perspektive (und der mit ihr verbundenen Motive) hin zur Darstellung der Gesellschaft und der Natur aus der Perspektive des Menschen. Paradoxerweise wird dieser Perspektivwechsel im Rahmen der vordergründig noch religiösen Kunst besonders deutlich. Die religiösen Motive bleiben, etwa die Jungfrau mit dem Kind, die Kreuzigung und dergleichen. Nur werden die dargestellten Figuren zusehends realistisch dargestellt, die Bilder verlieren ihre idealische Aura, die sie in mittelalterlichen Darstellungen oder etwa der byzantinischen Kunst durchweg auszeichnete, die eine andere ikonografische Entwicklung nahm, ein anderes Verständnis vom Bild hatte. Oder es werden aus den biblischen Legenden neue Bildmotive gezogen, die sich zu einer Idealisierung ohnedies nicht anbieten. Der ungläubige Thomas, den Caravaggio malt (heute in Potsdam hängend), setzt die Profanierung der Religion durch den Unglauben und die Suche nach »handfesten«, gleichsam der wissenschaftlichen Überprüfung standhaltenden Beweisen für die Auferstehung mit einem Realismus in Szene, der selbst auf eine Profanierung hinausläuft.[140] Wenn der ungläubige Thomas Jesus in die Stichwunde in der Brust greift, erinnert er mehr an einen Arzt in einer anatomischen Untersuchung (ebenfalls ein spezifisch neuzeitliches Motiv) als an einen Menschen, der es nicht fassen kann, dass einer von den Toten wiederaufersteht. Die Naturwissenschaften und der Forschergeist werden folglich nicht nur über den Umweg des biblischen Motivs in Szene gesetzt und überlagern dieses, sondern sind in ihrem kühlen, fast sarkastischen Realismus selbst diejenigen Narrative und Kräfte, welche die Kunst prägen und motivieren, wie es sich schon in den zahlreichen anatomischen Studien der Maler der Renaissance angedeutet hatte. Und mittels genau dieser Prägung unterminieren sie die konkurrierenden religiösen Narrative, deren Bilderwelten sie vererbt bekommen haben.

Denn in dem Maße, in dem die Kirche nur noch vordergründig das Sagen hat und religiöse Bildzwecke bloß vorgeschoben scheinen, werden im Lauf des 16. Jahrhunderts die religiösen Bildmotive zunehmend ein Vorwand, sind womöglich bloß offizieller Bildanlass, während sich die Bilder in Wahrheit mit Gestalten »nach der Natur«, mit derb realistischen Figurendarstellungen füllen, bis schließlich die religiösen Motive nur noch einen Motivkreis unter vielen anderen bilden und durch mythologisch-antike oder durch solche, die einen weitgehend realistisch-mimetischen Anspruch verfolgen (Porträts, Stillleben, Landschaften), überlagert werden.

Man rechnet diese Entwicklung der abendländischen Kunst als Größe an, und groß mag sie sein. Nur ist sie untrennbar von (und im Endeffekt wenig anderes als Ausdruck) der Suche nach einer neuen Orientierung, welche man jetzt in der Natur und im Gegebenen zu finden glaubte, einer Orientierung, die ein Doublebind zwischen Natur und Religion bewirkt, wo einerseits das Motiv auf die Transzendenz verweist, aber dieses andererseits (und im Gegensatz zur mittelalterlichen Kunst) mit Hilfe einer Mimesis, das heißt Nachahmung der Immanenz, leisten will, also mit Bildern der rohen, nackten Wirklichkeit. Der Meister der aus diesem Doublebind folgenden Zerrissenheit, zu Recht dafür berühmt, ist wiederum Caravaggio, und kaum ein Bild drückt sie expliziter aus als sein Hieronymus in der Fassung von 1605, der heute in der Villa Borghese in Rom hängt.

Hieronymus, der Greis, selbst überaus realistisch dargestellt, sitzt über seiner Bibelübersetzung, der berühmten Vulgata, die bis ins 17. Jahrhundert die maßgebliche, autoritative Übersetzung ins Lateinische war. Gehüllt in ein rotes Gewand, sehen wir ihn auf der rechten Seite des Bildes, wie er sich über ein Buch beugt, den Originaltext der Bibel. In seiner rechten Hand, der

Arm ist weit ausgestreckt, hält er einen Griffel und schreibt in ein anderes Buch auf der anderen Seite des Bildes die Übersetzung nieder. Dort aber, auf der Bibel*übersetzung*, liegt ein Totenschädel, hängt ein Tuch vom Tisch herab, weiß, blass und bleich wie ein Leichentuch, ein herber Kontrast zum lebendigen Rot von Hieronymus' Gewand. Während der Originaltext die Transzendenz, die Quelle der Religion, der Ordnung und des Rechts repräsentiert, ihren Geist, steht die Übersetzung für den toten Buchstaben, die Niederungen des Diesseits, die Kraftlosigkeit der religiösen Ordnung, sobald sie ins Diesseits übertragen wird. Hieronymus selbst ist zwar herrlich, sein Werk aber ist nichtig. Das spiegelt nicht zuletzt die aufkommende Popularität der Bibelübersetzungen in die Volkssprachen; es spiegelt aber vor allem den Machtverfall der Kirche. Caravaggio setzt ihn nicht nur in Szene, sondern das Gemälde selbst ist sein Ausdruck: Ohne diesen Machtverfall hätte es kaum gemalt werden können, gemalt werden dürfen, und wenn man will, lässt es sich als Warnung und Mahnung an die Kirche lesen: Lasst die Finger von den weltlichen Geschäften. Haltet euch an das Original, an die Transzendenz, an das höhere, eigentliche Leben im Jenseits, sonst seid ihr wie alles im Diesseits dem Tod geweiht. Die Kirche ist diesem Rat nicht gefolgt und hat an Bedeutung verloren. Auch der Unterschied zur islamischen Welt lässt sich an diesem Bild illustrieren: Die Übersetzung des Korans galt im Islam bis weit in die Neuzeit, ja gilt teils noch heute als Tabu – und sowieso als unmöglich. Die Religion blieb daher auf der rechten, roten, lebendigen, transzendenten Seite des Bildes, dort wo Hieronymus sitzt (den es in der islamischen Welt freilich nicht gibt). Den langen Arm, gestreckt ins Reich des diesseitigen Totenschädels, der Vergänglichkeit, der bloßen, vom Geist entleerten Buchstabengläubigkeit, den verkörpern heute die Salafisten, die in unseren Innenstädten unlesbare Koranübersetzungen unters Volk werfen – jedem klassisch gebildeten Muslim werden darüber die Haare zu Berge stehen.

Eine derartige Interpretation der Mimesis als Spiegel und Inszenierung der Abkehr vom religiösen Diskurs lässt sich nicht mit dem Verweis entkräften, Mimesis habe es schon in der Antike gegeben, und darauf stütze sich schließlich die Malerei der Renaissance. Beides stimmt zwar; nur verstand die neue europäische Malerei nicht mehr, dass sich in der Antike die

Mimesis einer Vorstellung vom Kosmos als harmonische Ordnung der Welt verdankt[141], einer Ordnung, die sich auch in der Wirklichkeit, der Natur, dem menschlichen Körper niederschlägt und deshalb, aber nur deshalb, diese als schön und wertvoll darstellbar macht. Der Naturbegriff der Neuzeit ist ein völlig anderer als dieser kosmologische, er ist ein funktionaler, mechanischer, kalt gesetzmäßiger, toter.

Die größten Künstler der Renaissance gewannen dem Doublebind aus Ästhetik und Anatomie, aus Geist und Buchstaben, Seele und Leib eine charakteristische Spannung ab, die noch heute in ihren Werken spürbar ist und deren Leistung darin besteht, sich nicht voreilig auf eine Seite zu schlagen, vielmehr beide zu repräsentieren, die Waagschalen ausgeglichen zu halten. Die anatomischen Studien Leonardos, zugleich schön und sachlich, geistvoll und nüchtern, lebendig und sezierend, sind für diese Tendenz beispielhaft. Aber der Weg von dort zu einem rein mechanistischen Verständnis des Menschen wie bei dem französischen Arzt La Mettrie in seinem Buch »L'homme machine« (1748) ist nicht weit. Von da an sollte sich die spinozistische Waage unwiderruflich auf die Seite der Natur, des Diesseits, des Gegebenen neigen.

Den Höhepunkt – oder besser: Tiefpunkt – dieser Neigung hin zum Sein anstelle und auf Kosten der Waagschale des Sollens und der Moral wird bei Nietzsche erreicht. Das Sollen wird abgeschafft, die Waage kommt ganz aufseiten des Seins zu liegen: »Die Gebiets-Verkleinerung der Moral: ein Zeichen ihres Fortschritts. Überall, wo man noch nicht kausal zu denken vermocht hat, dachte man moralisch.«[142] Dies ist dem aus Kamerun stammenden Philosophen und Historiker Achille Mbembe zufolge auch die Logik des Kolonialismus gewesen, welche bis heute den Umgang mit Afrika prägt:

> Die Rehabilitierung des guten kolonialen Rechts in der gegenwärtigen Situation beruht auf der Überzeugung, dass reale und tatsächliche Freiheit nicht durch irgendein Abkommen oder irgendeinen Vertrag zwischen gleichwertigen Parteien erreicht wird, sondern einem natürlichen Recht entspringt. Darüber hinaus leben wir in einer Zeit, in der die einzige geltende Moral sich auf den Mitleidsinstinkt reduziert; auf die un-

> zähligen Formen von Verachtung, die sich hinter der Maske der Mildtätigkeit und des barmherzigen Samaritertums verbergen; auf den Glauben, dass der Sieger schließlich doch recht hat. Warum soll man in einer Situation, in der das Recht des Stärkeren herrscht und Stärke sich mit Vernunft vermählt, Gerechtigkeit und Wiedergutmachung fordern? Dieser Moral zufolge ist in unserer Welt kein Platz für Schuld und weniger noch für Reue, denn sowohl Schuldgefühl als auch Reuebedürfnis sind [demnach] nur zynische Ausdrucksformen der Perversität der Schwachen.[143]

Lassen wir dahingestellt sein, ob diese Beschreibung der westlichen Haltung gegenüber Afrika zutrifft. Sie zählt schon deshalb, weil die Situation von einem bedeutenden afrikanischen Intellektuellen so empfunden wird. Selbst wenn viele im Westen keineswegs der Ansicht sind, das »Gebiet der Moral«, mit Nietzsche gesprochen, so »verkleinert« zu haben, dass nur noch der Mitleidsinstinkt übrigbleibt, sollte es zu denken geben, dass dies einem betroffenen Beobachter mit Gründen so scheinen kann. Auf den Eindruck, den der Westen in Afrika macht, nicht zu achten und zu glauben, nicht darauf achten zu müssen, weil dieser Westen sich selbst ganz anders und durchaus moralisch zu sehen beliebt, wäre genau diejenige zynische Arroganz des Siegers, die Mbembe kritisiert. Sobald wir so reagieren, hat er mit seiner Vermutung bereits recht. Der *missing link* zwischen unserer vermeintlichen kosmopolitischen Moralität, unserer Betonung von Menschenrechten, Freiheit, Demokratie, universellen Werten, guter Regierungsführung einerseits und andererseits der nietzscheanischen »Gebiets-Verkleinerung der Moral«, die jedes Handeln nur noch kausal, das heißt aus Naturgesetzen (und sei es den Gesetzen menschlichen Handelns, einer Art des Nicht-anders-Könnens) erklären will, hat seinen Ursprung im genannten Zusammenfallen von Sollen und Sein, der Behauptung ihrer Identität. Spinoza ist der gemeinsame Nenner von Kant und Nietzsche; dieser Nenner rechtfertigt die westliche Überlegenheit entweder moralisch (mit Kant und dem Arsenal westlicher Werte) oder zynisch-kausal (mit Nietzsche). Am liebsten aber je nach Bedarf mal so oder mal so.

Seit der Rechts- und Staatsphilosophie der Aufklärung zieht zugleich eine weitere, von nun an ständig größer werdende Lücke in das Rechtsverständnis der Moderne ein: diejenige zwischen dem Gesetz (dem konkreten, vom Staat gestifteten) und der Moral (verstanden als überlieferter Glauben mit seinen moralischen Wertungen). Diese Lücke lässt das geltende Recht und Gesetz und das intuitive, moralische Verständnis von Recht auf eine Weise auseinandertreten, wie es in traditionellen Gesellschaften nie der Fall war und bis zum Eindringen des europäischen Rechtsverständnisses in die kolonisierten Teile der Welt auch dort nicht der Fall war:

> In der chinesischen Geschichtsschreibung der letzten Jahrzehnte ist immer wieder darauf verwiesen worden, dass die wesentliche Funktion des traditionellen Rechtssystems in der Garantie einer prästabilierten Sozialordnung gelegen habe, deren Zusammenhalt durch ethische, nicht durch juristische Regeln gestiftet worden sei. Die moderne (westliche) Rechtskunde betrachtete die weitgehende Trennung von Recht und Moral als eine der wesentlichen Eigenschaften des neuzeitlichen Rechts.[144]

Dasselbe galt für die islamische Welt vor der europäischen Durchdringung. Das ganze Gewicht auf der Waage von Sein und Sollen, Natur und Gott lag auf der Waagschale der Moral, des Sollens:

> In der vormodernen islamischen Tradition und ihrer Diskurse wurden der rechtliche und der moralische Bereich nicht als zwei aufgespaltene Bereiche begriffen. Ist und Sollen, Werte und Fakten waren ein und dasselbe. Es gab diese Unterscheidung nicht in der Art und Weise, wie wir sie in der modernen Welt zu treffen gewohnt sind. Auch im voraufklärerischen Europa gab es eine solche Unterscheidung nicht.[145]

Der Verdacht liegt nahe, dass die Ausbreitung europäischer Konzepte, wie sie die Aufklärung unter dem Label des Kosmopolitismus (der freilich auf einen Universalismus europäischer Ordnungsvorstellungen hinauslief) betrieben hat, an den Erfahrungen, Umständen und Tatsachen des Rests der Welt vorbeigeht und diese nie wirklich in Rechnung gestellt hat. Schwerwiegender aber ist die Vermutung, dass dabei viele Probleme mit eingeschleppt und ins Leben gerufen worden sind, die es ohne die Globalisierung europäischer Ordnungsvorstellungen nicht in dieser Schärfe gegeben hätte. Anders gesagt hätte, wenn dieser Verdacht sich erhärtet, der Kosmopolitismus, der als weltweite Problemlösungsstrategie ausgerufen wurde und angetreten ist, die Probleme, die er lösen wollte, zunächst einmal über die ganze Welt verbreitet – eine Art perfider Arzt, der seinen Patienten krank macht, um dann seine Heilkünste unter Beweis zu stellen, um ihn unter seine Kontrolle, seinen Einfluss zu bringen. Wenn die Rezepte wenigstens helfen würden!

Der Arzt, der krank macht, um heilen zu können, ist die europäische Vorstellung vom Nationalstaat. Hatte dieser zunächst den Zustand der Gesetzlosigkeit zu beheben, der mit der von ihm bewirkten Diskreditierung der Religion einherging, so ist er es auch, der nun den ewigen Frieden in die Wege leiten soll. Die Bedingung dafür ist nämlich eine staatlich geordnete Welt. Dazu noch einmal Kant:

> Die Idee des Völkerrechts setzt die Absonderung vieler von einander unabhängiger benachbarter Staaten voraus. […] So wie die Natur weislich die Völker trennt, […] so vereinigt sie auch andererseits Völker, die der Begriff des Weltbürgerrechts gegen Gewalttätigkeit und Krieg nicht würde gesichert haben, durch den wechselseitigen Eigennutz. Es ist der Handelsgeist. […] Auf die Art garantiert die Natur, durch den Mechanism in den menschlichen Neigungen selbst, den ewigen Frieden; freilich mit einer Sicherheit, die nicht hinreichend ist, die Zukunft desselben (theoretisch) zu weissagen, aber doch in praktischer Absicht zulangt, und es zur Pflicht macht, zu diesem (nicht bloß chimärischen) Zwecke hinzuarbeiten.[146]

Damit sich die Weissagung erfüllt, muss der Mensch der Natur nachhelfen – derartige *self-fulfilling prophecies* sind uns schon mehrfach begegnet. Allerdings hat diese Weissagung diesmal die schwerwiegende globalpolitische Konsequenz, dass die Welt erst einmal in Gestalt von Nationalstaaten zu ordnen ist, damit der Frieden überhaupt möglich wird. Freilich ist nicht anzunehmen, die europäischen Staatsmänner des 18. und 19. Jahrhunderts hätten Kant gelesen und seien dann um des ewigen Friedens willen zur noblen Tat der Neuordnung der Welt geschritten. Kants Schrift ist nicht Ursache, sondern Symptom einer Überzeugung. Sie ist die explizite Ausformulierung eines Narrativs, das in mehr oder weniger diffuser Gestalt die europäische Politik schon lange beherrscht hatte. Einer der Köpfe, in welchem dieses Narrativ herumgeisterte, steckte auf dem Hals eines aus Korsika stammenden, ehrgeizigen jungen Mannes namens Napoleon.

Die Französische Revolution hatte die Franzosen in den Kriegszustand mit fast allen ihren Nachbarn geführt. Erst wenn die umliegenden Staaten ebenfalls Republiken würden, welche mehr oder weniger die revolutionären, nationalstaatlichen Prinzipien Frankreichs teilten, könnte in Europa wieder Frieden einkehren, so die sachlich korrekte französische Lagebeurteilung. Die Regimes der Nachbarstaaten waren zu stürzen, die Staatenwelt nach französischem Vorbild neu zu begründen. Bemerkenswerterweise betraf diese Sichtweise der Dinge nicht nur Europa, sondern konnte bei Bedarf auch auf den Orient ausgeweitet werden.[147] Dieser Bedarf trat ein, nachdem sich die Pläne zu einer Invasion in Großbritannien, dem hartnäckigsten Gegner der Republik, zerschlagen hatten. Vor die Wahl gestellt, die Engländer durch eine Einnahme Hannovers und Hamburgs zu schwächen oder durch eine Eroberung Ägyptens den britischen Indienhandel zu blockieren, entschied sich Napoleon für die letztere Option.

Die Neuordnung der Welt nach Nationen, für die Italien das Versuchslabor abgab, vollzieht sich besonders leicht dort, wo – wie in Italien – eine alte Zivilisation als Vorbild dienen konnte und gleichsam nur wiedererweckt zu werden brauchte. Dies war in Ägypten der Fall.[148] Anders als in Europa, wo die Verhältnisse kompliziert waren, wirkte die Lage in Ägypten offener, schienen die Ägypter nur auf jemanden wie Napoleon gewartet zu haben. »In Ägypten wäre ich der Bremsklötze einer störenden Zivilisation [wie in Europa] entledigt«, soll Napoleon später einer Gesprächspartnerin anvertraut haben.[149] Er identifiziert sich mit Mohammed, wie er in Voltaires gleichnamigem Historiendrama dargestellt wird: ehrgeizig, ruhmsüchtig, ein Gesetzgeber, der eine neue Zivilisation schafft.[150]

In Ägypten herrschten seit über dreihundert Jahren die Mamluken, einstige Militärsklaven, als Vasallen der Osmanen. Türken und Mamluken wurden von den revolutionären Franzosen als Despoten und Feudalherrscher gesehen, die den »dritten Stand«, den normalen Bürger, auf ähnliche Weise unterdrücken wie der Adel in Europa. So fügte sich der Plan, in Ägypten einzumarschieren, perfekt in die Ideologie des revolutionären Frankreichs: Die Franzosen würden in Ägypten den ersten orientalischen Nationalstaat begründen, es vom osmanischen »Joch« befreien und das Land zu seiner alten Größe führen; nebenbei würde man den Engländern einen schweren Schlag zufügen, indem man den über Suez abgewickelten Indienhandel unterbricht.

Der Balkan war bereits zu einem Experimentierfeld europäischer Attacken gegen das Osmanische Reich und der geplanten Umwandlung der Balkanstaaten in »Nationen« geworden. In Griechenland wurde der Kampf unter den ideologischen Vorzeichen des Philhellenismus geführt, der Idee der Wiedererweckung Griechenlands zu alter Größe. Dazu musste das Land zunächst der osmanischen Oberherrschaft entrissen werden, mussten die griechischen Aufständischen unterstützt werden. So populär dieses Ansinnen in Nord- und Westeuropa zumal unter Intellektuellen und Dichtern war – kein Geringerer als Lord Byron stürzte sich dort aufseiten der griechischen Partisanen in den Kampf –, so weltfremd war es zugleich.

Dass die Griechen des 19. Jahrhunderts wenig mit den antiken Bewohnern des Landes zu tun hatten und Griechen zuallererst aufgrund ihres griechisch-orthodoxen Glaubens waren, der auf dem ganzen Balkan und auch im türkischen Kernland weit verbreitet war – die Hälfte der Bevölkerung Istanbuls bestand aus Griechen, noch Anfang des 20. Jahrhunderts sahen diese Griechen Istanbul, nicht Athen, als ihre eigentliche Hauptstadt an –, entging den europäischen Philhellenen. Die Ideologie regierte hier, wie so oft, die Wahrnehmung und schuf nach und nach ihre eigene Wirklichkeit, welche schließlich, nachdem der deutsche König Otto in Athen eingezogen war, zu einer völligen Umgestaltung der Stadt und dem Abriss der traditionellen Innenstadt zugunsten eines archäologischen Landschaftsparks führte, der das antike Athen wieder erlebbar machen sollte. Die Verwandlung der Welt in Nationalstaaten, ob zum ewigen Frieden, zur Hebung der Zivilisation oder zu eigennützigeren Absichten, vollzog sich zwangsläufig mit Hilfe handfester Gewalt und des Krieges, der ja selbst nach Kant ein anerkanntes Mittel der Natur zur Herbeiführung edler Zwecke war.

Einer der ersten einheimischen Berichte über das Eindringen einer modernen europäischen Macht, der napoleonischen Armee, in Ägypten 1798, vermittelt bereits auf den ersten Seiten einen lebhaften Eindruck davon, welche Zäsur das Auftreten der Europäer bedeutete und wie ihr Erscheinen nicht einer unter angeblicher Willkürherrschaft stehenden Bevölkerung Freiheit, Rechte und Zivilisation gab, sondern die von den europäischen Erlösern Heimgesuchten ins Chaos stürzte – ein Chaos, welches, jedenfalls was Ägypten betrifft, bis heute anhält. Der ägyptische Chronist, der diese Ereignisse niederschrieb, war Scheich ʿAbdarrahman al-Ǧabartī (1754–1829). Statt die Franzosen als Befreier vom »Joch« der mamlukischen Herrschaft zu betrachten, beginnt sein Bericht über das Jahr der Eroberung, 1798, wie folgt:

> Es war das erste Jahr des großen endzeitlichen Gemetzels und schwerwiegenden Wechsels, in dem Ereignisse auf uns niederprasselten, so dass wir erblassten; Vervielfachung alles Schlimmen, Überstürzung aller Dinge; Aufeinanderfolgen von Unglücken, voll von Missgeschicken; Umkehrung alles Natürlichen, Revolution alles Gebührlichen; Abfolge von Scheußlichkeiten, entgegen geregelter Häuslichkeit; der Ordnung Ersterben, Beginn von Verderben; allgemeine Zerstörung, Verwirrung und Empörung; Gott zerstörte durch Tyrannen die Dörfer und den Frieden der Mannen.[151]

Ganz sicher war die Mamlukenherrschaft keine Vorzeigeepoche von Freiheit, Gleichheit und Brüderlichkeit, geschweige denn von Rechtsstaatlichkeit und Demokratie in unserem Sinne. Aber sie gewährte den Bewohnern Kairos eine Sicherheit und Stabilität, ein berechenbares Gleichgewicht der verschiedenen gesellschaftlichen Kräfte, das in dem Moment zusammenbrach, in dem die Mamluken vor den Franzosen flohen, und welches die Franzosen nicht wiederherstellten. Die Folge war das Chaos, die »Umkehrung alles Natürlichen […] und die Abfolge von Scheußlichkeiten«. Die Ordnung, die als natürlich und in ausreichendem Maß als verlässlich galt, ging verloren.

Ǧabartīs Darstellung ist deswegen so interessant, weil sie ungetrübt ist von europäischem Einfluss, europäischem Gedankengut und seinen Narrativen und folglich vermittelt, wie die Ägypter selbst die Entwicklung sahen, bevor sich im Lauf der Zeit auch ihre Perspektive änderte und sich der europäischen annäherte. Dies geschah, als mit Muhammad Ali 1821 ein neuer Herrscher an die Macht gelangte und nun Reformen im europäischen Sinn in Angriff nahm, Reformen, welche die traditionelle Sichtweise, wie Ǧabartī sie vertrat, zunehmend an den Rand drängten.

Die neue, sich infolge der französischen Eroberung durchsetzende Sichtweise ist wiederum so stark verinnerlicht worden, dass bis heute von der mamlukischen Zeit durchgehend abschätzig gesprochen wird und diese Einschätzung auch ihren Weg in populäre Darstellungen gefunden hat, etwa in die Historienromane des Libanesen Ǧurǧī Zaidān (1861–1914), der eines seiner zahlreichen und bis heute vielgelesenen Bücher der »Tyrannei der Mamluken« (»Istibdād al-Mamālīk«) widmete und dabei eine Sichtweise einnahm, die ohne Übernahme europäischer Wertvorstellungen undenkbar gewesen wäre. Doch wäre nicht nur diese Sichtweise ohne den europäischen Einfluss undenkbar gewesen, sondern zuallererst das Schreiben von Romanen und nicht zuletzt von Historienromanen. Und um Romane nicht nur schreiben, sondern auch verbreiten zu können, war wiederum die Druckerpresse nötig, welche ihrerseits erst von den Franzosen in Ägypten und Libanon eingeführt worden ist.

Wir sehen am Beispiel von Ǧurǧī Zaidān, der Anfang des 20. Jahrhunderts schrieb, wie rasant und gründlich sich die Übernahme europäischer Konzepte vollzog und wie wenig die islamischen Antworten auf Europa seither in irgendeinem hergebrachten Sinn unverfälscht islamisch waren. Vielmehr waren diese Antworten selbst zutiefst von europäischen Werten, Vorstellungen und Verhaltensweisen geprägt, wie oft aus dem Blick gerät. Die anderen Antworten, die es vielleicht gab, wie etwa die Chronik von Ǧabartī, sind selten bis nie gehört worden. Noch die ägyptische Widerstandsdichtung gegen die Engländer, die das Land im Lauf des 19. Jahrhunderts unter beinah völlige Kontrolle brachten, zeugt von einer europäisch inspirierten Befreiungsrhetorik. Zumal das, was in dieser Widerstandsdichtung als spezifisch ägyptisch in einem nationalistischen Sinn gilt, etwa die

Berufung auf die Pharaonenzeit, verdankt sich der von Napoleon und aus Europa stammenden Idee, dass die heutigen Ägypter als Nation die direkten Nachfolger der alten Ägypter sind – ganz so wie die neuen Griechen die Nachfolger der alten sein sollten. Noch heute ist diese Sichtweise in Ägypten geläufig und wird in der Regierungspropaganda regelmäßig ausgeschlachtet. Vor der napoleonischen Eroberung hingegen spielte sie im Bewusstsein der Bewohner des islamisch-mamlukischen Ägyptens keine Rolle. Das ist nicht verwunderlich. Denn wie Wael Hallaq mit Bezug auf die Einführung moderner Staatlichkeit in der islamischen Welt sagt:

> Indem die [Idee der] Nation die Vergangenheit und die Zukunft auf sich nimmt und ihre eigene Geschichtsschreibung von universellem Anspruch schafft, verwandelt sie sich in eine natürliche Gegebenheit und Ontologie, die nicht nur Werte vermittelt, welche andere Werte verschieben und ersetzen. Vielmehr wird sie auch […] zu einer über der Geschichte stehenden transzendenten Wahrheit, einer Metaphysik. Der Nationalismus entwickelte sich als notwendige Komponente des Phänomens des Staates, der ohne ihn nicht mehr zu denken war, da er als Heilmittel gegen die krankmachenden staatlichen Auswirkungen diente: Der Zerstörung und Neuorganisation der sozialen Ordnung, der Fragmentierung des Subjekts, allgemeiner Unsicherheit, Zerbrechlichkeit, Narzissmus, u.s.w. Die metaphysischen Dimensionen des Nationalismus und sein psychologischer Anteil an der sozialen Ordnung bilden für das Subjekt nicht nur einen Orientierungsrahmen, sondern ersetzen auch eine Welt voller Bedeutung, die nun verloren ist. Deshalb kann es keinen Staat ohne Nation geben, und deshalb muss der moderne Staat unweigerlich ein Nationalstaat sein.[152]

Ob das in dieser Rigorosität für alle Staaten zutrifft, sei dahingestellt. Es trifft aber auf viele jener verspäteten Nationalstaaten zu, die gegenwärtig auch aus den von Wael Hallaq genannten Gründen eine neue Welle des Nationalismus durchleben – von Osteuropa über die Türkei bis hin nach Indien.

Es sei an dieser Stelle angemerkt, dass sich die arabischen Revolutionen von 2011 Werte auf die Fahnen geschrieben haben, die ohne die Französische Revolution und ohne den tiefgreifenden westlichen Einfluss nicht in dieser Form Fuß hätten fassen oder artikuliert werden können, so viele Anschlussmöglichkeiten an ältere islamische Konzepte des Widerstands sich auch finden lassen mögen. Dies gilt nicht nur für die explizit säkularen, prowestlichen Strömungen unter den Revolutionären. Die (inzwischen verbotene) Partei der Muslimbrüder trug den Namen *Hizb al Hurriya wa-l-Adala*, in der Regel übersetzt als »Partei der Freiheit und Gerechtigkeit«. Nun kann das arabische Wort *Adala* aber nicht nur Gerechtigkeit, sondern auch Gleichheit bedeuten und bedeutet Gerechtigkeit nicht zuletzt im Sinn der Gleichbehandlung, Unparteilichkeit. In der Kombination mit »Freiheit« und der »Bruderschaft« der Muslimbrüder ergeben sich, ohne dass es im Westen auffiel, die Parolen der Französischen Revolution: Freiheit, Gleichheit, Brüderlichkeit.[153] Die Werte der europäischen Moderne, also die westlichen, sind in der islamischen Welt inzwischen so weit verinnerlicht, dass selbst der politische Islam ohne sie heute nicht mehr zu denken wäre.

Dass die Implementierung der europäischen Vorstellung vom Nationalstaat in anderen Weltgegenden zu Problemen führte, kann nicht wundernehmen. Der Staat ist aber auch in anderer Hinsicht das Problem des Kosmopolitismus, wie wir ausgehend von Seyla Benhabibs Rede vom »unvermeidlichen Zirkel« bereits geahnt haben. Die Prämisse des kosmopolitischen Prinzips von der Aufklärung bis in die Gegenwart besteht darin, dass der Staat es ist, der dem Bürger die Rechte verleiht und garantiert. Daraus folgt, dass Staatenlose oder solche, die von dem Staat, zu dem sie gehören, verfolgt werden oder aus dem sie fliehen wollten oder mussten, weil sie aus anderen, etwa wirtschaftlichen Gründen, nicht mehr dazugehören wollen oder können – dass diese Menschen damit zugleich alle ihre Rechte verlieren, Rechte, in die sie der Kosmopolitismus dann gleichsam kompensatorisch wieder einsetzen möchte.

Dieses Problem, das Hannah Arendt in ihrem Buch über die »Elemente und Ursprünge totaler Herrschaft« ausführlich beschrieben hat, treibt auch Benhabib und Habermas um. Der Kosmopolitismus fungiert bei ihnen sozusagen als imaginäre Ausweitung des Staatsgedankens auf weltweite Verhältnisse: Wir stellen uns vor, es gäbe den weltweiten gerechten Staat, und versuchen, entsprechend zu handeln, tun aus kosmopolitischem Pflichtgefühl so, als gäbe es ihn schon. Dies ist zweifellos eine »gerechte und intelligente Lösung«. Sie leidet aber an der Freiwilligkeit und der Unverbindlichkeit dieses Pflichtgefühls, seiner abstrakten, bloß intellektuellen Natur, die mit Alltag, Traditionen, lebendigen Erfahrungen schwer zu vereinbaren ist und wohl nur in Ausnahmefällen – in Deutschland etwa im Sommer und Herbst 2015 – mit Leben erfüllt werden kann; und die sich schnell verflüchtigt, wenn nicht bald wieder der Staat die rechtliche Situation klärt.

Das Problem könnte sich indessen erledigen, wenn es gar nicht der Staat wäre, welcher dergleichen Rechte, auch Gastrechte, verleiht und in dieser Frage kein Staatsvolk etwas zu entscheiden hätte (womit die Frage, wer mitentscheidet, entfiele), und zwar weil gar kein Staat als solcher von irgendeinem Volk konstituiert würde und weder der Begriff noch die Vorstellung des Staates und eines dazugehörigen Volkes eine Bedeutung im gängigen Sinn hätten. Ein Problem wie dasjenige der von Hannah Arendt beschriebenen Staatenlosen in der Zwischenkriegszeit gäbe es mithin nicht. Aber gäbe es dann noch garantierte, verbürgte, durchsetzbare Rechte? Nach europäischer Vorstellung seit der Aufklärung nicht, denn dazu bräuchte es den Staat. Doch ist die Vorstellung von der Welt, die sich die europäische Aufklärung gemacht hat, wirklich zwangsläufig, und kann sie die Welt repräsentieren? Ohne dies ausschließen zu wollen, erscheint es doch als recht gewagte und selbstherrliche Mutmaßung, besonders wenn sie von Europäern getroffen wird.

Näher an den tatsächlichen Verhältnissen dürfte die Vermutung liegen, dass es in früheren Zeiten und an anderen Orten andere Institutionen und Verfahren gegeben hat, durch welche Rechte gewährt und garantiert worden sind, wiewohl diese Erkenntnis von weiten Teilen der europäischen Publizistik seit der Aufklärung verdrängt, wenn nicht gezielt geleugnet worden ist, sodass der Eindruck entstehen konnte, dass ohne einen Staat nach europäischem Vorbild nur die Wahl zwischen Anarchie oder Despotie bestünde. Die Möglichkeit und Tauglichkeit alternativer Rechtssysteme wurde schlichtweg geleugnet. Wo sie dennoch in den Horizont der Europäer traten, vor allem in der islamischen Welt, wurden und werden sie – obgleich es sie in der alten Form gar nicht mehr gibt – diskreditiert. Aufgrund solch hochmütigen Umgangs mit alternativen Rechtsverständnissen bleibt der von Benhabib monierte Zirkel unvermeidlich. Er ist aber kein Zirkel, der der Realität geschuldet ist, sondern einer des ureigenen modernen, nationalstaatlich geprägten Narrativs. Folglich ist der Zirkel einzig aus unserer heutigen Perspektive unvermeidlich, da die Welt erst nach dem Zweiten Weltkrieg nahezu vollständig nach abendländischen Vorgaben, das heißt nationalstaatlich geordnet ist. Weder für die Vergangenheit noch für die Zukunft ist diese Ordnung allerdings unvermeidlich.

Das Paradebeispiel für eine nichtstaatlich verbürgte Rechtssicherheit bietet ausgerechnet der große, als despotisch verschriene Antagonist des Westens, der klassische Islam – es käme allerdings auch jede andere transzendent fundierte Gesetzgebung dafür in Frage. Wenn ich hier den Islam als Beispiel herausgreife, so, weil es das uns nächste, am besten erforschte ist – und mir durch meine bisherige Arbeit vertraut ist. Das Ziel ist dabei keine Apologie des Islams, sondern der Hinweis auf alternative Narrative und Denkmöglichkeiten sowie auf die Lücken, Fallen und Aporien des überlieferten Kosmopolitismus. Wir wollen versuchen, Vorschläge zu erarbeiten, wie man diese Fallen und Lücken umgehen und füllen könnte.

Gleich nämlich, unter welchem Herrscher oder welchem Staat die Muslime zu leben hatten, galt ein vom jeweiligen Herrscher und der jeweiligen Regierungsform völlig unabhängiges, als gottgegeben geltendes Gesetz, auf das sich jeder berufen konnte. Die in Demokratien und Republiken aufkommende Frage und von Benhabib konstatierte Problematik, welches Staatsvolk was beschließt und wer wen warum wie unter Schutz stellt, konnte sich unter solchen Voraussetzungen nicht stellen. Man könnte einwenden: In den Genuss dieses über dem menschlichen Entscheid und damit der menschlichen Willkür stehenden Gesetzes kämen ja nur die Muslime. Das stimmt wohl. Indessen kann man viel leichter Muslim werden als Staatsbürger eines modernen westlichen Staates (es sei denn, man hat ausreichend Geld und kauft sich eine solche Staatsbürgerschaft, wie es manche Länder der EU anbieten). In der frühen Neuzeit umfasste der Islam zudem die halbe bekannte Welt, von Marokko bis Nordchina und Indonesien, und bildete ein zumindest theoretisch rechtseinheitliches Gebiet von bislang unerreichten Ausmaßen bei gleichzeitig größter ethnisch-kultureller Verschiedenheit. Kam hinzu, dass der Islam für die anderen bekannten und von ihm anerkannten Religionen ein Separatrecht in allen zivilen Belangen zuließ, wie es etwa den Juden von Thessaloniki zugute kam. Der Preis dafür war ein dem Staat, der Regierung und dem Demos (also dem Volkswillen) entzogenes Recht, unserem Verständnis nach also ein undemokratisches, eben die Scharia.

Das islamische Recht, das mit dem, was in Europa unter Recht verstanden wurde, nur teilweise deckungsgleich ist, weil es zum Beispiel auch Bestimmungen zu den religiösen Ritualen enthält, geht auf den Koran und das Hadith zurück, das heißt auf die Überlieferungen von Taten und Reden des Propheten (sie sind uns bei der Erörterung der islamischen Haltung zur Fremdheit bereits begegnet). Auf der Grundlage dieses Materials und der darin überlieferten und daraus zu erschließenden Vorschriften, Regelungen und Ratschläge bildete sich dasjenige Korpus von Gesetzen und Regelungen, das heute als Scharia bekannt ist. Da dieses Material in Gestalt der kanonischen Hadithsammlungen seit dem 9. Jahrhundert festgeschrieben war – und aus muslimischer Perspektive eigentlich schon seit dem Wirken des Propheten bestand –, ist es, jedenfalls theoretisch, dem Zugriff durch mögliche andere Gesetzgeber entzogen: Es kann nicht mehr geändert und allenfalls durch Interpretation ergänzt werden. Zugleich sind Herrscher und Regierung, sofern sie sich als Muslime verstehen, gehalten, für die Durchsetzung der Scharia zu sorgen. Eine Zwischenposition zwischen den Herrschern und den Beherrschten nimmt die Jurisdiktion ein, also die Rechtsgelehrten. Da das Gesetz selbst im Prinzip unveränderlich ist, kommt ihnen eine entscheidende Rolle zu, und es obliegt ihnen, das Recht auf Grundlage der Gesetze an die jeweiligen Gegebenheiten anzupassen, es entsprechend auszulegen.

Damit ist die Gewaltenteilung, zumindest die Trennung von Exekutive und Legislative, im Islam theoretisch so radikal wie in kaum einem anderen politischen Gemeinwesen. Zugespitzt formuliert und wenn es auch angesichts der politischen Verwerfungen in der islamischen Welt heute wenig glaubwürdig klingt: Ein Hitler, ein Ermächtigungsgesetz und dergleichen wären in einem politischen Gemeinwesen, das nach klassischen islamischen Vorstellungen geordnet ist, nicht möglich gewesen. Die Scharia, verstanden als unverfügbares Recht mit nicht nur gesetzlichem, das heißt bloß äußerlich regelndem, sondern auch geistig-moralischem Anspruch bildet so betrachtet eine Brandmauer gegen Willkürherrschaft. Kein Staat, kein Herrscher kann in einem solchen Gemeinwesen die Gesetze selbst schreiben, umschreiben oder außer Kraft setzen. Er könnte allenfalls so tun und die Gesetze (also die der Scharia) ignorieren. Selbst wenn er dies täte und seine eigenen Gesetze etwa mit Gewalt oder durch Korruption durchsetzen würde, kann er die Scharia als moralischen Kompass, als Orientierung stiftendes moralisches und gesetzliches Narrativ, nicht außer Kraft setzen. Oder nur dann, wenn es ihm gelänge, den Leuten den Glauben zu nehmen – wie es die zeitgenössischen Despoten mit Hilfe der Ideologien des Nationalismus oder Sozialismus denn auch oft versucht haben. In diesem Moment kann durch die Berufung auf die Scharia stets ein als berechtigt geltender Widerstand organisiert werden – was die Popularität der oppositionellen islamistischen Bewegungen in den autokratisch regierten islamischen Staaten erklärt, selbst solchen, die wie Saudi-Arabien islamisch-autokratisch regiert werden, dabei allerdings kaum mehr glaubwürdig sind.

Erst wenn man dies begreift, wird verständlich, was mit der islamischen Welt im 20. und 21. Jahrhundert passiert ist und was die Wurzeln der gewalttätigen Konflikte sind, die alles Islamische heute als hochproblematisch erscheinen lassen. Aus denselben Gründen, aus denen die klassische islamische Rechtsauffassung vor dem Totalitarismus, und zwar explizit auch dem von Hannah Arendt beschriebenen, schützt und die geistig-moralischen Orientierungen zum Widerstand dagegen bereitstellt, taugt die Scharia nicht als Grundlage für einen modernen Staat im europäischen Sinn, wäre ein »islamischer Staat« (nicht zu verwechseln mit dem sogenannten »Islamischen [Terror-]Staat« in Irak und Syrien) gemäß heutigem Staatsverständnis, wie es seit der Aufklärung auf uns gekommen ist, unmöglich. Der islamische Staat ist daher *the impossible state*, wie das wegweisende Buch von Wael Hallaq heißt, auf das wir uns bei unseren Ausführungen stützen können.

Da der moderne Staat den Anspruch hat, die Gesetze selbst zu erlassen und sich dazu in der Regel, sei es symbolisch, sei es vorgeblich, sei es begründet, von den Menschen (»dem Volk«), die den Staat konstituieren, als ermächtigt und legitimiert betrachtet, können zwar viele einzelne, theoretisch auch alle Regelungen der Scharia von diesem Staat übernommen werden, doch die höhere, geistig-moralische Instanz dafür bilden nach wie vor der Staat und das Staatsvolk selbst. Eine durchgehende, absolute Trennung der Gewalten ist damit nicht vollzogen, und der Staat und die Regierenden haben jederzeit Zugriff auf die Gesetze. »Der Staat ratifiziert den göttlichen Willen, nicht umgekehrt. [...] Der Staat hat die Rolle eines Gottes der Götter übernommen.«[154] Zumal wenn nun dieser Staat die an ihn geknüpften Erwartungen oder elementare Dienstleistungen gegenüber seinen Bürgern nicht erfüllen kann, wenn staatliche Macht als willkürlich und repressiv erfahren wird, liegt es für jeden Bürger nah, auf die überlieferte, alternative Rechtstradition zurückzugreifen und diese vorzuziehen, da sie zumindest perspektivisch und theoretisch vor solcher Willkür und Gewalt zu schützen imstande ist und zudem womöglich mehr Rechtssicherheit und Privilegien gewährt.

Das Auftreten moderner Staatlichkeit in der islamischen Welt konnte, ja musste somit von Anfang an als Entrechtung empfunden werden, zumal diese Staatlichkeit von den Kolonialmächten eingeführt wurde und als Fremdherrschaft daherkam, die wenig Rücksichten auf die Belange der einheimischen Bevölkerung und ihre Traditionen nahm. »So liegt die Vermutung nahe, dass die ägyptische Rechtspolitik des ausgehenden 19. Jahrhunderts entscheidend von den Interessen der europäischen Großmächte bestimmt wurde«, schreibt Tilman Nagel mit Bezug auf Ägypten.[155] Dies gilt auch für nichtislamische Gemeinwesen, die unter westlichen Einfluss gerieten: »Wie weit die Chinesen [...] den Forderungen der fremden Mächte entgegengekommen waren, belegt der Bericht, den der Handelssachverständige des deutschen Generalkonsulats nach Berlin schickte. Er meldete: ›Das neue chinesische Handelsgesetz ist, soweit es bisher vorliegt, fremdes Recht.‹«[156] Während das chinesische Recht, einem gängigen Vorurteil zufolge, in Europa als despotisch galt, empfanden es die Chinesen genau umgekehrt, denn sie hatten ihre Erfahrungen mit der Despotie der Europäer gemacht: »Dass das ›fremde‹ Recht, das Recht der Europäer und Amerikaner, grausamer und intoleranter sei, als das eigene, galt für viele Chinesen in der zweiten Hälfte des 19. Jahrhunderts als verbürgt.«[157]

Die einheimischen Bevölkerungen und ihr Rechtsempfinden waren zu keinem Moment die Quelle der von den Kolonialmächten implementierten Gesetzgebung. Repräsentative Elemente fehlten zunächst ganz, und als sie später eingeführt wurden, etwa die Parlamente, hatten sie wenig Befugnisse. Der Staat wurde nicht durch ein Staatsvolk begründet und legitimiert, sondern von außen eingerichtet, selbst wenn er sich dem Buchstaben nach auf ein Volk berufen mochte. Mit der sukzessiven Abschaffung der alten Scharia-Gesetzgebung und ihrer Gerichtsverfahren wurde der Bevölkerung in den meisten Fällen nicht ein neues, besseres, moderneres Recht zuteil, sondern sie empfand und erlebte den Wechsel gesetzlicher Grundlagen und der Rechtsprechung als Entrechtung. Dies kann kaum anders sein, wenn eine langgehegte Praxis, auf die die Menschen sich verließen und ihr Verhalten gründeten, von heute auf morgen für ungültig erklärt wird – eine koloniale Praxis, die natürlich nicht nur die islamische Welt, sondern nahezu alle traditionellen Gesellschaften betraf, die unter europäische Vorherrschaft gerieten. Tragischerweise wurde diese Praxis in den meisten Fällen von den antikolonialen Bewegungen, die nach der Befreiung von den Kolonialmächten deren Erbe übernahmen, weitergeführt: Denn auch sie hatten natürlich ein Interesse daran, den Staat, der ihnen in die Hände gefallen war, als modernen Staat mit seinen umfassenden Zugriffsmöglichkeiten zu erhalten. Sofern sie sozialistisch geprägt waren, brachen sie oft noch gründlicher mit den überlieferten Rechtstraditionen, als es die Kolonialmächte getan hatten, die etwa im Personenstandsrecht häufig die Scharia in Kraft ließen.

Sowohl gegen die Kolonialmächte wie gegen deren einheimische Vertreter und schließlich postkolonialen Nachfolger war den Muslimen mit der Scharia nun allerdings ein mächtigeres Instrument des zunächst inneren, dann auch äußeren Widerstands gegeben als den meisten anderen kolonisierten Gemeinschaften. Denn da es sich um eine unmittelbar mit dem Glauben verknüpfte Gesetzgebung handelt, war diese nur dort wirksam zu diskreditieren und zu delegitimieren, wo der Glaube selbst entkräftet wurde. Neue Gesetze auszurufen und andere Richter einzusetzen mochte den Kolonialmächten leichtfallen; eine Religion abzuschaffen und aus den Köpfen zu löschen war schwieriger. Damit wurde die Religion, in diesem Fall der Islam, zu einer politischen Frage; und damit erst gewinnt die Rede ihren Sinn, dass der Islam Staat und Religion, weltliche Macht und Glauben nicht zu trennen weiß: seit dem Moment nämlich, als der moderne Staat auf den Plan trat und seinerseits auf einen Bereich übergegriffen hat, der für die Domäne des Glaubens gehalten wurde, nämlich das Recht und das Rechtsempfinden. Der Islam streitet sich mit dem Staat um den Zugriff auf das Recht, und beide, der Staat auf der einen, die Religion auf der anderen Seite, empfinden die Ansprüche des ideologischen Gegners auf das Recht als Übergriff, als unrechtmäßige Aufhebung der Teilung der Gewalten.

Eine gute Regierungsführung könnte dafür sorgen, dass diese latenten Konflikte nicht offen ausbrechen. Teilweise ist dies gelungen, zumal sich viele Muslime inzwischen mit der modernen, aus dem Volk heraus legitimierten Idee des Staates identifizieren können. In vielen, wenn nicht den meisten Fällen ist es jedoch nicht gelungen; viele Regierungen in der islamischen Welt haben despotische Züge aufgewiesen und damit den Islam als Lösung – nämlich als Lösung gegen die Despotie – geradezu heraufbeschworen. »Der Islam ist die Lösung« ist denn auch die bekannteste Parole des politischen Islams.

Nichts anderes ist der für jeden informierten Beobachter durchaus nachvollziehbare Grund für die Existenz islamischer politischer Bewegungen. Dass diese angesichts überaus repressiver, brutaler und gewalttägiger Staatlichkeit ihrerseits zur Gewalt neigen, kann nicht verwundern. Das gilt sogar für die Gewalt von Islamisten im und gegen den Westen. Denn der Westen wird, historisch bis heute ebenfalls weitgehend zu Recht, als Verbündeter der repressiven, allein staatsrechtlich legitimierten Regime erachtet. Stets hat er ihnen zumindest den Weg gebahnt, indem er die moderne Staatlichkeit in der islamischen Welt erst eingeführt und mit ihrer Hilfe die Entrechtung der Bevölkerung durch fremdes und demokratisch selten bis nie legitimiertes Recht betrieben hat. Diese Kontexte und Muster des westlichen Auftritts in der islamischen Welt werden bis heute ununterbrochen fortgesetzt und fanden einen ihrer Höhepunkte in der amerikanischen Irak-Invasion und einer mit dieser einhergehenden neuen Entrechtungspolitik, die in ziemlich gerader Linie zur Entstehung des sogenannten »Islamischen Staates« führte.

Der Kosmopolitismus der Aufklärung erweist sich angesichts dieser Geschichte als ähnlich hegemonial wie Goethes vordergründig so unschuldiger Begriff der Weltliteratur. So wie Goethe den Zustand der Weltliteratur durch eigenes Zutun, dem selbst zum Werk schreitenden Propheten folgend, mit herbeiführt, so will auch Kant »durch unsere eigene vernünftige Veranstaltung diesen, für unsere Nachkommen so erfreulichen Zeitpunkt schneller herbeiführen«[158]: Dieser Zeitpunkt ist »das, was die Natur zur höchsten Absicht hat, ein allgemeiner weltbürgerlicher Zustand, als der Schoß, worin alle ursprünglichen Anlagen der Menschengattung entwickelt werden«.[159]

Da der Mensch die Naturabsicht, die sich in der Geschichte realisiert, erkannt hat, liegt es nah, dass er auch die Geschichte daraufhin studiert und sie nicht zuletzt in ebendiesem Sinne eigenständig weiterbetreibt und weiterschreibt – bis es gelingt, »ein sonst planloses Aggregat menschlicher Handlungen, wenigstens im Großen, als ein System darzustellen«. Am Ende, so die Hoffnung Kants, wird sich dadurch »ein Leitfaden entdecken, der […] zur politischen Wahrsagekunst künftiger Staatsveränderungen dienen kann«, vor allem aber zu einer Rechtfertigung der Natur und der Vorsehung führen kann. Denn nur wenn es gelingt, der Geschichte einen Sinn zu geben und diesen zu verwirklichen, ist die Geschichte nicht »ein unaufhörlicher Einwurf« gegen die Schöpfung, »dessen Anblick uns nötigt, unsere Augen von ihm mit Unwillen wegzuwenden«. Das Resultat dieser Abwendung von der Hoffnung in der diesseitigen Geschichte wäre, »sie nur in einer anderen Welt zu hoffen«.

Damit richtet sich Kant zwar gegen die gnostische und religiöse Abwertung des Diesseits. Aber doch nur oberflächlich. Die Abwertung, die auch Kant dem Gegebenen zuteilwerden lässt, die Negativität, die er ihm zuschreibt, liegt auf der Hand, nötigt doch die Geschichte dazu, »unsere Augen von ihr mit Unwillen abzuwenden«. Gelingt es der religiösen Weltsicht neben der Tendenz, das Diesseits abzuwerten, immerhin auch, seine Schönheit anzuerkennen, sie als Spiegel Gottes zu sehen oder, wie die alten Griechen, den Kosmos und damit das Gegebene für seine Schönheit zu feiern, so bleibt bei Kant nach Abschaffung der Religion nur noch das Hässliche und die Hoffnung auf die Zukunft übrig. Wie weltbezogen und dem Diesseits zugewandt sich dagegen sogar die islamische Tradition ausnimmt, obwohl diese die Gnosis tief integriert hat, zeigen nicht nur zahlreiche Koranverse[160], sondern auch eines der bekanntesten Hadithe überhaupt, das da lautet: »Gott ist schön und liebt alles Schöne.«[161]

Anders als Neuzeit, Aufklärung und Moderne hat der Islam die antike Auffassung der Welt als Kosmos übernommen: »Er ist es, der sieben Himmel übereinander geschaffen hat; in der Schöpfung des Barmherzigen siehst du keinen Fehler. Blicke noch einmal hoch: Siehst du irgendeine Lücke?«, heißt es im dritten und vierten Vers der 67. Sure des Korans. Während Spinoza mit seiner Gleichsetzung von Gott und Natur die Möglichkeit der Vergöttlichung der Natur, also des Gegebenen, des Diesseits, noch offenließ, ist diese Möglichkeit in der Hochaufklärung und bei Kant abhandengekommen. Die Abschaffung und Abwertung der Religion bedeutet damit keineswegs, wie oft erzählt wird, eine Aufwertung, Rechtfertigung des Diesseits, sondern indem Gott aus der Gleichung weggestrichen wird, seine Verdammung, Verhässlichung – die Geschichte ist »ein Einwurf gegen die Schöpfung«. Die Abkehr von der Religion ist daher nicht, wie ebenfalls gern erzählt wird, eine Befreiung des Menschen, sondern verurteilt ihn dazu, in einer Welt zu leben, die er nach seinen eigenen Vorstellungen erst einmal verbessern muss, bevor sie wirklich lebenswert ist. Da es aus dieser Situation keinen Ausweg gibt – derjenige einer Hoffnung auf die jenseitige Welt ist ja versperrt –, ist der Mensch nicht nur nicht frei, sondern dazu verdammt, sein Heil in der Wirklichkeit zu suchen, also die zukünftige Geschichte so zu gestalten, dass sie kein Einwurf mehr gegen die Schöpfung ist. In dieser Determination, dieser Festlegung des Menschen auf ein Verhalten, ein Gesetz, einen Sinn und Zweck im Diesseits liegt eine der wesentlichen Absichten dieser Philosophie, welche dergestalt durch die Hintertür der Geschichte das Naturrecht wiedereinführt und dem Menschen den ergebnisoffenen Gebrauch der Freiheit, die sie ihm zunächst gibt, sogleich wieder abspricht. Kants Welt ist keine, über die man staunt, wie es die Menschen in der Vormoderne noch tun konnten, sondern diejenige des »bestirnten Himmels über mir und des moralischen Gesetzes in mir«.[162] Darin liegt zwar das Staunen, bei Kant »Bewunderung und Ehrfurcht«, noch aufbewahrt; in Gestalt der Verknüpfung der naturgesetzlich erbarmungslosen Mechanik des bestirnten Himmels mit dem moralischen Gesetz wandelt sich dieser Himmel in eine Art Big Brother, der dem Einzelnen, dem Individuum, allein die Freiheit lässt, gegen dieses Gesetz zu verstoßen und damit, so die Implikation, das letzte Schöne, Bewundernswerte, Ehrfurchtgebietende und Sinnhafte auch noch zu zerstören. Wie viel flexibler, freier, offener nimmt sich dagegen die von uns angenommene transzendente Instanz aus, die außer dem Gebot, die Menschheit als Einheit zu sehen, keinerlei Zwang vorsieht, welcher der Geschichte und den Lebensweisen der Menschen die zu gehenden Wege bereits vorgibt!

Kants Verfahren hat noch eine andere, schwerwiegende Konsequenz: Es schreibt den Eurozentrismus fest. Der Historiker-Philosoph in Kant entdeckt »einen regelmäßigen Gang der Verbesserung der Staatsverfassung in unserem Weltteile«, welcher, so fährt er in Klammern fort, »wahrscheinlich allen anderen dereinst Gesetze geben wird«.[163] Wie prophetisch, von heute aus betrachtet, wo tatsächlich die Welt- und Ordnungsvorstellungen des Westens den ganzen Globus im Griff halten! Sollte gerade diese Prophetie nicht jeden, der sich heute auf den kosmopolitischen Kant beruft, etwa Seyla Benhabib mit Bezug auf Habermas, überaus skeptisch stimmen? Was aber die Geschichte der Zukunft und die Geschichtsschreibung in der Zukunft betrifft, so wird diese aus dem Gesichtspunkt geschätzt, »was Völker und Regierungen in weltbürgerlicher Absicht geleistet oder geschadet haben«.[164]

Kants kosmopolitische Thesen laufen auf eine Verdrängung alternativer Geschichts- und Ordnungsmodelle hinaus, indem sie die außereuropäische Geschichte als weitgehend irrelevant abtun, wenn es etwa heißt, man möge diese nur »episodisch« mitberücksichtigen, nachdem die aufgeklärten Nationen sie endlich bekanntgemacht hätten. Es erinnert zudem an Goethes Rede von den weltliterarischen »Kuriositäten« und ähnelt einem anderen berühmten Beispiel für diese Art der Geschichtsdeutung. Sie begegnet uns bei Goethes Freund und Kollegen Schiller, ein großer Kant-Schüler, der in diesem Fall allerdings seinem Lehrer vorausging: Seine Vorlesung über die Universalgeschichte wurde 1789 publiziert. Den Zuhörern erklärt Schiller, wie die Geschichte auf sie zustrebt, ja recht eigentlich in ihnen kulminiert:

> Selbst dass *wir* uns in diesem Augenblick hier zusammen fanden, uns mit diesem Grade von Nationalkultur, mit dieser Sprache, diesen Sitten, diesen bürgerlichen Vortheilen, diesem Maß von Gewissensfreiheit zusammen fanden, ist das Resultat vielleicht *aller* vorhergegangenen Weltbegebenheiten.[165]

Die anderen Völker, von denen die Entdecker berichten, erscheinen daher im Vergleich als Kinder:

> Die Entdeckungen, welche unsere europäischen Seefahrer in fernen Meeren und auf entlegenen Küsten gemacht haben, geben uns ein eben so lehrreiches als unterhaltendes Schauspiel. Sie zeigen uns Völkerschaften, die auf den mannigfaltigsten Stufen der Bildung um uns herum gelagert sind, wie Kinder verschiedenen Alters um einen Erwachsenen herum stehen und durch ihr Beispiel ihm in Erinnerung bringen, was er selbst vormals gewesen und wovon er ausgegangen ist. Eine weise Hand scheint uns diese rohen Völkerstämme bis auf den Zeitpunkt aufgespart zu haben, wo wir in unserer eignen Kultur weit genug würden fortgeschritten sein, um von dieser Entdeckung eine nützliche Anwendung auf uns selbst zu machen und den verlornen Anfang unsers Geschlechts aus diesem Spiegel wieder herzustellen. Wie beschämend und traurig aber ist das Bild, das uns diese Völker von unserer Kindheit geben.[166]

Es ist der philosophische Verstand, der »das Aggregat zum System erhebt«.[167] Am Ende ist auch nach Schiller ein teleologisches Prinzip in der Weltgeschichte wirksam – dieses lasse sich zwar nicht nachweisen, bereite aber »dem Verstand die höhere Befriedigung und dem Herzen die größte Glückseligkeit«[168] – ein theologisches Argument, mit dem man ebenso gut die Existenz Gottes behaupten kann.

Die teleologische, das heißt auf ein Ziel zulaufende Geschichte kann natürlich keine Geschichte der Vielfalt sein, denn sie läuft automatisch darauf hinaus, die Vielfalt zu reduzieren, ganz wie sich Kant die Geschichtsschreibung der Zukunft vorstellt. Die Zeit wird zu einer Art Filter, einem Katalysator, der das Wichtige vom Unwichtigen sondert – eine immer noch populäre Vorstellung. An ihrer Spitze, als Ergebnis und Quintessenz der Geschichte, steht der Betrachter selbst. Indem er die Geschichte betrachtet und beurteilt, verwandelt er die Vielfalt der Weltgeschichte(n) in eine einzige, auf ihn selbst zulaufende Universalgeschichte. Die irritierende Vielfalt auf der Zeitachse zu verorten und sie dadurch zu ordnen und beherrschbar zu machen bildet einen charakteristischen Zug des aufklärerischen Kosmopolitismus, der, vermittelt über Hegel und Marx, bis heute unreflektiert übernommen wird. Dies schlägt sich im volkstümlichen Geschichtsbewusstsein der Gegenwart nieder, wenn etwa behauptet wird, der Islam habe »noch« keine Aufklärung gehabt, diese müsse also unweigerlich irgendwann erfolgen, bevor die islamische Welt unseren Entwicklungsstand erreicht. Derartige Auffassungen sind ein sicherer Indikator der Ideologie des Westens und finden sich tief eingeschrieben noch in das Credo eines Großteils unserer Entwicklungspolitik. Wie närrisch eine solche Auffassung ist, zeigt die Gegenprobe: Zwar gibt es sicher zahllose Russen, Chinesen, Japaner, Inder, Perser, Ägypter, die sich stolz zu ihrer nationalen Identität bekennen und niemand anderer sein wollen. Aber Leute, die denken, die anderen müssten erst noch so werden wie sie, wird man unter ihnen gewiss nicht so leicht finden wie im Westen.

In Abgrenzung von einem Kosmopolitismus im Wortsinn, der auf horizontaler, geografischer, globaler Ebene und im Sinn von Gleichzeitigkeit, Synchronizität und damit auch Gleichrangigkeit funktionieren müsste, können wir den historischen, auf der vertikalen Zeitachse argumentierenden Kosmopolitismus als Chronopolitismus bezeichnen. Sein Hauptmerkmal besteht kurz gesagt darin, sich selbst, das heißt das lateinisch-christliche Westeuropa, als Speerspitze weltweiter Entwicklungen zu begreifen.

Was Chronopolitismus konkret bedeutet, lässt sich fast am besten an den Reisenden illustrieren, an ihrem Forschungsprofil, ihren Vorhaben, ihren Interessen. Dort, wo die Völker noch in einem archaischen – oder vom Universalhistoriker als archaisch erachteten – Entwicklungsstadium verweilen, glaubt man, gleichsam die Kindheit der Menschen besichtigen zu können. Der Forschungs- und Weltreisende war seit der Aufklärung daher immer auch ein Zeitreisender, anders als die früheren Reisenden, die ihren Reisezielen noch auf Augenhöhe begegneten. Dies hat für die weitere Weltbegegnung des europäischen Menschen, für einen beträchtlichen Teil seines Kosmopolitismus eine entscheidende Konsequenz. Wenn er die Welt bereist und über die Welt spricht, reist er eigentlich in der Vergangenheit und spricht eigentlich über die Vergangenheit, nicht zuletzt über die eigene Vergangenheit, darüber, wie auch er einmal war. Er kann sich mit allem identifizieren, in alles einfühlen, weil er weiß oder glaubt, dass es ein Teil von ihm selbst gewesen ist.

Wie sehr uns alle – ich nehme mich hier nicht aus – diese Haltung geprägt hat, sehen wir daran, wie wir noch heute reisen: Besonderen Wert haben für uns die alten Dinge, Städte, Sehenswürdigkeiten. Wenn wir durch eine arabische Altstadt laufen, glauben wir uns in eine Vergangenheit versetzt. Wenn wir mit kunsthistorischem Interesse eine alte Kirche besichtigen und dann darin junge Menschen finden, die in einen Beichtstuhl treten, wundern wir uns womöglich. Aber es ist nicht die Unvergangenheit der Vergangenheit, die uns da begegnet, sondern die Gegenwart.

Zumal für die Reisenden des 19. Jahrhunderts war es selbstverständlich, dass die Reise nicht nur eine geografische Dimension hatte, sondern auch eine zeitliche: Es war eine Reise nicht in andere Gegenwarten, sondern in die Vergangenheit des Menschen an sich, somit eine Reise in die eigene Vergangenheit, die man selbst, mochte sie auch schöner gewesen sein, überwunden zu haben glaubte. Indem man die anderen in die Vergangenheit projizierte, konnte man die Differenzen ignorieren beziehungsweise auf die vertikale Zeitschiene verlegen – die Differenz zu den anderen ist dann keine grundsätzliche, sondern eine entwicklungsgeschichtliche. Dabei ist zwar die Gegenwart stets die höhere Entwicklungsstufe, aber nicht notwendig die glücklichere. So konnte aus der – bis heute beliebten – Vermutung, der Orient verharre in einem älteren Stadium der Geschichte, eine Sehnsucht nach Rückkehr in diese bessere alte Zeit werden, und zweifellos war es diese Sehnsucht, die viele Orientreisende oder auch nur literarische Orientschwärmer motivierte.

Die abendländischen Denker und Reisenden haben sich weniger als Bewohner der Welt denn als Bewohner der Zeiten verstanden – was schon deshalb nicht verwunderlich ist, weil sie sich seit jeher mehr an der Vergangenheit in Gestalt der griechisch-römischen Antike als an ihren Zeitgenossen an anderen Orten orientiert haben. Der Chronopolit hat es viel leichter, die anderen und Fremden zu akzeptieren, als der Kosmopolit, dem die Zeitgenossen auf Augenhöhe entgegentreten. Er sieht sie als Urformen seiner selbst, er glaubt, sie als die eigene Vorvergangenheit durchlebt und damit auch überwunden zu haben. Weil er über sie hinaus ist, sie hinter sich gelassen hat, kann er sich gefahrlos und verständnisvoll mit ihnen identifizieren wie mit einem früheren *alter ego*, er kann ihre Schwächen oder das, was er an ihnen nicht mag, dulden, wie man die Schwächen von Kindern duldet oder alte, verjährte, eigene Sünden. Schiller drückt dieses Gefühl in seiner Antrittsvorlesung mit einem denkbar einfachen Satz aus: »So waren wir.«[169]

Indem der Chronopolit nicht seine Gegenwart, sondern Vergangenheiten studiert und bereist, schärft er zwar den historischen Sinn und bringt eine Art von Wertschätzung zum Ausdruck. Er gesteht jedoch diesem Anderen für die Gegenwart kein Mitspracherecht zu. Selbst wenn die Vergangenheit – etwa in Gestalt der Flüchtlinge heute – die Gegenwart heimsucht, bleibt sie auf ihre Herkunft aus der Vergangenheit festgelegt. Dass derjenige, der aus der (das heißt unserer) Vergangenheit anreist, diese Gegenwart (das heißt die westliche) ändert, kommt natürlich nicht in Frage. Gefragt ist Anpassung an diese Gegenwart (seine, des Fremden, anzustrebende Zukunft) oder aber bitte die Rückreise in die Vergangenheit seiner Herkunft.

Das Modell Chronos statt Kosmos geht nicht von einem horizontalen Verhältnis aus, bei dem alle auf gleicher Höhe wären, sondern von einem vertikalen, wo die einen oben, die anderen unten sind. Dieses Verhältnis ist mit dem abendländischen Zeitmodell vorgegeben, das sich als linear-progressiv versteht und von fortschreitender Entwicklung ausgeht. Es kollidiert mit einem zirkulären oder statischen Zeitmodell, wie es ausgerechnet jene Kulturen häufig entwickelt haben, die uns rückständig scheinen. Dieses andere Zeitmodell gilt selbst als Beispiel und Symbol der Rückständigkeit, als einer anderen, vergangenen Zeit zugehörig. Die meisten nichteuropäischen Kulturen haben es inzwischen zugunsten des Fortschrittsmodells aufgegeben – in der eitlen Hoffnung, dadurch chronopolitisch zum Westen aufholen zu können.

Da man selbst einst wie die anderen gewesen ist, man die Kinderkrankheiten der Menschheit gleichsam schon durchgemacht hat, besteht nun – zumindest theoretisch – nicht mehr die Gefahr, sich an diesen anderen Vorstellungen noch einmal anzustecken und die eigenen Narrative zugunsten derjenigen der anderen in Frage zu stellen. Der Chronopolitismus kommt einer Selbstimmunisierung gleich. Somit ist ausgerechnet die Annahme einer sich zu Höherem entwickelnden Menschheit bereits das Rezept für die Missachtung aller anderen, die dieses Konzept nicht teilen. Wer an der Spitze des Zeitpfeils steht, hat zwangsläufig den höchsten Standpunkt, überblickt alles, auch das Letzte. Zugleich ist aber auch klar, warum in einer Gesellschaft, die eine derartige Einstellung hegt, solche Eile geboten ist. Man muss an der Spitze bleiben, um derjenige zu sein, der den Ton angibt – derjenige, der nicht mit sich reden lassen muss, weil er alles, was die anderen sagen, ja schon kennt und hinter sich hat.

Nun besteht ein wesentlicher Teil der Ausbreitung des Westens und der abendländischen Vorstellungen darin, dass die anderen versuchen, chronopolitisch aufzuholen. Die chronopolitische Aufholjagd manövriert den Rest der Welt dabei in einen unauflöslichen Doublebind. Wer mitreden will, ja wer überhaupt gehört werden will, muss zur Spitze des Zeitpfeils aufschließen, das heißt zum Westen. Damit aber gibt er die eigenen Vorstellungen auf. Das beste Mittel, um gehört zu werden, ist die militärische, die technisch-wissenschaftliche Aufholjagd. Dies gelang vielfach: etwa Deutschland seit der Reichsgründung im letzten Drittel des 19. Jahrhunderts, Japan an der Wende zum 20., China seit Ende des 20. Jahrhunderts, der Türkei in den Befreiungskriegen Anfang der zwanziger Jahre des 20. Jahrhunderts sowie ein zweites Mal wirtschaftlich Anfang der zweitausender Jahre, Russland spätestens nach dem Zweiten Weltkrieg. Der sogenannte Sputnik-Schock war ein Schock, weil er das unterschätzte, für minderwertig gehaltene Russland plötzlich an die Spitze des Zeitpfeiles katapultierte, indem es den ersten Satelliten, genannt Sputnik, in die Umlaufbahn der Erde schoss.

Die chronopolitische Zurücksetzung der anderen hat sich auch in internationalen Debatten niedergeschlagen, zum Beispiel im berühmten Streit Anfang der achtziger Jahre des 19. Jahrhunderts zwischen Ernest Renan (1823–1892)[170] und Djamal ad-Din al-Afghani (1838–1897)[171] um die Frage, ob der Islam wissenschaftsfeindlich sei, wie Renan behauptete. In seiner

Antwort versucht al-Afghani, die Vereinbarkeit des Islams mit modernen, aus dem Westen kommenden Vorstellungen zu beweisen. Er gesteht eine Wissenschaftsfeindlichkeit des Islams zu, sieht darin aber ein Charakteristikum aller Religionen, ebenso des Christentums. Er verteidigt, ein Muster des damals modischen Rassedenkens aufgreifend, nicht den Islam gegen Renans Vorwurf, sondern die Araber, besonders die auf Arabisch schreibenden nichtarabischen (und das heißt nichtsemitischen) Gelehrten.

Vordergründig betrachtet mag es überraschen, dass al-Afghani in keinem Moment die epistemischen Grundlagen von Renans Aufsatz (ursprünglich eine Vorlesung an der Sorbonne) und ihre pauschale Argumentation in Frage stellt. Was aus heutiger Sicht eine vergleichsweise leichte Übung wäre, scheint vor dem Zeithorizont von al-Afghani und Renan unmöglich. Das liegt auch an einem Trick, dessen Renan sich vermutlich selbst nicht bewusst war. Er stellt allen Muslimen, die sich gegen seine Ansichten wenden, eine Falle. Denn Renan zweifelt ja nicht nur an, dass der Islam Wissenschaft und Rationalität zulässt, sondern er argumentiert selbst als Vertreter der Wissenschaft und, wie er glaubt, wissenschaftlich und rational. Seine Rede, gehalten an einer der berühmtesten Universitäten Europas, der Sorbonne, worauf Renan eigens hinweist, indem er den von der Sorbonne aufsteigenden Hügel St. Genevieve und die Rolle dieses Orts für die Wissenschaften erwähnt, ist eine Manifestation ebender Wissenschaftlichkeit, zu welcher fähig zu sein Renan den Muslimen grundsätzlich abspricht: »Der Muslim hegt die tiefste Verachtung für Bildung, Wissenschaft und alles, was den europäischen Geist ausmacht. Die vom muslimischen Glauben herbeigeführte Veränderung ist so mächtig, dass angesichts der Bekehrung zum Islam sogar die nationalen und rassischen Unterschiede verschwinden.«[172] Da Renan die Wissenschaftlichkeit für sich beansprucht, sie den Muslimen aber abspricht, hat al-Afghani als Muslim schlechte Karten. Lehnt er die Wissenschaft ab, wie Renan sie vertritt, wird dies wie ein weiterer Beweis dafür aussehen, dass die Muslime zur Wissenschaft nicht fähig sind. Stimmt er Renan zu, kann er im Rahmen von Renans Auffassung kein wirklicher Muslim mehr sein. Innerhalb von Renans Narrativ ist al-Afghani tatsächlich kein Muslim, denn die Perser (al-Afghani stammt aus dem Iran, also Persien) sind nach Renan ein Sonderfall: »Persien ist eine Ausnahme; als

Einziges hat es verstanden, seine Wesensart zu bewahren. Denn Persien nimmt innerhalb des Islams einen Platz für sich ein; es ist eher schiitisch als muslimisch.«[173]

Renans Aufsatz enthält aber nicht nur eine explizite, kulturrassistische Ablehnung des Islams und setzt die Muslime unter Druck, sich vom Islam zu distanzieren, um vom Westen – und damit dem mächtigeren, bestimmenden Partner – ernst genommen zu werden; Renan spricht auch eine explizite Drohung gegen all jene aus, die seiner Weltvorstellung nicht folgen wollen. Es ist eine Drohung, die bis heute aufrechterhalten und mit der bis heute Gewalt gerechtfertigt wird. Was kolonial-hegemoniales Denken heißt und wie es mit den in der Aufklärung gewonnenen Parametern gerechtfertigt wird, ist selten klarer formuliert worden als in den letzten Sätzen von Renans Rede über den »Islam und die Wissenschaft«:

> Die Wissenschaft stellt die Macht in den Dienst der Vernunft. In Asien gibt es barbarische Elemente, die denjenigen vergleichbar sind, aus denen die ersten Armeen der Muslime und die großen Wirbelstürme Attilas und Dschingis Khans gebildet worden sind. Aber die Wissenschaft versperrt ihnen den Weg. Wenn Umar [der zweite Kalif des Islams, gest. 644], wenn Dschingis Khan eine gute Artillerie vor sich vorgefunden hätten, hätten sie die Grenzen ihrer Wüste nie überschritten. Man darf sich nicht mit momentanen Einflüsterungen aufhalten. Was ist anfangs nicht alles gegen die Feuerwaffen gesagt worden, die gleichwohl sehr zum Sieg der Zivilisation beigetragen haben? Was mich betrifft, bin ich überzeugt, dass die Wissenschaft gut ist, dass allein sie die Waffen gegen das Übel bereitstellt, das man mit ihr anrichten kann, dass sie letzten Endes nur dem Fortschritt dient, ich meine dem wahren Fortschritt, der nicht vom Respekt gegenüber dem Menschen und der Freiheit zu trennen ist.[174]

Statt diesen rassistischen, die koloniale Gewalt rechtfertigenden Diskurs von Renan (der überdies seinen eigenen, im letzten Satz proklamierten Werten hohnspricht) zu untergraben oder direkt anzugreifen, was aus den genannten Gründen kaum möglich gewesen wäre, versucht al-Afghani, im

Rahmen dieses typisch abendländischen Narrativs, in dessen Falle Renan ihn gelockt hat, zu retten, was zu retten ist: nämlich die Religionskritik auf das Christentum zurückzuprojizieren und den Rassismus (und Antisemitismus Renans) zwar gezwungenermaßen zu übernehmen, aber zu betonen, dass dieser ja nicht die arabische Sprache (eine semitische wie das Hebräische) als solche betreffen könne, denn es hätten ja auch Nicht-Araber wie der persischstämmige al-Afghani selbst darin geschrieben. Einen solchen Meinungskampf hat der Intellektuelle aus der islamischen Welt bereits verloren, bevor er wirklich angefangen hat. In dem Moment, wo er die westlichen Episteme, das westliche Narrativ unhinterfragt übernimmt – und übernimmt er es nicht, wird er gar nicht gehört –, verkörpert er bereits selbst den Westen, obschon der Westen ihn noch nicht als vollwertigen Westler anerkannt hat und vielleicht nie anerkennen wird.[175]

Mehr als einhundert Jahre später stehen die meisten muslimischen Intellektuellen nach wie vor in einem Verhältnis der Abhängigkeit und der Defensive zum Westen. Oder positiver ausgedrückt: Sie haben sich das westliche Narrativ angeeignet und begreifen es als ihres, nicht zuletzt in seinem emanzipatorischen Potenzial als Argument gegen die westliche Hegemonie. Freilich läuft dies wie schon bei al-Afghani (in seiner Antwort an Renan, nicht freilich in seinen arabischen Schriften) entweder auf eine komplette Ablehnung der Religion oder auf eine partielle Verwestlichung des Umgangs mit der Religion hinaus (etwa in dem Sinne, Religion sei Privatsache, unpolitisch, mystisch).

Sogar die muslimischen Intellektuellen, die dem Fundamentalismus zuzurechnen sind und den Westen ablehnen, folgen in ihrem Schwarzweißdenken dem vom Westen gesetzten Muster, vor allem bezüglich der Konzepte von Identität, die in der vormodernen islamischen Welt, vor der westlichen Durchdringung, unbekannt waren oder eine völlig andere Gestalt angenommen hatten (wie sich zum Beispiel am jüdischen Leben im Osmanischen Reich zeigte). So kritisiert etwa der Vordenker der islamischen Revolution in Iran, Jalal Al-i Ahmad (1923–1969) in seinem Werk »Gharbzadegi«[176] (etwa mit »Okzidentitis« oder »Verwestlichungssyndrom« zu übersetzen) die Verwestlichung im Iran aufs Heftigste. Allerdings folgt diese Kritik unübersehbar dem westlichen, postsäkularen Eigentlichkeitsparadigma und überträgt die Heidegger'sche Technikkritik auf die iranischen Verhältnisse, ohne die Herkunft dieser Sichtweise zu benennen. Es ist nicht verwunderlich, dass Al-i Ahmad am Ende seines Werks auf Sartre und Camus, Nabokov und Ingmar Bergman verweist, die die Situation des Menschen auf ähnliche Weise beschrieben hätten.[177]

Die wenigen Stimmen, die das westliche Narrativ und die westlichen Diskursstrategien ernsthaft in Frage stellen und nicht blind übernehmen, sind postmodernen, postkolonialen und antirassistischen Bewegungen zuzuordnen. Ihr kritisches Potenzial ist beträchtlich und wird im Westen allenfalls in akademischen Kreisen wahrgenommen, freilich auch dort nur marginal. Um bei der Islamthematik zu bleiben, dem politisch und kulturell derzeit heißesten Feld der Auseinandersetzung zwischen Westen und Nicht-Westen, seien Joseph Massad, Arun Kundnani und Talal Asad namentlich genannt. Joseph Massad konstatiert unter Berufung auf Talal Asad, dass

> die Aufgabe des Liberalismus darin besteht, die islamische Tradition »nach dem Bild des liberalen protestantischen Christentums neu zu erschaffen«. Muslimischer Widerstand gegen diese wohlmeinende Aufgabe [engl.: *mission*] wird als Ablehnung der Moderne und der liberalen Werte wie Freiheit, Gleichheit, das Individuum als Inhaber von Rechten, demokratische Staatsbürgerschaft, Frauenrechte, sexuelle Rechte, Freiheit des Glaubens, Säkularismus, Rationalität u. s. w. dargestellt, das heißt als ein krankhafter Zustand und eine Art von Neurose, die nicht nur besiegt werden, sondern auch einer Psychoanalyse unterzogen werden muss. Wenn sich die Muslime weigern, sich freiwillig zum Liberalismus zu bekehren – oder zumindest zu solchen Formen des Islams, die der Liberalismus akzeptabel findet – müssen sie mit militärischer Gewalt zur Konversion gezwungen werden, denn ihr Widerstand bedroht einen Grundwert des Liberalismus, nämlich seinen Universalismus und die Notwendigkeit, ihn in Gestalt der Globalisierung universell zu verbreiten. Talal Asad deutet diese Zielvorgabe wie folgt: Während einerseits die säkulare Politik der Erlösung, wie sie die europäische Aufklärung betreibt, religiöse Formen von Gewalt, Schmerz und Leiden als eine verfehlte Entsühnung von Sündern deutet, »gibt es andererseits eine hohe

Bereitschaft vonseiten des Liberalismus, denjenigen Schmerz zuzufügen, die gerettet werden sollen, indem man sie in richtige Menschen verwandelt«.[178]

Es gibt, so das Fazit von Talal Asad und Joseph Massad, nicht nur in Religionen die Unterscheidung zwischen gutem und schlechtem Schmerz oder Leiden, sondern auch im Liberalismus, in der Ideologie des Westens, weswegen es hingenommen wird, dass diejenigen, die vom radikalen Islam befreit werden sollen – etwa die Menschen in den vom sogenannten »Islamischen Staat« besetzten Städten Syriens und des Iraks, aber auch die Afghanen 2001 im Krieg gegen die Taliban –, undifferenzierten Bombardierungen ausgesetzt werden und ihr Leben weniger wert ist als der Tod des Gegners. Die hier kritisierte Unterscheidung von gutem und schlechtem Schmerz, gutem und schlechtem Opfer, guten und schlechten Waffen entspricht exakt den Vorstellungen, die Renan am Ende seines Vortrags über den »Islam und die Wissenschaft« bereits skizziert hatte (»Was ist anfangs nicht alles gegen die Feuerwaffen gesagt worden …«).

Erst in einer solchen, gemessen am medial vermittelten Mainstream, »radikalen« Kritik gelingt es, die gedankliche Logik des Westens aufzugeben und zu hinterfragen. Dass solche Stimmen in unserer Öffentlichkeit wenig bis nicht gehört werden, ist nicht verwunderlich. Sie stellen nicht bloß, wie es leicht hinnehmbar ist und gelegentlich geschieht, die westliche Gewalt in der islamischen Welt als solche an den Pranger; sondern sie weisen uns darauf hin, dass diese Gewalt symptomatisch ist, ein Zeichen für einen grundsätzlichen Systemfehler, nämlich Werte universell verbreiten zu wollen, die aber doch nur für diejenigen gelten, die sie zu den ihren erklären; die also auf das hinweisen, was wir als Paradox des Westens namhaft gemacht haben: Wer den vermeintlich wohlmeinenden westlichen Universalismus nicht schlucken will, fällt heraus und wird nicht mehr wohlmeinend betrachtet, sondern gilt als Gegner. Dies ist das Begründungsnarrativ des westlichen Machtanspruchs in der Welt. Sobald man es benennt und entlarvt, verliert es jede Glaubwürdigkeit.

Das Problem dieser neuen, radikalen postkolonialen Kritik in der Nachfolge Edward Saids (1935–2003) besteht freilich darin, dass sie keinen positiven Gegenentwurf bereitstellt. Das gilt nicht nur für diejenigen Intellektuellen, die schwerpunktmäßig zum Islam arbeiten und mit der zusätzlichen Schwierigkeit konfrontiert sind, dass der radikale Islam zwangsläufig ebenso kritikwürdig ist wie die Ideologie des Westens; es gilt auch für diejenigen, die stärkere Bezüge zum indischen Subkontinent oder zu Schwarzafrika aufweisen. Der Grundmodus dieser Kritik verbietet die positive gesellschaftspolitische Vision gleichsam von selbst. Der reine Negativmodus ist gut für die Kritik, aber er inspiriert nicht zu einem Gegenentwurf, setzt dem Kritisierten nichts entgegen, mit der Folge, dass dieses trotz aller Kritik ungefährdet fortbestehen kann, dass allenfalls Frustration und Passivität als Gegenreaktion auf das kritisierte Bestehende möglich sind. Wenn es, um noch einmal Adorno zu bemühen, kein richtiges Leben im falschen gibt, dann ist es am einfachsten, so weiterzumachen und weiterzudenken wie bisher und allenfalls seinen CO_2-Ausstoß zu verringern, weniger Fleisch zu essen und gegen Waffenverkäufe zu sein.

Es deutet sich allerdings an, dass dies nicht genügt. Verdankt sich noch die postmoderne und postkoloniale Kritik wie auch diejenige der Frankfurter Schule letztlich Hegel und dem Marxismus, so ist mit der Entzauberung des Kommunismus der positive Gegenentwurf weggebrochen, der die Kritik hätte tragen können. Seither droht Kritik ein Geschäft unter anderen zu werden, wo es nur noch darum geht, Höchstleistungen um ihrer selbst willen abzuliefern: immer noch kritischer, immer noch radikaler, Kritik als *l'art pour l'art*, was besonders dann negativ auffällt, wenn die Kritiker und Kritikerinnen an den Eliteuniversitäten des Westens selbst unterrichten, wie es fast ausnahmslos der Fall ist, und die Hand, die sie füttert, höchstens metaphorisch beißen. Fast könnte man ihnen vorwerfen, was schon Herder, auf den wir gleich zurückkommen werden, Voltaire vorwarf, der im Schloss von Ferney residierte und wohlsituiert, wie er war, den Glauben der armen, kleinen Leute kritisierte. Im für Herder typischen, emphatischen Ausrufungszeichenstil heißt es über Voltaire:

> Was für elenden Leichtsinn, Schwäche, Ungewißheit und Kälte! was an Seichtigkeit, Planlosigkeit, Scepticism an Tugend, Glück und Verdienst! – was mit seinem Witze weggelacht, ohne es zum Teil weglachen zu wol-

len! – sanfte, angenehme und notwendige Bande mit frevelnder Hand aufgelöst, ohne uns, die wir nicht alle au Chateau de Ferney residieren, das mindeste an die Stelle geben?[179]

Der indische Autor Pankaj Mishra[180] hat diese Kritik an Voltaire aufgegriffen und auf die Analogie der wohlsituierten Stellung Voltaires und derjenigen der mit dem Westen verbündeten Intellektuellen der nichtwestlichen Welt hingewiesen: Wer im Chateau sitzt, sei es einem echtem, sei es demjenigen anderer Privilegien – Geldquellen im Westen, Zugang zu Visa, Zugang zum westlichen Bildungssystem –, der wird allerdings bald die Anhänglichkeit an »sanfte, angenehme und notwendige Bande« nicht mehr nachvollziehen und sie mit der »frevelnden Hand« der Religionskritik abräumen wollen.

Um uns solchem Vorwurf nicht auszusetzen (ohnedies fehlt uns die Professur und das Chateau!), um vielmehr das Risiko einzugehen, mehr als bloß Kritik um der Kritik willen zu liefern, ja um uns angreifbar zu machen, werden wir gleich auf den Moment zurückgehen, wo sich in Gestalt der Gegenaufklärung eine positive Vision nicht zuletzt der Religion abzeichnet, welche die Errungenschaften der Aufklärung nicht einfach verwirft, sondern mitbedenkt, also selbst bereits resolut modern ist. Diese gegenaufklärerischen Bewegungen dürfen im Übrigen eine geistige Vorläuferschaft zu vielen postmodernen und postkolonialen Denkern, besonders denjenigen französischer Prägung wie Foucault, Barthes, Deleuze und Derrida, reklamieren.

Doch vorher sind die Überlegungen zum Chronopolitismus zu Ende zu bringen. Man könnte »Westen« als dasjenige Narrativ definieren, das darin besteht, um jeden Preis an der Spitze zu stehen, gleich welche Werte, welchen Glauben man dafür aufgeben (oder annehmen) muss. Dies ist einer der Gründe dafür, warum sich gegenwärtig konservative, identitäre und nationalistische Stimmen Gehör verschaffen: weil beim Kampf um die chronopolitische Spitzenstellung nichts Überliefertes (etwa traditionelle Familienwerte) mehr zählt, viele sich also verraten fühlen. Der die Welt versehrende chronopolitische Wahlspruch lautet: »Nur wer sich ändert, bleibt sich treu.«

Mit der Notwendigkeit, stets voranzugehen, die anderen in einer Vergangenheit zu lassen, gibt man jede Möglichkeit auf, eine stabile Identität zu entwickeln. Nicht nur haben die anderen noch nicht aufgeschlossen; man ist auch selbst nie richtig da und zu Hause. Selbst wenn man es wäre, müsste man doch noch auf die anderen warten. Erst wenn alle wie wir werden, erfüllt sich der kosmopolitische Heilsplan, der ewige Frieden. Bis dieser eintritt, kann der Chronopolitismus eine vorläufige Toleranz an den Tag legen und etwa sagen: Lass die Mutter das Kopftuch tragen. Die Tochter, einmal voll integriert, wird es ablegen. Wenn sie es jedoch nicht ablegt, scheint etwas falsch zu laufen. Schlimmer noch, wenn zwar die Großmutter es trug, die Mutter es aber abgelegt hat und die Tochter es wieder anlegt. Da sind dann finstere, die Zeitschrauben zurückdrehende Kräfte am Werk, denen das Handwerk gelegt werden muss, wenn das eigene chronopolitisch-universalistische Fortschrittsnarrativ keine argen Kratzer bekommen soll.

Natürlich ist die konkurrierende Weltanschauung, in unserem Fall des Islams, nicht weniger problematisch und äußert sich, wo er herrscht, nicht minder aggressiv. Das kann aber nur heißen, dass der Anspruch beider Narrative zu überwinden ist. Und dass sie sich wechselseitig diskreditieren und bezeugen, dass kein Universalismus glaubwürdig und sowieso keiner gewaltlos ist und, anders als etwa Renan es annahm, keiner die Gewalt und die Austreibung des jeweils Fremden rechtfertigen kann. Wer aber den Islam für sein durchaus vorhandenes Potenzial verurteilt, Gewalt rechtfertigen zu können, muss sich dumm stellen, nicht auch die Moderne, wie sie etwa von Kant und Renan vertreten wird, für dasselbe Potenzial zu verurteilen und nach Alternativen zu suchen.

Der erste und in Deutschland wirkmächtigste Vertreter eines noch potenziell wertneutralen Chronopolitismus (seit Hegel kann nur noch von einem hegemonialen die Rede sein) ist Johann Gottfried Herder. Er war es, der den Begriff der Einfühlung geprägt hat. Herder entwickelt seine Thesen in zwei Anläufen: in Gestalt eines nahezu geschlossenen Narrativs in seinen »Ideen zur Geschichte der Philosophie der Menschheit« (1781 ff.) und in Gestalt einer furiosen, noch zum Frühwerk zählenden Streitschrift unter dem Titel »Auch eine Philosophie zur Geschichte der Menschheit« (1774). »Ist unser Zeitalter in irgend einer Absicht edel nutzbar, so ists ›seine Späte, seine Höhe, seine Aussicht!‹«[181], schreibt Herder dort und richtet sich dabei vor allem gegen die chronopolitische Einseitigkeit und Verflachung in Voltaires »Essai sur les mœurs et l'esprit des nations« (1753–1756) – eine Einseitigkeit, die Herder zwar bekämpft, die aber von Kant und Schiller fast ungetrübt übernommen wird. Die genannten Schriften Herders stellen daher einen Kippmoment dar. Nach ihm schlägt der chronopolitische Kosmopolitismus zwei gegenläufige, gleichwohl einander bedingende, in einem antagonistischen Dialog stehende Richtungen ein. Es gibt »offenbaren Fortgang und Entwicklung«, schreibt Herder, »aber in einem höheren Sinne, als mans gewähnet hat. [...] Es geht ins Große!«[182] Zugleich aber spottet er über diejenigen, die sich anmaßen, vom Standpunkt des Heute über frühere Zeitalter zu urteilen. Erst ironisch, am Ende dann ernst heißt es:

> Der allgemeine, philosophische, menschenfreundliche Ton unseres Jahrhunderts gönnet jeder entfernten Nation, jedem ältesten Zeitalter der Welt, an Tugend und Glückseligkeit so gern »unser eigen Ideal«? ist so alleiniger Richter, ihre Sitten nach sich allein zu beurteilen? zu verdammen? oder schön zu dichten? Weil eine Gestalt der Menschheit und ein Erdstrich es nicht fassen konnte, wards verteilt in tausend Gestalten [...], die Menschheit bleibt immer nur Menschheit – und doch wird ein Plan des Fortstrebens sichtbar – mein großes Thema![183]

Was bei Schiller und Kant Richtung Aufklärung umkippt und bei Hegel und Marx theoretisch, bei Napoleon und Lenin praktisch zur Geschichtsbeschleunigung wird, ist bei Herder noch offen und wird später zum Begründungsdiskurs potenziell gegenaufklärerischer Bewegungen wie der Romantik. Anders als gemeinhin angenommen – da die Romantik lange mit dem Nationalismus im Bunde stand –, stellt sie aufgrund ihrer Vielfalt und Heterogenität vielleicht die wichtigste kosmopolitische Bewegung des 19. Jahrhunderts dar, die einzige jedenfalls, auf die wir uns noch berufen können. Auch die Romantik entkommt nicht dem chronopolitischen Paradigma; aber sie wertet es völlig um und schafft somit eine neue, antiteleologische Polyzentrik, sie erarbeitet sich ein Gehör für das Andersartige. Wenn sogar Goethe trotz seines verengenden Begriffs von Weltliteratur in der

Lage ist, sich die orientalischen oder die chinesischen Literaturen produktiv anzueignen, verdankt er dies dem romantischen Erbe Herders und des Sturm und Drangs, der literarischen Bewegung seiner Jugend.

Der romantische Kosmopolitismus hat, wie angedeutet, eine starke chronopolitische Schlagseite, wertet aber die Vergangenheit, die früheren Stadien der Menschheit, in aller Regel zum Positiven um, ja erachtet sie zuweilen sogar für höherwertig als die Gegenwart. Anschaulich wird dies durch die Leidenschaft vieler Maler von Klassik und Romantik für Ruinenlandschaften. Die Aufwertung des Vergangenen betrifft nicht nur die eigene Vergangenheit, wie es im romantischen Nationalismus der Fall ist, sondern auch die des Fremden, Fernen, Anderen. Die Chiffre und der Maßstab für diese Umwertung sind die Poesie und das Poetische, das zu einem Moment absoluter und zeitloser Fülle stilisiert wird. Im teleologisch progressiven Geschichtsverständnis der Moderne ist alles dem Telos – dem Zweck –, ist alles dem Fortschritt und seinen Bedürfnissen unterworfen, das Leben bezieht seine Fülle, seinen Sinn, aus der Aussicht auf die Zukunft. In der gegenaufklärerischen Tradition präsentiert sich das Alte hingegen als eigener Zweck, als Fülle, Poesie. Ein kurzes Gedicht von Rückert, zu seinen Lebzeiten nicht veröffentlicht, verleiht dieser Haltung Ausdruck:

Mag der Orient ewig still stehen
Der Occident schnell wie er will gehen
Immer bleiben jene Karawanen
Poetischer als diese Eisenbahnen.[184]

Der Unwille gegen das Eigene, die Moderne, munitioniert sich mit dem Poetischen wie mit dem Fremden gleichermaßen. Beides fällt zusammen. Die Poesie hält die Welt gegenüber der teleologischen Verengung offen und vielfältig, baut aber zugleich eine problematische Opposition gegen die Moderne auf. Das Fremde wird somit nicht nur mit der Poesie, sondern auch mit dem Antimodernismus zusammengeschweißt und verweilt dort teils bis heute.

Die chrono-kosmopolitische Aufladung der Poesie, nicht selten mit religiösem Beiklang, lässt sich auf Johann Georg Hamann zurückführen, den großen Antiaufklärer, Lehrer und Freund von Herder. »Die Poesie ist die Muttersprache des menschlichen Geschlechts«[185], lautet ein vielzitierter Satz von Hamann, dessen Fortwirkung in den eben zitierten, fast ein Jahrhundert später entstandenen Versen von Rückert spürbar ist. Damit wird die Poesie gleichsam zur Wurzel, zum gemeinsamen Nenner des Kosmopolitismus. Es ist Herder, der diesen Gedanken in vielen Schriften weiter ausarbeitet. In einem Kommentar zu seiner Volksliedsammlung bringt er es wie folgt auf den Punkt:

> In den so genannten Pöbelvorurteilen, im Wahn, der Mythologie, der Tradition, der Sprache, den Gebräuchen, den Merkwürdigkeiten aller Wilden ist mehr Poesie und Poetische Fundgrube, als in allen Poetiken und Oratorien aller Zeit: Und wers unternähme, unter allen Völkern diese Arten des Wahns, der Dichtung, der Hirngespinste und Vorurteile nur mit etwas praktischem Kopfe zu sammlen: ich bin gewiss, dass der dem Menschlichen Verstande einen Dienst erwiese, den zehn Logiken, Ästhetiken, Ethiken und Politiken ihm wahrscheinlich nicht erweisen werden.[186]

Der antiaufklärerische Gestus dieses Statements ist unüberhörbar. Er hat, was die geforderte Sammlung und Übersetzung fremder und fremdester Dichtung betrifft, eine Vorder- und eine Rückseite, und beide haben sie Auswirkungen bis heute. Die schöne Vorderseite besteht darin, dass Herder hier jegliche fremde Dichtung gegen eine Kritik nach rationalistischen oder sonst wie kodifizierten Maßstäben, Anschauungen oder auch nur Engstirnigkeiten in Schutz nimmt. Er eröffnet damit einen – übrigens bis heute offengebliebenen – Raum, in dem die fremde Dichtung ein Heimatrecht genießt, gleich wie fremd oder abstrus (»Wahn«, »Hirngespinste«, »Vorurteile«) sie dem ein oder anderen erscheinen mag. Selbst eine Dichtung mit Vorurteilen (oder was als solche galt) konnte und sollte nun *vorurteilslos* gesammelt werden. Das ist nichts weniger als der Anfang vom Ende des Ethnozentrismus und Eurozentrismus.[187]

Aber diese Offenheit hat ihren Preis, eine dunkle Rückseite: Jede Dichtung, die nicht aus dem europäischen Kulturraum kommt, läuft Gefahr, mit all den »Arten des Wahns« etikettiert zu werden, sobald sie den von Herder geöffneten Raum betritt. Die fremde Dichtung ist damit zwar willkommen, aber zugleich ausgesperrt von der Teilhabe an der abendländischen Vernunft, gegen welche Herder die fremde Dichtung in Stellung bringen wollte. Ähnliches klingt an anderer Stelle von Herders Frühwerk auf, einer Vorstudie zur später publizierten »Ältesten Urkunde des Menschengeschlechts«. Dort heißt es von der Bibel, dass »die Sprache ihres Ausdrucks morgenländisch zu fühlen und abendländisch zu verstehen ist«.[188] Anders gesagt: Für den Verstand ist das Abendland zuständig; für das Gefühl das Morgenland.

Dem »Morgenland« wird damit zwar ein Platz zugestanden, aber es wird zugleich aus der Vernunft ausgeschlossen. Sogar die orientalischen Religionen wurden anerkannt, aber als Wahn und Poesie, nicht als vernünftige, und das heißt ordnungsstiftende Mächte. Der künstlerische Orientalismus, so könnte man ihn definieren, ist die Wertschätzung des Orients als Unvernunft. So erklärt sich die Verbindung von Romantik und Orient, wie wir sie in zahlreichen Werken finden, bei Victor Hugo, bei Heinrich Heine, bei Goethe und schließlich bei all den Reisenden, die in den Orient fahren, um sich von der eigenen Gegenwart zu erholen, ein Muster des modernen Tourismus vorausbildend.

Ein Nebenstrang der Romantik hat es jedoch unternommen, aus dem von Herder gelegten Grundgedanken zu einem echten Kosmopolitismus durchzudringen. Dies wird nicht zuletzt dadurch möglich, dass die Religion von den Romantikern nicht wie in der Aufklärung (und später in Marxismus, Psychoanalyse und Existenzialismus) abgewertet wird. Der romantische Flirt mit der Religion neigt zwar einerseits zu einer Betonung des Nationalen, macht die Religion zur Nationalreligion und verkennt damit ihr universalistisches Potenzial. Zugleich aber lässt die Romantik das Interesse an fremden Religionen als ernstzunehmende kulturgeschichtliche Größe zu und lässt sich in Einzelfällen sogar davon inspirieren, wie etwa Schopenhauer, die Brüder Schlegel, Nietzsche, später Hesse und andere sich von den indischen Religionen inspirieren ließen. Sogar der Islam konnte schließlich noch einmal als Inspiration aufgefasst werden, gipfelnd im »Fränkischen Koran«[189] des erzkatholischen Dichters Ludwig Derleth (1870–1948). Der Glaubenseifer, die Emphase, ja der Stil des Korans dient hier zur Neubegründung des Katholizismus, der aber freilich in fast pantheistische Sphären erweitert wird:

In vielen Namen prangt das wesend Eine
mit Liedes-Schmuckkraft preisen es die Dichter.
Ich aber verehre das verhüllt Unendliche,
Das Herz der Dinge, nicht das Angelernte,
das allen Wesen mächtig Eingekernte,
das Unnambare, dem nur das Schweigen naht.[190]

Der heute vergessene, aber noch von Thomas Mann im »Doktor Faustus«[191] und in einer frühen Novelle[192] karikierte Derleth ist seinen Zeitgenossen wie ein katholischer Dunkelmann erschienen. Politisch war er unbestreitbar ein Reaktionär. Dies bewahrte ihn freilich davor, in die Falle der politischen Ideologien und des Zeitgeistes zu gehen – »Der fränkische Koran« ist 1933 erschienen. Mitunter wandelt sich diese Gedichtsammlung, auch darin dem Koran mit seinen vielen sachlich-prosaischen Passagen ähnelnd, in einen Essay über politische Moral: »Haben sie Göttersiegel erbrochen, wie werden sie menschlicher Satzung schonen?«[193], heißt es in einem Vers, welcher, um mit Hannah Arendt zu sprechen (wir haben die Stelle bereits zitiert), »an eine der ältesten Aporien der politischen Philosophie« erinnert, »die uns nur so lange verborgen bleiben konnte, als eine unerschütterte christliche Theologie den Rahmen für alle politischen und philosophischen Probleme abgab, die aber bereits Plato dazu veranlasste, zu sagen: ›Nicht der Mensch, sondern ein Gott muss das Maß aller Dinge sein.‹«[194]:

Weise gilt, wer nur sich selbst zu nützen meint,
den Tempel Gottes zerschlägt
und sich ein vergängliches Haus erbaut.[195]

Mag es sich bei etlichen Versen um wohlfeile reaktionäre Kulturkritik handeln, trifft sie doch einen Nerv, beschreibt mit knappsten Worten wenn nicht die Ideologie des Westens, so doch die westliche »Culture of Narcissism«[196], die Christopher Lasch in einem Klassiker der siebziger Jahre beschrieben hat. Wir erkennen am Fall Derleth auch, dass sich eine Kritik am Neoliberalismus, die sich allein aus den Traditionen einer unhinterfragten progressiven, linken oder sozialistischen Moderne speist, womöglich zu kurz greift und sich eines mächtigen Verbündeten beraubt, all jener, deren Ablehnung der herrschenden Verhältnisse sich nicht aus dem Bezug zu einer gesellschaftlichen Utopie, sondern aus einem Gottesbezug oder aus dem Glauben an eine höhere Instanz speist. Die folgenden Verse mögen gegen Hitler und Stalin gerichtet sein, heute lesen sie sich wie gegen Trump:

> … das Delirium des Machtbewusstseins
> trifft man am häufigsten gerade bei denen an,
> die am tiefsten in ihrem moralischen Sinn
> und logischen Vermögen geschädigt sind.[197]

Allerdings rennt auch Derleth in die Falle des Entweder-oder zwischen Moderne und Reaktion, Mensch und Gott, Welt und Jenseits, Fremde und Heimat. In der frühen Romantik finden wir hingegen Ansätze, diesen leidigen Dualismus zu überwinden und die Gegensätze zusammenzudenken. Nur so entsteht ein tragfähiges kosmopolitisches Narrativ, das nicht bereits weltanschauliche Vorentscheidungen trifft und abweichende Haltungen ausschließt: sei es die einer säkularen Moderne, seien es die religiösen. Den Wahlspruch des romantischen Kosmopoliten hat Clemens Brentano geprägt (bevor er selber ein glühender Katholik wurde):

> So weit als die Welt,
> So mächtig der Sinn,
> Soviel Fremde er umfangen hält,
> So viel Heimat ist ihm Gewinn.[198]

Heimat und Fremde sind hier kein Gegensatz, sondern bedingen sich. Die Mächtigkeit des Sinns und die Weite der Welt stehen in einem Verhältnis zueinander, insofern es die Weite der Welt ist, die den Sinn mächtig macht – und nur ein mächtiger Sinn die Weite der Welt verkraftet. Ein derartiger Kosmopolitismus beruht auf einer Setzung des Eigenen, Gegebenen als einem gastfreundlich Aufnahmefähigen, Dehnbaren und damit Erweiterbaren. Das Individuelle, die eigene Identität, so die dahinterstehende Erkenntnis, kann nie beanspruchen, für alle Menschen oder die Welt als solche zu stehen. Muss es dies denn, könnte sie sich nicht selbst genügen? Letztlich nicht, so die Einsicht der Frühromantiker. Jede Begegnung mit dem Anderen hat das Potenzial, das Eigene in Frage zu stellen, zu erschüttern. Jedes Eigene muss aber einen positiven Bezug zum übergreifenden Ganzen haben, wenn es der Begegnung mit anderen gewachsen sein will. Auch für das Individuellste ist der Horizont die Menschheit in ihrer Gesamtheit, wie sie uns aus der transzendenten Perspektive bei der Besprechung des Rechts auf Rechte bereits begegnet ist.

Es mag heute angesichts der marginalen Stellung der Poesie verwundern, dass ausgerechnet an ihrem Beispiel derart weitreichende Fragen verhandelt werden konnten. Die Poesie wurde als das beste und zugleich allen Menschen und Völkern zugängliche Medium aufgefasst. Wenn Hamanns Diktum zutraf, dass die Poesie die Muttersprache des menschlichen Geschlechts ist, bedeutete dies, dass alles, was mit Bezug auf die Poesie gesagt werden konnte, für die Menschheit insgesamt galt; sodass man fast sagen könnte, die Poesie nimmt bei den Gegenaufklärern und Romantikern die Stelle ein, die bei den Aufklärern und in der deutschen Klassik die Natur innehatte. Statt *deus sive natura* wie bei Spinoza heißt es nun *natura sive poesia* – Natur ist gleichzusetzen mit Poesie. Wollte man davon ausgehend eine spekulative These wagen, könnte man sagen, dass der Nicht-Westen, etwa die islamische Welt, sich immer leichter mit dem poetischen Teil dieser Gleichung getan hat als mit dem der Natur. Noch meine arabischen Dichterfreunde, sosehr sie politisch betrachtet westliche Fortschrittsideale vertraten, taten dies vor dem Hintergrund eines Verständnisses von Poesie, das der Romantik und der Gegenaufklärung entstammt. Die kunstreligiöse Haltung, da sie mehr ein Lebensstil und eine Praxis ist (sie bildet sogar eigene Rituale aus) als ein Gesetz und eine Lehre, lässt sich ideal gegen dogmatische Erstarrungen hier wie dort, im Westen wie in der islamischen Welt und anderswo in Anschlag bringen und befriedigt zugleich die emotionale, geistige Seite, die seit der Säkularisierung die große, offene Wunde des Westens und aller verwestlichten Gesellschaften bildet.[199] Wir erlauben uns, diese Denkrichtung und Lebenshaltung, dieses Narrativ, zu denen jenseits des Westens zu zählen, und auch hier zeigt sich, dass es sich bei dem, was uns vorschwebt, nicht um eine utopische Träumerei, um nichts irgendwie Ausgedachtes handelt, sondern dass es bereits gängige, gelebte Praxis ist, mit Ausstrahlungen weit in den Mainstream, in die gesellschaftliche Mitte auch des Westens hinein. Zudem ist es ein globales Narrativ, dessen Protagonisten in regem internationalen Austausch stehen, ja eine neue kosmopolitische Avantgarde bilden. Nehmen wir nur die Poesie (es gibt vergleichbare Phänomene natürlich auch in allen anderen Kunstsparten), so bildet diese nicht allein eine internationale Praxis und ein globales Narrativ, sondern neigt in Gestalt von Übersetzungen zur Ausbildung eigener Synapsen und zu ständigen Um- und Neubildungen, die jede sprachliche, nationale, religiöse, narrative Grenze überwinden.

Diese Synapsenbildung in Form von Übersetzungen wurde bereits von den Frühromantikern diskutiert und praktiziert. Die dabei entwickelten Überlegungen reichen weit über den Bereich der bloßen Literatur hinaus und betreffen die Frage des Umgangs mit vermeintlich oder tatsächlich Fremdem, (Un-)Übersetzbarem überhaupt und sind bis heute von politischer Relevanz. Mit Hamanns Diktum von der Poesie als Muttersprache aller Menschen wurde jede Operation an der Poesie eine Operation an der Menschheit insgesamt: Was die Poesie vermochte, das vermochten die Menschen. Und wenn Poesie übersetzbar war, war die Menschheit übersetzbar, das heißt, konnte sie sich verstehen und letztlich die babylonische Sprachenvielfalt überwinden.

Ein Großteil der Überlegungen zur Übersetzung ist dieser Quadratur des Kreises gewidmet, der Frage, wie es gelingt, das Fremde als Fremdes dennoch ins Eigene zu übersetzen. Bald ist dies keine Frage der übersetzerischen Praxis mehr, sondern eine philosophische, um nicht zu sagen weltanschauliche: Es geht zweifellos um mehr als das bloße Übersetzen, es geht um mehr als um Literatur, es geht um grundlegende weltanschauliche Orientierungen. Von Novalis stammt der Satz: »Deutschheit ist Kosmopolitismus mit der kräftigsten Individualität gemischt.« Auch dieser Satz stammt aus einem Kontext, in dem es um Übersetzungen geht, nämlich aus einem Brief an August Wilhelm Schlegel. Novalis spricht darin mit Begeisterung von der neuen Shakespeare-Übersetzung, der heute als klassisch geltenden Nachdichtung von August Wilhelm Schlegel und Ludwig Tieck. Die Überlegungen, die Novalis daran anschließt, sind für unseren Zusammenhang so fundamental, dass es sich lohnt, sie hier als Ganzes wiederzugeben.

> Deutschheit ist Kosmopolitismus mit der kräftigsten Individualitaet gemischt. Nur für uns sind Übersetzungen Erweiterungen gewesen. Es gehört poetische Moralität, Aufopferung und Neigung dazu, um sich einer wahren Übersetzung zu unterziehn – Man übersezt aus ächter Liebe zum Schönen, und zur vaterländischen Litteratur. Übersetzen ist so gut dichten, als eigene Wercke zu stande bringen – und schwerer, seltner. Am Ende ist alle Poesie Übersetzung. Ich bin überzeugt, daß der deutsche Shakespeare jezt besser, als der Englische ist.[200]

Das klingt zunächst überraschend nationalistisch. Nur befinden wir uns im Jahr 1797; eine deutsche Nation gab es nicht. Als »höchste Individualität« können wir die jeweiligen Eigentümlichkeiten der deutschen Reichsstände im – damals bereits in den letzten Zügen liegenden – Heiligen Römischen Reich Deutscher Nation betrachten. Ihre Unterschiede machen das Kosmopolitische aus, das heißt dasjenige am Begriff des Deutschen, das sich über das Einzelne erhebt. Mit dem Begriff des Kosmopolitismus, wie Novalis ihn hier verwendet, wird die deutsche Erfahrung des Zusammenhangs in der Zersplitterung auf die gesamte Welt hochgerechnet.

Was Deutschland war, sein sollte, werden könnte, war damals freilich völlig ungewiss. Es war keineswegs klar, was »deutsch« hieß, was »Deutschheit« sein könnte. Inmitten dieser Unklarheit des Begriffs macht Novalis einen überraschenden Vorschlag, wobei er vom naheliegendsten und vielleicht einzig verbindenden Element der »Deutschheit« ausgeht: der Sprache. Diese ist zwar deutsch, aber wird als deutsche und in ihrer Deutschheit zu einem Medium, das die Welt in sich aufnimmt, also zu einem Träger des Kosmopolitismus. Das nach heutigen Vorstellungen von Übersetzung wunderliche Resultat lautet, »dass der deutsche Shakespeare jezt besser, als der Englische ist«.

Dies ist jedoch sehr konsequent gedacht: Erst durch die Übertragung ins

Deutsche (freilich auch jede andere Sprache, sofern die Übersetzung gut ist) wird Shakespeare kosmopolitisch, idealerweise ohne seine Individualität (Identität, Eigenheit) zu verlieren, während er auf Englisch »nur« individuell ist. So gesehen ist Übersetzen eine höherstehende Tätigkeit als das Dichten selbst: »Übersetzen ist so gut dichten, als eigene Werke zu stande bringen – und schwerer, seltner.« Die Übersetzung ist dabei nur eine Manifestation der poetischen Tätigkeit an sich: »Am Ende ist alle Poesie Übersetzung.« Ganz ähnlich sah es sechshundert Jahre vor Novalis der arabische Mystiker Ibn Arabi. Seinen bekanntesten Gedichtband nannte er »Tardjumān al-Ashwāq« (»Der Übersetzer der Sehnsüchte«). Der Dichter, so Ibn Arabi, ist immer schon Übersetzer. Er übersetzt die Welt oder unser Verlangen danach, die »Sehnsüchte«, in Sprache, macht sie dabei überhaupt erst zugänglich.

Es war vor allem der Dichter und Übersetzer Friedrich Rückert (1788 bis 1866), der nicht nur darüber theoretisierte wie die meisten der Frühromantiker, sondern der diese Aufgabe ernsthaft umzusetzen versuchte und wie die an Indien interessierten Brüder Schlegel als einer der wenigen gelten darf, die dabei tatsächlich die Grenzen der europäischen Sprachen und Vorstellungswelten überschritten. Wir verdanken ihm sogar eine Nachdichtung des Korans, die diesen Namen verdient.

Dies ist umso gewagter gewesen, als der Koran von (traditionell geprägten und strenggläubigen) Muslimen selbst für unnachahmlich, und das heißt für unübersetzbar gehalten wird. Diese Unnachahmlichkeit oder Unübersetzbarkeit gilt nämlich als Echtheitszertifikat des Korans: Nur Gott selbst kann so etwas Schönes erschaffen. Deshalb werden die meisten von Muslimen herausgegebenen Koranübersetzungen nicht Übersetzungen genannt, sondern es wird betont, es handle sich dabei bloß um die »Bedeutungen der Korans«, was immer das heißen mag.

Rückert hingegen hält praktisch alles für übersetzbar und folgt darin dem mit Herder einsetzenden Kult um das Deutsche als sprachlichem Gefäß von universeller Aufnahmefähigkeit: »Auch die schwersten Stellen des schwersten Dichters [...] sind unserer allaussprechenden Sprache vielleicht nicht ganz unaussprechlich«[201], schrieb Herder 1774 mit Bezug auf Shakespeare. Rückert begegnet dem Fremden in Gestalt des Korans entsprechend unerschrocken und liest den Koran als poetischen Text, ganz wie zuvor Herder die Bibel gelesen hatte. Dadurch wurde der Koran aus dem Kontext gelöst, der es dem christlichen Abendland unmöglich gemacht hatte, ihn unbefangen, geschweige denn emphatisch (wie es für eine Übersetzung à la Rückert nötig war) zu rezipieren und zu vermitteln – dem religiösen. Wäre Rückerts Übersetzung unter religiösen Prämissen gelesen worden, hätte man ihm vorwerfen können, ja müssen, für den Koran, für den Islam zu werben; warum sonst sollte es ihm einfallen, ein solches Buch in dieses poetische Deutsch zu bringen?

Zur Illustration hier ein Beispiel aus dieser Koranübersetzung, den Anfang der 53. Sure (»Der Stern«). Man fühlt sich an den geheimnisvollen Singsang von Zaubersprüchen erinnert, und genau dies wäre für jeden unbefangenen Leser die beste Herangehensweise an den Koran: zumindest erst einmal seine poetische und magische Kraft zu erspüren und dabei zu ertragen, dass man nicht wirklich versteht, wovon genau die Rede ist:

Beim Stern der flirrt!
Nicht euer Genosse thört noch irrt,
Spricht nicht aus eigener Begierd',
Es ist was offenbart ihm wird.
Ihn lehrte ein hochstrebender,
Gewaltiger, stätschwebender,
Am Himmel hoch sich hebender,
Dann naht' er sich und kam hernieder,
Und war zwei Ellen weit und minder,
Und offenbarte seinem Knecht, was er ihm offenbarte;
Nicht log das Herz, was das Auge gewahrte.
Wollt ihr abstreiten ihm, was er gewahrte?
Dann sah er ihn das andremal
Beim Sidrabaum am Grenzepfahl,
Wo der Wohngarten sich erstreckt;
Da hat der Sidrabaum bedeckt, was ihn bedeckt.
Es wankte nicht und irrte nicht sein Blick erschreckt;
Von Zeichen seines Herrn sah er das große.[202]

Rückerts Koranübersetzung hat also einen Blickwechsel erfordert, wie ihn auch die Leser dieser Zeilen annehmen sollten, das heißt, dass sie sich von ihren Erwartungen und Vorurteilen freimachen und den Text unbefangen, also rein wie Poesie lesen. Dadurch wird nicht nur das religiöse Paradigma durch ein poetisches ersetzt, sondern auch das aufklärerische, welches bekanntlich besagt, dass alle Religionen – und der Islam zumal – vernunftfeindlich und despotisch seien. Dieser neue Blick, diese ästhetisch-poetische Brille auf die alten religiösen Texte ist zugleich eine kosmopolitisch-moralische, indem sie ausgerechnet das Fremde des Korans als (poetische) Qualität begreift oder durch die Übersetzung begreifbar machen will und in dieser Wendung ihren Kosmopolitismus und ihre Ethik sieht, ihre Offenheit, Aufnahmebereitschaft, Weltbereitschaft sozusagen, mit dem Poetisch-Ästhetischen als weltgemeinsamem Nenner. In den Worten August Wilhelm Schlegels:

> Nur einen [theoretischen Satz] muss ich Sie bitten, als Axiom vorauszusetzen und sich immer gegenwärtig zu erhalten; nämlich den: dass alle schöne Kunst und die Poesie insbesondere, nicht eine müßige zufällig erfundene Ergötzlichkeit, nicht ein bloßer Luxus des Geistes sei, sondern dass sie aus einer ursprünglichen Hauptanlage des menschlichen Gemüts herfließe; dass sie folglich […] zugleich mit dem Menschengeschlecht entstanden, und auch nicht anders als mit ihm gänzlich aussterben könne; dass sich unter ihrem schönen Spiel ein heiliger Ernst verberge; dass sie das geschickteste Organ sei um das Göttlichste und Höchste im menschlichen Geist zu offenbaren; dass sie folglich auch einen unendlichen, nach keinem bedingten Zweck abzumessenden Wert habe.[203]

Das Ästhetische, die Poesie wird religiös aufgeladen und an die transzendenten, göttlichen Ursprünge der Menschheit zurückgebunden. Religiöses und ästhetisches Paradigma werden austauschbar. Dann wird dem Leser – oder den damaligen Zuhörern Schlegels – ein regelrechtes Glaubensbekenntnis abverlangt: »Nur einen [theoretischen Satz] muss ich Sie bitten, als Axiom vorauszusetzen und sich immer gegenwärtig zu erhalten …« Dabei geschieht zweierlei: Zum einen wird, was recht offensichtlich ist, die Poesie mit der Aura der Religion, des Anfangs, einer Art ästhetischer Genesis aufgeladen und so zum Selbstzweck. Andererseits (und weitaus weniger offensichtlich) wird aber auch die Religion poetisiert, wird ihr eigentlicher Wert als poetischer oder jedenfalls der Poesie ähnlicher beschrieben. Es ist dieser letzte Punkt, der die Koranübersetzung Rückerts möglich macht, der es möglich macht, das (religiös oder sonst wie) Fremde auf dem Boden einer ursprüngliche(re)n Gemeinsamkeit zu betrachten und als solches zur Geltung zu bringen. Rückert begegnet dem Fremden in Gestalt des Korans mit der Erwartungshaltung der Poesie – und macht daraus, wen wundert's, Poesie!

Jedoch, *tant pis!*, muss man leider sagen. Der Koran ist bis heute nicht nur seine religiöse Aura nicht losgeworden; seine rechtliche, soziale, mithin politische Rolle ist von den Muslimen im Lauf des 20. Jahrhunderts sogar in den Vordergrund gespielt worden. Es ist kaum möglich und wäre auch widersinnig, den Koran ohne diese Dimensionen zu lesen, selbst wenn man die poetische mit im Auge behält. Deshalb mutet die Rückert'sche Übersetzung heute so merkwürdig an: Wir – ebenso wie die Muslime – können diesen Text nicht einfach als Poesie lesen; er ist es nicht, jedenfalls nicht für uns und auch nicht für die Muslime – mag der Koran auch noch so viele ästhetische Dimensionen haben oder angedichtet bekommen.

Damit offenbart ausgerechnet der Koran die Schwäche der ästhetisierenden Betrachtungsweise der Frühromantiker. So tauglich das Konzept für die Eingemeindung der fremdesten Literatur ist, es bleibt auf einer symbolischen, unpolitischen, mit Bezug auf die Wirklichkeit ohnmächtigen und damit letztlich areligiösen Ebene stehen. Eine Religion, die keinerlei Auswirkung auf die Realität der Gläubigen hat – oder allenfalls so viel wie das Lesen von Gedichten und Romanen –, ist trotz allen Versuchen, die Religion ästhetisch zu entpolitisieren[204], schwer vorstellbar. Dass die Poesie als solche (und damit auch die Religion) sich selbst zu genügen habe, sagt Schlegel klar und deutlich, wenn er schließt, »dass sie folglich auch einen [...] nach keinem bedingten Zweck abzumessenden Wert habe«, sie sich also dem Verwendungszusammenhang entzieht, anders als etwa ein religiöses Gebot oder eine politische Theorie. Man übertreibt vor diesem Hintergrund nicht, wenn man feststellt, dass der Preis für die Ästhetisierung der Religion und damit für die Sakralisierung der Poesie ihre Bedeutungslosigkeit ist. Ihr »unendlicher Wert« nämlich, »das Göttlichste und Höchste im menschlichen Geist« zu offenbaren, führt dazu, dass sie »nach keinem bedingten Zweck« abzumessen ist, womit vornehm ausgedrückt wird, was weniger vornehm formuliert besagt, dass die Poesie und damit nun auch die Religion letzten Endes völlig nutzlos sei.

Die (früh)romantische Vision des Kosmopolitismus, wie sie am Umgang mit der Poesie und ihrer Übersetzung diskutiert wurde, hat im 20. Jahrhundert ein Nachspiel bekommen, das für unsere Zwecke eine entscheidende Richtungsänderung vornimmt. Es handelt sich um Walter Benjamins Essay »Die Aufgabe des Übersetzers«. Benjamins merkwürdige, ja auf den ersten Blick wunderliche Theorie gipfelt bekanntlich darin, dass die Übersetzung ihm zufolge sogar einen höheren Status einnimmt als jegliches Original: »Jene reine Sprache, die in die fremde gebannt ist, in der eigenen zu erlösen, die im Werk gefangene in der Umdichtung zu befreien, ist die Aufgabe des Übersetzers.«[205]

Gemäß Benjamin ist »jene letzte Wesenheit, die da die reine Sprache selbst ist, in den Sprachen nur an Sprachliches und dessen Wandlungen gebunden«. Die »reine Sprache« ist von »den [sprich: natürlichen, vorfindlichen] Sprachen« und ihren historischen »Wandlungen« wie in einen Käfig eingesperrt. »Von diesem sie zu entbinden, [...] die reine Sprache gestaltet in der Sprachbewegung zurückzugewinnen, ist das gewaltige und einzige Vermögen der Übersetzung.« Es versteht sich, dass sich daraus keine praktische Maxime für das Übersetzen eines konkreten Werks gewinnen lässt. Aber es geht Herder, Rückert und Benjamin auch nur am Rande um die Praxis. Die Aufgabe des Übersetzers ist vielmehr eschatologisch, der Horizont, den sie anpeilt, ist die Wiedergewinnung einer universalen Menschheitssprache vor der babylonischen Sprachverwirrung. Dies aber geht laut Benjamin nur, wenn die Zielsprache zur Entwicklung bereit ist – bereit, die »eigenen Grenzen zu erweitern« und die »morschen Schranken« einzureißen, was fast wie eine Empfehlung an unsere Politik klingt, um die gegenwärtige weltpolitische Situation, vor allem aber die Einwanderung, friedlich und unter Wahrung der eigenen Humanität zu bewältigen.[206]

Es gibt sie, die Identität, die reine Sprache (verstanden als Masternarrativ), so können wir die Überlegungen von Benjamin deuten. Aber es gibt sie nicht an sich, und sie erscheint erst und vor allem in der Übersetzung, was, auf die Realität übertragen, bedeutet, dass sie nur im Spiegel der anderen zu sich selbst kommt, in der Begegnung mit ihnen, so wie man auch die Eigenheit einer bestimmten Sprache, das, was sie kann, und das, was sie nicht kann, nur dann erkennt, wenn man sie mit anderen vergleicht. Wir können aber noch einen Schritt weitergehen und die Vorstellung von einer reinen Sprache auf die von Hannah Arendt geprägte Vorstellung eines Rechts auf Rechte übertragen: So wie das Recht auf Rechte (verstanden als Masternarrativ des höheren Standpunkts) noch kein konkretes Recht benennt und darstellt, sondern zunächst ausgehandelt werden muss, was es bedeutet (ohne dass es deswegen bedeutungslos wäre), ist auch die »reine Sprache« unspezifisch, liegt aber zugleich allen konkreten Sprachen als Voraussetzung zugrunde wie das Recht auf Rechte allen konkreten Rechtsvorstellungen. Die Pointe bei Benjamin freilich, die wir bei Arendt so nicht finden, liegt darin, dass die Übersetzung gewissermaßen eine höhere Seinsweise des Textes darstellt als das Original, das in einer konkreteren Sprache nur wie gefangen ist. Wenn die Übersetzung, also die Verwandlung einer Sprache in die andere weniger einen Verlust als eine Art Reinigung, Verbesserung darstellt, wäre zu fragen, welche rechtlichen und ordnungspolitischen Schlüsse sich in Analogie dazu ziehen ließen.

Zunächst würde dies wohl nicht bedeuten, dass, wie es in der vormodernen islamischen Welt der Fall war (wir haben es am Beispiel der Juden im Osmanischen Reich gesehen), getrennte und damit parallele Rechtssysteme fortbestehen – was ja nur dem Verzicht auf Übersetzung entspräche. Sondern es bedeutet, andere Rechtsvorstellungen und Rechtstraditionen zu berücksichtigen, wie sich Fremdes – fremde Ausdrucksweisen, Formulierungen, Grammatiken – in jeder Übersetzung in die andere Sprache hineinmischt, ja dies nach Benjamin sogar tun soll. Dabei wird das Ergebnis freilich immer noch deutsch sein und deutsch klingen. In die Rechtssphäre übertragen: Es würde dem Grundgesetz entsprechen, besonders in Konflikten oder Zweifelsfällen. Aber die (deutsche) Grammatik des Rechts wird sich als flexibel erweisen, wird versuchen, aufnahmefähig zu sein, erweiterbar. Übernehmen andere Rechtssysteme diese »Erweiterbarkeit« – gelingt es etwa, die Scharia durch Betonung des *Idjtihād* (der freien Meinungsbildung der Rechtsgelehrten) zu flexibilisieren, wie es viele muslimische Reformdenker anstreben –, so kann die vordergründige Gegensätzlichkeit und Konkurrenz der Rechtssysteme abgemildert, wenn nicht langfristig überwunden werden. Dies alles ist keine Utopie oder Zukunftsmusik, sondern bereits in vieler Hinsicht der Fall.

Allerdings wäre auch die Annahme naiv, Unterschiede würden oder könnten sukzessive verschwinden, alles vereinheitliche sich. Manche Unterschiede werden verschwinden, dies gewiss. Aber es kommen ständig neue hinzu. In dem Moment, wo sich Sprachen vereinheitlichen, entstehen neue Dialekte, Soziolekte, Differenzierungen, welche die vermeintliche neue Einheit sofort wieder unterlaufen. Somit stellt sich die Frage, ob die moderne Theorie von Poesie und Übersetzung, wie wir sie von Herder bis Benjamin geprägt finden, sich nicht ohnedies an einem Scheinproblem abarbeitet, nämlich der typisch modernen Unterscheidung von Fremdem und Eigenem, von Nationalem und Kosmopolitischem, von Gleichheit, Identität und Differenz. Ein derartiges Paradigma der Differenz setzt einen identitätspolitischen Horizont voraus, den die Vormoderne in dieser Entschiedenheit sicher nicht kannte. Wenn die Moderne aber, wie wir fürchten, eine blutige Sackgasse ist, aus der man nicht einmal mit Benjamin'scher Begriffsakrobatik unversehrt wieder herausfindet, könnte es sich lohnen, doch auch die vormoderne Praxis des Übersetzens (und damit des vortheoretischen Umgangs mit dem Fremden, Anderen) noch einmal genauer zu betrachten.

In der Vormoderne begegnen wir einem anarchischen, unbefangenen Umgang mit dem fremdem Material, der dieses zuweilen verfälscht und verstümmelt, andererseits aber auch eine unproblematische Integration in das Eigene erlaubt, was wiederum dessen Wandlung beschleunigt. Ein Musterbeispiel dafür liefert die Übernahme des Buddhismus in China. Lange Zeit hielt man den Buddhismus für eine Spielart des Taoismus. »Zu all dem kam«, schreibt der Sinologe Wolfgang Bauer,

> dass man den riesigen Begriffsapparat, mit dem der Buddhismus arbeitete, zunächst nicht transliterierte (d.h. also als Fremdworte stehenließ) – wozu sich die chinesische Begriffsschrift tatsächlich sehr schlecht eignete –, sondern sich bemühte, jeden Terminus auch wirklich zu übersetzen. Damit war man aber auf das genau genommen ziemlich simple Vokabular der traditionellen chinesischen Philosophie festgelegt, das mit der unerhört reicheren Differenziertheit der buddhistischen keinen Vergleich aushielt.[207]

Das Missverständnis, der Irrtum und die schon sprachlich durch die chinesische Zeichen-und Begriffsschrift vorgegebene Unfähigkeit, die buddhistischen Konzepte adäquat zu übertragen, hat hier eine rückblickend betrachtet positive Folge, ist ein kreativer, innovativer Faktor. Erst sie hat die Übernahme des Buddhismus in China ermöglicht und damit die verschiedenen Sonderformen mit hervorgebracht, für die der fernöstliche Buddhismus heute so berühmt ist, etwa den Zen-Buddhismus. Insofern der Buddhismus für die Chinesen das Fremde war, könnte man sagen, dass die Chinesen ihm nicht gerecht geworden sind; aber ebendies führte dazu, dass die Chinesen davon stark beeinflusst worden sind und schließlich etwas neues Drittes daraus machten, den chinesischen Buddhismus. Man stelle sich Ähnliches für den Islam in Europa vor und begreift sofort das utopische Potenzial eines solchen eklektischen, »vormodernen« Umgangs mit dem Fremden.

Die Logik der Abgrenzung, der Einordnung in bestehende Systeme, die Forderung, bei der Übertragung kultureller Praktiken behutsam, genau, exakt vorzugehen, ja überhaupt die Kriterien von richtig und falsch erweisen sich an diesen und vielen anderen möglichen Beispielen vormodernen Literaturtransfers als verfehlt, ja kontraproduktiv. Ist man nicht in der Lage, das Eklektische, Synkretistische, Spontane, Behelfsmäßige, Provisorische, Tentative und womöglich auch Unbedachte, Naive und Willkürliche in der Begegnung zuzulassen und es nicht nur als problematisch, sondern auch als produktiv zu erkennen, würgt man jede interkulturelle Ansteckung von vornherein ab, verhindert eine natürliche und den Bedürfnissen gemäße Dynamik zugunsten eines sterilen Begriffs kultureller Reinheit und sachlich-philologischer Korrektheit. Wenn es heute Weltreligionen gibt, dann deshalb, weil derartige Missverständnisse und Verdrehungen ihnen bei der Ausbreitung geholfen haben und ihre Akzeptanz erst ermöglicht haben.

Dieser Prozess wird aber weitergehen und geht bereits weiter, wenngleich sich dies aus gegenwärtiger Perspektive konfliktgeladen und problematisch ausnimmt. Die Integration des Buddhismus in China war nicht die Folge weniger Jahrzehnte, sondern eine jahrhundertelange Entwicklung. Schaut man aus einer höheren historischen Warte auf die beträchtliche Dynamik, die seit anderthalb Jahrhunderten zwischen der islamischen Welt und Europa herrscht, ist bereits heute abzusehen, dass am Ende dieses Prozesses etwas Neues entstanden sein wird und zum womöglich dann noch fortwirkenden Bestehenden hinzukommt.

Aus dieser Einsicht lässt sich die Empfehlung ableiten, alle Bewegungen zu unterstützen, die für europäisch-islamische Anverwandlungen stehen, so idealistisch, verrückt, chaotisch sie vielleicht derzeit anmuten. Andererseits ist all jenen das Wasser abzugraben, die für Ab- und Ausgrenzung, für Forderungen des Entweder-oder, für Reinheit in Herkunft, Lehre und Gemeinschaft stehen. So oder so wird der Prozess wechselseitiger Wandlung nicht aufzuhalten sein, wir stecken mitten darin.

Eine weitere Schlussfolgerung lautet, dass das Missverständnis, die Fehldeutung, produktiv, kreativ ist. Wer ihm den Weg verbauen, alles überkorrekt machen will, wird sich der Veränderung in den Weg stellen, schottet sich ab, schließt sich ein, absichtlich oder nicht. Ebendies hat, trotz oder gerade wegen ihrer herausragenden philologischen Leistungen, die orientalistische Philologie des 19. und 20. Jahrhunderts mit den orientalischen Religionen gemacht: sie eingehegt, umzäunt. Wenn etwas gegen den Orientalismus gesagt werden kann, dann dass er gerade in seiner Wissenschaftlichkeit die Tendenz hatte, das Material, das er hob, zugleich zu sterilisieren, unter eine Art wissenschaftlicher Quarantäne zu stellen.

Das Problem der Geisteswissenschaften insbesondere mit Bezug auf Material, das als kulturell »fremd« erachtet wird, besteht nicht allein darin, dass sie, wie Edward Said in seinem berühmten Werk über den »Orientalismus« argwöhnte, allzu oft unsachlich, polemisch, abwertend vorgehen, eine diskursive Machtstellung aufbauen und dem Kolonialismus vorarbeiten, ihm Wissen zuliefern und ihn ermächtigen, entsprechend der eigenen Wissensordnung zu schalten und zu walten, wie wir es am Beispiel von Renan gesehen haben. Vielmehr liegt das tiefere Problem darin, dass sie sich mit dem von ihnen studierten Material nicht identifizierten, es nicht als ihres betrachteten; dass sie eben nicht wie die Frühromantiker oder Rückert als Übersetzer »das Göttlichste und Höchste des menschlichen Geistes« darin sahen, es nicht als sinnvolle »Ergänzung und Erweiterung« erachteten, sondern als Fossil und Kuriosum und es so dem Kreislauf der kreativen interkulturellen Ansteckung entzogen haben und entziehen. Indem die Geisteswissenschaften, vor allem in Gestalt der orientalistischen Disziplinen, diese Tendenz gefördert haben, sind sie zu einer Quarantänestation für den Geist mutiert, ein Phänomen, das im Gefolge von Verschulung, Bürokratisierung, Unterbezahlung und darin ablesbarer Geringschätzung geistiger Kreativität zugenommen hat und den Aufbruch und die Weltoffenheit der sechziger und siebziger Jahre des 20. Jahrhunderts zuzuschütten droht, um nicht zu sagen explizit zuzuschütten *sucht*. Postulate der Unübersetzbarkeit oder Unvermittelbarkeit von Kulturen, seien sie auch noch so postkolonial oder antikapitalistisch begründet wie bei Emily Apter, spielen dieser Tendenz in die Hände, da sie unter dem Vorwand, etwas Fremdes zu schützen oder zu bewahren, die kulturellen Dynamiken und Austauschprozesse auszubremsen und zu unterbinden drohen oder jedenfalls Argumente dafür liefern.

Wie wir aber sehen werden, ist die Sterilisierung des Geistes schon vor über hundert Jahren nicht gelungen. Die Philologen in Oxford und Cambridge, Paris und Leiden, Göttingen, Berlin und Wien haben das fremde geistige Rohmaterial, das sie gehoben, ediert und dann in ihre Bibliotheken weggesperrt haben, am Ende doch nicht davon abhalten können, sich mit dem Sauerstoff der Geschichte zu vermischen und eine explosive Mixtur hervorzubringen, welche schließlich sogar dazu beigetragen hat, dem Kolonialismus den Garaus zu machen.

ANKÜNFTE JENSEITS DES WESTENS

Ein samnyasin *befindet sich zwar in der Welt, aber er ist nicht von der Welt.*[1]
Gandhi

Gegen Ende des 19. Jahrhunderts wird die europäische Beschäftigung mit anderen Kulturen auf einmal um ein entscheidendes Element bereichert: um die Antwort dieses anderen selbst. Wie wir am Beispiel von Renan und al-Afghani gesehen haben, vollzieht sich dieser Dialog im Rahmen einer europäischen Wissensordnung, in einem bereits durch die Sprache – und damit das Publikum – vorgegebenen, europäischen Kontext. Europäisch-nichteuropäische Debatten finden nicht auf Arabisch, Hindi, Türkisch, Chinesisch, Japanisch statt, sondern auf Französisch, Englisch und vereinzelt in anderen westlichen Sprachen.

Man stelle sich vor, China hätte Europa kolonialisiert, und um sich Gehör zu verschaffen, müssten die Europäer ihre Argumente auf Chinesisch vorbringen. Man erinnere sich an das, was bei der Übernahme des Buddhismus in China geschah, und ahnt, was alles verlorengehen muss, was man *verlorengeben* muss, um gehört, erhört zu werden. Die Stimmen der europäischen Intellektuellen wären immer schon auf chinesische Verhältnisse zugeschnitten. In einem zweiten Schritt würden die europäischen Ausdrucksweisen auch in ihrem ursprünglichen europäischen Kontext sinisiert. Wir würden zum Beispiel zunehmend der chinesischen Syntax folgen, immer mehr chinesische Wörter in unsere Sprache einbauen und gleichsam chinesisch denken, selbst wenn wir vordergründig auf Deutsch oder Englisch schreiben. Wir würden anfangen, chinesische Werte zu verkünden, um zu den Chinesen aufzuholen, wir würden chinesische Gesellschaftsmodelle übernehmen, die chinesische Kleidung, die literarischen Gattungen Chinas, chinesische Essgewohnheiten und so weiter. Während die Chinesen von uns fordern, dass wir uns ihnen anpassen und »zivilisatorisch« zu ihnen aufholen, und wir uns nach bestem Willen bemühen, sagen sie uns doch stets: Ihr seid noch nicht chinesisch, zivilisiert, säkularisiert, modern genug! Ihr seid zurückgeblieben, eben europäisch! Zwar lernen die Chinesen das ein oder andere Gericht aus den europäischen Küchen schätzen und versuchen gelegentlich, einen unserer Dichter zu übersetzen, aber ihre Wertschätzung für unsere Kultur bleibt abgehoben und abstrakt. Kaum ein Chinese macht sich die Mühe, unsere Sprachen zu lernen (warum auch, wenn doch bei uns jeder Chinesisch lernt!), wir aber müssen chinesische Zeichen nutzen, um auch nur Kurznachrichten unter uns auszutauschen oder im Internet zu surfen. Ungefähr dies ist der Zustand, in dem sich die nichtwestliche Welt seit rund zwei Jahrhunderten mit Bezug auf den Westen befindet, und so betrachtet ist der westliche Kosmopolitismus selten mehr als ein sich interessiert gebender westlicher Universalismus, eine freundliche Maskerade, zuweilen bloß eine Art Karneval, wo man sich für kurze Zeit als anderer verkleidet.[2]

Vor dem Hintergrund dieser totalen westlichen Hegemonie mag es verwundern, dass es überhaupt zu einer Verschiebung der Situation kommen konnte. Die im letzten Kapitel behandelten Unterströmungen der europäischen Moderne, die (Früh-)Romantik, die Gegenaufklärung und die von Herder bis Benjamin nachweisbaren eschatologisch-kosmopolitischen Sprachtheorien haben daran einen beträchtlichen Anteil. Die zunehmende Kenntnis außereuropäischer Kulturen, welche sich einerseits der philologischen Neugier, andererseits den Erfordernissen des Kolonialismus verdankte, traf auf das Phänomen, dass viele außereuropäische Intellektuelle die europäische Kultur inzwischen ausreichend kannten, ihre Sprachen und Diskursweisen beherrschten und gut genug auf der Klaviatur europäischer Bedürfnisse spielten, um Gehör zu finden und ihre Anliegen vorzubringen – wie verzerrt auch immer.

Es existiert ein Text, der ein Idealbeispiel für diese neue Art von Austauschprozessen darstellt und eine durchschlagende politische und weltanschauliche Wirkung entfaltet hat. Es handelt sich um einen Teil des indischen Versepos »Mahabharata«, der aus einem philosophisch-moralischen Lehrgespräch zwischen dem Gott Krishna und dem Fürsten und Krieger Arjuna besteht, die sogenannte »Bhagavad Gītā« (»Gesang des Erhabenen«; im Folgenden »Gita«). Die Übersetzungen dieses heute weltbekannten Textes waren in Europa und schließlich in Indien selbst auf ganz andere Weise einflussreich als die Übertragungen von »Tausendundeine Nacht« oder der Gedichte von Hafis, Omar Khayyam und anderen »orientalischen« Dichtern.[3] Graf Keyserling hat in seinem (indischen) »Reisetagebuch eines Philosophen« (1919) die Gita als das »vielleicht schönste Werk der Weltliteratur« bezeichnet, obwohl es, wie er hinzufügte, »vielen als philosophisch wertloses Kompilat [gilt]«.[4]

Mit dem philosophischen Gehalt des Gedichtes hat sich kein Geringerer als Hegel in einem längeren Text aus dem Jahr 1826 auseinandergesetzt. Er reagierte damit auf eine Vorlesung über die Bhagavad Gita aus dem Jahr 1826 von Wilhelm von Humboldt, der »diese Episode des Maha-Bharata das schönste, ja vielleicht das einzige wahrhaft philosophische Gedicht« nannte, »das alle uns bekannten Literaturen aufzuweisen haben«.[5] (Humboldts Satz klingt, scheint es, bei Keyserling nach.) Hegel dürfte sich durch die große Aufmerksamkeit für eine fremde, sich seinem System entziehende Philosophie herausgefordert gefühlt haben, zumal Humboldt die in der Gita vertretene indische Ethik in die Nähe kantischer Moralvorstellungen rückt: »In dem Verzichten auf die Früchte der Handlungen [welche Krishna fordert], liegt das, was wir auch heute noch als die reinste Sittenlehre erkennen, das Handeln aus bloßer Pflichtgemäßheit, das Üben der Tugend um ihrer selbst willen.«[6]

Es lohnt sich, die folgenden Ausführungen über die Bhagavad Gita mit Hegels Reaktion auf Humboldt zu beginnen. Denn wie wir sehen werden, überwinden die indischen Intellektuellen die von Hegel mit geprägte hegemoniale Weltsicht mit Hilfe einer Gita-Interpretation. Hegel beschreibt die Grundsituation des Epos wie folgt:

> Der Held Ardschuna, im Kriege mit seinen Verwandten, an der Spitze seines Heeres, den Gott Krishna zu seinem Wagenlenker, vor sich die zur Schlacht aufmarschierte feindliche Armee, und indem schon die Schlachtmusik der Hörner, Muscheln, Trompeten, Pauken usf. vom Himmel zur Erde fürchterlich widerhallt, schon Geschosse fliegen, gerät in zaghaften Kleinmut, lässt Bogen und Pfeile fallen und fragt Krischna um Rat; das Gespräch, das hierdurch veranlasst wird, gibt ein vollstän-

diges philosophisches System in achtzehn Gesängen, welche die beiden Übersetzer »Lektionen« benennen und die das Bhagavad-Gita heißen.[7]

Hegel beginnt die Geschichte auf seine Weise zu inszenieren, um dann, gerade in Fahrt gekommen, von (ausgerechnet!) dem (philosophischen!) »Gespräch, das hierdurch veranlasst wird«, ausgebremst zu werden. Hegels Darstellung kann als typischer Versuch des nachaufklärerischen »Kosmopolitismus« verstanden werden, das sich im Zuge des Kolonialismus unausweichlich aufdrängende Fremde, und sei es nur in Gestalt eines Textes, einer fremden Lehre (oder heute in Gestalt realer Menschen), im eigenen Koordinatensystem zu verorten, es auf das zu reduzieren, was man immer schon begriffen zu haben glaubt, und sei es als eine veraltete, naive und damit chronopolitisch entschärfte Vorform des Eigenen.

Die Notwendigkeit dieser Einordnung und Reduktion ergab sich für Hegel aus dem totalen Systemanspruch seiner Philosophie, welcher vom Interesse bedroht schien, das Intellektuelle wie Herder, die Schlegels, Wilhelm von Humboldt und schließlich auch Schopenhauer, Hegels damals noch wenig bekannter philosophischer Herausforderer in Berlin, der Gita und der indischen Philosophie insgesamt entgegenbrachten. Schien der anhebende Kolonialismus einerseits die Überlegenheit Europas zu manifestieren, wurden in seinem Gefolge doch so viele neue Weltzugangsweisen nach Europa gespült, dass sie die europäischen Weltsichten zu relativieren und zu untergraben drohten, wie es dann tatsächlich geschah. Indem Hegel auf diese Situation reagiert, passiert etwas, das in der Gita selbst thematisiert wird, jedenfalls wenn wir keinem Geringeren als Gandhi glauben:

> Das Mahabharata-Epos ist ein einzigartiges Werk und die Gita hat einen einzigartigen Platz darin. Indem es einen körperlichen Kampf beschreibt, legt es Rechenschaft über einen unsichtbaren Kampf ab und weist dadurch darauf hin, dass in einem physischen Kampf nicht nur diejenigen, die verlieren, sondern auch die, die gewinnen, eine Niederlage erleiden.[8]

Zwar war Europa militärisch überlegen und verstand sich ebenso als geistig überlegen; aber einer seiner größten Denker, Hegel, wurde durch einen kurzen, kaum hundert Seiten zählenden, zweitausend Jahre alten Text in eine intellektuelle Verteidigungs- und Abwehrhaltung, ja schließlich zu einer Art Offenbarungseid gezwungen. Der Offenbarungseid bestand nicht darin, die Größe der Gita anzuerkennen, wie es etwa Keyserling und Wilhelm von Humboldt getan hatten, sondern äußerte sich in einer verblüffenden Manifestation der eigenen Kleinheit, der Unfähigkeit, das intellektuelle Potenzial, die dichterische und denkerische Schönheit des Textes zu erkennen oder anzuerkennen. Es ist ein symptomatischer Fall für die Unfähigkeit einiger der wichtigsten Strömungen der europäischen Moderne, sich vom Anderen, Fremden bereichern zu lassen, sich von ihm, und sei es nur spielerisch oder karnevalistisch, aus der Enge und den Zwängen des eigenen Narrativs befreien zu lassen.

Diejenigen europäischen Intellektuellen, denen dies (zumindest teilweise) gelang, etwa Herder, den Frühromantikern wie Novalis und den Brüdern Schlegel, Rückert, der ein eigenes Buch unter dem Titel »Die Weisheit des Brahmanen« (1836) publizierte, schließlich den Theosophen, Freigeistern wie Keyserling und den Anhängern der sogenannten *philosophia perennis*[9], sind dieser Moderne nur bedingt zuzurechnen. In seiner Ablehnung, Kleinmachung des Anderen entlarvt sich der lauthals proklamierte Universalismus der europäischen Fortschrittsmoderne hingegen urplötzlich als Relativismus, und wir beginnen zu ahnen, wie und warum Huntington und Fukuyama, Forschritts- und Eigentlichkeitsparadigma zusammenhängen und von außen, aus dem Jenseits des Westens betrachtet, als weitgehend geschlossenes System erscheinen. Noch heute fällt es den meisten, die sich in Hegels denkerischer Schuld sehen, zumal jenen, die sich in der Schuld von Marx oder »kritischem« Denken überhaupt sehen, schwer, einzugestehen, dass Hegel und Marx im Fall Indiens, des »Orients« und Nicht-Westens überhaupt versagt haben. Denn echte Kritik, so der Glaube, kann nur hegelianisch und marxistisch geprägt oder aber gar nicht sein.[10]

Bleiben wir bei Hegel! Auch in seiner »Ästhetik« setzt er sich mit der Gita auseinander, ja bezeichnet sie sogar als herausragendes Beispiel »pantheistischer Poesie«. Das ist nicht falsch. Krishna, als Inkarnation des *brahman* (das impersonale Absolute, das höchste geistige Prinzip[11]), ist in allem, und alles ist aus ihm, auch wenn es nur Erscheinung, *māyā*, ist:

Ardjuna sprach:
Ich sehe all die Götter in deinem Leib, o Gott,
und alle Arten von Wesen zusammengeworfen –
[…]
Ich sehe dich überall: eine unendliche Gestalt,
mit zahllosen Armen, Bäuchen, Mündern, Augen;
kein Ende, keine Mitte und auch keinen Anfang von dir
erblicke ich, o All-Herr, du All-Gestalt![12]

Vor dem Hintergrund der Tatsache, dass Hegel durchweg mit Hochachtung von Spinoza und dessen Pantheismus gesprochen hat, ja dass er sich in seiner Jugendzeit in Tübingen gemeinsam mit Schelling und Hölderlin der Suche nach dem pantheistischen »Eins und Alles«, der All-Einheit, verschrieben hatte[13], verwundert Hegels Ungeduld mit dem poetischen Pantheismus in der Gita umso mehr. Bei den Indern, fährt Hegel ungehalten fort, werde doch nur immer ein und dasselbe zur Anschauung gebracht, und »welch ein Reichtum der Phantasie sich zunächst auch darin auszubreiten scheint, [es] bleibt dennoch eben dieser Gleichheit des Inhalts wegen höchst monoton und im ganzen leer und ermüdend«.[14]

Nun bezieht sich dies vordergründig auf die Ästhetik, wäre also ein Stück weit Geschmackssache, obschon Hegel seine Ästhetik gewiss anders verstanden wissen wollte. In Sachen Geschichte steht es bei den Indern laut Hegel indessen nicht anders. Der Staat setzt nach Hegel »das Bewusstsein des freien Willens überhaupt voraus«.[15] Er soll »das selbstbewusste Sein des Geistes«, nämlich »die Freiheit des Willens als Gesetz« verwirklichen. Da Natur und Geist im indischen Pantheismus zusammenfallen (ganz wie bei Spinoza, sollte man denken), fehlt dort der Gegensatz von Geist und Natur und damit der freie Wille als Gegensatz der Natur. Es kann daher, so Hegels Schlussfolgerung, in Indien auch kein Staat vorhanden sein. Folglich sei »das, was in Indien noch politisches Leben genannt werden kann, ein Despotismus ohne irgendeinen Grundsatz, ohne Regel der Sittlichkeit und der Religiosität«; denn auch die gebe es schließlich ohne Willensfreiheit nicht, jedenfalls sofern sich Religion auch auf das Handeln bezieht. »In Indien ist daher der willkürlichste, schlechteste, entehrendste Despotismus zu

Hause.«[16] Ohne Staat, Willensfreiheit und ihrer selbst bewusste Individuen können die Inder gemäß Hegel nicht einmal Geschichte haben. Als geschichtsloses Volk stehen sie an der untersten Stelle der Zivilisationen. Im Rahmen von Hegels System ist dieses Urteil folgerichtig. Ob sich Hegel darüber im Klaren war, dass seine Wahrheit über die Inder nur eine im Rahmen seiner Dialektik war und mit einer wie auch immer zu verstehenden »Wirklichkeit« auf dem indischen Subkontinent nichts zu tun hatte? Vermutlich nicht; oder es hätte ihn nicht interessiert. Das Wissen darum hätte sein System aus den Angeln gehoben.

Doch zurück zu Hegels Antwort auf Humboldt! Kaum hat er die szenische Ausgangslage des Versepos wie weiter oben zitiert plastisch beschrieben, fährt er fort:

> Solche Situation [sic] widerspricht freilich allen Vorstellungen, die wir Europäer vom Kriegführen und dem Augenblicke haben, wo zwei große Armeen schlagfertig einander gegenüber getreten sind, sowie allen unseren Forderungen an eine poetische Komposition.[17]

Diese scheinbar harmlose Bemerkung ist nicht einfach eine subjektive Wertung, sie benennt klar die Grenze der europäischen Bereitschaft zu Verständnis und Nachvollzug – und damit nach Hegel die Grenze des Anrechts auf Verständnis an sich. Das Verständnis findet seine Grenze dort, wo das eiserne Gesetz der Mimesis aufgegeben, wo die Nachahmung von Natur und Realität als der ultimativen Manifestation des Seins vernachlässigt wird. Die Gita gibt die Mimesis auf, indem sie ein philosophisches Gespräch kurz vor dem Anheben einer Schlacht stattfinden lässt, wo es in Wirklichkeit schlechterdings nicht stattfinden kann. »Die Meditation [hätte] wenigstens nicht in den Mund des Generals und seines Wagenlenkers in solche Entscheidungsstunde«[18] gelegt werden sollen, lautet Hegels kleinlicher Einwand. Bereits zu Beginn dieses Epos ist damit »unseren Forderungen an eine poetische Komposition« nicht Genüge geleistet. Aber auch sonst nicht: »Dieser äußere Eingang bereitet uns darauf vor, dass wir auch über das Innere, die Religion und Moralität, ganz andere als uns gewöhnliche Vorstellungen zu erwarten haben.«[19]

Wenn bei den Indern sogar die Poesie in Gestalt eines ihrer bekanntesten Werke, der Bhagavad Gita, versagt, haben sie gar nichts mehr; denn die Poesie war ja, wie wir gesehen hatten, die Position, auf die sich eine ungenügende Religiosität zurückziehen konnte: Wo wir sie als Religion nicht akzeptieren können, geht sie bei uns immerhin als Poesie durch. Das ist laut Hegel nun nicht mehr möglich, da diese Poesie sowohl monoton und ermüdend als auch unglaubhaft, unrealistisch ist. Eine ähnliche Verfahrensweise der doppelten Abwertung wurde dem Koran zuteil. Dass die europäischen Christen dem Koran religiös wenig abgewinnen können, sollte ja nicht verwundern; aber man legte nach und sagte, der Koran tauge nicht einmal poetisch etwas, sei also überhaupt nichts wert.[20]

Was Religion in der Gita bedeutet, fasst Hegel in seiner Antwort auf Humboldt wie folgt zusammen: »Nach den gemachten Bemerkungen aber heißt *religio* Kuchenopfer und Wassersprengungen, und die *impietas* heißt teils das Unterbleiben von solchen Zeremonien, teils das Heiraten in niedrigere Kasten – ein Gehalt, vor dem wir weder religiöse noch moralische Achtung haben.«[21] Nach langen siebzig Seiten kommt Hegel zu einem kryptischen Schluss, der das, was an der Gita für Hegel so provokant war, offenlegt:

> Die Aufgabe [die Eigentümlichkeit des indischen Geistes aufzufassen] wird zugleich umso schwieriger, nicht sowohl um durchgängiger Verschiedenheit der indischen Vorstellungsweise von der unsrigen wegen, als vielmehr weil sie in die höchsten Begriffe unseres Bewusstseins eingreift, aber in der wundervollen Tiefe selbst ungetrennt in das Erniedrigendste verfällt.[22]

Humboldt äußerte sich entsprechend befremdet über Hegels Zwang, die Gita seinem System zu unterwerfen: »Hegels lange Rezension über mich [d. h. über seinen Gita-Aufsatz] kann ich am wenigsten billigen. Sie mischt Philosophie und Fabel, Echtes und Unechtes, Uraltes und Modernes – was kann das für eine Art der philosophischen Geschichte geben?«[23] Mit einem Wort: Hegel hatte sich diskreditiert, aber nicht nur er, sondern seine ganz Art der »philosophischen Geschichte«. Er hatte einen Pyrrhussieg errungen; ihm ist genau das passiert, wovor die Gita nach den Worten Gandhis warnt: dass nämlich auch der Sieger verliert.

Wer sich in der Begegnung mit dem anderen überlegen fühlt, seine hegemoniale Position ausspielen will, verkennt die Dynamik jeder derartigen Begegnung, will nicht wahrhaben, dass sie uns nicht einmal dann unverändert lässt, wenn wir sie zu kontrollieren meinen. Der Sieger bleibt vielleicht der Sieger und darf sich so nennen. Nur bleibt er nicht der, der er war, und hat am Ende, ob er es realisiert oder nicht, doch sich selbst verloren.

Kultureller Antagonismus entsteht, wenn man die in jeder Begegnung liegende unausweichliche Wandlung fürchtet, sich ihr entziehen will. Man sucht Überlegenheit und hofft, so der Veränderung entgehen zu können, die Kontrolle zu behalten, man selbst zu bleiben, also seine »Identität« zu wahren. Man möchte annehmen, es gebe eine feste Größe, die entweder (im Eigentlichkeits- und Heimatparadigma) zu bewahren oder (im Fortschrittsparadigma) erst noch durchzusetzen ist nach dem Motto: Werde, der du bist. In der Bhagavad Gita kann Arjuna, so die Lehre des Krishna, den Kampf nur gewinnen, wenn er kämpft, als gäbe es nichts zu gewinnen: indem er *nicht für sich selbst* kämpft. Er bleibt dann er selbst, doch freilich ist dieses Selbst kein modernes Individuum, sondern *ātman*, das Selbst, das zugleich alles und nichts ist, jedenfalls keine »Persönlichkeit«.

Die englische Übersetzung, die Hegel neben der späteren von Schlegel (ins Lateinische) benutzte, war die erste in eine europäische Sprache überhaupt. Sie wurde 1785 publiziert[24] und stammte aus der Feder von Charles Wilkins (1749–1836), eines sprachbegabten Druckers, der 1770 nach Indien ging und unter dem berühmt-berüchtigten britischen Gouverneur Warren Hastings gedient hatte. Die Bedeutung der Gita wurde von Wilkins und Hastings, aber auch von den helleren Geistern in Europa sofort erkannt.

Man wusste bis dahin nur wenig von der epischen Tradition Indiens. Aber nicht nur die literarische, auch die spirituelle Dimension des Textes sollte die europäischen Leser ansprechen. Herder dichtete einige Verse nach, vermutlich aus dem Englischen – schien die Gita doch perfekt zum geschilderten Narrativ zu passen, mit dessen Hilfe die (unvernünftigen) Religionen der anderen Völker als Poesie gelesen und damit als Teil des eigenen Weltverständnisses und Kosmopolitismus integriert und akzeptiert werden konnten. Freilich lief diese Rezeption Gefahr, stets in der Quarantäne des (nach Goethe) Kuriosen oder chronopolitisch Relativierten zu bleiben. Die Gita habe nicht so sehr einen eigenen, inneren Wert, sondern sei ein merkwürdiges Beispiel (»a curious specimen«) für das religiöse Denken der Hindus, hieß es in einer der ersten Besprechungen der Übersetzung von Wilkins in England.[25]

Zugleich geriet die Gruppe der sogenannten *Orientalists* unter den britischen Kolonialbeamten – gemeint waren diejenigen, die die indischen Sprachen lernten – vor allem vonseiten der Missionare und der religiös geprägten britischen Konservativen unter beträchtlichen Druck. Es hieß, sie würden den Einheimischen zu viele Zugeständnisse machen, sich ihnen zu sehr annähern und angleichen. Das Fort William College in Kalkutta, 1800 gegründet, musste aus diesen Gründen bereits 1830 wieder schließen.[26] Die Entscheidung der Briten, die Hochschulausbildung in Indien nicht in den Sprachen der Einheimischen, sondern auf Englisch abzuhalten, fällt in dieselbe Epoche (basierend auf dem sogenannten Macaulay-Papier von 1835). Fortan wurde Indien anglifiziert.

Auch in Deutschland war, wie wir gesehen haben, das Indienbild von Aufklärung und deutschem Idealismus bis hin zu Marx überwiegend negativ. Indien sei, so suggerierten nicht zuletzt die Berichte der Missionare, ein Hort der Vielgötterei, Irrationalität und der Passivität. Goethe hielt die indischen Dichtungen für »bewunderungswürdig [...,] weil sie sich aus dem Konflikt mit der abstrusesten Philosophie in einer [,...] mit der monstrosesten [sic] Religion auf der anderen Seite im glücklichsten Naturell durchhelfen«.[27] Die Bhagavad Gita hat Goethe nicht gekannt.[28]

Einen Sprung stellte angesichts dessen die Übersetzung von August Wilhelm Schlegel ins Lateinische dar. August Wilhelm hatte schon 1817 die Einrichtung eines Lehrstuhls für Indische Sprache und Literatur in Berlin gefordert – und sich selbst für diesen Posten ins Spiel gebracht.[29] Später wurde er Professor in Bonn. Der Indienbezug der beiden Schlegel-Brüder, die uns im letzten Kapitel im Briefwechsel mit Novalis begegnet sind, verdankt sich nicht nur der Zeitstimmung, sondern hat auch biografische Wurzeln. Der Bruder Carl August (geb. 1762) war 1782 in den Dienst der britischen East India Company eingetreten, welcher zu jener Zeit der besagte Warren Hastings vorstand. 1789 verstarb Carl August in Indien, vermutlich an einer Infektion. Die beiden jüngeren Schlegel-Brüder, die die Indologie in Deutschland begründeten, waren hingegen nie in Indien. Die weitaus meisten derjenigen, die sich im 18. und 19. Jahrhundert mit dem »Orient« beschäftigten, betraten ihn nie. Rückert kam nicht weiter als bis nach Rom.

Neben seiner Übersetzung fertigte August Wilhelm Schlegel 1823 auch eine kritische Edition der Bhagavad Gita an, die ein Jahrhundert lang als die beste galt.[30] Das Lateinische ermöglichte eine hohe begriffliche Genauigkeit, allerdings führte dies auch dazu, dass zahlreiche Sanskrit-Termini mit Hilfe christlicher Termini übersetzt wurden, etwa *Yoga* mit *devotio*, Hingabe.[31] Auch Wilhelm von Humboldt lernte Sanskrit, stützte sich in seinen Ausführungen aber auf die Übersetzung von Schlegel. Humboldt wollte seinen Zuhörern und Lesern einen unvoreingenommenen Begriff vom philosophischen System, das heißt der Lehre des Gedichts geben, wie er schreibt.[32] Mit dieser Lesart, welche die Gita als Philosophie ernst nahm, war trotz Hegels Versuch, das Gedicht philosophisch zu entwerten, ein erster entscheidender Schritt zur europäischen Aneignung und Inkulturalisierung getan. Dabei kam Humboldt zu der bemerkenswerten Erkenntnis, dass »das politische Gesetz in Indien vom religiösen gar nicht getrennt werden könne«.[33]

Der eigentliche Durchbruch geschah aber erst mit der populären Nachdichtung von Edwin Arnold, die 1885 unter dem Titel »The Song Celestial« publiziert wurde. Mit Arnold, der sich im Vorwort zu seiner Übersetzung mehrfach auf Schlegel beruft, verpuffen die Vorbehalte Hegels endgültig. Der Grund, den Arnold für seine Neuübersetzung angibt, ist bemerkenswert: »Denn die englische Literatur wäre gewiss unvollständig, verfügte sie nicht in leicht zugänglicher Form über ein poetisches und philosophisches Werk, das in Indien so viel gilt.«[34] Was für ein Unterschied zu Hegel und Goethe, was für eine konsequente Schlussfolgerung aber auch aus den Vorarbeiten von Schlegel und Humboldt! Ein Werk aus Indien als Bedingung für die Vollständigkeit der englischen Literatur aufzufassen ist bester literarischer Kosmopolitismus – nur bei Rückert und den Frühromantikern findet sich eine ähnliche Wertschätzung fremder, fremdester Literatur. Mishka Sinha, die die internationale Rezeption der Gita untersucht hat, schreibt dazu:

Edwin Arnolds Übersetzung der Gita bewies, dass seine literarische Wiedergabe mit den Charakteren als Archetypen oder abstrakten Idealen und den Handlungen als rein symbolische diejenige Lesart des Textes darstellt, die am leichtesten zu vermitteln und weithin rezipierbar war.[35]

Dies bewirkte eine charakteristische Verschiebung im Kreis der Rezipienten: Das dem viktorianischen Geschmack sprachlich angepasste Epos wurde weniger in akademischen Kreisen als in solchen rezipiert, die an einer religiösen Neuorientierung interessiert und für außereuropäische Weisheitslehren besonders empfänglich waren. Dazu zählten die Theosophen um die schillernde Okkultistin und Esoterikerin Madame Blavatsky. Helena Blavatsky, 1831 in Russland geboren, 1891 in London verstorben, war ebenso Genie wie Scharlatan, verrückt und visionär zugleich. Ihr spiritueller Kosmopolitismus, der sich in ihrer unruhigen, zwischen Europa, Indien und den USA abspielenden Biografie niederschlug, wird gern belächelt. Aber er hat zahlreiche Künstler und Intellektuelle inspiriert und zählt zu den mächtigsten geistigen Strömungen an der Wende vom 19. zum 20. Jahrhundert. Um nur ein Beispiel aus der Kunst zu nennen, sei Kandinskys einflussreiche programmatische Schrift »Über das Geistige in der Kunst« von 1912 genannt.[36] Kandinsky war, wir haben es erwähnt, ein Onkel von Alexandre Kojève, der sich ebenfalls für indische Philosophie interessiert und angeblich Sanskrit und Chinesisch gelernt hatte. Bedenken wir die Bedeutung von Kojève für das Geistesleben des 20. Jahrhunderts bis hin zu Fukuyama, tun sich, von Blavatsky ausgehend, schwindelerregende Zusammenhänge auf, die noch nie ernsthaft aufgearbeitet worden sind. In der Theosophischen Gesellschaft, so viel ist sicher, galt die Gita in Edwin Arnolds Übersetzung als Kultbuch.

Ernst Bloch, der alles niedermacht, was nicht in seine Welterzählung passen will, findet fast schon lobende Worte für Blavatsky (bevor er einen Satz später über Rudolf Steiner herfällt): »Völlig verwildert, aber atavistisch interessant, […] mit ihrer ›Entschleierten Isis‹«.[37] (»Die entschleierte Isis« von 1877 ist eines der Hauptwerke von Blavatsky.) Noch in dieser Formulierung Blochs schwingt für sprachlich sensible Leser etwas von Hegels Verdikt über die Gita mit, deren indische Denkungsart ihm zufolge »in der wundervollen Tiefe selbst ungetrennt in das Erniedrigendste verfällt«.

Der Erfolg der theosophischen Bewegung geht nicht nur auf Blavatsky, sondern ebenso auf eine zweite schillernde Persönlichkeit zurück, die Frauenrechtlerin und Linksaktivistin Annie Besant (1847–1933). Als gebürtige Irin und Katholikin gegen die britische Kolonialpolitik sensibilisiert, engagierte sie sich für die Arbeiterbewegung und trat 1889 der Theosophischen Gesellschaft bei, die sie auf dem berühmten Weltparlament der Religionen 1893 in Chicago vertrat. Anfang des 20. Jahrhunderts ging sie nach Indien und setzte sich für die indische Unabhängigkeitsbewegung und für eine spirituelle Wiederbelebung des Hinduismus nach ihren (auch durch arische Rassentheorien beeinflussten) Vorstellungen ein.

Besant verdankt sich die Entdeckung und der Aufstieg von Jiddu Krishnamurti (1895–1986), einem der wichtigsten Popularisierer der indischen Spiritualität im Westen. Gustav Meyrink, Verfasser des seinerseits mystisch-kafkaesken Romans »Der Golem«, schrieb 1927 über Krishnamurtis Buch »Zu Füßen des Meisters«, dies sei »so ziemlich das dadaistischste, das die Theosophische Gesellschaft bisher dem Druck überliefert hat«. Krishnamurti selbst, »der der Messias für unser Jahrhundert sein soll«, scheine sich »vorläufig noch im Lurchstadium zu befinden«.[38] Was immer davon zu halten war: Krishnamurtis Vortragstätigkeit erstreckte sich von den dreißiger bis in die achtziger Jahre des 20. Jahrhunderts[39] und prägte für viele Menschen im Westen, aber auch in Indien selbst das Bild östlicher, indisch inspirierter Spiritualität. Dass er den zu seinen Ehren von Besant 1911 gegründeten messianischen »Orden« 1929 selbst auflöste, spricht für eine gewisse Reife und gegen das »Lurchstadium«. In der Rede, mit der er den »Order of the Star« auflöste, fällt einer der Kernsätze seiner Weltanschauung:

> Ich behaupte, dass die Wahrheit ein wegloses Land ist. Man kann sie durch keinen Weg, keine Religion, keine Sekte erreichen. Das ist die Sichtweise, zu der ich unbedingt und absolut stehe. Da Wahrheit grenzenlos, unbedingt und durch keinen Weg zu erreichen ist, kann sie nicht organisiert auftreten. Und es sollte auch keine Organisation gebildet werden, die die Menschen auf einen bestimmten Weg führt oder zwingt.[40]

Meyrink liegt angesichts dieser Sätze mit seiner Anspielung auf den Dadaismus gar nicht so falsch; nur sollte man den Dadaismus nicht als bloßen Unsinn abtun. »Truth is a pathless land« weist geradewegs auf Paul Feyerabends »Anything goes« voraus. So wie die Postmoderne nicht von der Studentenrevolte und der Bewegung der Achtundsechziger zu trennen ist, ist das Interesse an und die Inspiration durch – vor allem östliche – Spiritualität nicht von den Achtundsechzigern und der Postmoderne zu trennen. Wenn man die vordergründig irrationalistischen, spirituellen, ethnophilen und orientbegeisterten Strömungen nicht entschieden in die globale (und das heißt auch westliche) Geistesgeschichte einbezieht, verleugnet man nicht nur die Hälfte dieser Geschichte, man versteht auch nicht mehr, warum wir in den weltanschaulichen Sackgassen gelandet sind, in denen wir (alle) festsitzen.

Treten wir indessen einen Schritt zurück und bedenken diese andere Tradition mit, stellt sich erneut die Frage, der wir schon einmal begegnet sind: ob es nur die Wahl zwischen Sackgasse und Weglosigkeit, zwischen einer geschlossenen Weltanschauung und dem *anything goes*, zwischen dogmatischer, organisierter Religiosität oder Religion als privatisierter Liebhaberei und Poesie gibt. Weder die liberale noch die hegelianisch-marxistische Tradition – beides Vorformen der Ideologie des Westens – sind in der Lage, die Geschichte, geschweige denn die Geistesgeschichte zu verstehen, wenn Religion und Spiritualität für sie nur ein blinder, bestenfalls poetischer Fleck sind, keinesfalls eine öffentliche, politische Sache. Zumal daran zu erinnern ist, dass »Spiritualität und Säkularismus gleichzeitig als zwei miteinander zusammenhängende Alternativen zur institutionalisierten Religion in der euro-amerikanischen Moderne entstanden sind«.[41]

Selbst Krishnamurti leistet der gesellschaftlichen Blindheit im Hinblick auf die Religion Vorschub und nimmt damit den modischen Lebenshilfe-Buddhismus unserer Tage vorweg: »A belief is purely an individual matter.«[42] Eine solche Spielart der Postmoderne (*avant la lettre*) hat sich mit dem Liberalismus nolens volens seit je gut vertragen. Die Engländer konnten 1929 in Indien froh sein, solche Worte zu hören. 1917 war Besant wegen ihrer Nähe zur indischen Unabhängigkeitsbewegung interniert worden. Zwölf Jahre später war vom nun aufgelösten »Order of the Star« nichts mehr zu befürchten. Wie alle Lebenshilfe-Literatur sind auch Krishnamurtis Schriften politisch bedeutungslos, individualistisch, markieren eine quietistische Rückzugsposition.[43] Was aber, wenn dieser »individuelle«, vordergründig entpolitisierte Glaube auf einmal massenweise auftritt und eine Kolonialmacht verjagt?

Dies geschah im Verlauf der mit Arnolds Übersetzung anhebenden neuen Rezeption der Bhagavad Gita. Die kulturelle Adoption dieses Textes durch die britische Theosophenszene und andere alternative und emanzipatorische Bewegungen in Großbritannien steckte auch die in England lebenden Inder an, wirkte auf Indien zurück und entfaltete eine für einen literarisch-philosophischen Text unvorstellbare Durchschlagskraft: Die Gita wurde zum Kristallisationspunkt, Brevier, Talisman der indischen Befreiungsbewegung. Eine der Ersten, die die in der Gita diskutierte Schlacht im Hinblick auf den Befreiungskampf der Inder gegen die britische Okkupation deuteten, war Annie Besant.[44] Die Historikerin Mishka Sinha bemerkt, dass

> den evangelikalen Tendenzen des Viktorianischen Zeitalters, die zu den stärksten Einflüssen auf die imperiale Kultur und Politik des neunzehnten Jahrhunderts zählten, am radikalsten nicht vom Liberalismus entgegengetreten wurde, welcher […] viele evangelikale Annahmen teilte, sondern von unorthodoxen religiösen Strömungen, zu denen der Spiritualismus und die Theosophie zählten. Die Gita konnte von den Theosophen als Teil einer radikalen spirituellen Suche in Anspruch genommen werden, die zu Ergebnissen führen sollte, die weit über den bloß spirituellen Bereich hinausragten.[45]

»Weit über den bloß spirituellen Bereich hinaus«: Dies ist der springende Punkt. Die Theosophie sollte keineswegs nur, wie später »a belief« bei Krishnamurti, eine bloß individuelle Angelegenheit sein, sondern verstand sich als Hintergrundnarrativ und geistige Grundlage für die unterschiedlichsten Formen der Emanzipation, nicht zuletzt der Frauenemanzipation. Aber sie konnte sich ebenso gegen den Imperialismus richten: »Das Konzept der Spiritualität besteht darin, zur selben Zeit universell sein zu wollen und an Vorstellungen von nationaler Identität anzuknüpfen.«[46]

In diesem Kontext wurde die durch Arnolds Übersetzung popularisierte Bhagavad Gita einer völlig neuen Deutung unterzogen. Damit wurde sie vom traditionellen Verständnis abgerückt und konnte von den indischen Nationalisten neu gelesen werden. Die Gita war den gebildeten Indern zwar bekannt gewesen, galt aber als Domäne brahmanischer Pandits, das heißt als ein Text für religiös Eingeweihte einer spezifischen Kaste. Gemäß dem gängigen Gita-Kommentar von Shankara vom Anfang des 9. Jahrhunderts wurde die Gita als Plädoyer für die Entsagung verstanden, keineswegs als Aufruf zur politischen Aktion. Die abendländisch-theosophische Gita, wie sie aufgrund von Arnolds Übersetzung verstanden wurde, erwies sich hingegen als »ein moderner, vielgestaltiger Text, der nach Belieben entsprechend den jeweiligen Deutungszusammenhängen verstanden werden konnte. Sie war allseits anwendbar, anpassbar an die globalen Erfordernisse der Spiritualität und ihren universalistischen Anspruch, aber zugleich verwurzelt in einer auf märchenhafte Weise rekonstruierten, reinen Hindu-Vergangenheit.«[47]

Auch der junge Gandhi hatte während seiner drei Jahre als Student der Rechtswissenschaften in London (1888–1891) Zugang zu den Kreisen der Theosophical Society.[48] Hier las er erstmals die Bhagavad Gita, und zwar in der Übersetzung von Edwin Arnold. Gandhi war besonders von dem Plädoyer für die Gewaltlosigkeit in der Gita fasziniert – die freilich nur eine Seite der Lehren Krishnas ausmacht. 1925 berichtete er in einem Artikel:

> Während ich in England war, las ich die Gita dank der Vermittlung zweier Freunde. [...] Meine Sanskrit-Kenntnisse reichten nicht, um alle Verse der Gita ohne Hilfe zu verstehen. [...] Die Freunde zeigten mir Sir Edwin Arnolds großartige Wiedergabe der Gita. Ich verschlang den Inhalt von vorne bis hinten und war überwältigt. Die letzten neunzehn Verse des zweiten Kapitels haben sich von da an unauslöschlich in meinem Herzen eingeprägt. Sie enthalten für mich alles Wissen. Ich habe seither viele Übersetzungen und viele Kommentare dazu gelesen, habe sie zu meiner Zufriedenheit erwogen und erörtert, aber den Eindruck, den jene erste Lektüre machte, habe ich nie vergessen.[49]

Gandhi war der berühmteste und erfolgreichste, aber keineswegs der erste und einzige Inder, der die Gita vor dem Hintergrund der politischen Gegenwart seiner Zeit einer Neulektüre unterzog. Autochthon indische und westliche Einflüsse gehen dabei kaum unterscheidbar ineinander über. Die Wiederbelebung der Hindu-Tradition in einem nationalen und damit antibritischen Sinne vollzog sich zeitgleich in Indien selbst, wobei ursprünglich westliche Ideen wie der Vaterlandsgedanke nun gegen den Westen (in Gestalt Großbritanniens) in Stellung gebracht wurden. Neu war allerdings, dass die Argumente und Strategien für den antikolonialen Kampf direkt aus der Bhagavad Gita gewonnen wurden und nicht aus den britischen Gesetzen oder westlichen Vorstellungen von Recht und Gerechtigkeit. Zu denen, die sich dabei ebenfalls auf die Gita beriefen, zählte Bal Gangadhar Tilak (1856–1920), einer der Führer der indischen Unabhängigkeitsbewegung. Seinen die Gita im Sinne des Freiheitskampfes interpretierenden Kommentar schrieb er als britischer Gefangener um 1910. Er liest das Versepos als Aufforderung zum politischen Handeln und sieht darin – keine abwegige Deutung! – auch die Gewalt gerechtfertigt, jedenfalls sofern sie nicht dem eigenen Gewinnstreben, sondern einem höheren Zweck dient:

> Krishna predigte in der Gita, dass wir das Recht zum Töten selbst unseres eigenen Gurus oder unserer Verwandten haben. Kein Tadel bleibt an dem hängen, der handelt, ohne dass sein Handeln von der Begierde nach den Früchten des Handelns motiviert ist. [...] Erhebt Euch über das [britische] Strafgesetzbuch, tretet ein in die erhabene Welt der [...] Bhagavad Gita, und dann erwägt die Handlungen solch großer Menschen.[50]

In eine ähnliche Kerbe schlägt der ein wenig jüngere, in England aufgewachsene Aurobindo Ghose (1872–1950). Auch er engagierte sich seit seiner Rückkehr nach Indien 1893 für die Unabhängigkeitsbewegung, las wie Tilak die Gita im Gefängnis und machte daraus eine Befreiungsphilosophie. Krishna sei ihm im Traum erschienen, habe ihm die Gita gegeben und sich zugunsten des Aufstands erklärt. In seinen »Essays on the Gita« heißt es unter anderem: »Wir glauben, dass der Yoga [hier zu verstehen als das gleichnamige philosophische Lehrgebäude, nicht als spirituelle Gymnastik] der

Gita eine große Rolle bei der Erhebung der Nation spielen wird, und diese Einstellung ist die erste Bedingung des Yoga der Gita.«[51] Ghose las die Gita mithin als Aufruf zum politischen Aktivismus im eigenen, indischen Sinne.

Um weiteren Verhaftungen zu entgehen, zog sich Ghose 1910 in die damals französisch beherrschten Gebiete im Südosten Indiens zurück. Fortan interpretierte er die Gita eher religiös, als universellen, an die ganze Menschheit gerichteten Text.[52] Auf der Grundlage dieser Deutung gründete er zusammen mit der sephardisch-französischen Spiritistin Mira Alfassi (die Familie, lernen wir aus diesem Namen, stammt aus der marokkanischen Stadt Fes und dürfte wie die Familie Spinozas und von Seyla Benhabib im Zuge der Judenverfolgungen nach Ägypten und damit ins Osmanische Reich gekommen sein) einen Ashram, aus dem nach Aurobindos Tod die Auroville-Gemeinde hervorging, eine Art kosmopolitische oder, wie es auch heißt, »universelle« und spirituelle Idealstadt, die bis heute existiert.[53]

Aurobindo machte also eine Wandlung »vom nationalistischen Politiker zum internationalen spirituellen Guru durch«.[54] Den Schauplatz für diese Wandlung stellte sein Kommentar zur Gita dar, die er nicht spezifisch indisch deutete, sondern als Botin einer Wahrheit für die Menschheit als Ganzes. Im nationalen Aspekt der Gita verwirkliche sich, so scheint Aurobindo geglaubt zu haben, nur ein Aspekt des Universellen, ähnlich wie die Nationen, gemäß dem gängigen Narrativ der Moderne, als zentrales Element universeller, globaler Ordnung gelten. Dies ist natürlich keine indische, sondern eine westliche, stark vom deutschen Idealismus, nicht zuletzt von Hegel geprägte Anschauung. »Indischheit ist Kosmopolitismus mit der höchsten Individualität gemischt«, hätte Aurobindo, Novalis umformulierend, behaupten können. Die hochproblematische Gleichsetzung von Kosmopolitismus und Nationalismus, die sich bei den Romantikern bereits andeutete, erreichte Anfang des 20. Jahrhunderts einen Höhepunkt und mutierte zu einem fadenscheinigen Argument für alles, jedes und jeden. Thomas Mann plädierte 1920 für die »Einigung Europas durch das Deutschtum« und bezeichnete den »Cosmopolitismus als Geist, Wesen, Sendung der deutschen Nationalität«.[55] Gegen eine solche Art von »Cosmopolitismus« haben die europäischen Völker bis heute verständlicherweise Vorbehalte.

Im Rahmen solcher Ideen kam Indien (wie einst Deutschland) eine weltenrettende, eschatologische Bedeutung zu, und zwar »als spirituelle[r] Führerin für eine verderbte, materialistische (westliche) Welt«.[56] Die Gita war für Aurobindo nichts weniger als die Grundlage für die spirituelle Erneuerung des Menschengeschlechts. Man mache sich klar: Ein durch und durch britisch sozialisierter Inder, der seine Wurzeln in England entdeckte (und die indischen Sprachen erst nach seiner Rückkehr mühsam erlernte), begründet zusammen mit einer spiritistisch angehauchten französischen Jüdin mit arabisch-osmanischer Familiengeschichte in einem wilden indisch-europäischen Ideenmix eine neue, kosmopolitisch-universelle Weltanschauung. Als anzustrebendes Ziel gilt, völlig ironiefrei, der Übermensch (»superman«). Dieses Ideal kann ebenso von Nietzsche stammen, wie man es aus der Gita generieren kann: »Nicht körperliche Askese, sondern innere Askese ist die Lehre der Gita.«[57] Für Aurobindos Bruder Barindra Kumar Ghosh war die Gita »as important as the manufacture of bombs«.[58] Es bedurfte einer radikalen politischen Umbruchzeit, wie Indien sie in der ersten Hälfte des 20. Jahrhunderts erlebte, um solche Fantasien – Meyrink hätte sie dadaistisch genannt, Hegel wäre womöglich begeistert gewesen – salonfähig und in der ein oder anderen Form bis heute haltbar zu machen.

Die fundamentale Frage, die alle neueren Deutungen der Gita durchdringt, gründet in einem von der indischen Philosophie besonders intensiv diskutierten, letztlich jedoch allgemeinmenschlichen Paradox: Wie ist es möglich zu handeln, ohne zu handeln? Anders gesagt, zu handeln, ohne sich die Hände schmutzig zu machen? Und dies wiederum läuft auf die Frage hinaus, wie es möglich ist, in der Welt zu sein und sich gleichzeitig aus ihr herauszuhalten, möglichst wenig von ihr affiziert zu werden. Wie es möglich ist, sowohl im Diesseits als auch im Jenseits zu sein, sowohl diesseitigen als auch jenseitigen Anforderungen zu genügen.

Die Antwort der Gita – Krishnas Antwort an Arjuna – lässt sich, ein wenig vereinfacht, auf genau den Punkt bringen, der alle Leser bis heute an diesem Text fasziniert; und alle Interpreten zur Verzweiflung treibt, wenn sie versuchen, praktische oder sogar politische Schlussfolgerungen daraus abzuleiten. Die Antwort lautet schlicht: Handle sehr wohl, und zwar so, wie es von dir erwartet wird, wie es dir ziemt, wie es dir richtig scheint; aber halte dich innerlich dabei so, als ginge es dich nichts an, als beträfe es dich nicht, und vor allem, als nütze es dir nichts. Gehe einen Weg, als würdest du ohne Weg gehen, weglos, ohne Ziel. Handle also nie aus eigennützigen Gründen; handle überhaupt nie so, als würde es dir selber etwas bedeuten, sondern als würdest du dir selbst wie einem Fremden dabei zusehen, ohne betroffen zu sein. Auf diese Art und Weise, so lautet die Lehre, kann man zugleich handeln und darüberstehen, also sein, als handle man in Wahrheit nicht, bleibe reines, nichtaffiziertes Bewusstsein. So heißt es in der Gita:

> Bemühe nur dich um die Tat, doch niemals um Erfolg der Tat
> Nie sei Erfolg dir Grund des Tuns, – doch meid auch Tatenlosigkeit
> In Andacht fest, tu deine Tat! Doch häng an nichts, du Siegreicher!
> Lass den Erfolg ganz gleich dir sein, –
> der Gleichmut ist's, der Andacht heißt.[59]

Denken wir zurück an den Kampf zwischen Herr und Knecht, der in Hegels »Phänomenologie des Geistes« eine solch herausragende Rolle spielt und der von Kojève neu interpretiert und in dieser Interpretation konstitutiv für die Ideologie des Westens geworden ist, wie wir sie bei Fukuyama beispielhaft ausformuliert finden. Sofort fällt der fundamentale Unterschied auf: Der Kampf, der bei Hegel alles ist und die Ordnung in die Welt bringt, indem sich dabei eine Hierarchie herausbildet, ist gemäß der Lehre der Gita immer schon bedeutungslos, nebensächlich, eine bloß äußerliche Pflicht, der man zwar nachkommen muss, von deren Erfolg aber nichts abhängt. Man ist also immer schon woanders, außerhalb, in einem Jenseits, einer rein geistigen Sphäre; ist also schon in der Sphäre, in die einen der dialektische Prozess bei Hegel erst noch hinführen muss. Dieses Jenseits ist in einer Art Schau Gottes der Erfahrung und der Erkenntnis zugänglich:

> Wer in den Lebewesen all denselben höchsten Herrn erblickt,
> Der nicht vergeht, wenn sie vergehn, – wer das erkennt, hat recht erkannt.
> Denn wer denselben Herrn erkennt als den, der allen innewohnt,
> Verletzt das Selbst nicht durch das Selbst und wandelt so die höchste Bahn.[60]

Mit exakt diesen Versen, freilich in der lateinischen Übersetzung Schlegels, schließt Schopenhauer seine »Preisschrift über die Grundlage der Moral« (1840), eine der schonungslosesten Kritiken abendländischer Moralvorstellungen und Selbstgewissheiten, die je in einer europäischen Sprache geschrieben worden sind, eine Kampfschrift gegen die Vorstellung vom autonomen Individuum, auf das heute noch alle schwören. Anders Schopenhauer. Schon bei den Indern, stellt er (richtig, wie wir gesehen haben) fest, gebe es »diese Lehre, dass alle Vielheit nur scheinbar sei, dass in allen Individuen dieser Welt, in so unendlicher Zahl sie auch, nach und neben einander, sich darstellen, doch nur Eines und das selbe, in ihnen allen gegenwärtige und identische, wahrhaft seiende Wesen sich manifestiere [...]«.[61] Es handelt sich um dieses *hen kai pan* (das »Eins und Alles«, das heißt das All-Eine), auf das schon Hegel, Schelling und Hölderlin im Tübinger Stift geschworen hatten, diejenige Kraft wohl auch, die nach einer berühmten Aussage von Friedrich Schlegel macht, dass »der Mensch, sicher sich selbst immer wieder zu finden, immer von neuem aus sich heraus [geht], um die Ergänzung seines innersten Wesens in der Tiefe eines fremden zu suchen und zu finden«. Denn der »Geist, ohne es zu wissen, [weiß] dennoch [...], dass kein Mensch schlechthin nur ein Mensch ist, sondern zugleich auch die ganze Menschheit wirklich und in Wahrheit sein kann und soll«.[62]

Wenn man in Europa nach Quellen und Vorbildern für einen zukunftsfähigen Kosmopolitismus sucht, findet man diesen eher bei Schopenhauer und Schlegel als bei Kant, Hegel oder Marx. Schopenhauer vergleicht wie Hegel die Moralvorstellungen des christlichen Europas mit denen des indischen Subkontinents. Aber er kommt zu einem anderen Ergebnis. Die Überlegenheit der indischen Morallehren erweist sich für ihn in einem Punkt, der heute mehr denn je aktuell ist, der Tierethik:

> Dass die Moral des Christentums die Thiere nicht berücksichtigt, ist ein Mangel derselben, den es besser ist einzugestehen, als zu perpetuieren, und über den man sich umso mehr wundern muss, als diese Moral im Übrigen die größte Übereinstimmung zeigt mit der des Brahmanismus und Buddhaismus, bloß weniger stark ausgedrückt und nicht bis zu den Extremen durchgeführt ist; daher man kaum zweifeln kann, dass sie, wie

auch die Idee von einem Mensch gewordenen Gotte (Avatar), aus Indien stammt […]. Als artiges Symbol des eben gerügten Mangels in der christlichen Moral, bei ihrer sonstigen großen Übereinstimmung mit der Indischen, ließe sich der Umstand auffassen, dass Johannes der Täufer ganz in der Weise eines Indischen Saniassis auftritt, dabei aber – in Tierfelle gekleidet! welches bekanntlich jedem Hindu ein Gräuel sein würde.[63]

»Wer handelt ohne Hang zur Welt, der Mensch erreicht das höchste Ziel«, heißt es in den zitierten Versen der Gita.[64] Wenn der Mensch also aus der richtigen Haltung heraus handelt, nämlich derjenigen, abgehoben zu sein, nicht wirklich aus sich und für sich selbst zu handeln, wird das Handeln von der Gita nicht nur gutgeheißen, sondern sogar empfohlen, so wie Krishna schließlich dem Prinzen Arjuna empfiehlt, gegen seine Verwandten zu kämpfen. Genau deswegen konnte die Gita als Schrift gelesen werden, die den Widerstand für das Vaterland und gegen die britische Herrschaft rechtfertigte, ja die sogar, wie wir bei Tilak gesehen haben und wie es auch bei Aurobindo anklingt, offene Gewalt rechtfertigte. Das war nicht mehr die überkommene Lesart der Gita, wie sie der alte Kommentator Shankara mit seiner auf die Askese ausgerichteten Deutung geprägt hatte, sondern die moderne, westlich inspirierte, die die Tat und das zielgerichtet handelnde Individuum in den Mittelpunkt stellt; mit dem einzigen Vorbehalt, dass die Tat keinen niederen, eigennützigen Motiven folgen sollte.

Es war Gandhi, der gegen diese Sichtweise Einspruch erhob. Hatten die Nationalisten einen Schwur auf die Gita abgelegt[65], so wurde dieser Text für Gandhi und seine Anhänger zu einem Talisman, den sie stets bei sich trugen und von dem sie sich Beistand und seelische Erbauung versprachen. Gandhi beschäftigte die Frage, wie er einerseits politisch handeln, andererseits gleichwohl die dem Hindu-Ideal entsprechende Abgehobenheit oder das Nicht-Handeln praktizieren könne. Konkreter: wie es möglich sei, politisch zu handeln und sich doch nicht, innerlich wie äußerlich, davon korrumpieren zu lassen. Mit dieser Frage ging eine Grundentscheidung, nämlich ein spezifisches Verständnis von Politik (und im Umkehrschluss von Religion und Spiritualität), einher, die für eine zukünftige Politik jenseits des Westens, eine Politik aus einem nicht per se verwestlichten Geist heraus, zentral ist. In Gandhis Deutung wurde die Gita zu einem Manifest der Gewaltlosigkeit. Anders als die übrigen modernen Gita-Interpreten übernahm Gandhi die Trennung der Sphären von Handlung und Geist, wie sie in den alten Kommentaren vorgegeben war, und versuchte nicht, unter Berufung auf die richtige Einstellung und Geisteshaltung, etwa die Uneigennützigkeit, das (politische) Handeln als von vornherein unproblematisch und geläutert zu begreifen.[66]

Im Lauf seiner Auseinandersetzung mit der Gita begreift Gandhi die Politik folglich als einen Bereich, der in einem höheren, spirituellen Sinn nicht geläutert und gerechtfertigt werden könne; der immer eine Form der Beschmutzung impliziert, immer eine Entfremdung vom interessenlosen Urgrund des Seins, dem *ātman* oder Nirwana, bedeutet. Diese Erkenntnis – nach Gandhi die Lehre der Gita – läuft jedoch nicht darauf hinaus, sich von der Politik abzukehren. Sie gewährleistet nur, dass derjenige, der sich in die Politik einmischt, weder pauschal durch den (uneigennützigen, größeren) Zweck der politischen Handlung gerechtfertigt ist, noch dadurch unrein wird, dass er sich überhaupt mit weltlichen Dingen abgibt. Stattdessen kommt es auf die politische Handlung selbst an, auf das, was die Tat tut.

Somit zielt Gandhi, anders als Tilak, Aurobindo und andere, keineswegs darauf ab, die vertretene Politik in einem höheren Sinne zu rechtfertigen, also die Politik selbst für rein zu erklären, sie religiös zu sanktionieren und gutzuheißen. Politik mag nötig sein, und es ist möglich, politisch zu handeln, ohne sich zu beschmutzen. Aber in der Politik als solcher liegt kein Heil, und es ist auch kein Heil in ihr und durch sie zu suchen – eine im Westen seit der Französischen Revolution eher ungewöhnliche Auffassung von Politik. Die Politik war damit für Gandhi kein ethisches, spirituelles oder religiöses Projekt mehr. »Anders als die Extremisten der Zeit davor«, schreiben Dipesh Chakrabarty und Rochona Majumdar, hatte er nicht mehr den Anspruch, »die politische Sphäre als Ganze zu reformieren, indem er die politische Aktion wesentlich als aus ethischen Motiven gesteuert betrachtete. Er konnte akzeptieren, dass es stets auch andere legitime Akteure in der Politik gab, auch wenn diese nach Regeln spielten, die ganz anders waren als seine eigenen.«[67]

Die moralische Aufladung von Politik stellt demnach das eigentliche Problem dar. Sie ist aber fast unvermeidlich, da die Politik aufgrund der Durchgriffsmöglichkeiten des modernen Staates allgegenwärtig ist und somit auch die Sphäre der Moral infiltriert und bestimmen will, welches Verhalten gut, welches schlecht ist. Der Staat beansprucht, für die gute, richtige Politik zu stehen, und moralisiert damit die Politik. Will man sich dagegen wehren, so läuft man Gefahr, auf die Moralisierung der Politik mit einer Gegenmoralisierung zu antworten, also den Widerstand ebenfalls zu moralisieren, für das einzige Gute und Richtige zu erklären – auf welcher Grundlage sonst sollte man seine Argumente rechtfertigen? Dabei bleibt man jedoch in dem von der Moralpolitik gesetzten Muster befangen und stärkt diese nur.

Die Lehre der Gita wäre dagegen, Moral und Politik zu trennen, da, so die alte indische Lehre, jedes Handeln (also auch die Politik) das Potenzial hat, moralisch zu korrumpieren, allein dadurch, dass sie vom Handelnden verlangt, bei der Sache zu sein, also nicht wie ein Asket über allem Weltlichen zu stehen. Gandhi schreibt:

> »Politik [...] beherrscht heute jedes Detail unseres Lebens. Wir haben zum Beispiel aus zahllosen Anlässen mit dem Staat zu tun, ob wir es möchten oder nicht. Der Staat beeinflusst die moralische Seite unserer Existenz. Ein *samnyasin* [ein Asket, ein Entsagender] muss sich daher, insofern er ein wahrer Diener und Wohltäter der Gesellschaft ist, mit der Beziehung der Menschen zum Staat auseinandersetzen, das heißt, er muss einen Weg aufzeigen, *swaraj* [Unabhängigkeit, Freiheit] zu erlangen. *Swaraj*, so verstanden, kann für niemanden ein falsches Ziel sein. [...] Ein *samnyasin*, der selber *swaraj* erlangt hat, ist am besten geeignet, uns den Weg dahin aufzuzeigen. Ein *samnyasin* befindet sich zwar in der Welt, aber er ist nicht von der Welt.[68]

Diese Haltung ist mit dem westlichen Verständnis von Politik zwar vereinbar, aber doch nur oberflächlich, äußerlich. Eine Sphäre der Freiheit zu beanspruchen, die jenseits der Politik und des Staates liegt, ist nicht verboten, aber dennoch eine befremdliche Vorstellung, da der abendländische, nachaufklärerische Freiheitsbegriff ein konkreter, weltlicher ist, das heißt an die Erscheinungswelt, die Außenwelt und damit die Politik zurückgebunden bleibt. Der Freiheitsbegriff, den Gandhi vertritt, erinnert dagegen eher an Luthers »Traktat von der christlichen Freiheit«. »Der Mensch«, schreibt Luther, »ist von einer zweifachen Natur, einer leiblichen und einer geistlichen.« Nach dieser geistlichen heiße er »geistlicher, neuer und innerer Mensch«.[69] Es schade der Seele nichts, »wenn der Leib alles unterlässt, was die Heuchler auch tun können«[70], mithin jede äußerliche, sichtbare religiöse Praxis. Das Heil liegt nach Luther in der inneren Haltung, im Glauben selbst, genauso wie es laut Krishna in der Bhagavad Gita und laut Gandhi in seiner Deutung der Gita auf die innere Haltung ankommt, die bei ihm in der Nicht-Betroffenheit desjenigen liegt, der mit dem *ātman*, dem Urgrund des Seins, verschmolzen ist.

Aus dieser Verschmelzung mit dem Urgrund beziehungsweise mit dem Glauben bei Luther folgt aber nun keineswegs, dass es völlig gleichgültig sei, wie man sich nach außen hin verhält. Vielmehr heißt dies in beiden Fällen, nach indischer Lehre wie nach Luther, der sich dabei auf Paulus beruft, dass der äußeren Ordnung (bei Luther dem Staat und der Kirche, in Indien dem *dharma*, der religiösen Rechts- und Werteordnung) Genüge zu leisten ist, selbst wenn diese der inneren Haltung vielleicht widerspricht. Die Rechtfertigung oder Seligkeit geschieht durch die rechte innere Haltung und wird von solchen Äußerlichkeiten nicht tangiert. Luther schreibt: »Die Christen sollen der staatlichen Macht untertan sein, zu jedem guten Werk bereit, nicht um dadurch gerechtfertigt zu werden, da sie schon gerechtfertigt sind aus dem Glauben, sondern um damit in der Freiheit des Geistes anderen und auch den Machtausübenden zu dienen und ihrem Willen in freiwilliger Liebe zu gehorchen.«[71] Auf diese Weise lässt sich nach Luther das Paradox auflösen, mit welchem er sein Traktat beginnt, nämlich die folgenden beiden Thesen »über die geistliche Freiheit und Bindung«:

> Ein Christen Mensch ist ein freier Herr über alle Ding und niemand untertan.
>
> Ein Christen Mensch ist ein dienstbar Knecht aller Ding und jedermann untertan.[72]

Dies taugt nicht als Motto für eine Befreiungsbewegung. Dennoch konnte Luther so seinen Widerstand gegen das Papsttum motivieren und konnte es Gandhi gelingen, mit Hilfe der ähnlich gelagerten indischen Einstellung, die indische Unabhängigkeitsbewegung zum Erfolg zu führen. Die Aufspaltung zwischen innerer und äußerer Haltung und die damit einhergehende Abwertung der äußeren Haltung als nebensächlich oder bloß behelfsmäßig – Luther vergleicht die Zeremonien mit einem Baugerüst, das die Handwerker nachher wieder abnehmen[73] – scheinen zwar die Unterwerfung zu begünstigen, wie heute viele argwöhnen würden. Aber man übersieht dabei, dass mit dieser Aufspaltung der erste Schritt zur Distanzierung (und damit der inneren Entfremdung) von den gegebenen Verhältnissen getan ist, wohingegen dort, wo man sich gegen diese Aufspaltung sperrt, die äußeren Verhältnisse für das Eigentliche, Unhintergehbare genommen werden und man diese entweder (fast wie eine Niederlage) akzeptieren muss oder sich (wie im Fall der modernen Entfremdungsintoleranz) unter Zugzwang (zu ihrer Verbesserung, Veränderung) setzt. Da es keinen anderen Bezugsrahmen gibt, fehlt die dritte, abwartende, innerlich »freie« Haltung.

Die Trennung zwischen Innerem und Äußerem ist im Zuge von Aufklärung und Säkularisierung sukzessive aufgegeben worden, was nicht verwunderlich ist, weil dasjenige, was die innere Haltung trägt, die Religion, zurückgedrängt wurde. Das Versprechen der Aufklärung und noch mehr des Revolutionszeitalters und des deutschen Idealismus lautet, Inneres und Äußeres, Bewusstsein und Sein, zu vereinen, zur Deckung zu bringen, die Trennung (Entfremdung) aufzuheben, und sei es im Lauf geschichtlicher, dialektischer Prozesse, solcher Prozesse, die die Menschen daher tatkräftig voranzutreiben haben.

An dieser Stelle tut der Hinweis not, dass bei Kant, der geistig am Anfang dieser Entwicklung steht, die Aufspaltung zwischen Innerem und Äußerem nach wie vor gewahrt scheint. Allerdings lässt sich der Übergang zwischen beiden Phasen gut an seinem Werk ablesen; beispielhaft in der berühmten Schrift »Was ist Aufklärung« (1783). Der Übergang wird in dem Moment sichtbar, wo die innere Freiheit zwar öffentlich wird und sich in öffentlichen Äußerungen manifestieren darf und soll, gerade auch im Dissens. Wo aber der äußeren Ordnung, und zwar derjenigen des Staates, gleichwohl noch

Gehorsam geleistet werden soll (wie bei Luther). Der Preis, den der Bürger für die formelle äußere Gehorsamkeit dem Staat abverlangen darf, besteht nach Kant darin, dass der Staat sich nicht in die Gewissensfreiheit des Bürgers einmischt, auch nicht, wenn er sie in Gestalt von Kritik öffentlich macht:

> Der öffentliche Gebrauch der Vernunft muss jederzeit frei sein, und der allein kann Aufklärung unter Menschen zu Stande bringen. […] Ich verstehe aber unter dem öffentlichen Gebrauche seiner eigenen Vernunft denjenigen, den jemand als Gelehrter vor dem Publikum der Leserwelt macht.[74]

Dieser schleichende Übergang des Inneren (bei Kant in Gestalt der aufgeklärten Haltung und Meinung) ins Öffentliche und Äußere markiert den Übergang von der (vorreformatorisch) lutherischen zur nachkantischen Epoche, welcher es darum zu tun war, innen und außen, Aufklärung und Staat, Gewissen und Wirklichkeit, Bewusstsein und Sein zusammenfallen zu lassen (und sei es im Progress der Geschichte), positiver ausgedrückt, beide Seiten so ineinanderzuführen, dass man nicht mehr in der entfremdenden Trennung beider leben muss und sich das Ideal der All-Einheit verwirklicht, das heißt, bis das drängende Gefühl des Fortschrittsparadigmas sich wie ein mächtiger Strom in das ozeanische Gefühl des Eigentlichkeitsparadigmas ergießt und dort in Seligkeit auflöst – man ahnt den libidinösen Resonanzboden solcher Fantasien.

Derlei zu propagieren – Psychologen würden es einem infantilen Entwicklungsstadium zuordnen – können wir Kant nicht vorwerfen. Er steht dazwischen, mit einem Bein bei Luther, mit dem anderen bei Hegel, Marx und ihren Nachfolgern. Diese Erkenntnis ist nicht neu, aber so fundamental, dass wir sie hier wiederholen und den Kippmoment, wie er sich bei Kant darstellt, präzise benennen dürfen. Der Kippmoment äußert sich bei Kant in einer sehr merkwürdigen Formulierung, nämlich in seiner Unterscheidung zwischen privat und öffentlich. »Der öffentliche Gebrauch der Vernunft muss jederzeit frei sein«, haben wir bereits zitiert. Damit wird die Vernunft, der Geist, das Gewissen (also bei Luther zweifelsfrei das Innere) zum Äußeren, nach außen gestülpt. Aber dabei bleibt es nicht. Kurioserweise wird im selben Moment bei Kant auch das Äußere zum Inneren, jedenfalls in Gestalt einer recht ungewöhnlichen Verwendung seiner eigenen Terminologie: Während der öffentliche Gebrauch der Vernunft frei sein soll, soll ausgerechnet derjenige im *privaten* Raum – den wir doch eher als den persönlichen, inneren Raum des Gewissens verstehen – eingeschränkt werden dürfen: »Der Privatgebrauch derselben [d.h. der Vernunft] aber darf öfters sehr enge eingeschränkt sein, ohne doch darum den Fortschritt der Aufklärung sonderlich zu hindern.« Freilich hat Kant ein anderes Verständnis von »privat« als wir heute – und wohl auch als seine Zeitgenossen, sonst müsste er ihnen die Sachlage nicht wie folgt erklären:

> Den Privatgebrauch nenne ich denjenigen, den er in einem gewissen ihm anvertrauten bürgerlichen Posten, oder Amte, von seiner Vernunft machen darf. […] Hier ist es nun freilich nicht erlaubt, zu räsonnieren; sondern man muss gehorchen. So fern sich aber dieser Teil der Maschine zugleich als Glied eines ganzen gemeinen Wesens, ja sogar der Weltbürgergesellschaft ansieht, […] kann er allerdings räsonnieren.[75]

Die aus der Trennung von innen (Gewissen) und außen (Staat, Kirche) abgeleitete Notwendigkeit zum Gehorsam gegen Autoritäten wird also wie bei Luther beibehalten, aber auf seltsame Weise eingekapselt. Der Ort oder Hallraum der einstigen freien, inneren Instanz wird hingegen bei Kant das übergreifende, alles andere überwölbende Äußere, das ganze »gemeine Wesen« (lies: »Gemeinwesen«), »ja sogar die Weltbürgergesellschaft«. Wollte man Luther mit Kant parodieren, könnte man sagen, »ein Kosmopolit ist ein freier Herr über alle Ding und niemand untertan«, aber ebenso »ein dienstbar Knecht aller Ding und jedermann untertan«. Das sei nicht zur Belustigung der mitdenkenden Leserschaft gesagt, sondern weil es exakt den heutigen Zustand globaler Politik beschreibt, wie er sich äußert in der Diskrepanz zwischen Handeln und Moral, bestem Wissen und Gewissen einerseits, praktischem politischen Handeln andererseits. Frieden, Menschenrechte, Klimaschutz werden lauthals eingefordert, als wäre man ein freier Herr über alle Ding und niemand untertan. Sobald indessen in der angewandten Politik im Rahmen eines »anvertrauten bürgerlichen Postens, oder Amtes« gewaltet wird, regieren Sachzwänge, diplomatische Rücksichtnahme, wirtschaftliche Erwägungen und so weiter. Man mag dies bedauerlich finden; aber es ist, wenn man so will, mit der merkwürdigen Zwischenposition Kants und seines Verständnisses der Aufklärung durch und durch vereinbar. Wir lernen daraus auch, dass die Umstülpung des Inneren ins Äußere die Entfremdung, also Trennung zwischen innen und außen, nicht aufhebt, ja nicht einmal abmildert, sondern auf eklatante Weise offenlegt und verschärft und damit womöglich erst zu einem Problem macht, dessen Lösung keinen Aufschub duldet, sondern das tatkräftige Handeln einfordert. Von nun an ist die Politik moralisiert, wird der immer schon bestehende Widerspruch erst als Widerspruch erfahren, deutlich und unerträglich. Aber kann er gelöst werden?

Kants Trennung zwischen öffentlich und privat, geäußerter, aufgeklärter Gesinnung und politisch-amtlichen Sachzwängen kehrt bei Max Weber in der berühmten Unterscheidung von Gesinnungs- und Verantwortungsethik wieder, die dank der Flüchtlingskrise ein Comeback im politischen Diskurs erlebt.[76] Sie stammt aus einem Text mit dem Titel »Politik als Beruf«. Es wundert uns nach dem hier Gesagten nicht mehr, dass Max Weber in seinem Plädoyer für die Verantwortungsethik ebenfalls die Bhagavad Gita erwähnt. Der historische Hintergrund des ursprünglich im Revolutionswinter 1918/19 in München gehaltenen Vortrags wird von denen, die sich heute auf Webers Verantwortungsethik berufen, freilich gern ausgeblendet: Es ist die Schuldfrage nach dem Ersten Weltkrieg, und Weber hadert offenbar damit, wie der Krieg ausgegangen ist. Er hätte sich einen Frieden auf der Grundlage des Status quo gewünscht. Nun schreibt er:

> Die hinduistische Lebensordnung machte jeden der verschiedenen Berufe zum Gegenstand eines besonderen ethischen Gesetzes, eines Dharma. […] Die Einordnung des Krieges in die Gesamtheit der Lebensordnungen finden Sie vollzogen im Bhagavad Gita, in der Unterredung zwischen Krishna und Ardjuna. »Tue das notwendige« – das heißt das nach dem Dharma der Kriegerkaste und ihren Regeln pflichtgemäße, dem Kriegszweck entsprechend sachlich notwendige – »Werk«: das schädigt das religiöse Heil nach diesem Glauben nicht, sondern dient ihm.[77]

Es ist eine reizvolle Vorstellung, dass sich einige tausend Kilometer in südöstlicher Richtung Webers indische Zeitgenossen über ähnliche Fragen Gedanken machten – und teils zu ganz unterschiedlichen Schlüssen kamen; Schlüssen, die politisch hochgradig effektiv waren und Webers Begriffsrahmen nicht nur verlassen, sondern sprengen. Weber sieht, völlig richtig, die Gefahr »der Heiligung der Mittel durch den Zweck«. Daran »scheint nun auch die Gesinnungsethik überhaupt scheitern zu müssen«.[78] Bei Tilak, Aurobindo, Savarkar (dem Ideologen des Hindu-Nationalismus) ist genau dies das Problem gewesen. Um dieser Gefahr zu entgehen, so Weber, hat die Gesinnungsethik »logischerweise nur die Möglichkeit: *jedes* Handeln, welches sittlich gefährliche Mittel anwendet, zu *verwerfen*«.[79] Dabei scheint Weber auszuschließen, dass es diese Möglichkeit geben könnte, dass man also je wirklich handeln könnte, ohne sittlich gefährliche Mittel anzuwenden. Deswegen spricht er sich gegen die Gesinnungsethik aus, als etwas Unmöglichem. Gandhi indessen praktiziert exakt zur selben Zeit, in der Weber dies geschrieben hat, diese von Weber ausgeschlossene Möglichkeit, ebenfalls unter Berufung auf die Gita – und hat schließlich damit Erfolg!

Die Verantwortungsethik kommt, will man sie mit Kants Unterscheidung von öffentlich und privat abgleichen, unweigerlich auf der »privaten« Seite zu liegen, hingegen die Gesinnungsethik und damit die Manifestation der Aufklärung auf der »öffentlichen« Seite (ein wenig kontraintuitiv, könnte man sagen, ist doch Gesinnung eher intim und privat). Das Ergebnis des Abgleichs sollte zu denken geben. Wo verantwortliches Handeln und Gesinnung als das Bewusstsein des moralisch Richtigen, gerade auch im Geist der Aufklärung, derart getrennt werden, wird die Staatsraison zum Selbstzweck, wie Kant unmissverständlich klarmachte: »Hier ist es nun freilich nicht erlaubt, zu räsonnieren; sondern man muss gehorchen.«[80] Die Aufklärung erkauft sich ihre moralisch überlegene Haltung mit der moralisch unterlegenen Handlung.

Moralische Politik gerät vor diesem Hintergrund leicht in den pauschalen Verdacht der Gesinnungsethik, der überzogenen *political correctness*, ja des Staatsverrats, wie, abgemildert »Staatsversagen« genannt, der beliebteste Vorwurf gegen eine deutsche Flüchtlingspolitik lautet, die des Jahres 2015, welche die Menschlichkeit über eine kleinkrämerische Auslegung von

Gesetzen und ein verabsolutiertes Staatsverständnis stellte. Dass Gesinnung und Verantwortung ursprünglich zusammengehören könnten und die Aufspaltung künstlich ist, dürfte jedem, der noch weiß, was Religion will, einleuchten; gerät aber sofort in den Verdacht, die dem Säkularismus heilige Trennung von Religion und Politik, ergo Ethos und Politik, zu unterlaufen. Dabei sei nicht in Abrede gestellt, dass die Moralisierung von Politik problematisch ist, besonders dann, wenn sich Politik als Moral geriert – exakt dies scheint auch die Ansicht von Gandhi in der zitierten Passage gewesen zu sein. Nicht minder problematisch scheint jedoch, dass weder bei Kant noch bei Weber ersichtlich ist, in welcher Hinsicht die Moral überhaupt noch Verbindlichkeit und unmittelbare (nicht eschatologische) politische Relevanz beanspruchen darf.

Vielleicht könnte man es so formulieren: Wo Politik ein Heilsversprechen beinhaltet, also selbst religiös wird, ist das Maß überschritten, wird sie übergriffig – auf die Religion, die Moral selbst. Keineswegs aber dort, wo Politik versucht, moralisch zu sein, *ohne dadurch Erlösung zu versprechen*. Dies, denke ich, ist die von Gandhi getroffene Unterscheidung, mit der wohl auch Luther leben könnte. Aber ich fürchte, dass sich nur dann die Heilserwartung aus der Politik heraushalten lässt, wenn eine Form des Glaubens und der Moral jenseits der Politik (und des Staates) existiert, auf die man sich als Orientierung beziehen kann. Politik darf, ja soll moralisch sein; wo sie sich aber anheischig macht, Religion zu ersetzen, Heil und Sühne zu versprechen; wo sie absolut, wahr, alternativlos und dergleichen zu sein vorgibt, ist sie, religiös gesprochen, Götzendienst, Selbstzweck, ersetzt die Moral und läuft Gefahr, sich als Moral zu inkarnieren, wo sie doch in Wahrheit nur Politik ist.

Die Umstülpung des Inneren (des Gewissens, der Gesinnung) ins Äußere, Öffentliche, haben wir oben gesagt, hebt die Entfremdung, die Trennung zwischen innen und außen nicht auf, ja mildert sie nicht einmal ab, sondern legt sie auf eklatante Weise offen und verschärft sie. Aus religiöser Sicht ist das Nicht-Einverständnis, die Unzufriedenheit mit der Welt eine Grundgegebenheit, die so selbstverständlich ist, dass sie gar nicht thematisiert werden muss – sie ist nämlich die Voraussetzung der Religion überhaupt, sonst bräuchte es keine, sonst wäre keine. Die einzige Frage, die sich für den Gläubigen stellt, lautet, wie er damit umgeht: indem er sich aus der Welt zurückzieht, wie es die Asketen, *samnyasins* oder auch die taoistischen Weltflüchtlinge in China gemacht und gelehrt haben; oder indem er in der Welt bleibt (und sei es, indem man nach erfolgter Erleuchtung in die Welt zurückkehrt, wie im Fall des Buddha) und dort, trotz allen Widerständen und trotz der letztendlichen Unverbesserlichkeit der Welt, seine Arbeit tut, »zu jedem guten Werk bereit, [...] um damit in der Freiheit des Geistes anderen und auch den Machtausübenden zu dienen«, wie es Luther gesagt hat – und wie Kants kosmopolitischer Aufklärer in seinem Beruf als Beamter treu seinem Staate dienen oder aber den Staatsdienst quittieren soll, wenn es ihm nicht passt; womit er gleichsam wieder auf die asketische Rückzugsposition verfiele.

Blendet man hingegen die Religion aus, wie im Fortgang der Aufklärung geschehen, stuft man sie zurück und hält ihre Lehren für unsinnig, liegt es auf der Hand, nun auch das nicht mehr zu verortende, nicht mehr zu erklärende Nicht-Einverständnis, die Unzufriedenheit, neu und eigens zu thematisieren. Der Raum nun aber, in den Kant diese Unzufriedenheit, die sich bei ihm als Wunsch und Forderung nach Aufklärung äußert, projiziert, ist die (weite) Welt. Die Kosmopolis ist der politische Raum der Aufklärung par excellence nicht zuletzt deswegen, weil wir alle zwar Teil der Welt sind, aber dennoch nicht für die ganze Welt Verantwortung haben, wie wir sie im Kant'schen »privaten« Raum unserer konkreten beruflichen und übrigen Verpflichtungen haben. Die Kosmopolis ist als äußerer Raum, der nun das ehemals Innere des freien Gewissens enthält und spiegelt, für die Aufklärung zugleich der einzig wirklich freie, so frei, wie einst, etwa bei Luther, der innere, im üblichen Sinne private es war.

Dieser Weltraum der Freiheit jedoch ist – typisch für die koloniale Situation ebenso wie für das außenpolitische Gebaren bis heute – als der (Spiel-) Raum der Verantwortungslosigkeit definiert: die Gesinnung (Weber) oder das Bedürfnis zu räsonieren (Kant) dürfen hier nach Belieben ausgelebt werden, ohne Rechenschaft ablegen zu müssen. Mit der Umkehrung von innen und außen bei Kant wird die moralische Rückbindung des Handelns aufgelöst, und zwar insbesondere diejenige des Handelns in der großen, weiten Welt. Das Moralische, einst verstanden als das private Innere, Domäne des Gewissens, erscheint nun als Pflicht – kurioserweise von Kant wiederum »privater« Bereich genannt –, und als Pflicht ist es reine Äußerlichkeit, Gehorsam, damit die »Maschine« läuft. Die eigentliche Gesinnung gilt dagegen als Ort wohlfeiler, unverbindlicher (Meinungs-)Freiheit. Die Versuchung muss groß sein, in diesem unverbindlichen äußeren Bereich auch eine Freiheit des Handelns zu vermuten – des Handelns aus »Gesinnung«, das genau deswegen, weil es sich immer schon im Recht glaubt, willkürlich ist, der Verantwortung und Rechenschaft enthoben.

Nur leider: Dort weit draußen gibt es nichts zu handeln, zu wirken. Unter Verweis auf die Unverbindlichkeit, die Kants Konzept von Öffentlichkeit bewirkt und die in der maximalen Unverbindlichkeit des Internets ihre ultimative und zugleich monströseste Gestalt angenommen hat, ließe sich der Prozess beschreiben, der eine Mentalität der Verantwortungslosigkeit und des »Räsonierens« ohne Rückbindung an Realitäten, rein im Rahmen narrativer Eigenlogik, hervorgebracht hat. Sie äußert sich als Rechthaberei um der Rechthaberei willen überall dort, wo von Öffentlichkeit die Rede ist, vor allem aber in der »Netzöffentlichkeit«. Das Potenzial, das in der Entkopplung von Moral und Politik, Gesinnung und Verantwortung angelegt war, ist freigesetzt.

Anders bei Gandhi. Ähnlich wie Luther, der seinen Namen, ursprünglich »Luder«, in Anspielung auf das griechische Wort für Freiheit (*eleutheria*) änderte[81], das Gewissen dem Zugriff der Kirche, also der äußeren Ordnung entzog und diese dadurch unterhöhlte (bis Kant und Hegel es dem Staat überantworteten), unterminiert Gandhi das abendländische Politikverständnis, indem er ihm den Begriff der Freiheit entwindet, den Fetisch, den in Frage zu stellen für sämtliche Spielarten der Ideologie des Westens den größten Tabubruch darstellt und den Gandhi genau deswegen in Frage stellt, wodurch er, doppeltes Paradox, zum Freiheitskämpfer gegen die vom Westen auferlegte Unfreiheit wurde.

Gandhi legt den Finger in die Wunde des Westens: Erstens ist der Begriff der Freiheit dort unrettbar an den Staat gekoppelt, welcher die Freiheit nach außen und innen garantieren soll, sie aber genau deswegen auch einschränken und gefährden kann, ja sie durch seine bloße Existenz immer schon eingeschränkt hat, vor allem indem er Grenzen schafft. Zweitens beruht der

(National-)Staat auf einem Diskurs über Identität, das heißt über bestimmte Merkmale des Menschen, derentwegen bestimmte Rechte und damit Freiheiten vom Staat zuerkannt werden – oder auch nicht.

Diesem vordergründig politischen, häufig allerdings eschatologisch und religiös aufgeladenen Freiheitsbegriff setzt Gandhi die (innere und so betrachtet lutherische) Freiheit entgegen, die der Asket (*samnyasin*), aber im Prinzip jeder Mensch durch die Entsagung erlangen kann, durch die innere Nicht-Betroffenheit des Asketen. Der äußeren Freiheit, die von Staats wegen dem Menschen in Form einer zugewiesenen, behördlich anerkannten und mit Ausweisen bezeugten Identität verliehen wird, aber im Fall der Unbotmäßigkeit in Form von Gefängnisaufenthalten und Ausweisungen auch wieder aberkannt werden kann, hält Gandhi die innere entgegen.

Freiheit – *moksha* in der indischen Philosophie – bedeutet somit gerade nicht die Freiheit für die Entfaltung einer Identität, sondern das genaue Gegenteil. Sie bedeutet, Identität, Individualität und Besonderheit zu verlieren, davon frei zu werden. Das indische Modell der Freiheit läuft daher konsequenterweise auf Entsagung hinaus. »Wenn das Gefühl für das Ich schwindet, haben wir auch nicht mehr das Gefühl, dass wir irgendjemandes Autorität unterworfen sind«, sagte Gandhi in einem Gespräch.[82] Das althergebrachte Mittel, um das Gefühl für das Ich schwinden zu lassen, besteht in der Askese. Freiheit und Askese hängen also zusammen. Askese besteht in Verzicht. Zu diesem Verzicht gehört neben dem Zölibat und dem Fasten nach Gandhi auch die Gewaltlosigkeit.[83]

Um der Genauigkeit willen und um uns nicht dem Vorwurf auszusetzen, alles über einen Kamm zu scheren, sei an dieser Stelle darauf hingewiesen, dass es zwischen der indischen und der abendländischen Unterscheidung von Geist und Materie, also dem Dualismus, wichtige Unterschiede gibt. Weite Teile dessen, was in der europäischen Vorstellung schon zum geistigen Bereich zählt, ist in der indischen Vorstellung noch Materie: »Neben den materiellen auch psychische und mentale Prozesse, sofern sie dem zeitlichen Gestaltenwandel unterliegen; kurz, ›Materie‹ ist, was Gegenstand der Erfahrung (Wahrnehmung und Erkenntnis) sein kann«, betont der Indologe Michael von Brück in seiner Ausgabe der Bhagavad Gita.[84]

Womöglich kann hier nicht mehr wirklich von einem Dualismus die

Rede sein. Denn es wird ja nicht das, was die abendländische Philosophie als Welt begreift (etwa körperliche Welt und Vorstellung), zweigeteilt, sondern das in der abendländischen Tradition Geteilte zusammengefügt, indem Geist und Materie praktisch auf derselben Seinsstufe positioniert werden, nur ungewohnter- und irreführenderweise »Materie« genannt, da beide, innere Vorstellungen und äußere Welt, dem Gestaltenwandel unterworfen sind. Da die Position jenseits davon, also jenseits des ungeteilten Komplexes von Geist und Materie, praktisch keine der (Erscheinungs-)Welt oder keine in dieser Welt mehr darstellt, ist der Dualismus in der indischen Tradition aufgehoben. Dies hatte schon Hegel richtig erkannt, als er »eine Einheit des Natürlichen und Geistigen« in Indien konstatierte, weswegen er den Indern, wie geschildert, den Vorwurf des Pantheismus machte. Die Außenwelt ist jedenfalls für die klassische indische Philosophie nur insofern von Interesse, als sie psychologische und mentale Vorgänge beeinflusst und steuert – wovon Unabhängigkeit zu erlangen als das höchste dem Menschen erreichbare Ziel gilt. Erst unter diesen Umständen verwirklicht er das reine Bewusstsein, genannt *ātman*, wahres Selbst, welches freilich kein Selbst (Ich, Individuum) im westlichen Sinne ist, sondern der überindividuelle, keiner Veränderung unterworfene Seinsgrund des Menschen.[85]

Diese Verschiebung des Freiheitsbegriffs ist beträchtlich und für unsere Überlegungen fundamental. Unterscheidet man, etwa von Luther inspiriert, in Europa zwischen einer inneren und äußeren Freiheit, nimmt man also an, dass es trotz äußerlicher Zwänge eine Gewissensfreiheit geben kann, man also etwas meinen kann und darf, wonach man nicht handelt oder handeln muss, sind Denken und Handeln nach indischer Vorstellung auf derselben *äußeren* Ebene angesiedelt. Folglich heißt Freiheit, gleichbedeutend mit Glückseligkeit (*moksha*), nicht Freiheit im äußeren oder inneren Sinn, also die Freiheit zu handeln oder zu meinen (und bei Kant dann auch öffentlich zu sagen), was man will und wie es einem richtig scheint; sondern wird Freiheit viel absoluter gedacht, als Freiheit *vom* Handeln und *von* der Notwendigkeit zu handeln, aber ebenso als Freiheit vom Denken und von den Zwängen zum Denken überhaupt. So erklärt sich nun auch der im westlichen Sinn äußerst missverständliche Titel der gesammelten Schriften von Krishnamurti, »Total Freedom«.

Man könnte also sagen, dass Freiheit im Westen eher eine politische, in Indien eher eine ontologische, absolute Größe ist, losgelöst von der Erscheinungswelt und damit der Politik. Da es im Westen mit seinem Zug zum Naturrecht, also zur Rückbindung des Menschen an die Natur, keine absolute Freiheit von der Materie und der Natur gibt (denn diese hat, anders als die Menschenwelt, eherne »Gesetze«), findet sich hier der Bereich der Freiheit ins (Zwischen-)Menschliche verlegt, also ins Politische. In Indien hingegen ist die Befreiung von materiellen Bindungen (und ihren Spiegelungen im Geist) für möglich erachtet und von den Asketen angestrebt respektive errungen worden.

Aus diesen Gründen lehnte Hegel jenes indische, nach westlichem Verständnis arg überspannte Konzept von Freiheit ab; er verstand sehr genau, worauf es hinausläuft. In den »Vorlesungen über die Philosophie der Geschichte« heißt es: »Es fehlt [hier] die Freiheit sowohl als an sich seiender Wille wie auch als subjektive Freiheit. Es ist hiermit der eigentümliche Boden des Staates, das Prinzip der Freiheit, gar nicht vorhanden.«[86] Denn die Freiheit als Bezirk des Geistigen, wie bei Luther, braucht nach Hegel prinzipiell das Gegenteil, also Unfreiheit, die in Gestalt der Natur mit ihren Zwängen (vor)gegeben ist. Wenn Geist und Natur in Indien *insgesamt* als Materie und damit als Reich der Unfreiheit gelten, kann es nach Hegel dort keine Freiheit mehr geben, weil es dort in Indien keinen Gegensatz zwischen Geist und Materie gibt; beziehungsweise weil es bei Hegel, anders als bei den Indern, nichts jenseits von Geist und Materie gibt.

Wenn wir möchten, können wir genau hier das Jenseits des Westens lokalisieren, dasjenige, was im Westen ungedacht geblieben ist, nämlich die Freiheit, nicht nur zu handeln oder zu denken, sondern *vom Handeln und Denken* frei zu sein, also tatsächlich einen transzendenten, inhaltsleeren Bereich anzunehmen, der von Vorstellungen, Bildern, Narrativen frei ist. So erklärt sich auch, warum dem Westen oft Materialismus vorgeworfen wird, ein Vorwurf, der eigentlich nur dann zutrifft, wenn man den Materiebegriff auf das Denken und die Vorstellungen mit ausdehnt, wie es in Indien geschehen ist. Jenseits des Westens ist also recht eigentlich eine Leere, die gleichwohl nicht nichts ist. Genau hierin sehe ich eine strukturelle Parallele zum Recht auf Rechte, das keinen spezifischen Inhalt hat, aber dennoch nicht nichts, nicht irrelevant ist. Es bildet einen Bereich jenseits des Politischen und verlegt die Freiheit in diesen Bereich, in das Narrativ jenseits der Narrative, begreift sie als Narrativ der Narrativlosigkeit oder, wenn man so will, als Erzählung vom Ende der großen Erzählungen oder als reine Sprache im Sinn Benjamins.

Das zeugt von Weisheit, sofern wir dieses Wort benutzen dürfen. Denn unsere Vorstellungen und Gedanken (ganz wie dasjenige, was Luther als die innere Freiheit und das Gewissen bezeichnet) sind nicht völlig beliebig (wer kann schon seine Gedanken kontrollieren?), sondern folgen Narrativen, Vorstellungsweisen, Logiken und symbolischen sowie anderen Ordnungen, mit anderen Worten, sind nur in einem sehr eingeschränkten Sinn frei, im indischen Sinne daher Grund und Gegenstand des Verhaftetseins in der Welt. Die Verlagerung des Freiheitsbegriffs auf ein Jenseits des Denk- und Vorstellbaren, auf ein Jenseits der Narrative (und damit nicht auf ein Masternarrativ, sondern gleichsam auf ein *Leernarrativ*, wie wir, etwas eigenwillig vielleicht, *nirvāna* verstehen könnten) führt zu einem entscheidenden Paradigmenwechsel, indem es die theoretische Möglichkeit benennt, welche in diesem Sinn die einzige wirkliche Freiheit wäre: zwischen den Narrativen zu wechseln, ihnen nicht ausgeliefert zu sein, ihren Wahrheitsansprüchen, Wahrheitszwängen, ihren absoluten Geltungsansprüchen entkommen zu können. Ihnen zu entkommen nicht in ein *nirvāna*, wie es die indischen Systeme und der Buddhismus vorsehen, sondern in ein immer anderes Narrativ, in das Bewusstsein von der Relativität, Beschränktheit und geschichtlichen Konstruiertheit jedes Narrativs. Man kann, sagen die Inder, vielleicht dieses Jenseits (*nirvāna*) erreichen und in ihm bleiben. Aber dies ist eine Lebensaufgabe, und sie zielt auf einen Bereich, der politisch nur schwer verwertbar ist.

Dieses (jedenfalls im politischen Sinn) hypothetisch bleibende Jenseits oder Leernarrativ kann gleichwohl auch von denen genutzt werden, für die die indische Lösung nicht in Frage kommt – und zwar politisch. Man kann es nämlich als Drehkreuz und Verteilerkreis nutzen, bildlich gesprochen wie einen Großflughafen, auf dem man länger als eine Nacht nicht bleiben möchte, aber von wo aus man aus jeder Welt, jedem Narrativ, jeder Ideologie in jede andere entkommen kann. Und diese Möglichkeit allein, der bloße Blick auf die Anzeigetafel mit den Reisezielen in der Schalterhalle, genügt, um den eigenen Ort zu transzendieren, zu relativieren, seine Alternativlosigkeits- und Ausschließlichkeitsbehauptungen (»es gibt nichts anderes als mich, ich bin die Wahrheit«) in Frage zu stellen, das Bild, das man sich von Gott gemacht hat, als Bild zu erkennen und zu sehen, dass Gott viele Gestalten, in Wahrheit aber gar keine fassbare hat.

Das so gewonnene Wissen um die Relativität der Wahrheiten und Narrative führt zu einem Bruch, einem Riss in den Erzählungen, Wissenssystemen, Ordnungen. Dieser Riss ist aber gerade kein Mangel, er soll nicht geheilt oder beseitigt, sondern idealerweise weiter aufgerissen werden. Dies bildet den gegenteiligen Impuls zu demjenigen, den die Fortschrittsnarrative, die hegelianische oder marxistische Dialektik und die Eigentlichkeitsparadigmen mit ihrer geschlossenen Wahrheitsfront verfolgen. Das bedeutet, wie wir gleich am Beispiel Gandhi zeigen können, keinen Verzicht auf politische Betätigung, bedeutet keinen Aufruf zur Bewahrung des Status quo. Der aufreißende, durch die Ansetzung des Jenseits eingerissene Riss setzt unweigerlich – wir haben es im letzten Kapitel bei der Besprechung des Rechts auf Rechte angedeutet – eine Dynamik in Gang, die jeden hegemonialen, jeden ausschließenden, jeden absolute Wahrheit beanspruchenden Diskurs entmachtet und damit natürlich auch die aus ihm folgenden Politiken, Hegemonien, Monopole und so weiter. Es ist das große Manko, die Ursünde der marxistischen Theorie, aber auch aller anderen sich aus Aufklärung und Moderne ableitenden Theoreme, in ihrer Kritik der Wahrheitsansprüche anderer doch für sich selbst immer die Wahrheit zu beanspruchen und genau dieselben risslosen, entfremdungsintoleranten und Geschlossenheit beanspruchenden Narrative in die Welt zu setzen, um dergestalt im Moment der Kritik das Kritisierte eigenhändig weiterzubetreiben, zu stärken, zu perpetuieren und zu replizieren, bis die ursprünglich kritische Absicht schließlich völlig aus dem Blick gerät und man sich fragt, warum all die Kritik das Kritisierte nur stärkt.

Der Riss im Narrativ, der unweigerlich ein Riss in allen Narrativen ist, erweist sich im Übrigen als derjenige Faktor, der die Menschen über Weltanschauungen und Kulturen hinweg verbindet, Fenster, Durchlässe, Schleusen schafft. Wenn ein Narrativ ein geschlossenes Gefäß ist, hat das Neue,

Unerwartete, Ungedachte darin von vornherein keinen Raum, ist nicht vorgesehen, wird immer schon eingemeindet, interpretiert, auf die Passgröße des Eigenen reduziert. Gelingt dies nicht, bricht, bildlich gesprochen, Panik aus, denn der Riss wird sichtbar, der Kontrollverlust offenkundig, das Versagen des Narrativs unübersehbar.

Kann jede Person im politischen Sinn nur frei sein, wenn sie von anderen Personen klar unterscheidbar, getrennt ist, und verdankt ein »Individuum«, wörtlich das »Unteilbare«, seinen Namen dem Besonderen[87], Abgesonderten, so bedeutet dieser Riss auch eine Infragestellung, Relativierung, Aussetzung der vorherrschenden Vorstellungen von Identität und Individualität. Er reißt sie auf, öffnet sie.

Die Ahnung, dass das Individuum nichts ist, treibt auch den Buddhismus an, wo *nirvāna* »das Ausblasen, das Erlöschen des Ich-Wahns bedeutet« (was nebenbei gesagt heißt, dass dieser Ich-Wahn keine moderne westliche Erfindung, kein Phänomen des Spätkapitalismus ist). »Des Ichbewusstseins Beseitigung ist fürwahr das höchste Glück«, lautet ein bekannter Ausspruch Buddhas.[88] Und in einem Lehrgespräch sagt er:

> Darum also, o Mönche: was auch immer Körper ist, vergangen, gegenwärtig, zukünftig, innerlich oder äußerlich, grob oder fein, […] ist den Tatsachen entsprechend mit vollkommener Weisheit so zu betrachten: Das ist nicht mein; der bin ich nicht, das ist nicht mein Selbst! Was auch immer Empfindungen sind, was auch immer Wahrnehmung ist, was auch immer Geisteskräfte sind, was auch immer Bewusstsein ist […]: Das ist nicht mein, das bin ich nicht; das ist nicht mein Selbst![89]

Verständlicherweise faszinieren solche Lehren. Für unsere Fragestellung sind sie jedoch nur bedingt interessant. Es kann nicht darum gehen, den Nullpunkt, *nirvāna*, zu erreichen, sondern nur darum, die Struktur zu nutzen und zu reflektieren, die sich aus der theoretischen Möglichkeit eines solchen Nullpunktes des Bewusstseins ergibt und welche ich mit der hypothetischen Position jenseits aller Narrative, Ideologien, Vorstellungen gleichsetze. Wer sich zutraut, diese Position als solche zu erreichen, möge es gern versuchen; (kosmo-)politisch ist es wenig relevant.[90]

Ich gehe also davon aus, dass wir uns stets in Vorstellungen und Narrativen bewegen, ja uns ohne sie, so diffus sie auch sein mögen, gar nicht orientieren, geschweige denn komplexe Gesellschaften organisieren und zusammenhalten können. Gesteht man dies zu, ist es aber umso wichtiger, auch die wenigstens theoretisch wohlbegründete Möglichkeit eines Nullpunktes dieser Narrative zu bedenken, um das, was innerhalb der Narrative durchaus als schlüssig, wahr, plausibel, wirklich erscheint, nicht auch absolut und damit für alle, für die ganze Welt, als wahr, plausibel, wirklich aufzufassen, vielmehr die Hintergehbarkeit, Auflösbarkeit dieser Wahrheit anzuerkennen. Dies und nichts anderes sollte heute eine kosmopolitische Haltung sein. Erst dann gewinnt man Flexibilität und eine Freiheit nicht nur im Rahmen eines gegebenen Narrativs, einer jeweiligen kulturellen Prägung, sondern auch eine Freiheit von diesen Einrahmungen. Zugleich bedeutet die Annahme dieses Nullpunktes aber nicht völlige Beliebigkeit, nicht ein wertfreies *anything goes*, sondern bedeutet über jedes einzelne Narrativ hinaus einen Zusammenhalt, eine Gemeinsamkeit, eine Überindividualität, Transzendierung begrenzender Identität, welche eine Form von narrativer Milde vorgibt und stets etwas Höheres und *Gemeinsameres* als das bloß Gegebene, Aufscheinende ansetzt.

Die Weigerung oder Unfähigkeit, eine derartige Lehre vom Nullpunkt und damit der Begrenztheit und Relativität eines jeden Narrativs zu akzeptieren, scheint die zentrale Problematik sowohl der Ideologie des Westens wie auch vieler Religionen zu sein, sofern sie die eigenen Erzählungen von Gott als absolut setzen. Kein gebildeter Vertreter einer konkreten, positiven Religion wird um die Erkenntnis herumkommen, dass es sich auch bei der seinigen »nur« um ein solches Narrativ handeln kann, jede Religion folglich eine innerweltliche Form der Seinsdeutung neben vielen anderen ist, die gleichberechtigt Sinnstiftung beanspruchen. Zu den großen Leistungen der Bibelkritik und der Aufklärung zählt es, das Bewusstsein dafür geschärft, wenn nicht überhaupt erst geschaffen zu haben, dass Religionen Narrative sind, vom Menschen gemacht, menschlichen Bedingungen unterworfen, in ihren konkreten Erscheinungsweisen nie transzendent – und dass sie sich aufgrund dessen von der höheren, höchsten, transzendenten Instanz unterscheiden lassen.

Dies heißt aber auch, dass sie sich immer schon im Raum des Politischen befinden. Dies hatte Gandhi in Europa gelernt und befähigte ihn in Indien dazu, nun seinerseits in die Religion einzugreifen, sie auf seine Weise zu interpretieren und zu politisieren, sie zu einer Kraft umzugestalten, zu einem Narrativ, welches den Widerstand gegen den Kolonialismus mitgetragen und den gewaltlosen Widerstand salonfähig und erfolgreich gemacht hat. Durch seinen ostentativen Bezug auf den Hinduismus und lokale Traditionen, ideologisch gestärkt durch seine Deutung der Bhagavad Gita, gelang es Gandhi, aus dem unhinterfragten und unhinterfragbar scheinenden westlichen Narrativ von Freiheit, Staat und Politik herauszuspringen und alternative Handlungsmöglichkeiten zu gewinnen.

Baut das westliche Narrativ, wie es auch von den Engländern vertreten wurde, auf dem (National-)Staat auf, auf die Vorstellungen von Ich, Individuum, Subjektivität, die mit dem Staat in einem Bedingungsverhältnis stehen, weil seine Existenzberechtigung vornehmlich darin besteht, diese Vorstellungen zu schützen und lebbar zu machen, lässt Gandhi dieses Narrativ hinter sich. Er hatte verstanden, dass innerhalb dieses von den Briten vorgegebenen Rahmens und der britischen Gesetze keine Verbesserung der Situation in Indien möglich war – die britische Verantwortungsethik beziehungsweise der britische »Privatgebrauch« der Vernunft zu Diensten des Staates deutete oder beugte diese Gesetze unweigerlich stets zuungunsten der Inder. Die meisten anderen Freiheitskämpfer, zumal die sogenannten »Extremisten« (wie Aurobindo und Tilak), wandten lediglich den westlichen Freiheitsbegriff gegen den Westen, antworteten also auf die Gewalt mit Gegenwalt und blieben damit der westlichen Vorstellung von Identität, Nation, Freiheit, Politik verhaftet – verständlich insofern, als es trügerischerweise ausgerechnet dieses westliche Politikverständnis war, das Freiheit und Unabhängigkeit versprach. Der radikalste Vertreter eines indischen Nationalismus nach Art der europäischen Nationalismen war Vinayak Damodar Savarkar (1883–1966). Er gilt nicht nur als Vordenker der gegenwärtigen, rechtsnationalistischen Regierung Indiens unter Premierminister Narendra Modi, sondern auch als derjenige, der den Mörder von Gandhi und frühere Attentatsversuche gegen ihn inspiriert hat.[91]

Gandhi hingegen stellte im Lauf seiner Gita-Lektüre, wie sie sich in seinen »Discourses on the Gita« (1926)[92] spiegelt, die Vorstellungen von Staat, Identität, Individuum radikal in Frage. Den Dreh- und Angelpunkt bildet dabei der Begriff der Freiheit, den Gandhi nicht westlich, sondern indisch versteht. Gandhi ersetzt den westlichen Begriff der politischen Freiheit durch den indischen der entsagenden Freiheit, der Freiheit, die entsteht, wenn man nichts mehr von der Welt will und von ihr unabhängig wird.[93] Eine solche Haltung hebelt die vom westlichen Freiheitsbegriff vorgegebenen Paradigmen aus, wie sie Hegel so klar formulierte: die Unterscheidung zwischen Geist und Natur (also den Dualismus), die von Subjekt und Objekt, die von Identität (sowieso die von nationaler Identität) und Nicht-Identität und die von Individualität und Gemeinschaft. Denn das Selbst im indischen Sinn, das *ātman*, ist überindividuell, der »Ich-Wahn« löst sich darin auf, wie wir an den Zitaten aus den Reden von Buddha gesehen haben.

Dass dies für Gandhi nicht nur Gerede war, zeigt sich an einem auffälligen Zug seines politischen Wirkens und seiner Erscheinung. Seine Ablehnung des westlichen Unterscheidungswahns und westlicher Identitätspolitik machte nicht einmal vor geschlechtlichen Unterschieden halt. Gandhi tritt als androgynes Wesen auf. Der Psychoanalytiker Erik H. Erikson schreibt über Gandhi:

> Ob es jemals einen anderen politischen Führer gegeben hat, der beinah seinen Stolz darein setzte, halb Mann und halb Frau zu sein, und der in so skandalöser Weise wie Gandhi danach strebte, mütterlicher zu sein als die Frauen? […] Doch die feminine Bildlichkeit scheint sich zwanglos-natürlich eingestellt zu haben. Es hat natürlich viel Gerede über Gandhis Liebe zur Arbeit am häuslichen Spinnrad gegeben, die […] traditionsgemäß Frauenarbeit war. All solchem Gerede indessen würde Gandhi mit dem schlichten Eingeständnis begegnet sein, dass er, ja gewiss, angestrebt habe, halb Frau zu sein, ganz so wie er Churchills herabsetzende Bemerkung über den nackten Fakir mit der Versicherung konterte, dass er, ja unbedingt, so nackt sein wollte wie nur möglich.[94]

Freiheit im reinsten Sinn kann nur den Verzicht auf Identität, auftrumpfendes Handeln, Narrative bedeuten.[95] Die Freiheit von allen Narrativen wird damit erkauft, nichts mehr zu erzählen, darzustellen, nackt zu sein. Sich mit der Erscheinungswelt zu identifizieren gilt als Schwäche. Setzt man, wie es Gandhi offenbar tat, ein solches System voraus, so lautet in einer konkreten historischen Situation wie der seinen die große Frage, wie man von diesem inhalts- und interesselosen Bewusstsein wieder zurück in die Immanenz des konkreten, politischen Handels gelangt, ja einen Freiheitskampf führen kann; wie man, mit Weber gesprochen, ohne sittlich gefährdende Mittel rein moralisch handeln könne; Weber bestritt diese Möglichkeit.

Dabei half ihm die Gita, weil sie das Handeln gemäß der Ordnung (*dharma*) zwar empfahl, wie Weber richtig sah, aber, wie Weber unterschlug, unter der wichtigen Bedingung der Desinteressiertheit, also der inneren Askese und entsagenden Freiheit. Der rumänisch-französische Religionswissenschaftler Mircea Eliade hat die von der Gita vertretene Position so beschrieben, dass der Mensch zwar seine historische Situation und ihre Erfordernisse akzeptieren und ihnen [das heißt dem *dharma*] gemäß handeln soll, »er muss es sich aber versagen, seinen Taten einen Wert beizumessen und folglich seiner eigenen Situation einen absoluten Wert zu geben«.[96] Auf diese Weise werden die Taten und die Möglichkeit zu handeln gleichsam »gerettet«, stellen eine Form der *Opfergabe* dar, indem man seine Handlungen nicht für sich selbst vornimmt, also auf die Früchte seiner Taten verzichtet. Nur so kann man verhindern, nicht Sklave seiner Taten und Begierden zu werden: »Das schlechte Handeln besteht im Glauben, die Welt, die Zeit und die Geschichte verfügten über eine eigene und unabhängige Wirklichkeit, es existiert also nichts anderes außerhalb der Welt und der Zeitlichkeit.«[97]

Dies sei auch die Haltung von Nietzsche, stellt der amerikanische Philosoph Arthur C. Danto mit Bezug auf die Bhagavad Gita fest, mit deren Hilfe er einen Aphorismus aus »Also sprach Zarathustra« deutet. Dieser lautet: »Unbekümmert, spöttisch, gewalttätig – so will uns die Weisheit. Sie ist ein Weib, sie liebt immer nur einen Kriegsmann.«[98] Der Unterschied zur Gita sei freilich, dass Nietzsche kein Jenseits ansetzt, nicht einmal, wie die abendländische Tradition seit der Aufklärung, eine Zukunft oder ein Ideal, worauf das Handeln zu beziehen sei. Es gehe Nietzsche um das Handeln, das Dasein im Präsens als Selbstzweck.[99] Auch hier wäre, so könnten wir Nietzsche-Danto mit Gita-Eliade verknüpfen, das Handeln ein Opfer, denn es geht nicht um die Früchte des Handelns, sondern nur um das Handeln als solches. Wem aber bringt man dieses Opfer, wenn es keinen Gott, kein Jenseits gibt? Da das Handeln bei Nietzsche nicht für einen Gott und auch nicht um der anderen willen geschieht, geschieht es nur für einen, den Handelnden selbst. Der Mensch ist dann kein Mittel mehr für einen anderen, jenseitigen, ihm fremden Zweck, sondern Selbstzweck. Das führt Danto zum Schluss: »Es überrascht kaum, dass dies die einzige Sichtweise ist, die mit der menschlichen Würde vereinbar ist: mit dem Menschen als Endzweck.«[100] Wir dürfen dies als den Grundirrtum der Postmoderne bezeichnen, dasjenige, was das *anything goes* von dem *many things go, but not all* unterscheidet.

Nicht für einen von außen oder in einem Jenseits angesiedelten Zweck zu handeln (wie es Religionen fordern) kann schwerlich rechtfertigen, den Blick von den Folgen des Handelns abzuwenden, worauf es bei Nietzsche letztlich hinausläuft. Zumindest wäre ein solches Handeln kaum »als einziges mit der Würde des Menschen vereinbar«, wie Danto behauptet. Das Gegenteil ist wahr: Es wäre überhaupt nicht mit der Würde des Menschen vereinbar, und es würde den Menschen auch nicht als Endzweck, »man as an end«, setzen. Es sei denn, man will hier das englische *man* nicht im Sinne des Menschen, also der Menschheit allgemein verstehen, sondern als »Mann« im primitiven Sinn maskulin-identitären Auftrumpfens, wie es die beliebte *coming-of-age*-Lesart Nietzsches nahelegen würde. Zudem unterschlagen Nietzsche-Danto, dass ein Handeln um des Handelns willen außerhalb einer gegebenen Ordnung, eines *dharma*, eines Narrativs keinen Sinn und keine Befriedigung verspricht.[101] Die Vision Nietzsches läuft daher, wenn sie überhaupt Sinn ergeben soll, schlicht auf das Eigentlichkeitsnarrativ hinaus. Statt dass der Wille (zur Macht) auf große Visionen oder ein Jenseits gerichtet wird, bedeute Nietzsches Philosophie, so Danto, die Rückwendung des Willens »to the goals of simple human life«.[102] Man kann über diese präpostmoderne Philosophie der Selbstzufriedenheit im Rahmen der Simplizität des je Gegebenen denken, was man will. Dass sie eine taugliche Vision für eine Zeit globaler, kulturübergreifender Begegnungen und Reibungen ist, wird schwerlich jemand behaupten wollen.

Also zurück zu Gandhi, wiewohl er uns mehr abverlangt als Nietzsche. Durch die Vorgabe der entsagenden Freiheit, also einer Form des Rückzugs und der Negation des Gegebenen, war die Art des Widerstandes gegen die britische Herrschaft vorgegeben und definiert: nämlich ebenfalls als eine Haltung der Entsagung, das heißt Verweigerung. Diese Verweigerung manifestierte sich in der Gandhi'schen Politik der Streiks und der Nicht-Kooperation mit den Briten. Statt *sich der Politik zu verweigern*, wie es die traditionelle indische Haltung nahegelegt hätte, praktizierte er *eine Politik der Verweigerung*. Bei Gandhi wird die Askese, vormals Mittel der persönlichen Heilssuche, zu einem Mittel der Politik, mit der man dem System zu Leibe rückt, das die Freiheit im doppelten Sinn beschneidet: einerseits – ganz offensichtlich – politisch, andererseits – weniger offensichtlich – ontologisch, indem es ableugnet, dass es einen (relevanten!) Bereich jenseits der Politik, jenseits der Welt der Erscheinungen gibt. Vor diesem Hintergrund kann der Asket, den Gandhi verkörpern wollte, nun mit reinem Gewissen handeln, uneigennützig, wie es Krishna in der Gita lehrt.

Gandhis politisches Handeln besteht aus Askese, Enthaltung, Versagung, Verweigerung, besteht aus dem Verzicht auf die Manifestation von persönlicher Identität und Individualität, fährt die Narrative so weit wie möglich auf das Leernarrativ, den Nullpunkt zurück, der zwar nie erreicht, aber doch angestrebt werden, dem man sich annähern kann. Die Tat besteht darin, nichts zu tun beziehungsweise wie Gandhi tagein, tagaus das Spinnrad zu spinnen und möglichst nackt herumzulaufen. Das Weber'sche »Problem der Heiligung der Mittel durch den Zweck«[103] hat sich erledigt, weil Mittel und Zweck in der Praxis der entsagenden Freiheit, also der Enthaltung, dem Nein, der Askese zusammenfallen. Dies ist möglich, weil der Zweck, der Lehre der Gita gemäß, nichts in der Welt Abbildbares, zu Verwirklichendes, mit den Mitteln der Welt Darstellbares ist. Im abendländischen Sinn lässt sich dies folglich auch als Zweck nicht mehr begreifen. Paradox ausgedrückt: Der Zweck wird dadurch erreicht, dass er geopfert wird – das Opfer des Zwecks ist das Mittel, das den Zweck erreicht.

Inwiefern dies als Lektion für andere Bewegungen des Widerstands und des Protests taugt, kann nur die Praxis erweisen. Fraglos ist es ein Modell des langen Atems – Gandhi hat über dreißig Jahre gebraucht, um das Ziel, die Unabhängigkeit, zu erreichen. Dann wurde er von einem Hindu-Nationalisten erschossen und das Land nach den Vorgaben einer von Europa abgeschauten Identitätspolitik zwischen Hindus und Muslimen geteilt, eine Politik, gegen die sich Gandhi bis zuletzt gewehrt hatte. Die muslimischen Teile des ehemaligen Britisch-Indien heißen Pakistan und Bangladesch, und das restliche Indien ist heute im Griff eines neoliberalen Ultranationalismus, der in allem das Gegenteil von Gandhis politischen, gesellschaftlichen und moralischen Visionen verkörpert und Gandhis Erbe nach Kräften zu verdrängen sucht. Mit der hinduistischen Tradition, wie Gandhi und auch Aurobindo sie wiederbelebt und unter Bezug auf die Ethik der ältesten indischen Texte für die Gegenwart politisch nutzbar gemacht haben, hat diese Art des Hindu-Nationalismus nicht das Geringste zu tun. Gandhis politisches Lebenswerk muss als zerstört betrachtet werden. Umso imposanter steht er heute als intellektuelle und moralische Größe vor uns – sein Erbe ist neu zu entdecken, angesichts unserer Gegenwart kritisch[104] neu zu lesen und zu aktualisieren.

Das Konzept der entsagenden Freiheit eröffnet nicht zuletzt neue Möglichkeiten im Kampf gegen die Dominanz des Kapitalismus, gegen die noch kein Mittel gefunden scheint. Gandhis Politik der Nicht-Kooperation diente nämlich nicht nur der Erlangung der politischen Selbstbestimmung, sondern war auch ein Widerstand gegen die wirtschaftliche Ausbeutung. Damit schadete er den Engländern nicht nur wirtschaftlich, sondern er diskreditierte sie auch moralisch. Gandhi schreibt:

> Unsere Nicht-Kooperation ist keine gegen die Engländer oder den Westen. Unsere Nicht-Kooperation soll das System treffen, das die Engländer etabliert haben, den materiellen Aspekt der Zivilisation, die dazugehörige Gier und die Ausbeutung der Schwächeren.[105]

Mit dieser Aussage wird für antikapitalistische Politik ein Horizont eröffnet, der den indischen Kontext weit überschreitet und die zugleich, notabene, antimaterialistisch zu sein hätte. Die schwer zu beantwortende Frage lautet, ob es dafür, wie bei Gandhi, eine religiöse Grundierung braucht oder ob eine antimaterialistische Politik allein aus dem Bewusstsein der Endlichkeit und Relativität der Narrative, Ideologien, Weltsichten, Religionen gewonnen werden kann. Soll dies gelingen, dürfen die Aufklärung und ihre Nachfolgeideologien von Hegel über Marx bis zu Nietzsche ebenfalls nicht zu einer veräußerlichten *ultima ratio*, einem erstarrten Dogma gemacht werden, sondern müssen sich als eine kritische Erzählung unter vielen begreifen lernen. Eben weil jedem angeraten sei, sich des eigenen Verstandes zu bedienen, werden wir auch die Art und Weise, wie die Aufklärer sich ihres Verstandes bedient haben, kritisch hinterfragen dürfen. Nur wenn man sich von ihren Dogmen freimacht, wird man die Erzählungen, Narrative und Weltsichten jenseits des Westens angemessen würdigen können. Zu diesen zählt zweifelsohne auch der entsagende Freiheitsbegriff und damit die Spiritualität Indiens, neben vielen anderen Traditionen, nicht zuletzt afrikanischen und fernöstlichen, die wir hier nicht mehr behandeln können.

Der vielleicht letzte große Universalhistoriker, Arnold J. Toynbee (1889–1975), den neu zu entdecken an der Zeit wäre und der uns mehr zu sagen hat als Fukuyama, Huntington und ihre Adepten, äußerte bereits 1961 die Hoffnung, dass Gandhis »gewaltsamer Tod im Namen einer edlen Sache eine geistige Kraft erzeugt, die noch postum unwiderstehlich wirkt«.[106] Ganz im Sinn Gandhis schrieb er:

> Der Sinn des menschlichen Lebens ist geistig, und dieser geistige Daseinszweck unterscheidet den Menschen von seinen nicht-menschlichen Mitgeschöpfen auf der Oberfläche unseres Planeten. Einige physische Mittel sind natürlich zur Erreichung des geistigen Zieles unerlässlich, denn sie sind für das Leben selbst notwendig. Aber was die Quantität an Konsumgütern anbetrifft, so sind die materiellen Erfordernisse des Lebens sehr gering. Betrachtet man, wie christliche und buddhistische Mönche leben, so hat man einen gültigen Maßstab dafür, worin die echten Erfordernisse des Lebens bestehen.[107] […] Die Fähigkeit des Menschen, materielle Güter tatsächlich zu besitzen, ist sehr begrenzt. Wenn er sich nach dem Unendlichen sehnt, kann er den Ausweg nur im geistigen Bereich finden – auf den Gebieten der Wissenschaft, der Kunst und, vielleicht vor allem anderen, der Religion.[108]

Toynbee plädiert hier weniger für die Religion um der Religion willen als für die Religion im Sinne eines Mittels (neben den anderen geistigen), die »psychologische Sklaverei« der »wunscherzeugenden Industrie«, das heißt der Werbung, abzuschütteln: »Schließlich ist eine der kostbarsten menschlichen Freiheiten, die Amerika verloren hat, die Freiheit von der Tyrannei der Werbung.«[109] Indem Toynbee Geistiges und die Religion als Gegengift gegen Werbung und Kapitalismus empfiehlt, zieht er, ohne dass er es ahnen konnte, die Konsequenzen aus einer Einsicht Walter Benjamins. Dieser schrieb in einem zu seinen Lebzeiten unveröffentlichten, inzwischen berühmten Textentwurf:

> Im Kapitalismus ist eine Religion zu erblicken, d.h. der Kapitalismus dient essentiell der Befriedigung derselben Sorgen, Qualen, Unruhen, auf die ehemals die so genannten Religionen Antwort gaben. […] Der Kapitalismus ist vermutlich der erste Fall eines nicht entsühnenden, sondern verschuldenden Kultus.[110]

Die Verschuldung, zu welcher der Kapitalismus (nicht zuletzt mit Hilfe der Werbung und sonstiger selbstverherrlichender Mittel wie etwa dem Film) einlädt und verführt, dürfen wir hier sowohl *faktisch* wie *metaphorisch* verstehen, als *finanzielle* ebenso wie als *moralische* Schuld. Während aber jeder weiß, was materielle Schulden sind, stellt sich die Frage, worin unter den areligiösen Bedingungen des Kapitalismus noch die moralische Schuld liegen könnte. Benjamin gibt die Antwort:

> Darin liegt das historisch Unerhörte des Kapitalismus, dass Religion [in seinem Fall] nicht mehr Reform des Seins sondern dessen Zertrümmerung ist. [Das heißt, der Kapitalismus bedeutet:] Die Ausweitung der Verzweiflung zum religiösen Weltzustand, aus dem die Heilung zu erwarten sei. Gottes Transzendenz ist gefallen. Aber er ist nicht tot, er ist ins Menschenschicksal einbezogen.[111]

Der »erste« Mensch, »der die kapitalistische Religion erkennend zu erfüllen beginnt«, ist nach Benjamin niemand anderes als Nietzsches Übermensch:

»Der Typus des kapitalistischen religiösen Denkens findet sich großartig in der Philosophie Nietzsches ausgesprochen. […] Der Übermensch ist der ohne Umkehr angelangte, der durch den Himmel durchgewachsne, historische Mensch.«[112] Auf Nietzsches zentrale Rolle in der neoliberalen Ideologie des Westens haben wir hingewiesen. Als Vordenker eines solchen Kapitalismus, der keine (politisch relevanten) Götter neben sich duldet, musste Nietzsche, so Benjamin, unweigerlich zum Verkünder des Todes Gottes werden.

Auf Nietzsche geht auch die These zurück, die Benjamin nun umdreht, nämlich dass der moralische (und damit metaphorische) Begriff der Schuld (im religiösen Sinn) auf nichts anderes als auf eine faktische, unmetaphorische, also finanzielle oder materielle Schuld zurückgeht. In »Zur Genealogie der Moral« schreibt Nietzsche:

> Haben sich die bisherigen Genealogien der Moral auch nur von Ferne Etwas davon träumen lassen, dass zum Beispiel jener moralische Hauptbegriff »Schuld« seine Herkunft aus dem sehr materiellen Begriff »Schulden« genommen hat?[113] […] In dieser Sphäre, im Obligationen-Rechte also, hat die moralische Begriffswelt »Schuld«, »Gewissen«, »Pflicht«, »Heiligkeit der Pflicht« ihren Entstehungsherd, – ihr Anfang ist, wie alles Große auf Erden, gründlich und lange mit Blut begossen worden.[114]

Benjamins Umkehrung dieses berühmten nietzscheanischen Gedankens ist genial. Wir können den Weg von Nietzsche zu Benjamin so beschreiben: Nietzsche schafft die moralische Schuld ab, indem er sie auf die bloß handfeste materielle, die Kapitalschuld zurückführt. Für den Übermenschen, der Nietzsches Moral annimmt, ist dies fortan die einzige Art der Schuld, die einzige Art, überhaupt noch schuldig werden zu können: materiell. Da Gott beseitigt ist, kann man ihm und der Moral gegenüber nicht mehr schuldig werden, so Nietzsche. Dies bedeutet, so Benjamin, dass nach Nietzsche alles erlaubt ist, solange es nur dem Kapitalismus dient, dessen Motor die Verschuldung ist, das Bedürfnis, immer mehr haben zu wollen, als man hat. In dem Moment, wo die Schuld universalisiert worden ist, das heißt niemand mehr ohne (materielle) Schulden und, wie erst heute ersichtlich wird, das Sein zertrümmert, der Planet zerstört ist – dieser Prozess ist im vollen Gang, wird aber natürlich von den »Schuldigen« abgeleugnet, da sie keine Schuld außer der Kapitalschuld kennen –, wird die Schuld an dieser Zerstörung moralisch, wird zu einer Verzweiflung, die solche Ausmaße annimmt, dass die für die Menschen einzige vorstellbare Rettung in der Religion selbst liegt, in der Hoffnung, dass es vielleicht doch noch einen Gott gibt, der alles zum Besten wendet, die Menschen von dieser nun moralische Ausmaße annehmenden materiellen Schuld erlöst. Benjamin schreibt: »[…] Im Wesen dieser religiösen Bewegung, welche der Kapitalismus ist, liegt das Aushalten bis ans Ende, bis an die endliche völlige Verschuldung Gottes, [bis an] den erreichten Weltzustand der Verzweiflung auf die gerade noch *gehofft* wird.«[115] Erst wenn die materielle Schuld wieder moralisch wird, als solche verstanden wird, kann die Wende gelingen, die allein aus der Verzweiflung und Zerstörung errettet.

Wir können Arnolds und Gandhis Forderung nach dem Geistigen und die Tatsache, dass sie beide das Geistige und die Religion gegen den Kapitalismus in Stellung bringen, als ein Anzeichen dafür sehen, dass die Rolle, die Benjamin Gott und der Religion noch zugedacht hat, nämlich am Ende der kapitalistischen Verwüstung als Retter(in) aufzutreten, bereits am Horizont des Kapitalismus aufgeschimmert ist. Wir können die vielbeschworene »Rückkehr der Religion«[116] insgesamt in diese Richtung deuten. Ein beruhigendes Zeichen wäre es nicht. Aber diese Erkenntnis spricht nicht gegen die Religion, sondern gegen den Kapitalismus unserer Tage. Im Schlusskapitel seiner Autobiografie »Meine Experimente mit der Wahrheit« schreibt Gandhi:

> Meine Erfahrung hat mich durchgehend davon überzeugt, dass es keinen anderen Gott gibt als die Wahrheit. Und wenn nicht jede Seite in den vorangegangenen Kapiteln den Lesern verkündet, dass das einzige Mittel, die Wahrheit zu verwirklichen, *ahimsa* [Gewaltlosigkeit] ist, dann muss ich denken, dass alle meine Qualen beim Schreiben dieser Kapitel vergeblich gewesen sind. […] Um dem universellen, alles durchdringenden Geist der Wahrheit von Angesicht zu Angesicht entgegenzutreten, muss man das niedrigste Geschöpf so sehr lieben wie sich selbst. Aber jemand, der seinen Ehrgeiz daransetzt, dies zu verwirklichen, kann sich

> nicht aus allen Aspekten des Lebens heraushalten. So hat mich meine Hingabe an die Wahrheit auf das Feld der Politik geführt. Und ich kann ohne im Mindesten zu zögern und doch mit der größten Demut sagen, dass alle jene, die behaupten, Religion habe nichts mit Politik zu tun, keine Ahnung davon haben, was Religion bedeutet.[117]

Statt die Wahrheit mit Gott gleichzusetzen, setzt Gandhi Gott mit der Wahrheit gleich – eine Akzentverschiebung, die man schnell überliest, die aber von ungeahnter Tragweite ist. Gandhi hat oft betont, dass man die Wahrheit zwar suchen, aber nie endgültig erreichen kann, genauso wie man die absolute Vollkommenheit, das Ideal indischer Religiosität, nicht letztgültig erreichen kann. Wenn die Wahrheit Gott ist, besteht die Gefahr, sie mit den Göttern zu verwechseln, die angebetet werden, oder mit dem Gott, von dem sich die dogmatisch ausgestalteten Religionen ein Bild machen. Wenn Gott hingegen die Wahrheit ist, ist er selbst dasjenige, was stets gesucht und nie endgültig erreicht werden kann. Eine letzte Wahrheit gibt es nicht, weil Wahrheiten immer Wahrheiten in und durch ein Narrativ sind. Wahrheiten sind relativ, abhängig vom Kontext und Interpretationsrahmen, können nicht wie ein Gott Absolutheit beanspruchen. Wenn es keinen Gott gibt als die Wahrheit, heißt dies nichts anderes, als dass Gott nie völlig zugänglich ist und dass sich eine Wahrheit immer nur je nach Kontext und im konkreten Handeln als solche erweisen kann.

Die Askese, das Opfer, besteht somit im Verzicht darauf, aus der Fülle der Wahrheit zu handeln, den Besitz absoluter Wahrheit für sich zu beanspruchen und sich dadurch ermächtigt zu fühlen; dafür fehlt es diesem Verzicht, mit Musil zu sprechen, nicht an Sehnsucht. Das Opfer besteht ferner darin, nicht zu versuchen, im und durch das Handeln Entfremdung letztgültig aufzuheben. Darin liegt und daraus erklärt sich der Verzicht auf Gewalt: Keine Wahrheit, keine Fülle, keine Gottesgewissheit kann sie rechtfertigen, da es eine solche Gewissheit als letzte nicht gibt. Die entsagende Freiheit, die darin besteht, den Zweck zu opfern, ist die einzige Garantie dafür, niemanden dem Zweck zu opfern.

Köln, Oktober 2016 – Oktober 2017

STATT EINER DANKSAGUNG

Lange Namenslisten sind in Danksagungen bei Büchern der vorliegenden Art, inzwischen aber auch bei Romanen und so weiter, Mode geworden. Abgesehen davon, dass es leicht ein wenig wichtigtuerisch klingt, tut sich darin meiner Ansicht nach genau der Geist der Zeit kund, gegen den ich hier anschreibe: zum einen der Wahn, nahezu absolute Gerechtigkeit walten lassen zu können oder es doch zumindest versuchen zu müssen – mit der zwangsläufigen Folge, mehr Ungerechtigkeit in die Welt zu setzen, als zuvor da gewesen sein konnte; zum anderen eine Form der Identitätspolitik, für die das Nennen von Namen und das Zuordnen von Kategorien zum Selbstzweck geronnen und wahrscheinlich zwanghaft ist.

Irgendjemanden zu nennen oder noch so viele hier zu nennen muss auf eine Bevorzugung oder Benachteiligung bestimmter Menschen hinauslaufen, so wie jedes Recht, das ich einem Menschen oder einer Gruppe gebe, andere ins Unrecht oder ins Nicht-Recht setzt. Es könnte gar nicht ausbleiben, dass ich etliche zu nennen vergessen würde; ja von etlichen gar nicht mehr weiß, dass sie ebenfalls ihren Anteil haben, mitgeredet, mich beeinflusst haben.

Das Närrische des identifizierenden Denkens bestünde im vorliegenden Fall schon in der Annahme, ein Buch wie *dieses* habe *einen* Autor, sei nicht, wollte man alles berücksichtigen, was in es eingegangen ist, von seiner ganzen Wesensart her zutiefst kollektiv. Mein Umgang mit Zitaten und Verweisen allein sollte klarstellen, dass ich mir allenfalls die Zusammenführung dieses Materials auf die Fahnen schreiben kann und alles Übrige die Leistung anderer ist. Das gilt nicht nur für die zitierten und belegten Autoren, es gilt genauso oder mehr noch für alle Menschen, mit denen ich im Austausch gestanden habe und im Austausch stehe; für das aber auch, was namenlos auf mich einströmt und durch mich hindurchgeht. Dieser Text ist wenig mehr als ein kuratierter Mitschnitt, Auszug eines unendlich viel größeren Gesprächs, eines zugleich, hoffe ich, auch älteren und zukünftigen.

Jeder Name täte damit nicht nur allen anderen Nichtgenannten unrecht, sondern diesem größeren Text, diesem Gespräch, der unteilbaren Wirklichkeit als solcher.

Ich mache, wie es sich für alle Überzeugungen gehört, damit sie kein Dogma werden, zwei Ausnahmen.

Dieser kuratierte Mitschnitt wäre physisch, als Buch, nicht auf der Welt, hätten sich nicht mindestens drei Menschen dafür entschieden: Petra Eggers, Jo Lendle und Tobias Heyl.

Während der Niederschrift sind zwei Freunde gestorben, Egon Ammann, der Verleger, und Hussain Al-Mozany, der deutsch-irakische Autor und Übersetzer.

ANMERKUNGEN

ERSTE SCHRITTE

1 Das liegt daran, dass die deutsche Vorsilbe *ent-* die Bedeutung eines Wortes einerseits verstärken kann (wie bei *entzünden, entleeren*), andererseits aber auch ins Gegenteil verkehren (*entkleiden, entdecken*). »Entfremdung« wird heute zwar stets im Sinn des Fremder-Werdens verstanden, und auch im Grimm'schen Wörterbuch aus dem 19. Jahrhundert ist es nur in dieser Bedeutung verzeichnet. Arthur Schopenhauer hingegen benutzt es auch im gegenteiligen Sinn des Weniger-fremd-Werdens. Er möchte, schreibt er in einer Abhandlung, auf die wir noch zurückkommen werden, die »Wahrheit, dass das Mitleid die einzige echt moralische Triebfeder sei«, den »Überzeugungen des Lesers [...] entfremden« – und das heißt hier nichts anderes als »nahebringen«. Vgl. Arthur Schopenhauer, Kleinere Schriften, hrsg. von Ludger Lüdkehaus, Zürich (Haffmanns) 1988, S. 588.

2 Khalid Al-Maaly, geb. 1956 in Samawa, Irak. Von ihm liegt u.a. der Gedichtband »Eine Phantasie aus Schilf« auf Deutsch vor, übers. von Khalid Al-Maaly und Stefan Weidner, Berlin (Das Arabische Buch) 1994.

3 1944–2012 (Berlin). Auf Deutsch gibt es von ihm den von mir gemeinsam mit Khalid Al-Maaly übersetzten Gedichtband »Zeugen am Ufer«, Berlin (Das Arabische Buch) 1997.

4 Auf Deutsch liegt seine Autobiografie »Vertikale Horizonte« vor (Basel [Lenos] 1997).

5 http://www.banipal.co.uk. Von Samuel Shimon liegt das Buch »An Iraqi in Paris« vor.

6 Bagdad. Erinnerungen an eine Weltstadt, München (Hanser) 2015.

7 1956–2016. Der Marschländer, Frankfurt (Glaré) 1999.

8 Geb. 1940, lebt in Berlin. Von ihm liegt auf Deutsch der Roman »Der letzte Engel« vor. Zürich (Dörlemann) 2014.

DIE IDEOLOGIE DES WESTENS

1 Leo Strauss, Thoughts on Machiavelli, Glencoe, Illinois (The Free Press) 1958, S. 78. Die Übersetzungen der Zitate im vorliegenden Buch stammen von mir, sofern nicht eine Übersetzung als Quelle genannt ist. – Bei dem Satz von Leo Strauss handelt es sich um die Variante eines bekannten Nietzsche-Zitats, das uns am Ende dieses Kapitels noch einmal begegnen wird: »Der Mensch ist ein Seil, geknüpft zwischen Thier und Übermensch, – ein Seil über dem Abgrunde. Ein gefährliches Hinüber.« Nietzsche, Sämtliche Werke, Kritische Studienausgabe, München (dtv/de Gruyter) 1980. Band 4, S. 16 (Also sprach Zarathustra, Vorrede, 4).

2 Francis Fukuyama, The End of History, in: The National Interest, Summer 1989. https://www.embl.de/aboutus/science_society/discussion/discussion_2006/ref1-22june06.pdf.

3 Dazu näher: Stefan Weidner: Vom Nutzen und Nachteil der Islamkritik für das Leben. In: Aus Politik und Zeitgeschichte 13–14/2011, abrufbar unter https://www.bpb.de/apuz/33401/apuz13-14-2011-pdf).

4 Solange aber die neuen Rechten wie Le Pen, Wilders, Farage, Orban, Hofer, Trump/Bannon, Petri/Gauland/Höcke nicht offen die liberale Demokratie verwerfen (wie man es von Putin oder Erdoğan wohl sagen kann, obwohl selbst sie sich einen demokratischen Anstrich geben und zumindest ökonomisch noch dem Liberalismus zuzurechnen sind) und solange sie nicht ein eigenes politisches Gesellschaftsmodell entwickeln, wird man sie dem Spektrum zurechnen müssen, das mit der liberalen Demokratie vereinbar ist, ja womöglich, wie zu zeigen sein wird, ihr seit jeher zuzurechnen war und vielleicht eine ureigene Spielart von ihr ist. Den Nationalismus, so unerwünscht er heute vielen erscheinen mag, aus dem Westen herauszurechnen wird schwerlich gelingen – gelänge es, wäre es schön, aber nicht mehr der Westen.

5 Ich benutze die spätere Buchfassung mit dem Nachwort von 2006, New York (Free Press) 2006, nicht die problematische (vgl. Anm. 16) deutsche Übersetzung, und übersetze die Fukuyama-Zitate selbst.

6 Dazu näher: Löwith, Weltgeschichte und Heilsgeschehen, Stuttgart (Kohlhammer Urban Taschenbücher) 1953, S. 55 ff.

7 Vgl. Alexandre Kojève: Hegel. Kommentar zu Hegels »Phänomenologie des Geistes«, Frankfurt (Suhrkamp) 1975.

8 Vgl. dazu den Bericht von Thomas Thiel »Der rasende Stillstand der Weltgeschichte« über die Konferenz zu Kojève am Berliner Zentrum für Literaturforschung in: Frankfurter Allgemeine Zeitung, 30. 10. 2011, http://www.faz.net/aktuell/feuilleton/geisteswissenschaften/alexandre-kojeve-der-rasende-stillstand-der-weltgeschichte-11514274.html?printPagedArticle=true - pageIndex_2

9 Dominique Auffret: Alexandre Kojève, Paris (Grasset) 1990, S. 130. Vgl. auch die beeindruckende Liste der Korrespondenten auf S. 448.

10 Sartre hörte Kojèves Hegel-Vorlesung. Auf Trump kommen wir noch.

11 Platon, Politeia, 4. Buch, 13.–15./437b–441c.

12 Fukuyama sagt (S. 163) zunächst: »[…] Thymos, a Greek word somewhat awkwardly translated as spiritedness.« Die Übersetzung »spirited« (animiert, begeistert) stammt aus der Platon-Übersetzung von Allan Bloom, Fukuyamas Lehrer, auf den wir noch zurückkommen werden (Bloom gab auch die englische Kojève-Übersetzung heraus). Erst nach zwei weiteren Seiten Platon-Deutung gelangt Fukuyama über die Zwischenschritte »Courage« und »Anger« zu der von ihm gewünschten Definition als »desire of recognition« (S. 165), die Platons Thymos mit Hegel/Kojève kompatibel macht. Diese folgenreiche Verbindung der platonischen Thymos-Theorie mit Hegels/Kojèves Dialektik von Herr und Knecht scheint mir die wichtigste eigenständige gedankliche Leistung von »The End of History«. Sie liefert einem breiten politischen Spektrum von neuen Liberalen über neue Konservative bis zu neuen Rechten ihren philosophischen Unterbau und verleiht ihnen eine Rechtfertigung, die an das Naturrecht erinnert, zugleich jedoch geschichtlich aufgehoben wird: Die Weltgeschichte – und damit der die Nase vorn habende Westen – soll mit Hegel »zum Maßstab des Rechts werden« (Karl-Heinz Ilting, in: Geschichtliche Grundbegriffe, Stuttgart [Klett-Cotta] 2004, Bd. 4, S. 308).

Das griechische Wörterbuch von Wilhelm Gemoll (9. Auflage) verzeichnet unter Thymos: »Herz als Sitz der Gemütsbewegungen«, »Leben(skraft)«, »Lebhaftigkeit, Leidenschaft«, »Tapferkeit«, »Heftigkeit«, »Zorn«. Auch die islamische Tradition hat die platonische Seelenlehre übrigens weitgehend übernommen. *Thymos* figuriert hier als *quwwah ġaḍabiyyah* (Zorneskraft), *Epithymia* als *quwwah šahwiyyah* (Begehrenskraft) und *Logos* als *quwwah ʿaqliyyah* (Verstandeskraft). Diese Lehre von den Seelenkräften lebt in der islamischen Theologie bis heute fort.

13 In einer Wortschöpfung Fukuyamas »Isothymia«, also eine Art Gleichheitsverlangen, im Gegensatz zur »Megalothymia« als einer Art Überlegenheitstrieb, wenn nicht Größenwahn.

14 Da dies zur Rechtfertigung der Grundthese vom Ende der Geschichte im Sinne des westlichen Liberalismus genügt hätte, wirkt Fukuyamas aufwendige Ausgestaltung der Thymos-Theorie doppelt befremdlich. Sie scheint einer Art kapitalistischer Anstachlung zu dienen, um einer gesellschaftlichen Erschlaffung entgegenzuwirken. Schon Perry Anderson hat bemerkt, dass diese von Platon stammende »ontology of human nature quite alien to Kojève« sei, vgl.: Perry Anderson, American Foreign Policy and its thinkers, S. 247. »Alien« oder nicht, »Begriffe sind Interventionen« (Ralf Konersmann, Die Unruhe der Welt, Frankfurt [S. Fischer] 2015, S. 14), und Fukuyamas Relaunch des Thymos ist eine solche Intervention im Sinn der genannten Anstachlung.

15 Fukuyama, S. 328.

16 Ibid, S. 299. In der deutschen Übersetzung wird der Hinweis auf die Gefahr von rechts schlichtweg unterschlagen. Dort heißt es: »Doch es gibt Grund anzunehmen, dass die größere und letztlich schwerwiegendere Bedrohung von der Tendenz ausgeht, ungleichen Menschen gleiche Anerkennung zu gewähren.« (Francis Fukuyama, Das Ende der Geschichte. Übers. von Helmut Dierlamm, Ute Mihr und Karlheinz Dürr, München (Kindler Verlag) 1992, S. 397.). Auf englisch heißt es: »But while the unequal recognition of equal people is the most familiar charge against liberal democracy, there is reason for thinking that the greater and ultimately more serious threat comes from the Right, that is from liberal democracy's tendency to grant equal recognition to unequal people.«

17 Während fraglich ist, inwiefern überhaupt noch von *equality* in den gegenwärtigen westlichen Gesellschaften geredet werden kann, ist doch Fukuyamas Voraussage eingetreten, dass mit der Einforderung von Ungleichheit rechte Politik gemacht wird und diese auch bei jenen Anklang findet, die von der Ungleichheit eigentlich negativ betroffen sind, etwa dem mittlerweile sprichwörtlichen *white trash* des amerikanischen Mittleren Westens. Dies scheint jedoch nicht ins Gewicht zu fallen, solange die Hierarchie Platz nach unten lässt, etwa gegenüber Einwanderern oder Afroamerikanern.

18 Die Berufung auf Platon hat letztlich tiefere Gründe als die von Fukuyama eher verballhornte Thymos-Theorie. Im Hintergrund steht die Platon-Deutung von Fukuyamas Lehrer Allan Bloom und dessen Spiritus Rector Leo Strauss. Es handelt sich um eine Art Wiederentdeckung Platons mit dem Ziel, eine metaphysisch verankerte, letztlich unverhandelbare und eigentlich naturrechtliche Wertorientierung zu finden. Das notorische Problem der neurechten Bewegungen mit dem Islam beruht vor diesem Hintergrund auf einem Element des Neides: Der Islam enthält eben die unverhandelbare Verankerung von Wertorientierungen,

welche die neurechten westlichen Strömungen gern selber vorweisen würden. In Ermangelung eigener glaubwürdiger Wert-Axiome leistet nur die Abgrenzung vom Islam diese Verankerung: Als Negation der islamischen Wert-Axiomatik ist sie ihrerseits, wiewohl nur in der Negation, axiomatisch verankert. Dies erklärt, warum es für die rechten Bewegungen im Westen so zentral ist, dass der Islam fundamentalistisch erscheint – und weswegen die Strömungen im Islam, die größere Flexibilität aufweisen wie die Mystik oder liberal-reformerische Ansätze, als uneigentlich und marginal abgetan werden.

19 Die Thymos-Theorie bildet das ideologische Steckenpferd des Sloterdijk-Schülers und Vordenkers der neuen Rechten in Deutschland Marc Jongen: »Einzig die AfD lege ›Wert darauf, die Thymos-Spannung in unserer Gesellschaft wieder zu heben‹, sagt Jongen«, in: http://www.faz.net/aktuell/politik/inland/marc-jongen-ist-afd-politiker-und-philosoph-14005731.html?printPagedArticle=true#pageIndex_2. Vgl. ferner: http://www.stuttgarter-zeitung.de/inhalt.print.eb41e2d3-e28a-451c-b978-8620cb280628.presentation.print.v2.html. Vgl. auch Jongens gut gepflegte Homepage: https://marcjongen.de

20 Chicago 1963 ff.

21 Vgl. die Auflistung der Briefwechsel Strauss-Kojève in: Auffret, Kojève, S. 447.

22 Womit Platon von dieser Fukuyama'schen Deutung freigesprochen sei. Er konnte sie beim besten Willen nicht vorhersehen …

23 Fukuyama unterschlägt, dass man sich ja gerade im Kampf um Gleichheit thymotisch profilieren kann – Lenin wäre dafür der beste Beweis, wie ja überhaupt der Kommunismus mit dem Führerkult nie Probleme hatte.

24 Vgl. in dieser Hinsicht auch die zusammenfassende Darstellung von Fukuyamas Theorie mit Bezug auf die internationalen Implikationen und von Fukuyamas späterer Revision einiger seiner Ansichten bei Perry Anderson, American Foreign Policy and its Thinkers, London (Verso) 2015, S. 247 ff.

25 In dieser etwas umständlichen Formulierung wird die Tautologie deutlich, die sich hinter Fukuyamas wenig platonischer Deutung des Thymos verbirgt: Der Thymos sprengt die auf Gleichheit angelegte Gesellschaft deswegen, weil Fukuyama in ihm wenig anderes als diejenige Kraft sieht, die die Gleichheit zu sprengen hat.

26 Man beginnt, die möglichen Verbindungslinien zu Nazi-Ideologien zu ahnen: Ein Volk der sich anerkennenden Gleichen ist automatisch »Herrenvolk«: Die wechselseitige Anerkennung untereinander (welche als Anerkennung immer nur eine von Herren sein kann) gebiert den Anspruch auf Herrschaft über andere. Und umgekehrt: Das gemeinsame Herrschen über andere, das gemeinsame Überlegenheitsgefühl über andere ist erst das, was solche, die womöglich alles andere als gleich sind, gleich macht.

27 Unter den zahllosen Beispielen für die populistische Aktivierung und Radikalisierung der von Fukuyama mitbegründeten Weltanschauung seien für den deutschsprachigen Raum nur die beiden genannt, welche in neurechten Kreisen und auch darüber hinaus die größte Breitenwirkung erzielt haben: Thilo Sarrazins »Deutschland schafft sich ab« und Henryk M. Broders »Hurra, wir kapitulieren«. Demagogie braucht hier nichts zu sein als das geschickte Bedienen und Manipulieren althergebrachter, bereits unter den Leuten verbreiteter Vorstellungen. Für die hochkulturelle Variante dieser Aktivierung und Radikalisierung steht Peter Sloterdijk. In seinem Essay »Im selben Boot. Versuch über die Hyperpolitik« (Frankfurt

[Suhrkamp] 1993) findet sich ein Sammelsurium von Ideen und Vorurteilen, die inzwischen bei den neurechten Bewegungen Allgemeinplätze sind. Sloterdijk, wohlwissend um die Problematik seines Standpunktes, betreibt beträchtlichen rhetorischen Aufwand, um sich nicht darauf festlegen zu lassen, ob er die Political Correctness austricksen und die Ressentiments des Mainstreams triggern will oder doch lieber die Einsichten der Political Correctness den Trägern des Ressentiments unter Inkaufnahme einiger populistischer Zugeständnisse unterjubeln möchte. Im besten megalothymotischen Stil verkündet Sloterdijk ein zu schreibendes »Buch über dieses Größte vom Großen« (Im selben Boot, S. 80), wobei »dieses Größte« wiederum irgendwie mit den »letzten Menschen«, sei es Nietzsches, sei es Fukuyamas, zu tun hat. »Sollte es eines Tages seinen Verfasser finden, sein Titel könnte lauten: Die offene Horde und ihre Feinde.« Das Buch, offenbar ein Gegenentwurf zu Karl Poppers »Die offene Gesellschaft und ihre Feinde«, ist glücklicherweise noch ungeschrieben. Die »offene Horde« hingegen ist spätestens seit Pegida deutsche Wirklichkeit.

28 Dazu besonders aus internationaler Perspektive Stephan Lessenich, Neben uns die Sintflut. Die Externalisierungsgesellschaft und ihr Preis, Berlin (Hanser Berlin) 2016. Lessenich weist zu Recht darauf hin, dass die von mir beschriebene Problematik natürlich nicht mit dem Mauerfall und ihren Ideologen beginnt: »Die Externalisierungsgesellschaft ist kein Phänomen des 21. Jahrhunderts. Externalisierung wird gesellschaftlich bereits so lang betrieben, wie der globale Kapitalismus existiert – und den wiederum gibt es nicht erst seit dem Fall der Berliner Mauer. Dem damals ausgerufenen Zeitalter der Globalisierung und der ›einen‹, nunmehr eben vollständig kapitalistischen Welt setzten die Sozialwissenschaften sogleich die Erkenntnis entgegen, dass es einen globalisierten Kapitalismus schon in der Zeit vor dem Ersten Weltkrieg gegeben habe.« (Lessenich, S. 31)

29 Perry Anderson sieht darin einen europäischen Zug in Fukuyamas Theorie, der ihn von der eher nationalistisch gesinnten Schule der Neokonservativen in den USA unterscheidet: »In origin, his leading ideas were European, as theirs [the neoconservatives'] never were. Kojève indeed regarded the creation of a supranational Europe as the decisive reason why a globalizing capitalism, rather than a still nationally cramped bureaucratic socialism, had turned out, contrary to his original expectations, to be the common destination of humanity.« Anderson, Foreign Policy, S. 249.

30 Fukuyama, S. 338.

31 Ibid.

32 Eine ausführliche Dekonstruktion des herkömmlichen westlichen Geschichtsbildes, für die hier kein Raum ist, nimmt Achim Landwehr in seinem Buch »Die anwesende Abwesenheit der Vergangenheit« vor. Frankfurt (S. Fischer) 2016.

33 Karl Popper, Die offene Gesellschaft und ihre Feinde, Band 2, Tübingen (Francke) 1980, S. 334. Zur generellen Problematik historischer Konstruktionen und Weltbilder vgl. Achim Landwehr, Die anwesende Abwesenheit der Vergangenheit, Frankfurt (S. Fischer) 2016.

34 Und der einige seiner Positionen später revidiert hat, v. a. in seinem Buch »Scheitert Amerika? Supermacht am Scheideweg«, Berlin (Propyläen) 2006. Ausführlich dazu Anderson, Foreign Policy, S. 237.

35 Politeia, Viertes Buch, 13–15/437b–441c.

36 Dies ist wichtig im Hinblick auf die Frage, was eine thymotische Politik wäre. Es könnte

meines Erachtens nur eine solche sein, die die Menschen fordert und die damit zweifellos unpopulär wäre. Mit dem Thymos ein Sich-Gehenlassen der Wutbürger oder überhaupt eine Form populistischer Politik zu begründen, wie es Marc Jongen versucht (vgl. Anmerkung 19), käme einer glatten Umkehrung der platonischen Theorie des Thymos gleich. Es gibt keine thymotische Politik ohne Wertorientierung. Diese kann rechts sein ebenso wie links oder zentristisch. So gesehen wäre insbesondere die Flüchtlingspolitik thymotisch, die das unmittelbare und kurzsichtige politische Interesse, wie es den populistischen Diskurs prägt, hinter sich lässt, was übrigens von weiten Teilen der Bevölkerung erkannt wurde, denjenigen nämlich, die sich dieser Herausforderung als einer positiven stellen. Thymotisch ist auch das Motto »Wir schaffen das!«. Thymos ist, wie ich Platon verstehe, der Trieb, der die anderen Triebkräfte außer Kraft setzen kann. Thymos ist gut, wenn er sich mit dem Logos gegen die Begierden, Epithymia, verbündet. Schlecht ist er, wenn er gegen den Logos handelt, wie im besinnungslosen Wüten (etwa des Achill nach dem Tod seines Freundes Patroklos vor Troja) den Begierden, zum Beispiel der Rache, Raum gegeben wird. Thymos, der sich mit Epithymia gegen den Logos verbündet, ist kaum anders als destruktiv zu denken.

37 Zit. nach Geschichtliche Grundbegriffe, Band 4, S. 297.

38 Dass die Reformation den umgekehrten Weg gegangen ist und den (Bibel-)Text, das Fundament, gegen die katholische Interpretation in Stellung gebracht hat, widerspricht meiner These nicht, sondern bestätigt sie: Die Reformation konnte nur erfolgreich sein, weil sie mächtige Fürsprecher hatte, Papstgegner, die ihre eigenen, autonomen Machtbereiche hatten; vor allem aber weil sie ein neues, hochwirksames Vermittlungsinstrument an der Hand hatte, ja selbst als Frucht dieser neuen Art von Medialität gelten kann: des Buchdrucks. Die Vermittlung in Gestalt der Technik (des Buchdrucks) macht die Vermittlung in Gestalt der Interpretation (der Auslegung der Bibeltexte vor der Gemeinde) überflüssig. Fortan obsiegt nicht das beste Argument oder der beste Redner im Meinungsstreit, sondern derjenige, der am meisten Flugblätter druckt und sie verteilt. Das beste Argument, auf rhetorisch und argumentativ überzeugendste Weise vorgebracht, aber nur tausendmal gedruckt, hat keine Chance gegen ein dummes, das hunderttausendmal gedruckt (oder heute: auf Facebook geteilt) wird. Oder sollte ich mich täuschen?

39 Die Durchsetzung der Akzeptanz von Normen geschieht – das hat die rationalistische Schule inklusive Habermas stets übersehen – nicht hauptsächlich über Verhandlung, sondern über mediale und sonstige Vermittlung; oder stark vereinfacht und ein wenig abschätzig gesagt: die Propaganda, welche wiederum nur auf der Grundlage einer bestehenden normativen Sprache und Tradition erfolgreich sein kann. So oder so bleibt die Wirkung der Vermittlung immer höher als die der freien, rationalen Aushandlung, die stets eine Sache weniger (»der Eliten«) sein dürfte. Der Manipulationsvorwurf, den die Populisten gegen die Eliten und Medien erheben, ist somit im Habermas'schen Bild der Öffentlichkeit unbeabsichtigt als beinah zwangsläufige Folge mit angelegt, aber ungenügend bis gar nicht thematisiert.

40 Damit sind nicht Esoterik und Ufologie gemeint, sondern schlicht die Erörterung normativer Vorstellungen unter hypothetischen oder faktischen Bedingungen der Extraterrestrialität, wie etwa im bereits heute existierenden Weltraumrecht.

41 Arendt, Ursprünge und Elemente totaler Herrschaft, Frankfurt (Piper) 2015, S. 618.

42 Samuel Huntington, Kampf der Kulturen, Neugestaltung der Weltpolitik im 21. Jahrhundert, übers. von Holger Fliessbach, München (Europaverlag) 1996 (das Original erschien im selben Jahr).

43 Huntington, S. 24.

44 Huntington, S. 339 und S. 350.

45 Karte bei Huntington auf S. 253.

46 Huntington, S. 252.

47 Huntington., S. 258 f.

48 Ibid.

49 Ibid.

50 Die Übersetzung ist problematisch. Besser müsste es heißen »minimiert«. Es handelt sich um einen recht verräterischen übersetzerischen Lapsus: Huntington will sagen: »minimiert«, also verringert die Gefahr. Aber die Übersetzung sagt: minimalisiert, d. h. redet klein – neben der freilich ebenfalls möglichen Bedeutung wie in »minimieren«, d. h., der Übersetzer konnte oder wollte sich nicht entscheiden.

51 Huntington, S. 45.

52 Huntington, S. 44.

53 Huntington, S. 514. Donald Trumps offizielle Sicherheitsstrategie vom Dezember 2017 entspricht weitgehend Huntingtons Blaupause. Sie ist abrufbar unter: http://nssarchive.us/national-security-strategy-2017/.

54 Dies ist auch die Einsicht des biologischen Konstruktivismus. Insofern dieser, jedenfalls in seinen Ursprüngen bei Maturana, streng naturwissenschaftlich argumentiert, hilft er uns freilich nicht, den entscheidenden weltanschaulichen Aspekt zu verstehen, nämlich die Deutung der Natur aus der interaktiven Dynamik *unter Menschen*.

55 So die bekannte Formulierung bei Max Weber, auf den wir später in diesem Kapitel zu sprechen kommen.

56 Hans Blumenberg, Die Legitimität der Neuzeit, Frankfurt (Suhrkamp) 1996, S. 453.

57 Huntington, S. 8 und näher S. 37 f. Man fragt sich, warum der Autor hier noch Anführungszeichen setzt. Er fügt hinzu: »Die gefährlichsten Konflikte der Zukunft ergeben sich wahrscheinlich aus dem Zusammenwirken von westlicher Arroganz, islamischer Unduldsamkeit und sinischem Auftrumpfen.« – Es ist bemerkenswert, dass Huntington dem Westen Arroganz unterstellt, aber damit keine Probleme hat bzw. sie selbst praktiziert.

58 Vgl. etwa Huntingtons Grafik auf S. 108 über die unterschiedlichen Reaktionen auf den »Impakt des Westens«.

59 Edmund Husserl, Die Krisis des europäischen Menschentums, Hamburg (Europäische Verlagsanstalt) 2012, S. 35.

60 Husserl, S. 28.

61 In hübsch aufklappbaren Faltblättern ab S. 67 in Band 1 meiner Ausgabe aus dem Jahr 1929: Oswald Spengler, Der Untergang des Abendlandes. Umrisse einer Morphologie der Weltgeschichte. Band 1, München (C. H. Beck) 1929.

62 Spengler, S. 23.

63 Spengler, S. 22.

64 Ibid. Vgl. dazu auch den schönen Satz: »Ich betrachte diese Lehre als Wohltat für die

kommenden Generationen« (S. 54). Der Spengler'sche Ton, selbst eine Nietzsche-Nachahmung, ist in unserer Zeit von Sloterdijk fortgesetzt worden und weiterhin populär.

65 Spengler, S. 56.

66 Spengler, S. 57f.

67 Spengler, S. 56.

68 Robert Musil, Das hilflose Europa oder Reise vom Hundertsten ins Tausendste, in: Ders., Prosa und Stücke, Reinbek (Rowohlt) 1978, S. 1084.

69 Der aktuelle diesbezügliche Beststeller ist Yuval Noah Harari, Homo Deus, München (C. H. Beck) 2017. An die Stelle der Natur, aber mit derselben determinierenden Funktion tritt in Hararis zwar warnender, aber dennoch im prophetischen Gestus der Unausweichlichkeit vorgebrachten Weltdeutung der Algorithmus und die ihn fütternden Daten, die uns die Entscheidungen vorgeben und unsere Freiheit immer mehr einschränken. Aus der Utopie, die Natur oder die Kultur im eigenen Sinn steuern zu können, wird die Dystopie der Durchleuchtung und Beeinflussung durch Algorithmen, welche – und mit ihnen die künstliche Intelligenz – strukturell betrachtet nun die Position des Wetters und Wettermachers einnehmen, dem wir, wie der Knecht dem Herrn, ausgeliefert sind.

70 Husserl, S. 60.

71 Husserl, S. 66.

72 Unübertroffen Musils Essay über Spengler: Geist und Erfahrung. Anmerkungen für Leser, welche dem Untergang des Abendlands entronnen sind. In: Robert Musil, Prosa und Stücke, Reinbek (Rowohlt) 1978, S. 1042. Musil, sosehr er Spengler im Einzelnen kritisiert, findet dessen Schema vom Auf- und Niedergang der Kulturen gleichwohl schlüssig. Dass die Rede von Kulturen/Zivilisationen und ihrer vermeintlichen Abgrenzbarkeit voneinander selbst fragwürdig sein könnte, kommt ihm nicht in den Sinn. Die eigene Epoche hat immer auch ihre größten Denker im Griff.

73 Huntington, S. 504. »Rest«, weil dann nach Huntington nur noch in den USA eine Ideologie herrscht statt Kultur. Diese Ideologie ist der Multikulturalismus, der ja auch laut Angela Merkel gescheitert ist. Streicht man das Multi- weg, bleibt Kulturalismus. Tatsächlich ist der Kulturalismus im Begriff zu scheitern, gleich ob mit oder ohne Multi- davorgesetzt.

74 Huntington, S. 505.

75 Huntington, S. 503.

76 Huntington beruft sich explizit auf Arthur M. Schlesinger Jr. und dessen einschlägige, gleichnamige Kampfschrift gegen den Multikulturalismus: The Disuniting of America, New York (Norton) 1991. Vgl. Huntington, S. 502.

77 Huntington, S. 502. Die Verschiebung der Auseinandersetzung auf das kulturell-symbolische Feld ist ein schönes Beispiel für das Schattenboxen zwischen Liberalen und Konservativen. Man lese Huntingtons Vorwurf gegen die Clinton-Administration vor dem Hintergrund, dass diese maßgeblich für die Deregulierung der Kapitalmärkte verantwortlich war, also eine vielen Konservativen genehme, wirtschaftlich neoliberale Agenda verwirklichte. Der Unterschied zwischen Liberalen und Konservativen, besonders in den USA, aber zunehmend auch in Europa, wie man an zahlreichen großen Koalitionen sieht, liegt im weichen soziokulturellen Bereich. Die weltanschaulich-philosophischen Grundannahmen beider Lager sind weitgehend identisch.

78 Huntington, S. 503.

79 Die damals kursierenden Karten und Teilungspläne sprechen eine klare Sprache und sind ein weiteres Beispiel dafür, dass der Europäisierung, die Husserl beobachtet hatte, alles andere als eine »geistige« Selbsterhaltung zugrunde liegt.

80 Huntington, S. 512.

81 Huntington, S. 511.

82 Huntington, S. 511. Das von mir hier ironisch gegen Huntington gewendete Zitat lautet im Zusammenhang: »Ein Leser, der nicht von der Klugheit von Sir Michaels Bemerkung überzeugt ist [sie besagt: »Die verbreitete Annahme des Westens, dass kulturelle Verschiedenheit eine historische Kuriosität ist, welcher durch das Heranwachsen einer gemeinsamen, westlich orientierten, anglophonen Weltkultur, die unsere Grundwerte prägt, bald der Boden entzogen sein wird … ist schlicht nicht wahr«, ibid.], lebt in einer Welt, die sehr weit von der in diesem Buch beschriebenen entfernt ist.« Das dürfte sich im Übrigen explizit auf den von Huntington nicht genannten Fukuyama beziehen.

83 Aus New York Times vom 3. 3. 2017: https://nyti.ms/2lFNDI5, sowie die neue Sicherheitsstrategie der USA unter http://nssarchive.us/wp-content/uploads/2017/12/2017.pdf.

84 Weswegen er neben dem Multikulturalismus der Hauptgegner von Huntington ist.

85 Etwa Carolin Emcke anlässlich der Verleihung des Friedenspreises des Deutschen Buchhandels 2016.

86 Dass diese beiden Positionen tatsächlich den vorherrschenden Diskurs im Westen über den Westen beschreiben, lässt sich an im Deutschen Parlament vertretenen Parteien illustrieren. Die vorherrschende Fukuyama-Linie (Fortschritt auf der Grundlage liberaler Demokratie, kapitalistisch orientiert, mit egalitären Elementen) finden wir bei CDU, SPD, FDP, Grünen. Diese Position lässt sich in die Faustregel übersetzen: Wer mitspielt (und bereit ist, den sozialen Preis der Liberalisierung zu zahlen), ist dabei, wer nicht, wird abgehängt, fährt nicht mit auf dem Zug. An den Rändern unseres politischen Spektrums ist allerdings auch die Huntington'sche Linie vertreten, die für die kulturrelativistische Position der Nichteinmischung steht: bei CSU, AfD (die freilich wiederum mit Fukuyamas Thymos-Theorie operiert), aber auch bei den Linken – von denen viele, gut kulturrelativistisch, Assad oder Putin unterstützen und oft zwischen einem separatistischen (im Gegensatz zu einem eher integrativ gedachten) Multikulturalismus und einer externalisierten Unterscheidung der Kulturen schwanken

87 Huntington, S. 511.

88 Heinrich August Winkler, Geschichte des Westens. Von den Anfängen bis zum 20. Jahrhundert, München (C. H. Beck) 2012, S. 29.

89 Winkler, S. 30.

90 KSA, 1, S. 293 f.

91 KSA, S. 294.

92 KSA, S. 295.

93 KSA, S. 296.

94 Es handelt sich dabei um eine Abwandlung der Devise Kaiser Ferdinands I. (1503–1564), die lautete: Fiat iustitia et pereat mundus (»Es geschehe Gerechtigkeit, und mag die Welt darüber auch zugrunde gehen«).

95 Ibid.

96 Schlesinger, Disuniting, S. 127. Hervorhebung im Original.

97 Max Weber, Gesammelte Aufsätze zur Religionssoziologie 1, Tübingen (Mohr Siebeck) 1988, S. 1 ff. Freilich hat Weber diese Abgrenzung qua Vergleich nicht erfunden. Einer der Ersten, der dieses Verfahren praktizierte, war kein Geringerer als David Hume, dessen aus heutiger Sicht rassistische Variante bei Weber fast bis in den Wortlaut nachklingt. Hume: »Nie hat es eine zivilisierte Nation oder ein durch Tagen oder Forschergeist ausgezeichnetes Individuum gegeben, deren Merkmal nicht die weiße Hautfarbe gewesen wäre.« Zitiert nach Bitterli, Die »Wilden« und die »Zivilisierten«, München (dtv) 1982, S. 329.

98 Webers Thesen sind inzwischen gut erörtert und weitgehend verworfen. Vgl. die von Wolfgang Schluchter in den achtziger Jahren herausgegebenen Bände über Webers Sicht auf die verschiedenen Religionen, hier besonders: Max Webers Sicht auf den Islam, Frankfurt (Suhrkamp) 1987. Wegweisend ist auch die Diskussion Webers und seiner Vorgänger – Herder, Hegel, Marx – mit Bezug auf China bei Tilman Spengler in: Ders., Die Entdeckung der chinesischen Wissenschafts- und Technikgeschichte. In: Joseph Needham, Wissenschaftlicher Universalismus, Frankfurt (Suhrkamp) 1977, S. 7–54.

99 Eckhart Peterich, Italien, Band I, S. 123 f., München (Prestel) 1958.

100 Das gilt gemäß der neueren islamwissenschaftlichen Forschung sogar für den Koran, vgl.: Angelika Neuwirth, Der Koran als Text der Spätantike, Berlin (Verlag der Weltreligionen) 2010.

101 Weber, Religionssoziologie 1, S. 204.

102 Ibid., S. 204; ein sehr bekanntes Zitat, vor allem der letzte, von Weber in Anführungszeichen gesetzte Satz, dessen Herkunft nicht klar ist. Die Nietzsche-Anklänge sind unüberhörbar, besonders in der Rede von der »mechanisierten Versteinerung«: »Wer wird das Bild des Menschen aufrichten, während Alle nur den selbstsüchtigen Wurm und die hündische Angst in sich fühlen und dergestalt von jenem Bilde abgefallen sind, hinab ins Thierische oder gar in das starr Mechanische?« (Nietzsche, Schopenhauer als Erzieher 4, KSA 1, S. 368).

103 KSA 4, S. 19.

104 KSA 10, S. 162.

105 KSA 4, S. 19.

106 KSA 4, S. 16. Wir haben diese Stelle in der Anmerkung 1 zum Zitat aus Leo Strauss' »Thoughts on Machiavelli« bereits zitiert. Es muss als einigermaßen unheimlich gelten und sollte zu denken geben, dass Nietzsche sowohl vom Nationalsozialismus als auch vom Neoliberalismus vereinnahmt worden ist, und zwar, was wohl noch schlimmer ist, im Wesentlichen auf identische Weise.

107 KSA 4, S. 19.

108 KSA 10, S. 160.

109 KSA 4, S. 14.

110 KSA 10, S. 162.

111 KSA 4, 18.

112 KSA 4, S. 20. Hier ist Nietzsche anknüpfbar an die von Hegel kommende, von Kojève wiederbelebte These vom Kampf zwischen Herr und Knecht.

113 Leo Strauss, Thoughts on Machiavelli, Glencoe, Illinois (The Free Press) 1958, S. 78.

114 Weber, Religionssoziologie 1, S. 202.

115 Weber, Religionssoziologie 1, S. 202 f.

116 Nicht Trump, der Huntingtonist ist, sondern der diesem den Weg ebnende Fukuyamist Obama hat diesbezüglich in Syrien den Präzedenzfall geschaffen.

117 Eine solche liegt vor. Sie stammt von dem britischen Geografiehistoriker Alastair Bonnett, The Idea oft the West. Culture, Politics and History, New York (Palgrave Macmillan) 2004. Die Idee des Westens, die Vorstellung, dass es einen Westen gibt, entstand demnach einerseits aus den Zuschreibungen nichtwestlicher Völker seit Ende des 19. Jahrhunderts, andererseits aus der Übernahme dieser Zuschreibungen durch europäische Autoren in der Zeit nach dem Ersten Weltkrieg, und zwar bemerkenswerterweise als Nachfolgekonzept für das wegen seines unübersehbaren Rassismus problematisch gewordene Konzept der *whiteness*, dem gemäß die zivilisatorischen Errungenschaften des Westens auf der Überlegenheit des weißen Mannes beruhen (oder auch umgekehrt, diese – dann nicht pauschal rassische – Überlegenheit erst begründen). Seither ist daraus die Vorstellung von der Überlegenheit des Westens geworden.

INTERMEZZO

1 Musil, Prosa und Stücke, S. 1088.

2 Wien (Passagen) 1982. Ich arbeite mit der französischen Ausgabe, Paris (Minuit) 1979.

3 Die Argumentation von Lyotard ist komplexer, als hier dargestellt werden kann, und geht zunächst nicht von politischen Weltanschauungen, sondern von wissenschaftlichen Begründungszusammenhängen aus, die entgegen dem in der Gesellschaft verbreiteten Bild alle nur einen relativen Geltungsanspruch haben und daher auch das weltanschaulich politische Selbstverständnis einer (post)modernen Gesellschaft nicht ausreichend verbindlich begründen können. Der Begriff der Postmoderne ist von Lyotard nicht erfunden worden, sondern lässt sich bis in die dreißiger Jahre zurückverfolgen, wo er freilich völlig anders gebraucht wurde. Als Lyotard ihn aufnahm, kursierte er vor allem in der Kunst- und Architekturkritik. Zur Karriere des Begriffs »Postmoderne«: Perry Anderson, The Origins of Postmodernity, London (Verso) 1998.

4 Paul Feyerabend, Wider den Methodenzwang. Skizze einer anarchistischen Erkenntnistheorie, Frankfurt (Suhrkamp) 1975. Vgl. auch J. Lauenburg, Paul K. Feyerabend. In: Julian Nida-Rümelin (Hrsg.), Philosophie der Gegenwart, Stuttgart (Kröner) 1991, S. 153.

5 Man kann mit guten Gründen die Entwicklung bedauern, die der Begriff der Postmoderne beschreibt. Man kann behaupten, es gebe dieses Zeitalter gar nicht, die großen Erzählungen würden noch gelten. Man kann die Postmoderne bzw. die damit verbundenen Entwicklungen auch bekämpfen – womit man sie freilich bestätigen würde, mindestens der Tendenz nach. Allerdings kann man nicht, wie das immer wieder geschieht, die Postmoderne für die Postmoderne verantwortlich machen, den postmodernen Entwicklungen also die Schuld für die postmodernen Entwicklungen zuweisen – ein unendlicher Regress wäre die

Folge. Insofern die Vertreter der Postmoderne, vor allem aber Lyotard, wie erwähnt selbst zwischen einem deskriptiven Ansatz und einem normativen bezüglich ihrer eigenen These schwanken, sind solche Irritationen freilich vorprogrammiert.

6 Dazu Habermas, Der philosophische Diskurs der Moderne, Frankfurt (Suhrkamp) 1985. Die Frankfurter Haltung ist gut zusammengefasst bei Axel Honneth, Der Affekt gegen das Allgemeine. Zu Lyotards Konzept der Postmoderne. In: Merkur 38 (430), 1984, S. 893 ff. Interessant ist die Mutmaßung von Jameson (erstmals publiziert 1984), dass Habermas insofern gegen die Postmoderne recht behalten könnte, als er aus einer dezidiert westdeutschen Perspektive spricht und in der damaligen Bundesrepublik »the older forms of high modernism still may retain something of the subversive power they have lost elsewhere«. (Frederic Jameson, Postmodernism or the Cultural Logic of Late Capitalism, London [Duke University Press] 1991, S. 59 – womit nun allerdings mit *subversivness* ein Wertungsparadigma gesetzt wird, das seinen Ursprung aus linken Theorien schwer verleugnen kann).

7 Frederic Jameson, Postmodernism, London (Verso) 1991, S. xii.

8 Lyotard, Le Différend, S. 260 (Nummer 263), Paris [Minuit] 1983.

9 Anderson, Origins, S. 46.

10 Anderson, Origins, S. 26, entsprechend Lyotard, S. 107, über »l'évolution des interactions sociales, où le contrat temporaire supplante de fait l'institution permanente …«.

11 Dazu Lyotard, Le Différend, S. 260 (Nummer 262). Es sei falsch, sagt Lyotard, beim Widerstand gegen die Hegemonie des Kapitals auf »communautés serrées« zu setzen, also geschlossene, traditionelle Gemeinschaften.

12 Lyotard entwickelt seine These explizit anhand »der höchstentwickelten Gesellschaften« (»les sociétés les plus dévélopées«), also im Hinblick auf den »Westen«. Wie wir noch sehen werden, gewinnt seine These gegenwärtig freilich erst dann wieder Plausibilität, wenn sie auf die globale Situation insgesamt hochgerechnet wird.

13 Richard Rorty, Solidarität oder Objektivität, in: Ders.: Solidarität oder Objektivität, Stuttgart (Reclam) 1988, S. 12. Wir können diesen überkulturellen Wahrheitsbegriff Platons im Hinblick auf unsere folgenden Überlegungen als ein »Dachnarrativ« bezeichnen (abgesehen davon, dass er natürlich auch ein Masternarrativ ist), als den Versuch, aus unterschiedlichen Verständnissen von Wahrheit die überzeitlich und überkulturell gültige herauszukristallisieren. Sofern wir von Wahrheit im Sinn von für gut und richtig gehaltenen Wertvorstellungen reden – und nicht von naturwissenschaftlicher oder logischer Wahrheit, die freilich auch ihre Tücken haben, von denen ausgehend ja Lyotard seine These aufbaut –, dürfen wir die Vermutung wagen, dass Wahrheit immer dazu tendiert, eine Art von Dachnarrativ zu sein, Formeln zu finden, die das bloß Konkrete, je Gegebene einer begrenzten, aber nun mit Anderem und Anderen konfrontierten gesellschaftlichen Situation auf etwas Allgemeines hin zu überschreiten versuchen.

14 Contingency, Irony and Solidarity, S. 73: I shall define an »ironist« … Auch S. 8 über Science.

15 Ibid., S. 89. Auch: »Ironism […] results from a power of redescription. But most people do not want to be redescribed.« (S. 90 ff.)

16 Dies kommt dem von uns bereits angedeuteten Begriff der Solidarität aus dem Gefühl von Fremdheit und Entfremdung nah. Rortys Vorstellungen von Solidarität sind eine der sehr

wenigen Fortschreibungen des Konzepts der *Fraternité* (Brüderlichkeit) im gegenwärtigen Westen.

17 »In the postmodern condition, Lyotard hat announced the eclipse of all grand narratives. The one whose death above all he wanted to certify was, of course, classical socialism.« (Anderson, The Origins of Postmodernity, S. 31.)

18 Fukuyama spricht auch von einer »post-historical world«.

19 Diejenigen, die Anspruch auf Objektivität erheben, so Rorty, »müssen geltend machen, dass es Verfahren gibt zur Rechtfertigung von Überzeugungen, die nicht nur beschränkt gelten, sondern der Natur entsprechen« und »deren Ursprung in der Natur des Menschen selbst liegt [...]«. Die beobachtete Fixierung auf »Natur« in der Ideologie des Westens ist vor diesem Hintergrund nicht verwunderlich. Vgl. Rorty, Solidarität oder Objektivität, S. 13 f.

20 Paris 1983, S. 255 f., besonders Nummer 253, sowie 262 und 263 auf S. 260, auf die wir noch zurückkommen werden: »Le seul obstacle insurmontable auquel se heurte l'hégémonie du genre économique, c'est l'hétérogénéité des régimes des phrases et celle des genres de discours, c'est qu'il n'y a pas ›le langage‹ et ›l'être‹ mais des occurrences.« Jedes Narrativ jedoch etabliert eine Sprache und ein Verständnis von Sein. Entgegen den Unterstellungen der Gegner der Postmoderne plädiert Lyotard hier nicht für eine Multikulturalität geschlossener Kleinkollektive, sondern für eine kosmopolitische Vision von Geschichte.

21 Le Différend, S. 255, Nummer 253. Eine derartige emanzipatorische Geschichtsphilosophie ist sowohl Kennzeichen der Frankfurter Schule – als Fortsetzerin der klassischen Moderne – als auch des Fukuyamismus. Ohne beide gleichsetzen zu wollen, fällt doch auf, dass die klare Abgrenzung noch aussteht, wenn die Frankfurter Schule nicht von der Ideologie des Westens vereinnahmt werden will.

22 Yuval Noah Harari, Homo Deus, München (C. H. Beck) 2017, S. 370.

23 Wie alt, altbacken diese Vision tatsächlich ist, erfahren wir nicht nur aus dem rußigen Ursprung der Zugmetapher im Eisenbahnzeitalter, sondern auch aus Arnold Toynbees »A Study of History« von 1954. Dort (S. 420) konstatiert Toynbee, dass gegen Ende des 19. Jahrhunderts »an unprecedently prosperous and comfortable Western middle-class was taking it as a matter of course that the end of one age of one civilisation's history was the end of History itself – at least as far as their kind are concerned. They were imagining that, for their benefit, a sane, safe, satisfactory Modern Life had miraculously come to stay as a timeless present.« Es ist, gelinde gesagt, beunruhigend, dass wir heute ähnlichen Einstellungen wie vor dem Great War von 1914 bis 1918 begegnen.

24 Harari, S. 537. Freilich könnte man sagen, dass in der Bibel die Ungläubigen ja auch nicht mit auf die Arche kommen. Korrekt. Nur wäre dann die Implikation noch schlimmer: Der Westen wäre ein religiöser Glaube, würde sich anmaßen, Gott zu spielen, und legt es, wie dieser, geradezu darauf an, dass die, die nicht an ihn glauben, untergehen. Wozu im Übrigen, auch jetzt schon, die Tiere zählen.

25 Für den Autor der Arche-Dystopie, Yuval Noah [sic] Harari, ist dieses Bessere übrigens etwas Östliches, nämlich die buddhistische Vipassana-Meditation, die er einem birmesisch-indischen Guru verdankt. So sei es ihm möglich geworden, »die Wirklichkeit so zu betrachten, wie sie ist« (S. 539); dies ist, exakt in dieser Formulierung, ein Ziel des Mahayana-Buddhismus. Wer dorthin kommt, hat Weisheit erlangt, was Harari hier offenbar für sich in Anspruch

nimmt (vgl. Michael von Brück, Einführung in den Buddhismus, Frankfurt [Suhrkamp] 2007, S. 302). Diese Aussage entspringt indessen wohl nicht der »wirklichen« Erfahrung des meditierenden Autors, sondern ist ein Zitat aus der Selbstdarstellung der Vipassana-Vertreter: »Vipassana ist eine der ältesten Meditationsformen Indiens und bedeutet, die Dinge zu sehen, wie sie wirklich sind.« (Vgl. http://www.dhamma.org/de/) Die Ideologie des Westens und ein synkretistischer Buddhismus gehen bestens zusammen.

26 Musil, Prosa und Stücke, S. 1091.

27 Musils Formulierung klingt heute befremdlich. Aber da nach Alastair Bonnett (a. a. O.) die Selbstbezeichnung des Westens als Westen die direkte Nachfolge des Konzepts der *whiteness* darstellt und als solche im Lauf der zwanziger Jahre aufgekommen ist, befindet sich Musil auf der Höhe der Diskussionen seiner Zeit.

28 Ibid. Vordergründig betrachtet ist man freilich geneigt, dem Musil-Biografen Karl Corino recht zu geben, dass Musil sich damals getäuscht habe; die Massenbewegungen und Totalitarismen des 20. Jahrhunderts, so Corino, hätten es bekanntlich geschafft, Ideologien durchzusetzen, große Massen zu manipulieren und auf Führer einzuschwören. (Vgl. Karl Corino, Robert Musil. Eine Biographie, Reinbek [Rowohlt] 2003, S. 613) Vielleicht war Musil seiner Zeit aber nur voraus. Vor allem aber konnte er sich nicht vorstellen – kaum jemand konnte dies! –, zu welchem Maß an Gewaltanwendung die damals neu aufkommenden totalitären Weltanschauungen bereit waren, um die Gesellschaft nach ihren Vorstellungen zu formen. Da dies jedoch *nur* mit extremer Gewalt möglich war, bestätigt dies vielleicht sogar Musils These.

29 La condition postmoderne, S. 68.

30 Es ist die auch mir vorliegende und heute noch über UTB vertriebene Übersetzung Poppers bei Francke in Tübingen.

31 Musil, Prosa und Stücke, S. 1057.

32 Ibid., S. 1058.

33 Ibid.

34 Am einfachsten sieht man es in der Frage der Emanzipation der Frau.

35 Le Différend, S. 260 (»Les fières luttes pour l'indépendance donnent issue à de jeunes états réactionaires«).

36 Es ist eine der grundlegenden Einsichten in Alaister Bonnetts Buch über »The Idea of the West«, dass die Redensweise von diesem Westen außerhalb dieses Westens geboren wurde.

KOSMOPOLITISCHE ANLÄUFE

1 Johann Gottfried Herder, Ideen zur Philosophie der Geschichte der Menschheit, hrsg. von Martin Bollacher, Frankfurt (Deutscher Klassiker Verlag) 1989, S. 12.

2 Novalis, Werke, Band 2, hrsg. von Hans-Joachim Mähl, München (Hanser) 1978, S. 764 (aus: »Die Christenheit und Europa«).

3 Gurminder K. Bhambra, Sociology after Postcolonialism. Provincialized Cosmopolitanism and Connected Sociologies. In: Manuela Boatca et al., Decolonizing European Sociology: Trans-disciplinary Approaches, London (Routledge) 2012, S. 33 f.

4 Johann W. Goethe, Sämtliche Werke, Band 19, hrsg. von Heinz Schlaffer, München (Hanser) 1986, S. 206 f.

5 Johann W. Goethe, Sämtliche Werke, Band 17, hrsg. von Gonthier-Louis Fink et al., München (Hanser) 1991, S. 710 f.

6 Ibid.

7 Es sei fairerweise darauf hingewiesen, dass es möglich ist, das Wort »müssen« hier nicht als »sollen«, sondern als »gezwungen sein« oder »sich gezwungen sehen« zu lesen, womit es im Deskriptiven verbliebe, aber als deskriptive Aussage auch nur wieder den normativen Zwang beschriebe, der auf den literarischen Zeitgenossen lastet.

8 Es gibt eine Literaturgeschichte und Literaturgeschichten, dies gewiss. Aber es gibt keine Entwicklung, kein Ziel, keine Geschichte im Sinn irgendeiner Teleologie oder Wertung. In der zeitgenössischen Kunsttheorie hat sich diese (postmoderne) Erkenntnis durchgesetzt (indem die Moderne mit ihrem Zug zur Abstraktion für beendet erklärt wurde), jedoch kaum schon im allgemeinen Literaturverständnis.

9 Den Anhängern des Freiheitsgedankens sei gesagt, dass jede Reduktion von Kultur auf Natur die Freiheit der Kultur einschränken muss und Wertungen präjudiziert, etwa die mimetische Kunst bevorzugt.

10 Elias Canetti, Der Beruf des Dichters, in: Ders.: Das Gewissen der Worte, Frankfurt (S. Fischer) 1981, S. 284.

11 Ibid., S. 284.

12 Johann W. Goethe, Sämtliche Werke, Bd. 18.2, hrsg. von Johannes John et al., München (Hanser) 1996, S. 62.

13 Vgl. den Vortrag von Orhan Jašić (islamischer Theologe, Sarajevo) »West-Östlicher Divan aus orientalischer Sicht«, gehalten am 28.4.2017 an der Akademie der Wissenschaften in Sarajevo anlässlich der Frühjahrstagung der Deutschen Akademie für Sprache und Dichtung. Vgl. ferner Hamid Dabashi, The World of Persian Literary Humanism, Harvard (Harvard University Press) 2012, insbesondere die Kapitel 1, 6, 8.

14 Karl Marx, Das große Lesebuch, hrsg. von Iring Fetcher, Frankfurt (S. Fischer) 2008, S. 170.

15 Barbara Cassin (Hrsg.), Dictionary of Untranslatables, Princeton (Princeton University Press) 2014.

16 Emily Apter, Against World Literature. On the Politics of Untranslatability, London (Verso) 2013.

17 Canetti, S. 287.

18 Hans-Peter Duerr, Traumzeit, Frankfurt (Syndikat) 1978, S. 151.

19 Bachtyar Ali, Der letzte Granatapfel, aus dem Kurdischen (Sorani) von Ute Cantera-Lang und Rawezh Salim, Zürich (Unionsverlag) 2016.

20 Bachtyar Ali, Die Stadt der weißen Musiker, aus dem Kurdischen (Sorani) von Peshawa Fatah und Hans-Ulrich Müller-Schwefe, Zürich (Unionsverlag) 2017.

21 Bakhtiyar [sic] Ali: I stared at the night of the city, translated by Kareem Abdulrahman, Reading (Periscope Books) 2016.

22 Wie Ali bei einer Lesung in Bonn berichtete, Buchhandlung Böttger, 20.1.2017.

23 In: Art & Thought 105/2016, www.goethe.de/ges/phi/prj/ffs/the/105/de15698273.htm

24 Ibid.

25 Ibid.

26 Ibid.

27 Bernhard Schlink, Heimat als Utopie. Frankfurt (Suhrkamp) 2000, S. 12.

28 Ibid.

29 Schlink, S. 36.

30 Beispielhaft ist etwa der Zusammenschluss ICORN: http://www.icorn.org

31 Schlink, S. 40. Freilich auch als »Recht auf anerkannte Zugehörigkeit zu einer politischen Gemeinschaft« (S. 40).

32 Schlink, S. 46 f.

33 Hannah Arendt, Elemente und Ursprünge totaler Herrschaft, München (Piper) 1986, S. 617.

34 Sanhedrin 4:1 (22a) zitiert und übersetzt nach: http://www.angelfire.com/mt/talmud/schindler.html. Im Babylonischen Talmud, Sanhedrin 37a, bezieht sich die Aussage nicht auf jede Seele, sondern auf Seelen des Stamms Israel und wäre dann gleichsam die nationalistische Variante.

35 Der Koran, übers. von Rudi Paret, Stuttgart (Kohlhammer) 1989, S. 82. Die eckigen Klammern bezeichnen Einschübe von mir, die runden diejenigen von Paret. Ohne Klammern gelesen sieht man den recht elliptischen Originaltext in Interlinearversion.

36 Arendt, S. 617.

37 Arendt, S. 619. Die Platon-Stelle ist Nomoi 716c.

38 Arendt, S. 617.

39 Im Rahmen dieser Diskussionen können wir das Eingangszitat von Leo Strauss vom ersten Teil dieses Buches verstehen (S. 23). Denn bislang war nicht deutlich geworden, warum der Mensch das Wesen ist, »that must try to transcend humanity«. Strauss sagte, »since he must see himself in the light of the whole«. Warum er sich aber im Licht des Ganzen sehen muss, war uns nicht klar. Jetzt ist es dies. Weil er nur dann einen holistischen Rechtsbegriff gewinnen kann, weil er nur dann nicht die Menschheit »in the direction of the subhuman« transzendieren muss.

40 Arendt, S. 618, Hervorhebung von mir.

41 Hans Jonas, Gnosis, Frankfurt (Insel) 1999, S. 380. Hervorhebung von Jonas. Die Stelle bei Pascal, auf die sich Jonas bezieht, lautet: »Ein Schilfrohr nur ist der Mensch, das schwächste in der Natur; aber ein denkendes Rohr. […] Aber würde das All ihn zerstören, wäre der Mensch doch edler als das, was ihn tötet, weil er weiß, dass er stirbt und dass das All stärker ist als er: das All weiß nichts davon.« Zit. nach ibid., S. 472.

42 Zuletzt massiv von Wolfgang Welsch, Homo mundanus. Jenseits der anthropischen Denkform der Moderne, Weilerswist (Velbrück) 2012. Dazu später näher.

43 Thomas Luckmann, Die unsichtbare Religion, Frankfurt (Suhrkamp) 1991, S. 85 f.

44 Der passende populärwissenschaftliche Bestseller dazu stammt wieder von Yuval Noah Harari, Eine kurze Geschichte der Menschheit, München (Deutsche Verlags-Anstalt) 2013.

45 Aristoteles, Metaphysik, übers. von Franz F. Schwarz, Stuttgart (Reclam) 1984, S. 17 (980a). Interessant ist, dass bereits bei Aristoteles die Frage nach dem Warum dieses Strebens

mit dem Verweis, dass es eben von Natur aus so sei, abgeblockt wird. Aristoteles würde auf diese Bemerkung vielleicht geantwortet haben, dass diese Frage nicht zur Metaphysik, sondern zur Biologie, Psychologie, Politik oder Physik zu zählen wäre. Wir hätten ihm dann unsererseits entgegnet, dass es doch sehr interessant sei, dass die Metaphysik solche unmetaphysischen Voraussetzungen habe.

46 Arendt, S. 736.

47 Arendt, S. 734.

48 Zitiert nach Karl Löwith, Weltgeschichte und Heilsgeschehen, Stuttgart (Kohlhammer) 1961, S. 34 (Brief von F. von Preen vom 26.12.1892).

49 Arendt, S. 618.

50 Arendt, S. 607. Der heute geläufige westliche Menschenrechtsdiskurs, so können wir Arendt deuten, ist ein Verschleierungsdiskurs: Er lenkt die Aufmerksamkeit auf partikulare, nebensächliche Rechte und stellt damit eben nicht die weltpolitische Ordnung in Frage, welche fundamentalere, »eingeborene« Rechte permanent gefährdet, nämlich die nationalstaatliche, wie etwa Bachtyar Ali klar gesehen hat.

51 Dass in *jedem* positiven Recht »soziale Standards und Ansprüche« kulturell kodiert sind und eben deswegen nicht einfach internationalisiert werden können, »wie dies im Namen der Menschenrechte geschieht«, wird von Thomas Khurana in seiner Diskussion von Arendts Konzept des Rechts auf Rechte, das in diese Falle eben nicht tappt, ignoriert. (Khurana, Recht auf Rechte: Zur Naturalisierung und Politisierung subjektiver Rechte, S. 29. In: Rechtsphilosophie – Zeitschrift für Grundlagen des Rechts 1:15–30 [2017]). Zur Verdeutlichung: Das Recht auf Rechte ist der Gott, von dem man sich kein Bild macht, eine Form der negativen Theologie. Nur dieses bzw. dieser ist aber allgemein, der Gott aller. Man kann damit partikulare Ansprüche abwehren, d. h. jede Aussage darüber, wie dieser Gott aussieht, was ihn ausmacht. Positive Aussagen – Gesetze, Rechte – implizieren dagegen ein Narrativ (eine dogmatisch ausgearbeitete Religion), welches immer kulturell kodiert und zeitbedingt, damit vorläufig und hinterfragbar sein wird, somit dann auch Gegenstand von Politik, selbst wenn es an einem gegebenen Ort und in einer gegebenen Zeit fraglos gelten und anerkannt sein kann. Nie aber wird es unhinterfragt und unhinterfragbar darüber hinaus geltend gemacht werden können. Es würde dann zwangsläufig mit anderen Narrativen in Konflikt geraten, würde sich schon durch die Abwehrhaltung wandeln, gerade wenn es sich partout bewahren will.

52 »Wenn Arendts Diagnose richtig ist, dann liegt in der Offenheit und Unbestimmtheit dieses Rechts [auf Rechte] nicht eine bloße Schwäche oder ein praktisches Problem, sondern vielmehr die Notwendigkeit des Politischen«, schreibt Khurana (S. 30).

53 Schlink, S. 49; Hervorhebung von mir.

54 Stefana Sabin, Die Welt als Exil, Göttingen (Wallstein) 2008, S. 7.

55 Ich folge der Übersetzung in der Elberfelder Bibel (revidierte Fassung): Die Heilige Schrift, Wuppertal (Brockhaus) 1985.

56 al-Nawawī, Das Buch der vierzig Hadithe, aus dem Arabischen übers. und hrsg. von Marco Schöler, Frankfurt (Verlag der Weltreligionen) 2007, S. 245 und der dazugehörige Kommentar S. 716.

57 Die Echtheitsfrage habe ich an anderer Stelle diskutiert. Es ist nicht davon auszugehen,

dass diese Sprüche, wiewohl heute als kanonisch erachtet, wirklich auf den Propheten zurückgehen. Vgl. Stefan Weidner, Gesegnet seien also die Fremden. Islamische und westliche Perspektiven, Luxemburg (Amazon Kindle) 2017 (E-Book).

58 Ignaz Goldziher, Neuplatonische und gnostische Elemente im Hadith. In: Zeitschrift für Assyrologie 22, 1909, S. 317.

59 Richard Gramlich, Weltverzicht. Grundlagen und Weisen islamischer Askese, Wiesbaden (Harrassowitz) 1997, S. 133 f.

60 Lexikon des Dialogs. Grundbegriffe aus Christentum und Islam, hrsg. von Richard Heinzmann, Freiburg (Herder) 2016, S. 28.

61 Zit. nach Iring Fetscher, Der Marxismus, München (Piper) 1983, S. 96.

62 Fetscher, S. 97.

63 Vor eine ähnliche Situation sah sich der Buddhismus gestellt, der einem leidbehafteten Diesseits zwar nicht ein jenseitiges, aber aller üblichen weltlichen Verstrickungen enthobenes Nirwana entgegenhält. Damit wäre der Buddhismus eine reine Mönchsreligion geblieben – was er in großen Teilen auch noch ist –, wäre nicht die Lehre von der Rückkehr des Buddha in die Welt hinzugekommen, wo er nun seine Wirkung entfaltet und eine eigene Ethik entwickelt.

64 Jonas, S. 64.

65 Jonas, S. 76.

66 Heinz Halm, Die islamische Gnosis, Zürich (Artemis) 1982, S. 10.

67 Jonas, S. 78.

68 Jonas, S. 78 f.

69 Michael von Brück, Einführung in den Buddhismus, Frankfurt (Verlag der Weltreligionen) 2007, S. 538.

70 Klaus Vondung, Die Apokalypse in Deutschland, München (dtv) 1988, S. 24.

71 Ernst Bloch, Das Prinzip Hoffnung, Frankfurt (Suhrkamp) 1985, S. 1332.

72 Karl Mannheim, Ideologie und Utopie, Frankfurt (Verlag G. Schulte-Bulmke) 1965, S. 185.

73 Vondung, S. 87.

74 Schlink, S. 12.

75 Karl Löwith, Weltgeschichte und Heilsgeschehen, Stuttgart (Kohlhammer) 1953, S. 69.

76 Auguste Comte, Die Soziologie. Positive Philosophie, hrsg. von Friedrich Blaschke, übers. von J. H. v. Kirchmann, Stuttgart (Kröner) 1974, S. 5.

77 Zit. nach Fetscher, S. 96. Einmal an der Macht – und ihre Versprechen kaum halten könnend, ja ihrerseits zum Wolf des Menschen werdend –, musste die kommunistische Utopie selbst auf die Technik, die Machbarkeit, die Beherrschung der Natur und der Stoffwelt ausweichen. Auch vor diesem Hintergrund erklärt sich die Technikbegeisterung, die in der Sowjetunion ausbrach.

78 In »Nationalökonomie und Philosophie«. Hier zit. nach Fetscher, S. 97.

79 Nebenbei bemerkt liegt darin ein marxistisches, linkes Argument gegen die üblicherweise von links betriebene, in Wahrheit aber wohl schlicht sehr bürgerliche Identitätspolitik mit ihren sich immer weiter ausdifferenzierenden Verrechtlichungen und Etikettierungen aller erdenklichen menschlichen Unterschiede. Die gegenwärtige Identitätspolitik ist keine der Gleichheit, sondern des Auch-haben-Wollens. Man will nicht wie die anderen sein (Gott

bewahre!), sondern sich wie die anderen von den anderen unterscheiden dürfen und können, am besten mit Segen des Staates, der, indem er diesen Segen spenden darf, seine grenzziehende Macht in die persönlichsten und intimsten Sphären trägt und seinerseits gestärkt wird: Wer, wenn nicht er, könnte *solche* Rechte schon garantieren!?

80 Wolfgang Welsch, Mensch und Welt, eine evolutionäre Perspektive der Philosophie, München (C. H. Beck) 2002.

81 Welsch, S. 59 f.

82 Martin Heidegger, Die Technik und die Kehre, Pfullingen (Neske) 1962, S. 28. Dass ein feinsinniger Heidegger-Interpret wie Rüdiger Safranski auf seine alten Tage ein Problem mit einer Politik der offenen Grenzen hat, mag bedauerlich sein, ist aber von vollendeter philosophisch-politischer Konsequenz.

83 Rüdiger Safranski, Ein Meister aus Deutschland. Heidegger und seine Zeit, München (Hanser) 1994, S. 107.

84 Albert Camus, Der Mythos des Sisyphos, deutsch von Vincent von Wroblewsky, Reinbek (Rowohlt) 1999, S. 11.

85 Camus, S. 14.

86 Khurana, S. 30.

87 Boris Groys, Über Kierkegaard, in: Kierkegaard, ausgewählt und vorgestellt von Boris Groys, München (dtv) 1999, S. 29.

88 Groys, S. 32.

89 So etwa Peter Handke in: Mein Jahr in der Niemandsbucht, Frankfurt (Suhrkamp) 1994.

90 Peter Handke, Die Lehre der Saint-Victoire, Frankfurt (Suhrkamp) 1980.

91 Martin Heidegger, Holzwege, Frankfurt (Vittorio Klostermann) 1980, S. 42 (6. Auflage, S. 44 in der 5.).

92 Theodor W. Adorno, Jargon der Eigentlichkeit, Frankfurt (Suhrkamp) 1964, S. 25.

93 Zit. nach Heidegger, Holzwege, S. 22 (S. 26).

94 Wer will, kann diese Erfahrung in einem der letzten Worte Jesu wiederfinden: »Mein Gott, warum hast Du mich verlassen?«

95 Ibn Arabi, Der Übersetzer der Sehnsüchte, übers. von Stefan Weidner, Salzburg (Jung und Jung) 2016, S. 125.

96 Adonis, Die Gesänge Mihyârs des Damaszeners, übers. von Stefan Weidner, Zürich (Ammann) 1998, S. 39.

97 Mahmud Darwish, Wir haben ein Land aus Worten, übers. von Stefan Weidner, Zürich (Ammann) 2002, S. 21.

98 Hier zit. nach Weidner, Erlesener Orient, Wien (Edition Selene) 2004, S. 352. Das Original findet sich in: Nâzim Hikmet, Bütün Şiirleri, Istanbul (Yapi Kredi) 2007, S. 38.

99 Auguste Comte, Die Soziologie. Positive Soziologie, hrsg. von Friedrich Blaschke, übers. von J. H. v. Kirchmann, Stuttgart (Kröner) 1974, S. 518.

100 Adorno, S. 25.

101 Julia Kristeva, Étrangers à nous-mêmes, Paris (Fayard) 1988, Pos. 3802 f. (ich benutze das E-Book auf Kindle).

102 Sigmund Freud, Studienausgabe, Band IV, Psychologische Schriften, Frankfurt (S. Fischer) 1989, S. 244.

103 Freud, S. 264 f.

104 Novalis, Werke, Band 2, hrsg. von Hans-Joachim Mähl, München (Hanser) 1978, S. 764 (aus: »Die Christenheit und Europa«).

105 Kristeva, a. a. O.

106 Kristeva, a. a. O. (Pos. 3802).

107 Eric Voegelin, Die politischen Religionen, hrsg. von Peter Opitz, München (Fink) 2007 (erstmals publiziert in Wien 1938).

108 Tatsächlich kritisiert Arendt Voegelin. Die Massen litten nicht, wie Voegelin behaupte, an einer »krebsartigen Wucherung des utilitaristischen Sektors der menschlichen Existenz«, sondern an »einem radikalen Schwund des gesunden Menschenverstandes«. (Arendt, S. 736 f.)

109 Eric Voegelin, Ordnung, Bewußtsein, Geschichte, hrsg. von Peter Opitz, Stuttgart (Klett-Cotta) 1988, S. 107 (der Aufsatz, aus dem der Passus stammt, ist erstmals 1970 erschienen).

110 Voegelin, Ordnung, S. 104.

111 So z.B. Voegelin, Ordnung, S. 101.

112 Voegelin, Ordnung, S. 106.

113 Arendt, S. 619.

114 Voegelin, Ordnung, S. 120.

115 Nach christlicher Zählung gehört dies noch zum ersten Gebot, nach der im Judentum verbreiteten Zählung handelt es sich um das zweite Gebot. Das erste Gebot jüdischer Zählung besagt dann bloß: »Du sollst keine Götter haben neben mir.« Zur Zählweise vgl. den Artikel »Dekalog« in Reclams Bibellexikon, hrsg. von Klaus Koch et al., Stuttgart (Reclam) 1992, S. 105.

116 Arendt, S. 616 f.

117 Arendt, S. 617.

118 »Die Natur bedient sich zweier Mittel, um Völker von der Vermischung abzuhalten und sie abzusondern, der Verschiedenheit der Sprachen und der Religionen« (Immanuel Kant, Werkausgabe, hrsg. von Wilhelm Weischedel, Band 11, Frankfurt [Suhrkamp] 1993, S. 225) – bei »anwachsender Kultur«, fährt Kant fort, wird es aber trotzdem zu einer »allmählichen Annäherung der Menschen« kommen (S. 226). Und in einer Fußnote ergänzt Kant, dass es, genauso wie es nur eine Moral, so auch in Wahrheit »nur eine einzige, für alle Menschen und in allen Zeiten gültige Religion« gibt (ibid.).

119 Kant, Band 11, S. 217.

120 Wie es in einem Fragment der Reinschrift heißt, aber nicht gedruckt wurde (S. 219, Anm. 1).

121 Kant, Band 11, S. 219 f.

122 Der Versuchung, dieser Formulierung eine eigene Abhandlung zu widmen, sei widerstanden. Auffällig ist nur, dass der Krieg gegen die Tiere nicht aufhört, ja bis heute immer und immer heftiger weitergeht, obwohl die ursprüngliche, von Kant angenommene Gefährdung durch Tiere überhaupt nicht mehr besteht.

123 Kant, Band 11, S. 221.

124 Kant, Band 11 S. 222.

125 Ibid. Alles auch frei unter: https://korpora.zim.uni-duisburg-essen.de/kant/

126 Der Grieche ist der kynische Philosoph Antisthenes (ca. 445–365 v. Chr.), ein Schüler von Sokrates und Lehrer von Diogenes.

127 Kant, Band 11, S. 216 f.

128 Kants Grundlage für diese Aussage ist das aufgekommene Zeitungswesen. Zu Kants Rezeption von Nachrichten aus dem Orient vgl. Ian Almond, History of Islam in German Thought, London (Routledge) 2010, S. 29 ff.

129 Seyla Benhabib, Kosmopolitismus und Demokratie. Von Kant zu Habermas. In: Blätter für deutsche und internationale Politik 6/2009, S. 65–74. Online zugänglich unter: http://www.goethe.de/ges/phi/prj/ffs/the/a97/de9507770.htm.

130 Ibid.

131 Die folgenden Ausführungen stützen sich auf die Spinoza-Biografie von Yirmiyahu Yovel, Spinoza, übers. von Brigitte Flickinger, Göttingen (Steidl) 2012, und Georg Bossong, Die Sepharden. Geschichte und Kultur der spanischen Juden, München (C. H. Beck) 2008.

132 Im Jahr 1066 kam es freilich in Granada zu einem wohl aus Sozialneid motivierten Pogrom, dem 1500 jüdische Familien zum Opfer fielen. Georg Bossong schreibt dazu: »Dies war das einzige Mal in der langen Geschichte des jüdisch-islamischen Zusammenlebens in Spanien, dass man tatsächlich von einer Art Pogrom sprechen kann. Zwar gab es in späterer Zeit auch Unterdrückung, aber nirgendwo kam es zu blutigen Ausschreitungen und Morden.« (Bossong, S. 27.)

133 Yovel, S. 11.

134 Zit. nach Arendt, S. 734 f.

135 Yovel, S. 37. Vgl. dazu ferner Gil Anidjar, Blood. A Critique of Christianity. New York (Columbia Univ. Press) 2014.

136 Bossong, S. 93 f.

137 Bossong, S. 110 f.

138 So der Untertitel der Spinoza-Biografie von Yovel.

139 Sven Papke, Vernunft und Chaos, Frankfurt (S. Fischer) 1985, S. 50.

140 Vgl. Sybille Ebert-Schifferer, Caravaggio, München (C. H. Beck) 2009, S. 172.

141 Zu den Vorstellungen kosmologischer Schönheit im Koran vgl. Doris Behrens-Abouseif, Schönheit in der arabischen Kultur, München (C. H. Beck) 1998, S. 25. Wael Hallaq betont die moralische Kosmologie des Korans: »The Quranic moral arsenal was thus embedded in a holistic system of belief, in a cosmology that comprised a metaphysic. […] In this broadest sense of cosmology, we might argue that the Quran offers no less than a theory of cosmological morality of the first order, which is to say that Quranic cosmology is not only profoundly moral but is also itself constructed, both in form and content, out of a moral fiber.« Wael B. Hallaq, The Impossible State, New York (Columbia University Press) 2013, S. 83.

142 Friedrich Nietzsche, Der Wille zur Macht, Stuttgart (Kröner) 1964, S. 225, Aphorismus 327.

143 Achille Mbembe, Ausgang aus einer langen Nacht. Versuch über ein entkolonialisiertes Afrika, übers. von Christine Pries, Frankfurt (Suhrkamp) 2016, S. 298 f.

144 Wolfgang Bauer (Hrsg.), China und die Fremden, München (C. H. Beck) 1980, S. 202

145 Wael B. Hallaq, The Impossible State, New York (Columbia Univ. Press) 2013, S. 82.

146 Kant, Band 11, S. 225 f.

147 Ich folge hier der Darstellung bei Henri Laurens, L'expédition d'Égypte, Paris (Seuil) 1997, hier S. 41.

148 Laurens, S. 32.

149 Laurens, S. 476.

150 Laurens, S. 31.

151 ʿAbdarrahmān al-Ǧabartī, Bonaparte in Ägypten, übers. von Arnold Hottinger, Zürich (Artemis) 1983, S. 81

152 Hallaq, S. 109.

153 Selbstverständlich hat das Wort »Brüderlichkeit« auch islamisch-religiöse Wurzeln – aber die religiöse Konnotation der *Fraternité* dürfte den Zeitgenossen der Französischen Revolution ebenfalls noch geläufig gewesen sein.

154 Hallaq, S. 30.

155 Tilman Nagel, Das islamische Recht, Westhofen (Skulima) 2001, S. 306.

156 Bauer, China und die Fremden, S. 202.

157 Bauer, China und die Fremden, S. 199.

158 Kant, Band 11, S. 46.

159 Kant, Band 11, S. 47.

160 Doris Behrens-Abouseif, Schönheit in der arabischen Kultur, München (C. H. Beck) 1998, S. 25.

161 Behrens-Abouseif, S. 23.

162 Immanuel Kant, Werkausgabe, Band 7, hrsg. von Wilhelm Weischedel, S. 300 (Kritik der praktischen Vernunft), Frankfurt (Suhrkamp) 1982, S. 82.

163 Kant, Band 11, S. 48.

164 Kant, Band 11, S. 50.

165 Friedrich Schiller, Sämtliche Werke, Band 4, Historische Schriften, München (Winkler) 1975, S. 712.

166 Schiller, S. 708.

167 Schiller, S. 717.

168 Schiller, S. 718.

169 Schiller, S. 709.

170 Ernest Renan, L'islamism et la science, Paris (Calmann Lévy) 1883. Renans Beitrag ist im Original zugänglich unter: https://ia902604.us.archive.org/7/items/lislamismeetlasoorenagoog/lislamismeetlasoorenagoog.pdf. Wir zitieren aus dieser Ausgabe. Ferner im Erstdruck hier: http://gallica.bnf.fr/ark:/12148/bpt6k462194q/f2. In englischer Übersetzung unter: https://www.mcgill.ca/islamicstudies/files/islamicstudies/renan_islamism_cversion.pdf

171 Afghanis ist im Original hier zugänglich: http://gallica.bnf.fr/ark:/12148/bpt6k462242j/f3.item

172 Renan, S. 3. Man darf vermuten, dass genau dies, der Zusammenbruch der rassistischen Kategorien im Islam, Renans Problem war. Es ist ein ähnliches Problem wie das, welches Hegel mit dem indischen Geist hatte, nicht vor dem Hintergrund rassistischer, sondern dialektischer Ordnungsvorstellungen (vgl. das letzte Kapitel).

173 Ibid. Jeweils meine Übersetzung.

174 Renan, S. 24.

175 Die Antwort von Renan, worin Renan al-Afghanis Antwort als Beleg für seine Position nimmt, ist hier zugänglich: http://gallica.bnf.fr/ark:/12148/bpt6k462243x/f3 sowie: http://blogs.histoireglobale.com/wp-content/uploads/2011/10/Renan-al-Afghani.pdf

176 Englisch: Jalal Al-i Ahmad, Occidentosis. A Plague From the West, Berkeley (Islam International Publications) 1984. Online zugänglich unter: http://www.brygeog.net/uploads/7/9/8/5/7985035/occidentosis.pdf

177 Al-i Ahmad, S. 137.

178 Joseph A. Massad, Islam in Liberalism, Chicago (University of Chicago Press) 2015, S. 3. Die von Massad zitierte Stelle bei Talal Asad findet sich in Talal Asad, Formations of the Secular, Stanford (Stanford University Press) 2003, S. 62.

179 Johann Gottfried Herder, Werke, hrsg. von Wolfgang Pross, Band 1, München (Hanser) 1984, S. 680 f.

180 Pankaj Mishra, Das Zeitalter des Zorns, Frankfurt (S. Fischer) 2017.

181 Herder, Werke Band 1, S. 661.

182 Herder, Werke Band 1, S. 620.

183 Herder, Werke Band 1, S. 619.

184 Unpubliziert. Es stammt vom 18. März 1843 und entstand im Zusammenhang mit Rückerts ersten Eisenbahnfahrten von Berlin in Richtung Neuses. Es befindet sich heute in den Schweinfurter Beständen (Sammlung Rückert, A II 71a-145b; laut und dank Angabe von Rudolf Kreuthner, Schweinfurt).

185 Johann Georg Hamann, Sämtliche Werke, hrsg. von Josef Nadler, Wien (Herder) 1950, S. 197 (Aesthetica in Nuce).

186 Johann Gottfried Herder, Volkslieder, hrsg. von Ulrich Gaier, Frankfurt (Deutscher Klassiker Verlag) 1990, S. 68.

187 Vgl. Herder, Volkslieder, S. 59: »Wie aber nun diese Völker, die Brüder unserer Menschheit kennen? […] Als Menschen, die Sprache, Seele, Empfindungen haben? Unsere Brüder!«

188 Johann Gottfried Herder, Schriften zum Alten Testament, hrsg. von Rudolf Smend, Frankfurt (Deutscher Klassiker Verlag) 1993, S. 92.

189 Ludwig Derleth, Der fränkische Koran, Kassel (Bärenreiter) 1933.

190 Derleth, S. 35.

191 Jedenfalls wenn wir der Biografie von Klaus Happrecht Glauben schenken, vgl. Klaus Happrecht, Thomas Mann, Hamburg (Rowohlt) 1995, S. 1550.

192 »Beim Propheten«. Thomas Mann, Frühe Erzählungen, Frankfurt (S. Fischer) 1981, S. 367 f. (vgl. Happrecht, S. 236).

193 Derleth, S. 434

194 Arendt, S. 618 f.

195 Derleth, S. 435.

196 Christopher Lasch, The Culture of Narcissism, New York (Norton) 1979.

197 Derleth, S. 436.

198 Clemens Brentano, Godwi, hrsg. von Ernst Behler, Stuttgart (Reclam) 1995, S. 18.

199 Es handelt sich um ein weltweites Phänomen. Der Bettelorden meiner arabischen

Dichterfreunde entspricht teilweise bis ins Detail dem Lebensstil der »Wilden Detektive«, der radikalen Poeten, die der chilenische Schriftsteller Roberto Bolaño (1953–2003) in seinem gleichnamigen Roman schildert: Roberto Bolaño, Los detectives salvajes, Barcelona (Editorial Anagrama) 1998.

200 Novalis, Band 1, S. 648. Orthografie wie im Original.

201 Herder, Volkslieder, S. 26.

202 Der Koran in der Übersetzung von Friedrich Rückert, hrsg. von Hartmut Bobzin, Würzburg (Ergon) 2001, S. 394.

203 August Wilhelm Schlegel, Vorlesungen über schöne Literatur und Kunst. Zweiter Teil (1802–1803). In: Geschichte der Klassischen Literatur, Stuttgart (Göschen'sche Verlagsbuchhandlung) 1884, S. 12.

204 Am prominentesten in den letzten Jahren bei Navid Kermani, Gott ist schön, München (C. H. Beck) 1999. Der religiöse, politische und ethische Charakter, alles, was daran lästig ist und lästig sein will, gerät in der rein ästhetischen Lesart (die freilich schlicht das Thema der Dissertation von Kermani ist und mit seiner persönlichen Lesart des Korans, über die ich nichts sagen kann, nicht zu verwechseln wäre) zur *quantité négligeable*. Die Entpolitisierung macht die Religion hierzulande zwar akzeptabel, aber damit auch belanglos und entkleidet sie ihres Sinns, ihrer Welthaltigkeit.

205 Walter Benjamin, Gesammelte Schriften IV.1, hrsg. von Tillman Rexroth, Frankfurt (Suhrkamp) 1991, S. 19.

206 Näher dazu: Stefan Weidner, Fluchthelferin Poesie. Friedrich Rückert und der Orient, Göttingen (Wallstein) 2017, S. 32 ff.

207 Wolfgang Bauer, China und die Hoffnung auf Glück, München (dtv) 1974, S. 217.

ANKÜNFTE JENSEITS DES WESTENS

1 Mahatma Gandhi, The Collected Works of Mahatma Gandhi (CWMG), Band 31, S. 376 (http://gandhiserve.org/e/cwmg/cwmg.htm).

2 Friedrich Rückert hat diese Maskerade ironisch in dem Gedicht »Der Abendländer im Morgenland« thematisiert: Friedrich Rückert, Gesammelte Gedichte, Band 3, S. 264 f., Frankfurt (Sauerländer) 1843. Die erste Strophe lautet: »Auszog ich aus dem Abendlande / Ausziehend seine Sitten, / Im morgenländischen Gewande / Durch Morgenlandes Mitten.« Dazu näher: Stefan Weidner, Fluchthelferin Poesie. Friedrich Rückert und der Orient, Göttingen (Wallstein) 2017, S. 29 ff.

3 Ich stütze mich bei den folgenden Ausführungen auf die Darstellungen von Michael von Brück in seiner Ausgabe: Bhagavad Gītā. Der Gesang des Erhabenen, übers. und hrsg. von Michael von Brück, Frankfurt (Verlag der Weltreligionen) 2007, und auf die Studie von Mishka Sinha in: Modern Intellectual History 7,2, (2010), S. 297–317, abrufbar unter: https://www.academia.edu/569803/A_History_of_the_Gita_s_Transnational_Reception_1785-1945. Zur Gita selbst siehe neben Michael von Brück Heinrich Zimmer, Philosophie und Religion Indiens, Frankfurt (Suhrkamp) 1992, S. 339 ff.

4 Es lohnt sich, dieses Wort von Keyserling im Zusammenhang zu zitieren. Er schreibt:

»Wo zwei Vorstellungen sich logisch widersprechen, dort wähnen wir, nur eine von ihnen könne richtig sein. Wir befinden uns in dieser, wie in so vielen Hinsichten, in einem rudimentären Entwicklungsstadium. Deswegen ist die Mehrzahl unter uns noch außerstande, die ganze Tiefe der indischen Weisheit zu verstehen. Die Bhagavat-Gita z. B., dies vielleicht schönste Werk der Weltliteratur, gilt vielen als philosophisch wertloses Kompilat, weil allerdings viele Denkrichtungen in ihm gleichzeitig zu Wort gelangen.« (Aus: Das Reisetagebuch eines Philosophen, Darmstadt [Otto Reichl] 1922, S. 301 f.) Zumindest einen Hinweis ist hier auch Keyserlings kurzlebige, 1920 in Darmstadt gegründete »Schule der Weisheit« wert, eine Art Akademie für die Begegnung mit außereuropäischem Gedankengut.

5 Wilhelm von Humboldt, Über die Bhagavad Gita, in: Wilhelm von Humboldt's Gesammelte Werke, Erster Band, Berlin (G. Reimer) 1841, S. 111.

6 Wilhelm von Humboldt's Gesammelte Werke, Erster Band, Berlin (G. Reimer) 1841, S. 179.

7 Georg Wilhelm Friedrich Hegel, Über die unter dem Namen Bhagavad-Gita bekannte Episode des Mahabharata von Wilhelm von Humboldt [der die Gita erläutert hatte, siehe Anm. 380], in: Theorie Werkausgabe, Frankfurt (Suhrkamp) 1970, Band 11, S. 135 f.

8 Mahatma Gandhi, The Collected Works of Mahatma Gandhi (CWMG), Band 37 (11. Nov. 1926–1. Jan. 1927), S. 338 (http://gandhiserve.org/e/cwmg/cwmg.htm).

9 Wie Aldous Huxley mit Bezug auf Leibniz den Glauben an eine alle Religionen durchziehende Grundweisheit genannt hat. Vgl. Aldous Huxley, The Perennial Philosophy, London (Chatto & Windus) 1947, S. 1 (https://archive.org/details/perennialphilosp035505mbp).

10 Gayatri Chakravorty Spivak macht sich große Mühe, um den Eindruck zu vermeiden, dass der Fehler bei Hegel systemimmanent ist und damit auch ihrem eigenen Denken innewohnen könnte, so reizvoll ansonsten der Versuch ist, Hegels Gita-Lektüre hegelianisch für die Gita ins Positive zu wenden, also auf hegelianischer Grundlage Hegels Gita-Deutung zu widerlegen. Das gelingt nur um den Preis, das hegelianische Narrativ, die Dialektik selbst (Spivak nennt das »morphology«) nur ein weiteres Mal zu bestätigen – was wiederum unseren Verdacht bestätigt, dass ohne Hegel und seine Nachfolger von dem, was bis zum Postkolonialismus als Kritik gegolten hat, wenig übrigbleibt. Das Problem solcher »Kritik« und der Grund für ihre atemberaubende praktisch-politische Erfolglosigkeit liegt genau darin, dass sie die Struktur dessen, was sie zu kritisieren vorgibt, stärkt und repliziert. Vgl. Gayatri Chakravorty Spivak, A Critique of Postcolonial Reason, Harvard (Harvard University Press) 1999, S. 37 ff.

11 Ich folge der Definition von Michael von Brück in seiner Gita-Ausgabe, a. a. O., S. 416.

12 Von Brück, Bhagavad Gita, S. 78, elftes Kapitel, Verse 15 und 16 (Übersetzung von Michael von Brück).

13 Vgl. Thomas Sören Hoffmann, Hegel, Eine Propädeutik, Wiesbaden (Marix) 2004, S. 67.

14 Hegel, Werkausgabe, Band 13, S. 473. Es geht hier natürlich nicht darum, von Hegel post mortem politische Korrektheit zu verlangen. Es geht vielmehr darum, zu zeigen, wohin eine auf Hegel zurückgehende Denkweise führt: zu einer geradezu närrischen Weltverengung. Unter Hegel'schen Prämissen kann es politische Korrektheit ohnedies nur als Heuchelei oder gedankliche Inkonsequenz geben. Über einen Hegelianer, der politisch korrekt sein will, würde man sich somit zu Recht aufregen. Inwiefern das auch für Marxisten gilt, wäre von diesen zu klären.

15 Hegel, Werkausgabe, Band 12, S. 201. Von dort auch die folgenden Zitate.

16 Hegel, Werkausgabe, Band 12, S. 202.

17 Hegel, Werkausgabe, Band 12, S. 136.

18 Ibid.

19 Ibid.

20 Den Versuch zum Gegenbeweis hat Navid Kermani angetreten: Gott ist schön, München (C. H. Beck) 1999.

21 Hegel, Werkausgabe, Band 12, S. 139 f.

22 Hegel, Werkausgabe, Band 12, S. 203 f.

23 Zit. nach Hegel, Werkausgabe, Band 11, S. 579 f.

24 Frei zugänglich u.a. hier: http://lf-oll.s3.amazonaws.com/titles/2369/Wilkins_Bhagvat_Geeta_1785.pdf

25 Zit. nach Sinha, a. a. O., S. 301.

26 Dazu Robert Irwin, For Lust of Knowing. The Orientalists and Their Enemies, London (Penguin) 2007, S. 160.

27 Goethe, Sämtliche Werke, Band 11.2, S. 246.

28 Für anderslautende Behauptungen, die gelegentlich im Netz kursieren, habe ich keine Belege finden können.

29 Vgl. Jochen Strobel, August Wilhelm Schlegel, Darmstadt (Theiss) 2017, S. 137.

30 Strobel, S. 149.

31 Von Brück, Bhagavad Gita, S. 267.

32 Humboldt, S. 26, vgl. dazu auch von Brück, a. a. O., S. 272.

33 Von Brück, S. 270.

34 Edwin Arnold, The Song Celestial, Boston (Roberts Brothers) (ohne Jahresangabe), S. 10; denkbar ist freilich auch eine böswillige Lesart dieses Satzes, die alles Indische, da von den Briten kolonisiert, auch für England beansprucht.

35 Sinha, a. a. O., S. 313.

36 Online zugänglich unter: http://digi.ub.uni-heidelberg.de/diglit/kandinsky1912/0150

37 Ernst Bloch, Das Prinzip Hoffnung, Frankfurt (Suhrkamp) 1985, S. 1396.

38 Gustav Meyrink, Hochstapler der Mystik. In: Das Haus zur letzten Latern. Nachgelassenes und Verstreutes, München (Langen Müller) 1973, S. 353.

39 Dokumentiert in Jiddu Krishnamurti, Total Freedom. The Essential Krishnamurti, New York (Harper Collins) 1996, S. 361–363.

40 Jiddu Krishnamurti, Total Freedom. The Essential Krishnamurti, New York (Harper Collins) 1996, S. 1.

41 Peter van der Veer, Spirituality in Modern Society. In: Social Research, Bd. 76, Nr. 4, Winter 2009, S. 1097. http://www.mmg.mpg.de/fileadmin/user_upload/pdf/van_der_Veer_Social-Research-1097-1120.pdf

42 Krishnamurti, a. a. O.

43 Inzwischen ist eine derartige Spiritualität vom Neoliberalismus vereinnahmt worden, etwa wenn sich ihre Anhänger aus den Mitarbeitern von IT-Firmen oder den Schülern von Business Schools rekrutieren. Auch Yuval Noah Harari dürfen wir dieser Richtung zurechnen. Vgl. van der Veer, a. a. O., Anm. 38, S. 1116.

44 Sinha, S. 312.

45 Sinha, S. 311 f.

46 Van der Veer, a. a. O., Anm. 38. Allerdings geht van der Veer davon aus, dass nationale Identität und Universalismus ein Widerspruch sind, was meiner Ansicht nach in Frage gestellt werden kann. Der Universalismus der Vorstellung von der nationalen Identität liegt darin, dass *alle* eine nationale Identität haben (*sollen*). Der Spiritualismus übernimmt damit nur die Grundannahme des modernen Imperialismus, die Welt sei nach Nationen zu ordnen und zu verwalten.

47 Sinha, S. 311.

48 Dazu näher: Arvind Sharma, Gandhi. A Spiritual Biography, New Haven (Yale University Press) 2013, S. 39 f. Eine kritischere Sicht auf Gandhis Rezeption der Theosophen liefert Kathryn Tidrick: Gandhi. A political and spiritual life, London (I.B. Tauris) 2006.

49 Zit. nach Sinha, S. 310.

50 Zit. nach von Brück, Bhagavad Gita, S. 225.

51 Zit. nach von Brück, Bhagavad Gita, S. 230.

52 Andrew Sartori, The Transfiguration of Duty in Aurobindo's Essays on the Gita. In: Modern Intellectual History 7, 2010, S. 319–334.

53 www.auroville.org. Eine ironische Beschreibung des Zusammenlebens von Einheimischen und westlichen Weisheitssuchern in Auroville liefert der Roman »Archanu« von Ulla Lenze, Zürich (Ammann) 2008.

54 Sartori, S. 321.

55 Zit. nach Happrecht, Thomas Mann, S. 487.

56 Sartori, S. 326.

57 Man and the battle of life, in: Sri Aurobindo, Essays on the Gita, in: The Complete Works of Sri Aurobindo, Band 19, Pondicherry (Sri Aurobindo Ashram Press) 1997, S. 56 (Erstpublikation in Buchform 1922, geschrieben 1916–1918).

58 Zit. nach Eric J. Sharpe, The Universal Gita, Chicago (Open Court) 1985, S. 81.

59 Verse 47 und 48 des zweiten Gesangs in der Übersetzung von Leopold von Schroeder, aus: Bhagavadgita, Aschtavakragita, München (Hugendubel) 2004, S. 36 f.

60 Bhagavadgita, a. a. O., S. 82, Dreizehnter Gesang, Vers 27 und 28.

61 Arthur Schopenhauer, Kleinere Schriften, Zürich (Haffmanns) 1991, S. 624.

62 Friedrich Schlegel, Gespräch über die Poesie. In: Ders., Schriften zur Literatur, hrsg. von Wolfdietrich Rasch, München (Hanser) 1972, S. 280.

63 Schopenhauer, Kleinere Schriften, S. 598 f. Man muss darauf hinweisen, dass Schopenhauers Plädoyer für die Tierethik eine unangenehme antijüdische Schlagseite hat. Schopenhauer scheint sagen zu wollen, dass ohne den jüdischen Einfluss der indische Ursprung des Christentums unverfälscht geblieben wäre.

64 Bhagavadgita, a. a. O., S. 41, Dritter Gesang, Vers 19.

65 Von Brück, a. a. O., S. 229.

66 Die folgenden Ausführungen können sich stützen auf die Studie von Mithi Mukherjee, Transcending Identity: Gandhi, Nonviolence, and the Pursuit of a »Different« Freedom in Modern India. In: *The American Historical Review*, Volume 115, Issue 2, 1 April 2010, S. 453–473. https://academic.oup.com/ahr/article/115/2/453/10617/

67 Dipesh Chakrabarty und Rochona Majumdar, Gandhi's Gita and Politics as Such, in: Modern Intellectual History 7, 2 (2010), S. 335–353, S. 346.

68 CWMG 31, 376 f.

69 Martin Luther, Von Christlicher Freiheit, Schriften zur Reformation, Zürich (Manesse) 1990, S. 530.

70 Luther, Von Christlicher Freiheit, S. 532.

71 Luther, Von Christlicher Freiheit, S. 562 f.

72 Hier zitiert aus demselben Text, aber nach der Version, die näher am Original ist, Martin Luther, Aufbruch der Reformation, Schriften I, hrsg. von Thomas Kaufmann, Berlin (Verlag der Weltreligionen) 2014, S. 312.

73 Und zwar weil es gerade dabei nicht eigentlich um das politische, äußere Handeln geht, so wie die Zeremonien nach Luther nur ein unterstützendes Beiwerk sind wie die Gerüste der Handwerker. »Denn wenn das Werk fertig ist, werden sie abgenommen.« (Von Christlicher Freiheit, S. 571)

74 Kant, Werke 11, S. 55.

75 Kant, Werke 11, S. 55 f.

76 Vgl. Konrad Ott, Zuwanderung und Moral, Stuttgart (Reclam) 2016, S. 8 f.

77 Max Weber, Gesammelte politische Schriften, hrsg. von Johannes Winckelmann, Tübingen (Mohr Siebeck) 1988, S. 554 f. Dies ist ein weiteres Beispiel für die atemberaubende Wandelbarkeit der Gita-Deutungen je nach historischem Kontext: Weber bringt die Gita gegen die linken Hegel-Schüler in Stellung, die Deutschland mit ihrer revolutionären Gesinnung bedrohten, ja es in den Frieden gezwungen hätten. Angesichts des historischen Kontexts, vor dem Weber sein Gegensatzpaar aus Gesinnungs- und Verantwortungsethik entwirft, sollte sich seine Anwendung auf die Flüchtlingskrise von allein verbieten – oder zumindest müsste dieser Kontext thematisiert werden. Es sei denn, dies zu fordern wäre bereits selber nur wieder Gesinnungsethik. Ausführlicher äußert sich Weber übrigens in seinen »Gesammelten Aufsätzen zur Religionssoziologie« (Band 2) zur Bhagavad Gita (hrsg. von Marianne Weber, Tübingen [Mohr Siebeck] 1988, S. 191 ff.).

78 Weber, Politische Schriften, S. 553.

79 Ibid. Hervorhebungen von Weber.

80 Kant, Werkausgabe Band 11, S. 56. Während die Entmoralisierung der Politik mit Gandhi zu begrüßen wäre, ist weder bei Kant noch bei Weber ersichtlich, in welcher Hinsicht die Moral überhaupt noch Verbindlichkeit beanspruchen darf.

81 So Thomas Kaufmann in: Luther, Schriften I, S. 479.

82 Mit Vasumati Pandit, zit. nach Mukherjee, S. 469.

83 Ibid.

84 Von Brück, Bhagavad Gita, S. 142.

85 Vgl. von Brück, Bhagavad Gita, S. 142 und S. 415 (Stichwort *ātman*).

86 Hegel, Werkausgabe, Band 12, S. 201.

87 So auch der Eintrag im Großen Duden: 1. (bildungsspr.) *Mensch als Einzelwesen [in seiner jeweiligen Besonderheit]:* das I. und die Gesellschaft.

88 Gautama Buddha, Die vier edlen Wahrheiten, hrsg. und übers. von Klaus Mylius, München (dtv) 1985, S. 333.

89 Buddha, Die vier edlen Wahrheiten, S. 137.

90 Wie sich von einem absoluten Nullpunkt aus gesehen Geschichte darstellt – nämlich gar nicht oder vielmehr restlos konstruiert –, hat kürzlich Achim Landwehr in einem inspirierenden, großen Essay dargestellt: Die anwesende Abwesenheit der Vergangenheit. Essay zur Geschichtstheorie, Frankfurt (S. Fischer) 2016.

91 Vgl. dazu: Pankaj Mishra, Zeitalter des Zorns, Frankfurt (S. Fischer) 2017.

92 Siehe auch die englische Übersetzung von Gandhis Gita-Lektüre ins Gujarati: https://www.gandhiheritageportal.org/mahatma-gandhi-books/the-gita-according-to-gandhi#page/16/mode/2up

93 Die Unterscheidung zwischen politischer und entsagender Freiheit (*renunciative freedom*) verdanke ich Mithi Mukherjee, a. a. O.

94 Erik H. Erikson, Gandhis Wahrheit. Über die Ursprünge der militanten Gewaltlosigkeit, Frankfurt (Suhrkamp) 1978, S. 481 f.

95 Vgl. dazu auch: Mukherjee, S. 460.

96 Mircea Eliade, Geschichte der religiösen Ideen, Band 2, Freiburg (Herder) 1993, S. 208 (§ 193 f.).

97 Eliade, Geschichte der religiösen Ideen, Band 2, S. 210.

98 Nietzsche, KSA, Band 5, S. 340.

99 Arthur C. Danto, Some Remarks on the Genealogy of Morals. In: R. C. Salomon, K. M. Higgins, Reading Nietzsche, Oxford (Oxford University Press) 1988, S. 13–28.

100 Danto, S. 28.

101 Orhan Pamuk legt in seinem Roman »Die rothaarige Frau« diese Erkenntnis einer Romanfigur in den Mund, dem jungen Enver, der sich der religiös geprägten AKP, der Partei Erdoğans, nahe fühlt. Er erklärt seinem Vater, der Individualismus und Religionskritik repräsentiert, also für Nietzsche steht: »Mit ihrem Individualismusfimmel sind unsere Eliten weder Individuen geworden noch sonst etwas Eigenständiges. Weil sie sich für etwas Besonderes halten, glauben sie nicht an Gott. Für sie ist das ein Beweis dafür, dass sie nicht sind wie die anderen. Nur sagen sie das nicht so. Im Glauben dagegen steckt, dass man genauso ist wie alle anderen. Die Religion ist das Paradies und der Trost aller Bescheidenen.« Beides auf einmal, den modernen Individualismus als (nietzscheanisch-pubertäres) Aufbegehren gegen den Vater und zugleich den Gehorsam gegen ihn und damit die Tradition (also das herrschende und allein nietzscheanisch erfüllende Handeln), kann man nicht haben – es sei denn, man ist selber Erdoğan und kann im Namen der Tradition gegen den Vater aufbegehren, genannt Atatürk (»Türkenvater«). Vgl. Orhan Pamuk, Die rothaarige Frau, aus dem Türkischen von Gerhard Meier, München (Hanser) 2017, S. 245.

102 Danto, S. 27; das für viele Generationen von Nietzsche-Lesern, ja noch für die meisten heutigen Unvorstellbare tritt ein: Will man revolutionär denken, gegen den Mainstream, in Opposition zu seiner Zeit, ihren Narrativen, so muss man lernen, gegen Nietzsche zu denken, einen Blick entwickeln für seine Kleinheit, seine Spießigkeit, seinen Größenwahn, seine Infantilität, seine Protzerei, seinen Kitsch und die Klebrigkeit seines Stils, etwa im inzwischen meiner Ansicht nach unlesbaren »Zarathustra«, für die heiß laufende, von sich selbst berauschte Rhetorik und vieles mehr. Den Tod Nietzsches zu verkünden, ist heute, was Nietzsche tat, als er den Tod Gottes verkündete: ein Sakrileg. Der tiefere Grund dafür liegt freilich

nicht bei Nietzsche, der unbestreitbar seine Qualitäten hat, sondern im herrschenden Nietzscheanismus, dem sich darin kleidenden Ressentiment, Narzissmus, Größenwahn.

103 Weber, Gesammelte politische Schriften, S. 553.

104 Zur Problematik der hindu-religiösen Aufladung der indischen Politik durch Ghandi siehe die kritische Darstellung bei Perry Anderson, The Indian Ideology, London (Verso) 2013, besonders S. 7–48.

105 Zit. nach Mukherjee, S. 471.

106 Arnold J. Toynbee, Die Zukunft des Westens, übers. von Rolf Hellmut Foerster (Originaltitel: The Present-Day Experiment in Western Civilization; Passage vom Ende des Vortrags), München (Nymphenburger) 1964, S. 88.

107 Toynbee, S. 166 f., aus dem Vortrag mit dem Originaltitel: America and the World Revolution (1961).

108 Toynbee, S. 153.

109 Ibid.

110 Benjamin, Gesammelte Schriften, Band 6, S. 100.

111 Benjamin, Band 6, S. 101.

112 Ibid.

113 Nietzsche, KSA, Band 5, S. 297 (Zur Genealogie der Moral, 2. Abh., Abschnitt 4).

114 Nietzsche, KSA, Band 5, S. 300 (6. Abschnitt).

115 Benjamin, Band 6, S. 101, Hervorhebung von Benjamin.

116 Die Rückkehr der Religion konstatierte bereits vor dem 11.9.2001 zum Beispiel Martin Riesebrodt in: Ders., Die Rückkehr der Religionen, München (C. H. Beck) 2000.

117 Mahatma Gandhi, An Autobiography or The Story of My Experiments with Truth, übers. von Mahadev Desai, Ahmedabad (Publications Division Government of India) 1940, S. 615. https://www.gandhiheritageportal.org/mahatma-gandhi-books/the-story-of-my-experiments-with-truth#page/654/mode/2up. Zu und von Gandhi allgemein: http://www.gandhiheritageportal.org

LITERATURVERZEICHNIS

Adonis: Die Gesänge Mihyârs des Damaszeners, übers. von Stefan Weidner, Zürich (Ammann) 1998.

Adorno, Theodor W.: Jargon der Eigentlichkeit, Frankfurt (Suhrkamp) 1964.

Afghan, Gemmal Eddine: [Offener Brief an die Herausgeber ohne Titel] In: Journal des débats, 18.5.1883.

Al-Azzawi, Fadhil: Der letzte Engel, übers. von Larissa Bender, Zürich (Dörlemann) 2014.

Al-Dschanabi, Abdelkader: Vertikale Horizonte, übers. von Larissa Bender, Basel (Lenos) 1997.

Al-Ǧabarti, ʿAbdarrahman: Bonaparte in Ägypten, übers. von Arnold Hottinger, Zürich (Artemis) 1983.

Al-i Ahmad, Jalal: Occidentosis. A Plague From the West, Berkeley (Islam International Publications) 1984.

Al-Maaly, Khalid: Eine Phantasie aus Schilf, übers. von Khalid Al-Maaly und Stefan Weidner, Berlin (Das Arabische Buch) 1994.

Al-Mozany, Hussain: Der Marschländer, Frankfurt (Glaré) 1999.

Al-Nawawī, Das Buch der vierzig Hadithe, übers. und hrsg. von Marco Schöler, Frankfurt (Verlag der Weltreligionen) 2007.

Ali, Bachtyar: Der letzte Granatapfel, aus dem Kurdischen (Sorani) von Ute Cantera-Lang und Rawezh Salim, Zürich (Unionsverlag) 2016.

Ders.: Die Stadt der weißen Musiker, aus dem Kurdischen (Sorani) von Peshawa Fatah und Hans-Ulrich Müller-Schwefe, Zürich (Unionsverlag) 2017.

Ders.: Creativ Fear. In: Art&Thought 105, 2016, S. 55–59.

Ali, Bakhtiyar [sic]: I stared at the night of the city, übers. von Kareem Abdulrahman, Reading (Periscope Books) 2016.

Almond, Ian: History of Islam in German Thought, London (Routledge) 2010.

Anderson, Perry, American Foreign Policy and its Thinkers, London (Verso) 2015.

Ders.: The Origins of Postmodernity, London (Verso) 1998.

Ders: The Indian Ideology, London (Verso) 2013.

Anidjar, Gil: Blood. A Critique of Christianity, New York (Columbia University Press) 2014.

Apter, Emily: Against World Literature. On the Politics of Untranslatability, London (Verso) 2013.

Arendt, Hannah: Ursprünge und Elemente totaler Herrschaft, München (Piper) 2015.

Aristoteles, Metaphysik, übers. von Franz F. Schwarz, Stuttgart (Reclam) 1984.

Arnold, Edwin: The Song Celestial, Boston (Roberts Brothers) ohne Jahr.

Asad, Talal: Formations of the Secular, Stanford (Stanford University Press) 2003.

Auffret, Dominique: Alexandre Kojève, Paris (Grasset) 1990.

Aurobindo, Sri: The Complete Works of Sri Aurobindo, Band 19, Pondicherry (Sri Aurobindo Ashram Press) 1997.

Bauer, Wolfgang: China und die Hoffnung auf Glück, München (dtv) 1974.
Ders. (Hrsg.): China und die Fremden, München (C. H. Beck) 1980.
Behrens-Abouseif, Doris: Schönheit in der arabischen Kultur, München (C. H. Beck) 1998.
Benhabib, Seyla: Kosmopolitismus und Demokratie. Von Kant zu Habermas. In: Blätter für deutsche und internationale Politik 6/2009, S. 65–74.
Benjamin, Walter: Gesammelte Schriften, hrsg. von Tillman Rexroth, Frankfurt (Suhrkamp) 1991.
Bhagavadgita, Aschtavakragita: Indiens heilige Gesänge, übers. von Leopold von Schröder et al., München (Hugendubel) 2004.
Bhagavad Gītā. Der Gesang des Erhabenen, übers. und hrsg. von Michael von Brück, Frankfurt (Verlag der Weltreligionen) 2007.
Bhambra, Gurminder K.: Sociology after Postcolonialism. Provincialized Cosmopolitanism and Connected Sociologies. In: Manuela Boatca et al., Decolonizing European Sociology: Trans-disciplinary Approaches, London (Routledge) 2012, S. 33–47.
Bitterli, Urs: Die »Wilden« und die »Zivilisierten«, München (dtv) 1982.
Bloch, Ernst: Das Prinzip Hoffnung, Frankfurt (Suhrkamp) 1985.
Bolaño, Roberto: Los detectives salvajes, Barcelona (Editorial Anagrama) 1998.
Bonnett, Alastair: The Idea oft the West. Culture, Politics and History, New York (Palgrave Macmillan) 2004.
Bossong, Georg: Die Sepharden. Geschichte und Kultur der spanischen Juden, München (C. H. Beck) 2008.
Boulus, Sargon: Zeugen am Ufer«, übers. von Stefan Weidner und Khalid Al-Maaly, Berlin (Das Arabische Buch) 1997.
Brentano, Clemens: Godwi, hrsg. von Ernst Behler, Stuttgart (Reclam) 1995.
Buddha, Gautama: Die vier edlen Wahrheiten, hrsg. und übers. von Klaus Mylius, München (dtv) 1985.
Jacob Burckhardt, Weltgeschichtliche Betrachtungen, Berlin (Spemann) 1905.
Canetti, Elias: Das Gewissen der Worte, Frankfurt (S. Fischer) 1981.
Cassin, Barbara (Hrsg.): Dictionary of Untranslatables, Princeton (Princeton University Press) 2014.
Chakrabarty, Dipesh und Majumdar, Rochona: Gandhi's Gita and Politics as Such, in: Modern Intellectual History 7, 2, 2010, S. 335–353.
Comte, Auguste: Die Soziologie. Positive Soziologie, hrsg. von Friedrich Blaschke, übers. von J. H. v. Kirchmann, Stuttgart (Kröner) 1974.
Corino, Karl: Robert Musil. Eine Biographie, Reinbek (Rowohlt) 2003.
CWMG: siehe Gandhi, Mahatma.
Dabashi, Hamid: The World of Persian Literary Humanism, Harvard (Harvard University Press) 2012.
Darwish, Mahmud: Wir haben ein Land aus Worten, übers. von Stefan Weidner, Zürich (Ammann) 2002.
Danto, Arthur C.: Some Remarks on the Genealogy of Morals. In: R. C. Salomon et al. (Hrsg.): Reading Nietzsche, Oxford (Oxford University Press) 1988, S. 13–28.
Derleth, Ludwig: Der fränkische Koran, Kassel (Bärenreiter) 1933.

Duerr, Hans-Peter: Traumzeit, Frankfurt (Syndikat) 1978.
Ebert-Schifferer, Sybille: Caravaggio, München (C. H. Beck) 2009.
Eliade, Mircea: Geschichte der religiösen Ideen, Band 2, Freiburg (Herder) 1993.
Erikson, Erik H.: Gandhis Wahrheit. Über die Ursprünge der militanten Gewaltlosigkeit, Frankfurt (Suhrkamp) 1978.
Fetscher, Iring: Der Marxismus, München (Piper) 1983.
Feyerabend, Paul: Wider den Methodenzwang. Skizze einer anarchistischen Erkenntnistheorie, Frankfurt (Suhrkamp) 1975.
Freud, Sigmund, Studienausgabe, Band 4, Psychologische Schriften, Frankfurt (S. Fischer) 1989.
Fukuyama, Francis: Das Ende der Geschichte. Übers. von Helmut Dierlamm, Ute Mihr und Karlheinz Dürr, München (Kandier Verlag) 1992.
Ders.: The End of History. New York (Free Press) 2006.
Ders.: Scheitert Amerika?, übers. von Udo Rennert, Berlin (Propyläen) 2006.
Gandhi, Mahatma: An Autobiography or The Story of My Experiments with Truth, übers. von Mahadev Desai, Ahmedabad (Navajivan Press) 1940, S. 615.
Gandhi, Mahatma: The Collected Works of Mahatma Gandhi (CWMG), New Delhi (Publications Division Government of India) 1999.
Gemoll, Wilhelm: Griechisch-deutsches Schul- und Handwörterbuch, 9. Aufl., München (R. Oldenbourg) 1991.
Goethe, Johann Wolfgang, Sämtliche Werke, Band 19, hrsg. von Heinz Schlaffer, München (Hanser) 1986.
Ders.: Sämtliche Werke, Band 17, hrsg. von Gonthier-Louis Fink et al., München (Hanser) 1991.
Ders.:, Sämtliche Werke, Bd. 18.2, hrsg. von Johannes John et al., München (Hanser) 1996.
Goldziher, Ignaz: Neuplatonische und gnostische Elemente im Hadith. In: Zeitschrift für Assyrologie 22, 1909.
Gramlich, Richard: Weltverzicht. Grundlagen und Weisen islamischer Askese, Wiesbaden (Harrassowitz) 1997.
Groys, Boris (Hrsg.): Kierkegaard, München (dtv) 1999.
Habermas, Jürgen: Der philosophische Diskurs der Moderne, Frankfurt (Suhrkamp) 1985.
Hallaq, Wael B.: The Impossible State, New York (Columbia University Press) 2013.
Halm, Heinz: Die islamische Gnosis, Zürich (Artemis) 1982.
Hamann, Johann Georg: Sämtliche Werke, hrsg. von Josef Nadler, Wien (Herder) 1950.
Handke, Peter: Mein Jahr in der Niemandsbucht, Frankfurt (Suhrkamp) 1994.
Ders.: Die Lehre der Saint-Victoire, Frankfurt (Suhrkamp) 1980.
Happrecht, Klaus: Thomas Mann, Hamburg (Rowohlt) 1995.
Harari, Yuval Noah: Eine kurze Geschichte der Menschheit, übers. von Jürgen Neubauer Stuttgart (Deutsche Verlags-Anstalt) 2013.
Ders.: Homo Deus, übers. von Andreas Wirthensohn, München (C. H. Beck) 2017.
Hegel, Georg Wilhelm Friedrich: Werkausgabe, hrsg. von Eva Moldenhauer et al, Frankfurt (Suhrkamp) 1970ff.
Heidegger, Martin: Die Technik und die Kehre, Pfullingen (Neske) 1962.

Ders.: Holzwege, Frankfurt (Vittorio Klostermann) 1980.
Herder, Johann Gottfried: Ideen zur Philosophie der Geschichte der Menschheit, hrsg. von Martin Bollacher, Frankfurt (Deutscher Klassiker Verlag) 1989.
Ders.: Volkslieder, hrsg. von Ulrich Gaier, Frankfurt (Deutscher Klassiker Verlag) 1990.
Ders.: Schriften zum Alten Testament, hrsg. von Rudolf Smend, Frankfurt (Deutscher Klassiker Verlag) 1993.
Ders.: Werke, hrsg. von Wolfgang Pross, Band 1, München (Hanser) 1984.
Hikmet, Nâzim: Bütün Şiirleri, Istanbul (Yapi Kredi) 2007.
Hoffmann, Thomas Sören: Hegel, Eine Propädeutik, Wiesbaden (Marix) 2004.
Honneth, Axel: Der Affekt gegen das Allgemeine. Zu Lyotards Konzept der Postmoderne. In: Merkur 38 (430), 1984, S. 893–902.
Huntington, Samuel: Kampf der Kulturen, übers. von Holger Fliessbach, München (Europaverlag) 1996.
Huxley, Aldous: The Perennial Philosophy, London (Chatto & Windus) 1947.
Ibn Arabi, Muhyiddin: Der Übersetzer der Sehnsüchte, übers. von Stefan Weidner, Salzburg (Jung und Jung) 2016.
Ilting, Karl-Heinz: Naturrecht, in: Otto Brunner et. al. (Hrsg.): Geschichtliche Grundbegriffe, Stuttgart (Klett-Cotta) 2004, Bd. 4, S. 245–313.
Irwin, Robert: For Lust of Knowing. The Orientalists and Their Enemies, London (Penguin) 2007.
Jameson, Frederic: Postmodernism or the Cultural Logic of Late Capitalism, London [Duke University Press] 1991.
Jonas, Hans: Gnosis, Frankfurt (Insel) 1999.
Kant, Immanuel: Werkausgabe, hrsg. von Wilhelm Weischedel, Frankfurt (Suhrkamp) 1968.
Keddie, Nikki R.: An Islamic Response to Imperialism. Politica and Religious Writings of Sayyid Jamāl ad-Dīn 'al-Afghanī, Berkeley (University of California Press) 1983.
Kermani, Navid: Gott ist schön, München (C. H. Beck) 1999.
Keyserling, Hermann Graf: Das Reisetagebuch eines Philosophen, Darmstadt (Otto Reichl) 1922.
Khurana, Thomas: Recht auf Rechte: Zur Naturalisierung und Politisierung subjektiver Rechte. In: Rechtsphilosophie – Zeitschrift für Grundlagen des Rechts 1, 2017, S. 15–30.
Kojève, Alexandre: Hegel. Kommentar zu Hegels »Phänomenologie des Geistes«, Frankfurt (Suhrkamp) 1975.
Konersmann, Ralf: Die Unruhe der Welt, Frankfurt [S. Fischer] 2015.
Koran, der: Übers.von Friedrich Rückert, hrsg. von Hartmut Bobzin, Würzburg (Ergon) 2001.
Koran, der: Übers. von Rudi Paret, Stuttgart (Kohlhammer) 1989.
Krishnamurti, Jiddu: Total Freedom. The Essential Krishnamurti, New York (Harper Collins) 1996.
Kristeva, Julia: Étrangers à nous-mêmes, Paris (Fayard) 1988.
KSA: siehe Nietzsche.
Landwehr, Achim: Die anwesende Abwesenheit der Vergangenheit, Frankfurt (S. Fischer) 2016.
Lasch, Christopher: The Culture of Narcissism, New York (Norton) 1979.

Laurens, Henri: L'expédition d'Égypte, Paris (Seuil) 1997.
Lenze, Ulla: Archanu, Zürich (Ammann) 2008.
Lessenich, Stephan: Neben uns die Sintflut, Berlin (Hanser Berlin) 2016.
Lexikon des Dialogs. Grundbegriffe aus Christentum und Islam, hrsg. von Richard Heinzmann, Freiburg (Herder) 2016.
Löwith, Karl: Weltgeschichte und Heilsgeschehen, Stuttgart (Kohlhammer) 1961.
Luckmann, Thomas: Die unsichtbare Religion, Frankfurt (Suhrkamp) 1991.
Luther, Martin: Von Christlicher Freiheit, Schriften zur Reformation, Zürich (Manesse) 1990.
Ders.: Aufbruch der Reformation, Schriften 1, hrsg. von Thomas Kaufmann, Berlin (Verlag der Weltreligionen) 2014.
Lyotard, Jean-François : La condition postmoderne, Paris (Minuit) 1979
Ders.: Le différend, Paris (Minuit) 1983.
Majumdar, Rochona: siehe Chakrabarty, Dipesh.
Mann, Thomas: Frühe Erzählungen, hrsg. von Peter de Mendelssohn, Frankfurt (S. Fischer) 1981.
Mannheim, Karl: Ideologie und Utopie, Frankfurt (Verlag G. Schulte-Bulmke) 1965.
Marx, Karl: Das große Lesebuch, hrsg. von Iring Fetcher, Frankfurt (S. Fischer) 2008.
Massad, Joseph A.: Islam in Liberalism, Chicago (University of Chicago Press) 2015.
Mbembe, Achille: Ausgang aus einer langen Nacht, übers. von Christine Pries, Frankfurt (Suhrkamp) 2016.
Ders.: Politik der Feindschaft, übers. von Michael Bischoff, Frankfurt (Suhrkamp) 2017.
Meyrink, Gustav: Das Haus zur letzten Latern. Nachgelassenes und Verstreutes, München (Langen Müller) 1973.
Mishra, Pankaj: Zeitalter des Zorns, Frankfurt (S. Fischer) 2017.
Mukherjee, Mithi: Transcending Identity: Gandhi, Nonviolence, and the Pursuit of a »Different« Freedom in Modern India, In: The American Historical Review, Volume 115, Issue 2, 2010, S. 453–473.
Musil, Robert: Prosa und Stücke (Gesammelte Werke, Bd. I), Reinbeck (Rowohlt) 1978.
Nagel, Tilman: Das islamische Recht, Westhofen (Skulima) 2001.
Needham, Joseph: Wissenschaftlicher Universalismus, Frankfurt (Suhrkamp) 1977.
Neuwirth, Angelika: Der Koran als Text der Spätantike, Berlin (Verlag der Weltreligionen) 2010.
Nida-Rümelin, Julian (Hrsg.): Philosophie der Gegenwart, Stuttgart (Kröner) 1991.
Nietzsche, Friedrich: Sämtliche Werke, Kritische Studienausgabe (KSA), 15 Bände, München (dtv/de Gruyter) 1980.
Ders.: Der Wille zur Macht, Stuttgart (Kröner) 1964.
Novalis, Werke, Band 1, hrsg. von Richard Samuel, München (Hanser) 1978.
Ders.: Werke, Band 2, hrsg. von Hans-Joachim Mähl, München (Hanser) 1978.
Ott, Konrad: Zuwanderung und Moral, Stuttgart (Reclam) 2016.
Pamuk, Orhan: Die rothaarige Frau, übers. von Gerhard Meier, München (Hanser) 2017.
Papke, Sven: Vernunft und Chaos, Frankfurt (S. Fischer) 1985.
Peterich, Eckhart: Italien, Band I, München (Prestel) 1958.

Platon: Politeia, hrsg. von Karlheinz Hüser, übers. von Friedrich Schleiermacher, Frankfurt (Insel) 1991.

Popper, Karl: Die offene Gesellschaft und ihre Feinde, Band 2, Tübingen (Francke) 1980.

Reclams Bibellexikon, hrsg. von Klaus Koch et al., Stuttgart (Reclam) 1992.

Renan, Ernest: L'islamism et la science, Paris (Calmann Lévy) 1883.

Riesebrodt, Martin: Die Rückkehr der Religionen, München (C. H. Beck) 2000.

Rorty, Richard: Solidarität oder Objektivität, übers. von Joachim Schulte, Stuttgart (Reclam) 1988.

Ders.: Contingency, Irony, and Solidarity, Cambridge (Cambridge University Press) 1989.

Ders.: The Richard Rorty Reader, hrsg. von Christopher J. Voparil et al., Malden, MA (Wiley-Blackwell) 2010.

Rückert, Friedrich: Gesammelte Gedichte, Band 3, Frankfurt (Sauerländer) 1843.

Sabin, Stefana: Die Welt als Exil, Göttingen (Wallstein) 2008.

Safranski, Rüdiger: Ein Meister aus Deutschland. Heidegger und seine Zeit, München (Hanser) 1994.

Sartori, Andrew: The Transfiguration of Duty in Aurobindo's Essays on the Gita. In: Modern Intellectual History 7, 2, 2010, S. 319–334.

Schiller, Friedrich: Sämtliche Werke, Band 4, Historische Schriften, München (Winkler) 1975.

Schlegel, August Wilhelm: Geschichte der Klassischen Literatur, Stuttgart (Göschen'sche Verlagsbuchhandlung) 1884.

Schlegel, Friedrich: Schriften zur Literatur, hrsg. von Wolfdietrich Rasch, München (Hanser) 1972.

Schlesinger, Arthur M. Jr.: The Disuniting of America, New York (Norton) 1991. Vgl. Huntington.

Schlink, Bernhard: Heimat als Utopie. Frankfurt (Suhrkamp) 2000.

Schluchter, Wolfgang: Max Webers Sicht auf den Islam, Frankfurt (Suhrkamp) 1987.

Schopenhauer, Arthur: Kleinere Schriften, hrsg. von Ludger Lüdkehaus, Zürich (Haffmanns) 1988.

Sharma, Arvind: Gandhi. A Spiritual Biography, New Haven (Yale University Press) 2013.

Sharpe, Eric J.: The Universal Gita, Chicago (Open Court) 1985.

Shimon, Samuel: An Iraqi in Paris, London (Banipal) 2016.

Sinha, Mishka: Corrigibility, Allegory, Universality: A History of the Gita's transnational Reception, 1785–1945, in: Modern Intellectual History 7,2, 2010, S. 297–317.

Sloterdijk, Peter: Im selben Boot. Versuch über die Hyperpolitik, Frankfurt (Suhrkamp) 1993.

Spengler, Oswald: Der Untergang des Abendlandes, Band 1, München (C. H. Beck) 1929.

Spengler, Tilman: Die Entdeckung der chinesischen Wissenschafts- und Technikgeschichte. In: Joseph Needham, Wissenschaftlicher Universalismus, Frankfurt (Suhrkamp) 1977, S. 7–54.

Spivak, Gayatri Chakravorty: A Critique of Postcolonial Reason, Harvard (Harvard University Press) 1999.

Strauss, Leo: Thoughts on Machiavelli, Glencoe, Illinois (The Free Press) 1958.

Strobel, Jochen: August Wilhelm Schlegel, Darmstadt (Theiss) 2017.

Thiel, Thomas: Der rasende Stillstand der Weltgeschichte, in: Frankfurter Allgemeine Zeitung, 30.10.2011.

Tidrick, Kathryn: Gandhi. A political and spiritual life, London (I.B. Tauris) 2006.
Toynbee, Arnold J.: A Study of History, Oxford (Oxford University Press) 1954.
Ders.: Die Zukunft des Westens, übers. von Rolf Hellmut Foerster, München (Nymphenburger) 1964.
van der Veer, Peter: Spirituality in Modern Society. In: Social Research, Bd. 76, Nr. 4, Winter 2009, S. 1097–1120.
Voegelin, Eric: Die politischen Religionen, hrsg. von Peter Opitz, München (Fink) 2007.
Ders.: Ordnung, Bewußtsein, Geschichte, hrsg. von Peter Opitz, Stuttgart (Klett-Cotta) 1988, S. 107.
von Brück, Michael: Einführung in den Buddhismus, Frankfurt (Verlag der Weltreligionen) 2007.
von Humboldt, Wilhelm: Gesammelte Werke, Erster Band, Berlin (G. Reimer) 1841.
Vondung, Klaus: Die Apokalypse in Deutschland, München (dtv) 1988.
Wali, Najm: Bagdad. Erinnerungen an eine Weltstadt, München (Hanser) 2015.
Wallerstein, Immanuel: European Universalism, London (The New Press) 2006.
Weber, Max: Gesammelte politische Schriften, hrsg. von Johannes Winckelmann, Tübingen (Mohr Siebeck) 1988.
Ders: Gesammelte Aufsätzen zur Religionssoziologie, hrsg. von Marianne Weber, Tübingen (Mohr Siebeck) 1988.
Weidner, Stefan: Vom Nutzen und Nachteil der Islamkritik für das Leben. In: Aus Politik und Zeitgeschichte 13–14/2011.
Ders.: Fluchthelferin Poesie. Friedrich Rückert und der Orient, Göttingen (Wallstein) 2017.
Ders.: Erlesener Orient. Ein Führer durch die Literaturen der islamischen Welt, Wien (Edition Selene) 2004.
Ders: Gesegnet seien also die Fremden. Islamische und westliche Perspektiven, Luxemburg (Amazon Kindle E-Book) 2017.
Welsch, Wolfgang: Mensch und Welt, eine evolutionäre Perspektive der Philosophie, München (C. H. Beck) 2002.
Ders.: Homo mundanus. Jenseits der anthropischen Denkform der Moderne, Weilerswist (Velbrück) 2012.
Winkler, Heinrich August: Geschichte des Westens. Von den Anfängen bis zum 20. Jahrhundert, München (C. H. Beck) 2012.
Yovel, Yirmiyahu: Spinoza, übers. von Brigitte Flickinger, Göttingen (Steidl) 2012.
Zaidān, Ǧurǧī: Istibdād al-Mamālīk, Sidon (al-Dār al-namūḏaǧīyah) 2007.
Zimmer, Heinrich: Philosophie und Religion Indiens, übers. von Lucy Heyer-Grote, Frankfurt (Suhrkamp) 1992.

PERSONENREGISTER